에로방화의 은밀한 매력

1980년대 한국 대중영화의 진보적 양면성

이윤종 지음

kofic 영화진흥위원회
Korean Film Council

일러두기

* 영화의 작품명과 연도는 한국영상자료원 한국영화데이터베이스(KMDb)를 따른다.

** 문장부호는 다음과 같이 표기한다.

홑낫표(「 」): 신문, 잡지, 단행본에 수록된 개별 글과 보고서 제목

겹낫표(『 』): 신문, 잡지, 단행본 제목

홑화살괄호(〈 〉): 영화, 공연예술 등의 작품 제목

에로방화의 은밀한 매력

1980년대 한국 대중영화의 진보적 양면성

이윤종 지음

영화진흥위원회 50주년 기념 총서 01

kofic 영화진흥위원회 Korean Film Council

엄마에게

차례

발간사

2023년은 영화진흥위원회 창립 50주년을 맞이한 해입니다.

영화진흥위원회는 1979년 제1집 『영화예술로서의 성장』을 시작으로, 2006년 『한국 영화사: 개화기(開化期)에서 개화기(開花期)까지』에 이르기까지 영화의 각 분야를 아우르는 이론총서 36종을 발간했습니다. 영화진흥위원회 총서는 기술부터 이론에 이르기까지 연구서적이 부족했던 1980년대와 1990년대에 영화연구를 위한 길잡이 역할과 함께 신진 연구자를 발굴하는데 역할을 했다고 자부합니다.

영화진흥위원회 창립 50주년을 맞이하여 18년 만에 영화진흥위원회는 총 4권의 총서를 새롭게 발간하게 되었습니다. 영화진흥위원회는 영상산업 환경의 급속한 변화에 직면한 현 시점이 다시 한번 총서의 역할과 의미를 고민해야 할 때라고 생각했습니다. 그 결과가 이번에 발간하는 4권의 서적입니다.

이번 총서는 영화현장에서 쌓은 다년간의 노하우와 경험을 담은 실용서부터 한국의 영화역사를 다루는 이론서까지 다양하게 구성되어 있습니다.

한국영화산업의 변화의 흐름 속에서 이번 총서가 영화인들에게 다양한 지식을 제공하는 것은 물론 미래 영화영상인력 양성에도 기여할 것이라고 확신합니다.

영화진흥위원회는 향후에도 영화정책 연구기관으로서의 선도적 역할을 강화하고 미디어/기술 환경 변화 속에서 영화 현장에 필요한 지식과 경험을 보존하고 공유하는 역할을 충실히 해나가겠습니다.

영화진흥위원회 창립 50주년을 맞이하며

영화진흥위원회 위원장 **박 기 용**

머리말

이 책은 2012년 9월에 캘리포니아 대학 어바인 캠퍼스(University of California, Irvine)에 제출된 저자의 박사학위 논문 “Cinema of Retreat: Examining South Korean Erotic Films of the 1980s”를 대폭 수정·보완하여 집필되었다. 박사학위를 받은 지 만으로 11년이 훌쩍 지나는 동안 한국영화계에도, 한국영화학계에도, 저자의 개인 신변에도 수많은 변화들이 있었다. 이 책의 제목인 ‘에로방화의 은밀한 매력: 1980년대 한국 대중영화의 진보적 양면성’이 반영하듯, 한국영화를 둘러싼 가장 큰 변화 중 하나는 ‘에로영화’라는 용어가 1980년대 한국 에로영화 혹은 성애영화를 지칭하기에는 그 스펙트럼이 너무나 넓어졌다는 점이다. 내가 학위논문을 완성하던 당시만 하더라도 에로영화 혹은 성애영화라는 단어는 (준)포르노 영화와 동급으로 치부되지는 않았었으나, 2010년대 중반을 거치며 한국영화에서 에로스와 로맨스가 거의 완전히 사라지면서 영화의 에로티시즘은 완전히 포르노의 영역으로 물러난 것으로 보인다. 즉, 한국영화뿐 아니라 전 세계의 모든 (준)포르노 영화들이 한국 땅에서 이제 ‘에로영화’라 불리게 된 것이다. 따라서 학위논문 완성 후 장기간의 고민을 거쳐, 나는 1980년대 한국 에로영화를 ‘에로방화’라 고쳐 부르기로 결심했고, 이 책은 그러한 결심을 반영한 첫 번째 결과물이라 할 수 있다.

지난 10여 년간 뭐니 뭐니 해도 한국영화계에 있어 가장 큰 변화는 한국영화의 국제적 위상이 눈에 띄게 크게 달라졌다는 점일 것이다. 물론 <기생충>(봉준호, 2019)이 한국영화 최초로 칸 영화제 최고상인 황금종려상을 수상했을 뿐 아니라 비영어권에서 제작된 영화로서는 최초로 미국 아카데미 시상식에서 최우수 영화상을 수상하며 낳은 이변은 한국영화 전반이 아니라 봉준호 감독 개인의 위상만 달라지도록 한 것일지도 모른다. 그럼에도 불구하고 영화감독 황동혁이 연출한 <오징어 게임>(2021)이 넷플릭스의 오리지널 시리즈 중에서 수주간 전 세계 1위의 아성을 지키며 촉발해 낸 한국 영상물에 대한 전 세계적 관심은 한국 영상 미디어의 전 지구적 위상을 새롭게 세우기에는 충분한 것이었다. <기생충>과 <오징어 게임>의 기록은, 해외의 영화관계자들에게 널리 이름을 알릴 수 있는 기회를 보장해 주기는 하지만 소수의 영화 팬들만 관심을 기울이는 유럽의 칸, 베니스, 베를린 영화제를 넘어서서, 동아시아에서 동남아시아, 중남미로 확대된 한류의 물결이 유럽과 북미권에까지 도달하며 상업적 성공으로 이어지는 기회를 제공했다. 이를 통해 한국영화와 한국 영상문화는 그야말로 전 지구적 전환점에 도달한 것으로 보인다. 이 전환점은 내가 지난 수년간 한국에 교환학생으로 오거나 유학을 온 아시아와 유럽, 북미 출신의 학생들에게 한국영화를 가르치며 몸소 체감한 변화이기도 하다.

이 책은 한국영화가 국제무대, 아니 아시아를 넘어 서구무대에 본격적으로 올라서서 인정받기 시작한 거의 최초의 시기라 할 수 있는 1980년대를 다루고 있다. 그럼에도 불구하고 1980년대 한국영화, 즉 방화는 내가 박사논문을 완성하기 전에도 거의 연구되지 않았고, 완성한 후에도 그랬으며, 이 책이 완성될 때까지도 계속 같은 상태 속에 방치된 채 있어 왔다. 한국영화학계에 변화가 없었던 것은 아니지만, 지난 수십 년간 1980년대 한국영화에 대해서는 새로운 관점이 제시된 바가 거의 없다. 연구자와 비연구자 모두 고장 난 카세트테이프를 무리해서 재생하는 것처럼 '1980년대 한국 에로영화는 전두환 정권의 '3S정책'에 의해 탄생했고 장려되었다'는 문구를 무한반복한다. 이로 인해 1980년대 충무로의 에로화는 방화를 퇴행시켰고, 이때 만들어진 다수의 에로틱한 영화들이 신군부 독재정권에 순응한 비정치적 영화들이며, 상업적 타협을 위해 예술성을 희생한 영화들에 불과해 1980년대는 한국영화의 암흑기라는 천편일률적인 담론만 지속적으로 재생산해 왔을 뿐이다. 그러나 나는 1980년대 한국 대중영화, 즉 에로방화가 이제 유럽과 북미로까지 확장된 한류의 태동 이전부터 유럽 무대에 서서 한국이라는 조그맣고, 한때 세계에서 가장 가난했으며, 6·25 전쟁이라는 동족상잔의 비극으로 반토막이 난 데다가, 이웃 나라인 중국과 일본이라는 두 강대국 사이에 끼어 오랫동안 주목받지 못했던 나라였음에도 제법 괜찮은 영화들을 만들어 왔다는 사실을 각인시키는 역할을 수행했었음에 주목하고자 한다. 물론 책의 본문에도 나오지만 오리엔탈리즘의 측면에서 이를 비판할 수 있는 여지가 없지는 않다.

그러나 이 책은 에로방화가 충무로에서 제작된 주류 35mm 영화들로서 한국영화산업을 퇴행시켰다기보다 정치적·문화적 진보성을 염두에 두고 만들어진 '진보적인' 영화들이었음을 드러내려는 목적으로 쓰였다. 1896년 프랑스의 뤼미에르 형제에 의해 발명된 영화는 그 출발점부터 '기차의 도착'을 보여주며 근대의 산물로서 언제나 근대성/현대성(modernity)과 공명해 왔고 이를 재현해 왔다. 근대성이 인류의 삶을 한층 풍요롭게 한 면도 있지만 다른 한편으로는 여러 가지 현대의 사회 문제들을 만들어내어 고대나 중세와는 다른 측면으로 대다수의 인류를 물질적·정신적으로 착취하고 괴롭게 한 일면도 있다. 영화는 언제나 이러한 근대성의 이중성 혹은 양면성을 비추고 그려왔다. 한국 영화인들도 프랑스와 미국에 뒤이어 1910년대부터 본격적으로 영화를 만들기 시작하여, 100년이 조금 넘는 한국영화사 속에서 현실 정치에 순응해 변화하는 사회상을 무비판적으로 재현하는 경우도 있었지만, 대다수의 경우 일제 식민지 시기부터 춘사 나운규에서 출발한 피식민적 민족의식을 바탕으로 식민주의와 제국주의를 비판해 온 바 있다. 해방 후, 그리고 한국전쟁 이후의 남한영화는 사회의 비인간적 자본주의화와 미국의 신제국주의적 영향력, 남북분단의 현실에 대해 비판적으로 개입하는 영화들을 만드는 지속적인 '진보성'의 경향을 보여왔다. 이러한 진보성은 헤겔주의적 혹은 마르크스주의적 목적론(teleology)에 기반한 '진보'나 '발전'과는 결이 다름으로 해서, 마르크스주의적 혁명의 최종 도달점인 공산주의와도 다른 것임을 분명히 하고 싶다. 물론 나는 마르크스의 자본주의 비판에 대해서는 거의 완전히 동의한다. 다만 그 끝이 정해져 있다는 역사주의(historicism)적 사유에 대해 동의할 수 없을 뿐이다.

정치적 진보성은 세계의 변혁을 통한 이상향을 꿈꾸는 유토피아주의적 태도의 하나의 표현일 수 있지만, 유토피아라는 단어 자체가 'nowhere'라는 뜻을 품고 있는 것처럼, 그 자체로 세계의 진보의 끝에 도달하면 나타나게 될 결정된 풍경, 즉 우리가 도달해야 할 목적(telos) 혹은 지향점이 정해져 있다는 진보주의와 반드시 일치하지는 않는다. 물론 에로방화의 진보성은 1980년대의 대표적 진보주의 사상들, 즉 민중주의와 페미니즘과 공명하며 민주화와 조국통일, 자본주의 타파, 미국의 신식민주의로부터의 해방 등의 목적을 표방하는 흐름으로 나타나기도 한다. 그러나 그런 경우 오히려 진보주의의 양면성이 퇴행적으로 흐르기도 하는 문제적 결과가 초래되기도 하는데 이는 본문에서 보다 상세히 기술될 것이다. 이 책에서 내가 주장하고자 한 바는 대다수의 에로방화들이 대중예술 작품으로서 1960년대부터 이어져 온 '개발독재' 정권하에서 국가가 '조국 근대화'라는 목적론적 지향점을 설정하고 한국인들 모두가 '조국의 발전'과 개발에 공헌해야 한다는 '발전주의'에 대해 비판적 태도를 보이는 '대항발전주의적 진보성'을 드러낸다는 점이다. 많은 에로방화들이 나날이 '발전'되어 가는 1980년대 한국사회에서 출세를 위해서라면 물불을 가리지 않는 인간성 소외의 현장을 고발하고 '발전'의 양지를 경험하지 못하는 음지의 존재들을 조명하는 '진보적 태도'를 보이고 있다. 그러나 때때로 이 진보적 태도가 진보주의의 목적론에 의해 진보성을 와해시키는 경우도 있기 때문에 나는 에로방화가 '진보적 양면성'을 내장하고 있다고 강조하려는 것이다.

그리고 이 진보적 양면성은 최초의 에로방화인 <애마부인>(1982, 정인엽)에서부터 분명하게 드러나고 있다. 따라서 나는 3S정책이 아니라 이 진보적 양면성 때문에 에로방화가 당대 관객의 사랑을 받을 수 있었다고 주장하고자 한다. 즉, 에로방화의 시작과 끝은 3S정책이 아니라 <애마부인>의 놀라운 흥행과 이후에 만들어진 수많은 에로방화에 보여준 한국 관객들의 꾸준한 애정이었고, 이는 정부나 정권에 의해 추동된 것(위로부터의 정책)이 아니라 관객과 대중의 선택(아래로부터의 움직임)이었다는 사실이다. 영화의 흥행은 절대로 정부가 일방적으로 조장하고 선동해서 결정지어질 수 있는 사안이 아니다. 많은 이들이 지적하듯, <애마부인>이 성공할 수 있었던 것은 여주인공을 연기한 안소영의 글래머러스한 신체조건이나 당대로서는 상당히 매혹적일 수밖에 없었던 영화 속의 시각적 에로티시즘의 덕이 물론 컸을 것이다. 그러나 나는 <애마부인>이야말로 2000년대 이후 한국 텔레비전 드라마 서사의 다수를 차지하는 중년 아줌마와 '연하남' 간의 로맨스 서사의 원조가 되는 작품이라 생각하고 그것이 영화의 흥행을 불러일으키는 가장 큰 요소였다고 생각한다. 이처럼 수십 년을 앞서간 파격적 서사나 발전하는 사회와 남성의 직업적 성공을 위해 도외시되고 소외된 가정과 가정주부의 중요성 등을 부각한 '대항발전주의'적 요소가 <애마부인>의 기록적 흥행을 불러왔고, 이후 침체기에 빠진 방화 산업의 활로로서 <애마부인>의 에로적 요소를 따라 하는 수많은 에로방화들이 제작될 수 있었던 것이다. <애마부인>을 위시한 수많은 에로방화들의 진보적 양면성은 책의 본문에서 확인하기 바란다.

지난 10여 년간 개인적으로는 직장의 변화들로 인한 부침도 있었지만, 나를 이 세상에 존재할 수 있도록 해주셨고 내가 원하는 모든 것을 함에 있어 언제나 큰 지지와 응원을 해주셨으며, 절대적 믿음과 사랑을 주셨던 나의 어머니를 갑자기 잃은 것이 가장 큰 개인적 변화였다고 할 수 있다. 엄마는 2022년 3월 22일 병이 발발한 지 2개월 만에 급성 골수성 백혈병으로 정말 예상치 못하게 세상을 떠났다. 하도 영화를 많이 보아서 백혈병이 얼마나 무서운 병인지는 얼핏 알고 있었지만 직접 맞닥뜨리게 된 백혈병, 특히 급성 골수성 백혈병은 영화에서 재현된 것과는 비교가 되지 않을 정도의 위력을 지닌 치명적인, 즉 진단 즉시 사형 선고가 내려진 것이나 마찬가지일 정도로 위중한 질환이었다. 어떤 이는 진단 직후 며칠 혹은 일주일 안에 사망하기도 하고, 어떤 이는 몇 주일 혹은 몇 달 동안 엄청난 고통을 느끼다가 임종하기도 하며, 운이 좋으면 입원한 동안 컨디션을 회복해 골수이식을 받고 어느 정도 나을 수 있는 가능성을 갖게 되는 경우도 있다. 그러나 70세가 넘은 고령자에게 그 가능성은 너무나도 희박하다. 언제나 나 잘 시간도 없이 바쁘다는 핑계로, 같이 여행을 갈 때가 아니면 일주일에 한두 번꼴로밖에 만나지 못했던 엄마와 병실에서 단둘이 함께 있었던 만 6주간의 시간은—코로나19 감염병의 막바지에 입원병실에는 단 1인의 보호자가 입실해 외출이 불가한 상황에서 간병을 해야만 했다—여러 가지 의미에서 기적의 시간이었다. 50세가 가까운 나이가 되어도 부모를 잃는다는 것은 단순한 상실감의 차원에서 끝나는 것이 아니라 '고아'가 된다는 생경한 감각과 맞닿아 있다. 이 글을 쓰는 지금 이 순간에도 엄마를 떠올리면—이제 만으로 2년이 넘는 시간이 지났음에도—흐르는 눈물을 주체할 길이 없다. 학위 취득 후 많은 시간이 흘렀지만, 이 책을 완성함으로써 그 누구보다도 크게 기뻐할 엄마의 얼굴을 떠올리게 된다. 이 책을 엄마께 바치고자 한다.

그 외에도 이 책의 완성에 도움을 주신 수많은 이들께 감사드리고 싶다. 박사논문을 쓰는 동안 언제나 즉각즉각 답장을 주시며 조언을 아끼지 않은 지도교수 김경현 선생님과 논문심사 과정에서 쓴소리를 아끼지 않으셨던 최정무, 서석배 선생님께 감사의 말씀을 드린다. 최정무 선생님은 졸업 후에도 이런저런 조언을 아끼지 않으셨고 엄마가 위중했을 때에는 목사님으로서도 간곡히 기도를 해주셨다. 한국어로도 번역된 『민중의 시대 - 1980년대 한국 문화사 다시 쓰기』(빨간소금, 2023)의 최초 영어본 *Revisiting Minjung: New Pespectives on the Cultural History of 1980s South Korea*(University of Michigan Press, 2019)를 책임편집하신 서던 캘리포니아 대학교의 박선영 선생님께도 큰 감사의 말씀을 전하고 싶다. 공저에 수록될 챕터 분량으로 박사논문의 요약본을 영어로 재구성할 수 있는 기회를 주시고, 내용을 새로이 구상하고 재구성하는 과정에서 새롭게 추가된 관점을 발전시킬 수 있도록 지도편달을 아끼지 않으셨다. 그 챕터의 집필을 계기로 이 책이 학위논문보다 더 명확한 주장을 가질 수 있게 되었다. 어바인에서 박사 과정 때부터 함께 동고동락했고 한국에 와서도 언제나 내 옆에서 큰 힘이 되어주신 선배 박현선 선생님께도 이 자리를 빌려 감사의 말씀을 드리고 싶다. 또한 한국에 들어온 이후로 자주 연락을 하지 못했지만, 박사 과정 중에 언제나 우정을 나누며 영화에 대해 토론하고 나의 이론적 사유의 지평을 넓혀준 칸노 유카(Kanno Yuka)와 에린 후앙(Erin Huang)에게도 감사한다.

석박사 과정을 미국에서 졸업한 탓에 귀국 이후 국내 학계에 인맥이 전무하다시피 한 나를, UC Irvine에 연구년을 오셨던 인연으로 푸코 세미나팀과 계간 『문화/과학』 편집위원회에 초청해 주셨던 한국예술종합학교의 이동연 선생님께도 깊은 감사의 말씀을 드리고 싶다. 이동연 선생님이 아니었다면 지난 10년간 국내외 학계의 동향을 그토록 세세하게 파악하는 기회를 접하지 못했을 것이고, 내가 몸담았던 수많은 세미나팀과의 인연도 만들지 못했을 것이다. 그러한 인연들 중 하나로 성균관대의 이혜령, 천정환 선생님을 중심으로 1980년대와 '민중'에 대해 깊고 넓은 학술적 담론을 함께 나눌 수 있었던 '아래로부터 글쓰기' 세미나팀을 만나 이 책의 저변을 넓힐 수 있었다. 『할리우드 프리즘 – 20세기 한국영화와 할리우드』(소망출판, 2017)라는 공저의 집필을 위해 모였다가 이후 1960~70년대 영화이론지 『영화예술』을 함께 읽으며 한국영화사 연구에 대한 나의 인식적 지평을 넓히는 데에 큰 도움을 주신 심혜경, 이선주, 이화진, 전우형, 전지니, 한상언, 남기웅 선생님 등은 지금도 함께 어려운 영화학계의 환경 속에서도 묵묵히 영화연구를 하는 든든한 동지들이다. 『영화예술』 세미나팀에서 함께하지는 않았지만, 그 세미나팀을 인연으로 함께 영화를 연구하는 동지인 정찬철 선생님께도 감사드리고 싶다. 현재도 진행 중인 한국영상자료원의 조준형 선생님을 중심으로 하는 1970~80년대 한국영화사 세미나팀과 강내희 선생님께서 주도하고 계신 마르크스 강독 세미나팀께도 감사의 말씀을 드리고 싶다. 더불어 이동연, 김성일 선생님을 중심으로 미셸 푸코의 책 전권을 완주한 '푸코 세미나'팀, 자본과 신자유주의에 대해 토론했던 '돈' 세미나팀의 권창규, 안용희, 유인혁, 조윤정 선생님, 또한 오창은 선생님을 중심으로 학제를 넘나드는 다양한 인문학 서적들을 읽으며 대화를 나누는 '예사인' 세미나팀과 다양한 영화이론서들을 함께 읽었던 '글로벌 코리안 시네마' 세미나팀의 남인영, 박진희, 이남 선생님 등도 나의 학문적 분석 틀을 넓히는 데에 큰 도움을 주셨다. 이동연, 이광석, 박현선 선생님을 위시한 계간『문화/과학』편집위원회의 선생님들은 귀국 후 10여 년 동안 공적으로, 사적으로 든든하게 나의 곁을 지켜주셨다. 해외에 계시지만 카톡을 통해 자주 이야기 나누고 응원을 해주시는 고영란, 김수지, 김은애, 김지혜 선생님께도 감사의 말씀 전한다. 이외에도 동아대학교, 원광대학교, 이화여자대학교 등에서 함께 근무하며 수많은 대화를 나눴던 동료 선생님들께도 감사의 말씀을 전한다. 마지막으로 아버지와 두 동생, 종민, 종서에게도 감사를 전한다. 특히, 종서는 박사 시절부터 내 옆에서 운전을 못 하는 나를 대신해 미국에서 운전과 쇼핑 등을 함께 해주며 내 생활의 일부가 되어주었다. 종서의 도움이 없이는 학위논문도, 이 책도 완성하지 못했을 것이다.

이 책은 이토록 수많은 분들의 도움과 응원 속에서 완성될 수 있었다. 한 분, 한 분 직접 호명하지 못한 많은 분들께도 다시 한 번 깊은 감사의 말씀을 전한다. 최종적으로 이 책의 원고를 영화진흥위원회의 총서로 선정해 주신 심사위원 선생님들과 이 책을 지원하고 출판하기로 결정한 영화진흥위원회가 아니었다면 이 책이 세상의 빛을 보지 못했을 것이므로 영화진흥위원회의 관계자 여러분들께 진심으로 감사한다는 말씀을 드리고 싶다.

또한 이 책의 원고를 꼼꼼히 읽으며 코멘트도 주시고 교정교열 작업을 해주신 박진희, 공영민 선생님과 책의 출판을 맡아주신 ㈜호밀밭 출판사께도 감사의 말씀을 전한다.

2024년 3월

서울 마포에서

이 윤 종

서문

에로방화의 은밀한 매력

1. 노출과 은폐, 급진과 퇴행 사이에서

1980년대에 35mm 필름으로 제작되어 극장에 걸린 한국 대중영화의 대다수는 소위 '에로영화'라 불렸던 미성년자 관람불가 영화였다. 이 책에서 나는 1980년대의 35mm 한국영화를 '에로방화'라 고쳐 부르고 이를 역사적으로, 미학적으로, 또한 정치·경제·사회·문화적으로 분석해 보고자 한다. 1980년대까지 한국영화는 '한 나라의 영화', 혹은 '자국의 영화'라는 뜻을 지닌 방화(邦畵)라 주로 지칭되었고, 한국영화사 내에서 극장용 영화가 에로티시즘을 대대적으로 표방했던 시기는 1980년대 외에는 없었기 때문에 에로방화라는 용어는 1980년대 성인관객용 35mm 한국영화를 함축하기에 넘치지도 모자라지도 않는 표현이라 생각한다.[1] 또한 '에로'라는 기표(signifier)가 일제 강점기부터 2023년 현재까지도 기의(signified)의 변화를 거치기는 했으나 한국 땅에서 꾸준히 사용되어 왔고 1980년대에는 연소자 관람불가 영화를 '에

1 1970년대에도 방화의 에로티시즘 추구는 거세게 이루어졌으나, 이때 에로티시즘의 주체, 혹은 객체가 되는 여성들은 '호스티스'라는 성 노동자 혹은 성 판매자에 국한되어 재현되었기 때문에 '에로방화'보다 기존의 '호스티스 영화'라는 장르명에 더 부합하는 영화들이라 할 수 있다. 후술하겠지만 1980년대에는 방화의 여주인공들이 호스티스보다 다양한 사회적 계급과 직업군에 속하고 있는 데다, 최초의 에로방화라 할 수 있는 〈애마부인〉(정인엽, 1982)은 호스티스가 아닌 가정주부를 에로티시즘의 주체로 그리고 있다.

로영화'라 부른 사실이 있기 때문에 이를 다른 단어로 치환하여 사용하는 것은 역사를 무시하는 처사가 되리라 판단되므로 이를 폐기하는 것은 이제 불가능하다고 생각된다.[2]

그렇다면 이 책에서 말하는 에로방화란 무엇일까? 그것은 영화 한 편당 적게는 세 장면에서 많게는 일곱 장면 사이의 '에로한' 장면들, 즉 남성과 여성의 반라와 그들 간의 성행위를 보여주기보다 암시하거나 연상시키는 장면들을 반드시 포함하고 있는 1980년대 한국의 미성년자 관람불가 대중영화들을 뜻한다. '에로틱한'이 아니라 '에로한'이라는 표현을 쓰는 이유는 이후에 '에로'라는 단어의 기원과 함께 살펴보겠지만, 에로방화의 에로함은 영어의 '에로틱'함과는 다소 다른 결을 가진 데다 일본적 영향도 제법 무시할 수 없기 때문이다. 여기서 언급한 에로한 장면은 앞으로 '에로시퀀스'라 지칭할 것인데, 그것은 때로는 여러 가지 의미의 성적 노출을 포함하고 있기도 하지만 기이하게도 성적인 것을 기피하거나 은폐하기까지 하는 진풍경이 연출되는 순간이기도 하다는 점에서 한국적 특수성이 있기도 하다.

•

2 국내에서는 식민지 조선시대부터 일본을 거쳐 '에로'라는 단어가 사용되었는데, 당시의 '에로'와 해방 후의 '에로'는 맥락이 조금 다르다. 1931년 『동아일보』 기사는 영국에서 여덟 살부터 열네 살까지의 어린이들을 대상으로 한 영화 취향을 설문조사 한 결과를 보도하면서, 에로영화를 연애영화, 즉 로맨스물과 동일시하고 있다. 기사에서는 "소년소녀가 똑가티 몹시 실혀하는 것은 '에로'물로 연애극을 빼노코는 다 조타고들 합니다. 요즘은 [활동]사진은 모도 다 연애하는 것 뿐이어서 재미가 업다고들 한답니다."(「어린이들에게는 어떤 영화를 보일까. 에로 영화는 실혀한다」, 『동아일보』, 1931. 11. 28.)

이 책에서는 이처럼 에로방화의 야하지도, 안 야하지도 않은 애매한 에로티시즘의 전략이 대부분의 영화들 속에서 신체의 노출과 은폐 사이를 아슬아슬하게 줄타기하는 장르적 특성으로도 작용하지만, 이 전략이 정치·경제·사회·문화적으로도 급진과 퇴행의 양극단을 진동하고 있음에 주목한다. 그도 그럴 것이, 다수의 에로방화 작품들이 민주화와 사회의 진보를 추구하는 반체제적 민중주의자들과 신군부 독재정권 사이에서 급진성과 퇴행성을 진자운동하는 한편, 국내 관객을 극장으로 끌어들이려는 상업성의 끈을 놓지 못하면서도 유럽과 아시아의 영화제에서 수상하여 해외에서도 인정받고자 하는 예술성의 추구 욕망 사이에서도 진동했기 때문이다. 따라서 이 책에서는 에로방화의 "은밀한 매력"이 신군부 정권의 '3S정책', 즉 섹스(Sex), 스포츠(Sport), 스크린(Screen)의 3S를 장려하는 문화정책에 순응한 퇴폐적 에로티시즘이라기보다 정치적 급진성과 퇴행성을 오가며 발현한 진보적 양면성에 있었음을 밝히고자 한다. 루이스 부뉴엘(Luis Buñuel)의 영화 <부르주아의 은밀한 매력(Le Charme Discret de la Bourgeoisie)>(1972)이 제목과 달리 유산계급자들의 매력을 강조하기보다 그들의 허위의식과 무능함을 역설했던 것과 달리 이 책은 에로방화라는 비호감을 자아내는 명칭의 이면에 깔린 미묘한 매력을 파헤치는 데 중점을 두고 있음도 언급해야 할 것 같다.

에로방화의 양면성에 대해 본격적으로 논하기 전에 이를 '에로

영화'와 구분 지을 필요가 있어 보인다.[3] 2024년 현재 '에로영화'라는 단어는 국적을 불문한 모든 포르노그래피 영화와 거의 동급의 수준으로 쓰이고 있기 때문이다. 즉, 에로영화는 이제 에로방화보다 상위장르를 지칭하는 표현이 되어 하드코어와 소프트코어 포르노그래피 영화를 포함해 AV(Adult Video) 영화를 포함한 일본의 다양한 성인영화들은 물론이고 신체 노출과 성애 표현의 수위가 다양한, 전 세계의 거의 모든 '성애영화'와 동급으로 사용되고 있다.[4] 그러나 에로방화는 일반적인 관객들이 상상하는 에로영화와 달리, 극장개봉 전용 영화이자 충무로에서 만들어진 주류영화로서 언제나 한국 정부의 검열을 의식하고 만들어진 데다 검열 과정에서 여러 가지 이유로 수없이 가위질을 당했기 때문에 21세기의 관객이 상상하는 수준의 '에로'함을 선보일 정도의

3 사실 본 연구자는 2012년 미국 대학에서 "1980년대 한국 에로틱 영화에 대한 연구"라는 부제목으로 박사학위 논문을 완성했고, 이후로 에로틱 영화의 번역어로 '에로영화'라는 표현을 오랫동안 사용해 왔었다. 그러나 어느 순간 '에로영화'라는 표현이 필자가 박사논문 집필을 마무리하던 2010년대 초반과는 다른 판도로 한국사회에서 통용되고 있다는 것을 깨닫고 오랫동안 어떤 용어로 1980년대 에로 대중영화를 지칭할 수 있을까 고민해 왔다. 다음을 참조할 것. Yun-Jong Lee, *Cinema of Retreat: Examining South Korean Erotic Films of the 1980s*, University of California, Irvine, 2012. 이 학위논문에서는 '물러섬'과 '후퇴', '퇴각', '피정(避靜)', '휴양', '휴양지' 등을 동시에 뜻하는 'retreat'라는 단어를 개념화하여 에로방화를 'Cinema of Retreat'로 재정의하는 데에 주력했었다.

4 실제로 강소원은 에로방화를 '성애영화'라 지칭하고 이에 대해 박사학위 논문을 집필한 바 있다. 그러나 '성애영화'라는 표현도 '에로영화' 만큼이나 시중에서는 포르노그래피와 동급으로 사용된다고 할 수 있다. '성애(性愛)'라는 단어의 광범위함이 성애영화라는 용어를 전 세계의 모든 성인영화들을 총칭하는 장르명으로 확장시키는 효과가 있기는 마찬가지이기 때문이다. 다음을 참조할 것. 강소원, 『1980년대 '성애영화'의 섹슈얼리티와 젠더 재현』, 중앙대학교 박사학위논문, 2007.

급진적 에로티시즘을 표출하지는 못했다. 아이러니하게도 이처럼 비교적 낮은 수준의 에로티시즘은 에로방화를 한국영화사 내에서 떳떳한 대중영화로 위치시킬 수 있는 준거로 작용하기도 한다. 또 다른 한편으로는 에로영화라는 표현이 에로방화뿐 아니라 1980년대 중반부터 1990년대 말까지 16mm 필름으로 제작되어 극장을 거치지 않고 곧바로 비디오테이프로 시중에 배포되었던 수많은 비디오 전용 에로영화들, 즉 '에로비디오'를 포함하는 용어이기 때문이기도 하다.[5]

거의 모든 영화가 셀룰로이드 필름이 아닌 디지털 기록 방식으로 제작되기 시작한 2000년대를 거쳐 플랫폼을 가리지 않고 인터넷만 연결된다면 도처에서 미디어 콘텐츠 관람이 가능한 OTT(Over the Top) 방식이 지배하기 시작한 2010년대 중반을 지난 2020년대 현재, 일반 관객에게 있어 '영화'는 이제 '웹드라마'와도 구분이 모호한 예술 형식이 되고 말았다. 더더구나 '텔레비전 영화'까지 존재하는 마당에, 셀룰로이드 필름으로 촬영되고 현상되어 극장에서 영사되는 영화가 만들어지지 않는 포스트시네마 시대에 관객들이 이제 와서 1990년대를 휩쓸었던 비디오테이프 출시 전용 성인영화를 굳이 극장 개봉용 영화와 구분할 이

5 에로비디오에 대한 상술은 본 연구자의 다음 글을 참조할 것. 이윤종, 「장선우와 에로비디오 : 1990년대 한국의 전환기적 포르노 영화」, 『대중서사연구』 22권 4호, 2016, 143~186쪽, 혹은 『1990년대의 증상들』, 김영찬 편, 계명대학교 한국학연구원, 2017, 183~221쪽.

유는 없다. 따라서 1980년대 극장용 대중 에로티시즘 영화를 지칭하기 위해 이제는 사용되지 않는 역사적 용어인 '방화'를 호출할 필요가 있어 보인다. 이 책에서는 국산영화를 뜻하는 방화라는 역사적 표현을 1980년대는 물론 현재에도 지속적으로 사용되는 단어인 에로와 결합시킴으로써 과거의 한국영화를 영화사적으로 살피는 것은 물론, 21세기 한국영화계에서는 이제 거의 다뤄지지 않는 에로티시즘이라는 영역의 연속성과 불연속성을 학문적으로 고찰하고자 한다.

그렇다면 이 책에서 부각하고자 하는 '에로방화'의 '진보적 양면성'이란 무엇일까? 앞으로 서술하는 각 장에서 이를 구체적으로 하나하나 담론화하겠지만, 서문에서 이를 간단히 소개하고 1장으로 넘어가려 한다. 1980년대 한국영화산업이 에로티시즘에 쏠렸던 것에 대해 많은 논자들이 '퇴행적'이라거나 '퇴보적' 현상이라 평가절하해 왔던 바 있다. 그러나 이 책에서는 에로방화가 1980년대 한국의 정치·경제·사회·문화 영역에서 급진과 퇴행의 양면을 오가는 변증법적 운동 속에서 진보성을 선취하려 했음을 피력하고자 한다. 에로방화는 21세기의 젠더정치적 관점에서 볼 때는 다소 퇴행적인 면이 있지만, 1980년대의 신군부 정권에 대해 은근히 비판적이고 공격적일 뿐 아니라 당대의 민중문화 운동과 궤를 같이하며 한국 영화인들의 민주화에 대한 열망을 반영한다는 점에서는 매우 급진적이라는 양면성을 지니고 있다. 젠더정치의 측면에서도 1980년대에 움트기 시작한 한국 페미니즘 운동의 움직임을 반영하여 '여성의 삶'에 대해 '공감'하고자 했다는 점에서는 분명 급진적이지만, 이러한 공감이 '이해'의 차원보다는 '동정'에 치우쳐 모든 여성을 '피해자'로만 규정해 버린다는 한계를 가진다는 점에서 퇴행적이라는 것일 뿐, 1980년대 이전의 영화들에 비하면 젠더정치적으로도 상당히 진일보한 면모를 보였다고 평가할 수 있다.

이 책에서 주목하는 진보적 양면성은 다음의 세 가지 특징으로 정리할 수 있다. 첫째, 에로방화는 그 탄생의 근간이라 여겨지는 '3S정책'을 도모한 신군부 정권의 발전주의, 특히 경제성장제일주의 기조에 대해 대단히 비판적이라는 점이다. 에로방화에 대한 가장 흔하고 두터운 오해는 바로 그것이 제5공화국의 지배권력에 순응하여 만들어진, 3S정책의 부산물일 뿐이라는 관점이다. 이러한 시각이 너무나 지배적이어서 1980년대 에로방화가 3S정책의 결과물에 불과하다는 영화연구자와 평론가들의 논점은 1980년대부터 2020년대에 이르기까지 그다지 진일보하지 않은 면이 있다. 때문에 수많은 에로방화 텍스트가 섹스를 전방에 내세우고 후방에서 신군부 정권의 발전주의적·개발주의적 기조를 비판하는 경향이 있다는 점은 간과되고 있다. 둘째, 에로방화는 당대 신군부 정권하에서 가장 급진적이고 반체제적인 사상과 운동이었던 민중주의 및 페미니즘 운동과 긴밀한 관계를 맺는 만큼 진보적이지만 두 운동의 가장 약한 고리를 부각시킨다는 점에서 매우 모순적이고 이중적이다. 앞서도 잠깐 언급했고 본론에서도 부연하겠지만, 많은 에로방화들, 특히 다수의 작가주의 감독들의 에로방화 작품들은 당대의 민중주의 및 페미니즘 운동과 공명하고 있다. 그러나 당대의 원천 사상이 가진 시대적 한계가 에로방화에도 마찬가지로 적용되기도 하는 한편, 다소 표피적으로 수용되는 경향도 있어 그것이 예기치 않게 퇴행적 가능성을 내포하고 있다는 한계점이 있다. 그 일례로 에로방화에서 여성의 성적 수탈을 한국 민중 전체의 핍박과 동질화하는 흐름이 자주 발견되는 것을 들 수 있다. 셋째, 여성의 신체를 노출시켜 볼거리로 전시하는 '성착취물(sexploitation)'의 형식을 빌려 여성의 억압과 수난을 1980년대 한국의 자본주의 현실 및 정치적 탄압과 동일시하는 에로방화의 정치성은 그 자체로 양면적이다. 에로방화는 장르적으로 상업적 에로티시즘을 과용하여 여성을 전시품으로 대상화했다는 질타로부터 결코 자유로울 수 없다. 또한 그 민중주의적이고 여성주의적인 서사에도 불구하고 벗은 신체와 성행위를 스펙터클화하는 성인영화적 이미지 때문에 민중주의와 그로부터 영향을 받은 논자들로부터 가장 많은 비판을 받는 아이러니한 결과를 초래하기도 했다.

또한 페미니즘의 관점에서 볼 때 가장 문제적인 특징은 거의 언제나 에로방화 속의 섹스가 남녀의 동의하에 일어난다기보다 남성의 주도에 의해서만 이루어지고, 강간이 화간(和姦)으로 변한다는 점이다. 이는 1980년대에 페미니즘 운동이 한국사회에서 최초로 본격적으로 일어나기 시작했음에도 불구하고 남녀를 불문한 당대의 정서가 아직까지 여성의 성적 욕망을 인정할 수 없었던 시대상을 반영하는 것으로 보인다. 성욕이나 성행위에 있어 여성이 주체가 되어 적극성을 표방한다는 것은 아직까지 상상하거나 허용될 수 없었던 시대였던 것이다. 따라서 나는 에로방화의 가장 큰 젠더정치적 한계점으로 여성이 반라로 등장하거나 여성의 신체가 남성(관객)의 눈요깃거리로 활용된다는 멀비적 페미니즘 영화이론—물론 나는 여성이 할리우드 영화를 위시한 일반적인 대중영화 속에서 남성(관객)의 '시각적 쾌락'을 위한 스펙터클로 존재한다는 로라 멀비(Laura Mulvey)의 이론에 적극 찬동한다—의 입장보다는 여성이 언제나 성욕이나 성행위에 있어 남성의 자율적·적극적 접근을 '허용'하는 수동적 존재로만 묘사된다는 점을 강조하고 싶다. 이러한 여성 섹슈얼리티에 대한 수동적 접근은 강간이 화간이 되는 1980년대 에로방화의 한국화된 시각적 특수성의 근저를 이룬다. 따라서 대다수의 에로방화 속에서 여성은 본능적인 성욕을 스스로 알아챌 길이 없으나 남성에 의해 그것이 일깨워져야만 하므로, 여성은 남성의 성적 접근을 허용하고 그에게 '교육'되고 '계발'됨으로써만 성적 세계에 입문할 수 있는 존재로 그려진다. 이러한 여성관은 '민중'을 역사적 변혁의 주체로 보고 싶어 하면서도 단순한 '피지배자'나 '우매한 군중'으로 보는 남성주의적 엘리트주의의 이중적 민중관과도 겹치는 면이 있다.

이러한 점에서 볼 때 에로방화는 그 제작의 원인과 결과, 그리고 그 내적인 요소(텍스트)와 외적인 요인들(관객과 평단의 반응, 검열, 역사성 등) 사이에서 진동하는 이상야릇한 장르영화로 한국영화사 내에서 자리매김하게 되었다. 즉, 정치적으로 완전히 진보적이지도 퇴보적이지도 않고, 완전히 상업적이지도 완전히 예술적이지도 않으며, 완전히 야하지도, 그렇다고 야하지 않은 것도 아닌 그러한 성인영화 장르가 된 것이다. 정권이 허용하는 한도 내에서만 에로티시즘을 표방하되, 대중영화로서 1980년대의 한국의 진보적인 정치적 무의식을 담은 장르영화가 됨으로써 급진성은 누락시킨 것이 바로 에로방화의 진보적 양면성이라 할 수 있다.

에로방화의 세 가지 양면성을 중점적으로 상술하기 전에 에로방화의 대중 수용과 평단의 비평 사이에 놓인 간극을 우선 짚고 넘어가야 할 것 같다. 에로방화가 개발독재에 대해 난색을 표하는 방식은 장르적으로 정치물이나 사회비판물의 형식을 띠지 않은 채 연애나 결혼 관계에서의 문제점을 섹스를 통해 부각하는 멜로드라마적 양식을 띠고 있다. 이때의 섹스는 절대로 로맨틱하거나 에로틱하지 않고 오히려 코믹하거나 폭력적이어서 에로틱이라는 단어가 축약되어 다소 우스꽝스럽게 왜곡된 '에로'라는 단어로밖에는 설명되지 않는 아이러니를 지닌다. 그러나 이 아이러니 때문에 에로방화는 1980년대의 민중이나 민중주의와 동떨어진 저질 상업영화로만 간주돼왔다. 따라서 다음 절에서는 우선 '에로'라는 단어의 기원과 한국영화사 내에서의 에로티시즘의 역사를 살펴볼 것이다. 그리고 3절에서 1980년대 한국영화를 바라보는 한국 평단의 시선 가운데 에로방화와 민중영화의 이원론적 구분을 먼저 살펴보려 한다. 에로와 민중의 대치는 상업성과 정치성/윤리성의 대치에서 기원한 것이기도 한데, 이러한 이원론적 대립은 에로방화가 가진 정치성 그 자체를 무화(無化)하는 효과로 작용하기 때문이다. 따라서 3절에서는 에로방화가 취하는 정치적 전략, 그중에서도 민중주의와의 조응을 살펴본 후, 4절에서 에로방화의 세 가지 양면성을 본격적으로 살펴볼 것이다.

2. 한국영화의 에로와 에로티시즘의 역사

'에로(ero)'라는 단어의 기원은 일본에서 영어의 'erotic'이나 'eroticism'을 일본어식으로 줄여서 20세기 초부터 사용하기 시작한 데에서 찾을 수 있다. 특히 다이쇼(大正) 천황 시대(1912~1926)의 대표적 예술양식으로 식민지 조선에서도 1930년대부터 유행했던 '에로-그로-넌센스'(ero-gro-nonsense, エログロナ

ンセンス)에서부터 그 용례의 시발점을 찾을 수 있다.[6] 즉, '에로'가 '에로틱'한 것과도 다르고 '에로티시즘'이라는 단어가 풍기는 자연스러운 성애의 뉘앙스와도 미묘하게 갈라지는 지점은, 그것이 애초에 다른 영어 단어인 그로테스크(grotesque) 및 넌센스(nonsense)와 결합되어 색정적이고 기괴하며 논리적으로 말이 안 되는 엽기성의 요소를 두루두루 포함하고 있는 '에로-그로-넌센스'라는 일본의 대중문화 양식이 발생하고 유행한 시점부터 형성된 것으로 보인다. 에로-그로-넌센스는 일본의 문학이나 미술은 물론 패션과 잡지 문화에 있어서도 광범위한 영향력을 발휘하여 식민지 조선에도 거의 동질적으로 전파되었음은 물론 다이쇼 시대 이후 쇼와(昭和) 천황 통치기(1926~1989)와 그 이후에도 지속적으로 일본문화에 그 파급력을 발휘했다.

미국의 일본사학자 미리엄 실버버그(Miriam Silverberg)는 일본 근대화가 서구의 근대성을 모방하며 서구화/미국화한 것이 아니라 "일본만의 특수한 역사적 과정(a historical process specific to Japan)"[7]을 통해 서구 문물과 이미지를 전유한 것으로 보는데, 그 일례를 '에로-그로-넌센스'에서 찾고 있다. '모가'라 불리던 '모던 걸'이나 '모보'로 지칭되던 '모던 보이' 등의 일본화된 양식(洋式)

6 다음을 참조할 것. Miriam Silverberg, *Erotic Grotesque Nonsense: The Mass Culture of Japanese Modern Times*, University of California Press, 2009. 소래섭, 『에로 그로 넌센스 - 근대적 자극의 탄생』, 살림, 2005.

7 Miriam Silverberg, Op.cit., p.9.

복장을 소비하는 근대적 주체나 1920년대의 글로벌 아이콘이었던 찰리 채플린(Charles Chaplin)과 그의 영화에 열광하는 일본 소비 주체의 정동이 일본영화 제작에 일조하는 방식이 흡사 당대의 소비에트 몽타주(montage) 영화처럼 연관성이 없어 보이는 요소와 이미지들을 뒤섞어 편집·배치하며 혁명적 효과를 내는 것과도 같아 그것이 에로-그로-넌센스의 효과와 유사하다는 것이다.

'에로'가 그로테스크 및 넌센스와 결합해 기괴하고 말도 안 되는 에로티시즘으로 변형된 에로-그로-넌센스의 문화는 1920년대 일본과 1930년대 식민지 조선에서 선풍적 인기를 끌었을 뿐 아니라, 반세기가 지난 후에도 잔존하여 본격적인 극장용 성인영화의 시기인 1960년대와 70년대의 일본영화계와 1980년대의 한국영화계에도 그 영향을 미쳤다. 20세기 후반에 제작된 양국의 성애영화에서 20세기 전반의 에로-그로-넌센스의 잔존치나 변화도를 수치로 환산할 수는 없지만, 연속적이든 불연속적이든 그 파급효과는 지속적으로 남아있는 것으로 보인다. 따라서 다소 진지하고 감각적이며 에로틱한 서구의 성인영화와 달리, 1980년대 에로방화는 에로티시즘을 기괴한 그로테스크성과 웃음을 유발하는 넌센스적 요소와 결합해 기묘한 에로성(性)을 형성한다. 그 에로성은 한국 관객들, 특히 80년대 이후에 사후적으로 영화를 보는 이들에게는 낯익으면서도 낯선 어떤 것, 즉 일본에서 유래한 듯하면서도 이미 너무나 한국화되어 이질적이면서도 동질적인 어떤 것으로 받아들이게 만든다. 그러한 기묘한 에로성이 한국 영화인들에 의해 의도적으로 탄생한 것은 아니었겠지만, 1980년대라는 기괴한 시대가 에로방화를 과장된 에로티시즘과 선정성이 결합된 장르인 듯하면서도 너무나 윤리적이고 교훈적이어서 배우의 신체적 노출을 최소화할 정도로 은폐적이며, 코믹한 동시에 슬프기까지 한 기이한 장르로 특성화시킨 듯하다. 1980년대 자체가 1979년 10월 26일 박정희 대통령의 서거로 한국이 20여 년간의 군부독재에서 해방되는 듯하다가 전두환 대통령의 군사 쿠데타로 다시 같은 체제로 다시 회귀하며 정치적으로는 더할 나위 없이 억압적이지만 문화적으로는 다소 숨통이 트인 것 같은 시대였다는 데에 특이점이 있다. 이런 시대를 살아가던 당대의 영화인들은 이전의 유신 정권이 철저하게 금기시했던 문화적 자유와 소비문화의 부분적 허용하에서, 정권이 허락하는 만큼의 에로티시즘을 영화 속에 표출하며 끊임없는 자기검열에 더해 공식적 검열을 통과하기 위해 대본과 편집본을 이중적으로 가위질하는 등의 사투를 벌이며 '틈새'적인 에로성을 구현한 것이다.

따라서 '에로'는 단순히 성적이거나 야한 차원을 벗어나 선정적이면서도 해괴하고 우스꽝스러운 느낌까지도 자아내는 단어로 변화했고, 초창기 에로방화에서는 그 에로-그로-넌센스적인 요소가 더욱 두드러진다. 2023년 현재 '에로'라는 단어는 한일

양국에서 성인용 음란물이나 외설적인 인물을 지칭하기 위한 명사나 형용사로 두루두루 쓰이게 되었다. 이러한 화용론적 측면 때문에 에로방화는 1990년대 한국의 비디오산업을 휩쓸었던 에로비디오나 소위 AV라 일컬어지는 성인용 음란 동영상과 혼동되거나 혼용되는 경우가 많다. 앞서 언급했듯, 에로영화는 에로방화와 국산 에로비디오뿐 아니라 외국에서 제작된 '야동(야한 동영상)'과 포르노 영화를 모두 일컫는 명칭으로 변화되었기 때문에 1980년대 한국의 극장 개봉용 미성년자 관람불가 한국영화는 이제 '에로방화'로 구분 지어 부를 필요가 있게 되었다. 게다가 1980년대 후반으로 갈수록 수많은 에로방화들이 비디오용으로 제작된 소프트코어 포르노 영화인 에로비디오와 그 차이를 구분할 수 없을 정도로 서사가 누락되거나, 서사 전개와 무관한 반라 혹은 전라의 여성이나 이성 간의 성행위와 관련된 장면을 보여주는 경우가 과해졌던 것도 역사적 사실이다. 그럼에도 에로방화는 정부의 검열을 염두에 두고 '주류 대중영화'의 틀에서 크게 벗어나지 않고 만들어졌기 때문에, 이 영화들이 16mm 필름으로 촬영돼 바로 비디오테이프의 형태로 유통된 소프트 포르노인 에로비디오와 달리 극장 개봉을 위해 35mm 필름으로 제작되었다는 점은 간과되어서는 안 될 것이다. 성인영화의 플랫폼이 영화관에서 가정용 비디오 재생기인 VHS(Video Home System)로 넘어가며 포르노화된 1990년대 에로비디오의 과잉성장으로 인해 2000

년대 이후의 '에로'라는 표현은 1980년대와는 완전히 다른 맥락에서 사용되고 이해되는 측면이 있는 것도 사실이다. 그러나 식민주의의 경험과 기억 때문에 일본적인 흔적을 경시하고 비꼬거나 비웃는 경향이 있는 한국사회에서, '에로'스러운 것에 보내는 양가의 감정은 1980년대 에로방화의 이상야릇한 에로티시즘에 대중과 영화 전문가가 보내는 모순된 시선과도 무관하지 않다. 즉, 1980년대에 에로방화에 대해 관객과 평단이 가졌던, 호기심이나 열정과 더불어 부끄러움이나 경멸감을 느끼는 양가적 감정을 바탕으로 이 성인영화 장르가 대중영화로 자리 잡을 수 있었던 특수한 시대적 정황과 맥락이 형성된 것이다.

그렇다면 한국에서는 언제부터 영화 속에서 에로티시즘이 표현되기 시작했을까? 한국영화 속 에로티시즘의 역사를 추적하게 되면, 1950년대까지 거슬러 올라가 한국 최초의 키스 장면이 등장하는 <운명의 손>(한형모, 1954)에까지 다다르게 된다. 그러나 <운명의 손>의 키스 신은 서사의 맥락상 성(性)스럽기보다 성(聖)스러운 느낌에 가까운 데다 키스라기보다는 입맞춤에 불과하기 때문에 그것을 에로티시즘과 연결하기는 사실상 어렵다. 엄밀하게 말하자면, 한국영화 속의 에로티시즘이 본격적으로 추구되기 시작한 것은 1960년대 중반부터라고 보는 것이 타당할 것이다. 일본의 핑크영화인 <백일몽(白日夢)>(다케치 데쓰지, 1964)의 대본을 번역해서 한국판으로 리메이크한 유현목 감독의 <춘몽>(1965)과 당대의 궁중사극으로서는 이례적이고 파격적인 에로티시즘을 표방한 신상옥 감독의 <내시>(1968), 순결 이데올로기에 사로잡히지 않은 여대생의 성적 행보를 그리는 박종호 감독의 <벽속의 여자>(1969)에 이르러 시각적 에로티시즘이 활성화되기 시작했다. 각각의 영화로 유현목, 신상옥, 박종호 감독 모두 '음화(음란영화) 제조'라는 죄목으로 검찰에 기소됨으로써 많은 영화인들을 당혹스럽게 했으며, '한국영화의 전성기'로 꼽히던 60년대에 영화 창작욕이 한풀 꺾이는 계기가 되기도 했다.[8] 유현목은 유죄 선고를 받고 벌금을 물었고 신상옥과 박종호의 수사는 유야무야됐지만, 세 사건은 영국의 빅토리아조만큼이나 성적으로 억압적이던 박정희 정권하에서 영화 속 에로티시즘이 금기시되던 현실을 적나라하게 보여주는 일례라 할 수 있다.

그러나 한편으로 영화에서의 성적 표현의 금지는 유현목이나 신상옥 같은 1960년대의 거물급 감독이나 박종호 등의 중견 감독에게만 적용된 것으로 보이기도 한다. 60년대 후반에 음화제조죄로 기소된 영화들의 영향도 있겠지만, 1970년대에 들어서 몇몇 호스티스 영화를 위시해 일반 드라마 장르의 영화에서도 21세기의 관점에서 봐도 깜짝 놀랄 만한 성적 표현이 엿보인다는 점에서 정권의 이중성을 엿볼 수 있다. <바보들의 행진>(1975)

8 김수용, 『나의 사랑 씨네마 - 김수용 감독의 한국영화 이야기』, 씨네21, 2005, 65-66쪽.

으로 유명한 하길종 감독은 미국 유학 후 귀국해 데뷔작인 <화분>(1972)으로 동성애 코드까지 섞은 네 남녀의 성적 엇갈림을 그려 평단의 주목을 받은 바 있지만, 영화 때문에 기소를 당하거나 검찰의 조사를 받았다는 기록은 없다.[9] 게다가 그는 <화분> 이후 판타지 사극이라 할 수 있는 <수절>(1973)과 <한네의 승천>(1977)에서도 당대로서는 상상도 할 수 없을 정도 수위의 파격적 에로티시즘을 선보였다. 물론 두 편의 영화는 <화분>이나 <바보들의 행진>만큼 유명세를 떨치지 못해서 검열 당국이 영화의 제작 전이건 후건 특별히 이의를 제기하지 않았을지도 모른다. 어찌 됐건, 하길종은 호스티스 영화로 분류되지 않는 영화들 속에서 당대로서는 매우 과감한 시각적 에로티시즘을 구현함으로써 한국영화계에서 선구자적 위치를 점했다고 할 수 있다. 또한 하길종의 에로티시즘은 친동생이며 영화배우이자 감독인 하명중에게도 영향을 주었다고 생각되는데, 하명중은 감독 데뷔작인 <엑스>(1983)와 에로사극인 <땡볕>(1985)과 <태>(1986)로 유럽 영화제를 노크하는 등 1980년대에 제법 잘 만들어진 에로방화를 연출한 바 있다.

9 〈화분〉은 검찰보다는 몇몇 영화평론가들이 영화가 이탈리아 감독, 파졸리니(Pier Paolo Pasolni)의〈테오레마〉(*Theorem*, 1968)와 서사와 캐릭터 전개에서 유사성을 보인다고 지적하면서 청룡영화제 수상작 후보선정 과정에서 탈락하여 논란의 중심에 선 것으로 더 유명하다. 다음 책의 신문기사들을 참조할 것. 하길종, 『하길종 전집 3 자료편 - 스크립트·서한·기사』, 한국영상자료원, 2009, 174~181쪽.

하길종이 시도한 영화적 에로티시즘의 추구는 한국영화계에서 독보적 위치를 차지하는 작가주의 감독, 김기영과도 일맥상통하는 면이 있다. 일찍이 <하녀>(1960)로 독특한 여성 섹슈얼리티를 구축한 김기영은 1970년대에도 <화녀>(1971), <충녀>(1972), <이어도>(1977), <살인나비를 쫓는 여자>(1978), <수녀>(1979) 등의 영화에 좀 더 농도 짙은 시각적 에로티시즘을 안배하면서 여성의 성적, 사회적 욕망을 교차시키며 특유의 여성 시리즈를 심화시켰다. 하길종과 김기영의 섹슈얼리티와 에로티시즘의 탐구는 1970년대 중반에 등장하기 시작한 호스티스 영화보다 좀 더 시간적으로 앞서 있었으며 웬만한 호스티스 장르보다 과감하게 성애를 시각적으로 표현했다. 그러나 하길종과 마찬가지로 김기영도 검찰이나 검열 당국의 감시 리스트에 올라있는 감독은 아니었던 것으로 보이며, 본인의 사비와 서울대 치대 동창이자 치과의사였던 부인의 수입으로 영화제작비를 충당하는 과정에서 재정적 어려움은 겪었을지언정 비교적 자유롭게 자신의 작품 세계를 형성해 나갈 수 있었다.

하길종이나 김기영처럼 1970년대의 작가주의 감독이 영화 속에서 예술과 외설의 경계를 오가며 작품 활동을 한 것은 프랑스의 68혁명의 영향과도 무관하지 않아 보인다. 공교롭게도 서울대 출신인 두 감독은 연출 초기부터 서구영화, 특히 유럽영화의 영향을 받아 자신들만의 스타일을 계발하기 시작했고,[10] 하길종은 60년대 후반에 미국에서 영화 공부를 하며 68혁명의 미국에서의 파급 효과를 직접 목도했으리라 짐작할 수 있다. 비록 68혁명은 실패했지만, 유럽 젊은이들의 부패한 정권에 대한 저항과 사회 변혁의 의지는 다양한 예술 장르, 특히 영화에 크게 각인되어, 유럽과 미국, 일본의 감독들은 성적 일탈과 저항을 정치적 혁명과 동일시하는 작품들을 다수 연출하며 각국의 뉴웨이브 영화 운동을 이끌었다. 피에르 파울로 파졸리니(Pier Paolo Pasolini)와 베르나르도 베르톨루치(Bernardo Bertolucci), 오시마 나기사(大島渚) 등 1960년대와 70년대에 활발하게 활동했던 이탈리아와 일본의 감독들이 그 대표적인 예라 할 수 있다. 이에 대해서는 다음 장에서 멜로드라마와의 연관성 속에서 다시 상술할 것이다.

그리고 1980년대에 들어서서 1982년 영화 <애마부인>(정인엽)의 그야말로 하룻밤 사이의 흥행 대박을 통해 에로방화는 한국 영화사에서 하나의 장르이자 문화현상이 되었으며 1980년대 전체를 아우르는 시대적 트렌드가 되었다(이에 대해서는 4절과 4장에서 상세히 분석할 것이다). 에로방화의 전신이자 전범이라 할 수 있는 1970년대 호스티스 영화는 가진 것이라곤 몸밖에 없는 하층계

10 김기영은 1940년 서울 의대에 지원했다가 낙방한 후 등록금을 벌기 위해 일본으로 건너가 1년간 일을 하며 수많은 연극과 영화를 접했다고 하는데, 프리츠 랑(Fritz Lang)과 조세프 폰 스턴버그(Josef Von Sternberg)의 영화가 그에게 특히 큰 감화를 주었다고 알려져 있다.

급 여성, 특히 농촌 출신의 여성이 가난한 식구들을 먹여 살리기 위해 상경해 온갖 직종의 노동을 전전하다 당시의 모든 여성에게 강요된 순결이라는 이데올로기적 주물(呪物)을 상실한 후 겪게 되는 불운을 묘사하는 경우가 대다수다. 순결을 상실한 여성들이 결혼을 통해 남편으로부터 얻을 수 있는 경제적 지원의 가능성이 차단된 상태에서 그녀들이 스스로 살아남기 위해 택할 수 있는 길은 윤락업밖에 없는 사회적 환경을 비판하는 동시에 그 과정을 시각적 에로티시즘으로 활용하는 전략을 쓰는 것이다. 호스티스 영화로 분류되지 않거나 에로티시즘이 강조된 영화가 전혀 아니더라도, <순결>(이형표, 1970)이나 <성숙>(정소영, 1974) 같은 영화들처럼 70년대 영화들의 대다수는, 물론 예외도 있지만, 순결 이데올로기에 매우 충실해 순결을 잃은 여성은 결혼할 수 없다거나 그에 상응하는 벌을 받을 수밖에 없다는 묘한 교훈마저 주고 있는데, 이는 국가적 차원에서 선전되고 지향되는 윤리적 프로파간다의 성격마저도 띠고 있다. 이런 측면에서 70년대 한국의 멜로드라마 영화들은 순결을 잃고 자살 혹은 자살 시도를 하는 여성을 그리거나(<성숙>), 아내가 과거에 순결을 잃었다는 것을 알고 방황하는 남편을 다루거나(<순결>), 순결을 잃고 매매춘에 종사하게 되는 여성을 그리는 데 여념이 없었다고 할 수 있다. 이러한 한국영화 속 순결 이데올로기의 전통은 당연히 80년대에도, 또한 에로방화 속에도 지속적으로 이어진다.

1970년대 호스티스 영화의 시초라 할 수 있는 <별들의 고향>(이장호, 1974)이나 <영자의 전성시대>(김호선, 1975)는 애초에 여공이나 가정부, 후처 등을 거쳐 윤락업계로 흘러들어 오게 된 여주인공이 급속한 고도 산업화의 진통을 겪는 한국사회 속에서 경험하게 되는 냉혹한 사회 현실을 그림으로써 청춘영화로 분류된 이력이 있는 영화들이다. 두 영화의 폭발적 흥행으로 인해 1970년대 후반에 사회 비판보다는 당대 최고의 여배우들이 반라의 모습으로 불운한 여주인공의 성적 여정을 연기한 본격 호스티스물들이 한국영화산업 전반을 지배했다고 해도 과언은 아니다. 그러나 70년대 호스티스 영화와 80년대 에로방화의 가장 큰 차이점은 에로티시즘의 주요 주체이자 객체인 여주인공의 사회적 계층이나 계급의 변화이다. 호스티스 영화는 에로방화보다 먼저 등장해 여공이나 가정부로 일하다가 가정주부로 정착하지 못하고 매춘업계에 발을 들이게 되는 하층민 여성들을 통해 영화적 에로티시즘을 상업적으로 활용하기 시작했다. 그러나 호스티스 영화는 80년대에 여주인공의 계급이나 젠더와 함께 장르적 다양성마저 에로티시즘이라는 공통분모하에 광범위하게 포섭시킴으로써 상부장르가 된 에로영화의 하부장르로 흡수돼 꾸준히 제작되는 경향을 보인다. 호스티스 영화와 달리 에로방화의 서사적 주체이자 시각적 쾌락의 대상이 되는 여주인공들은 대체로 중산층 여성들, 즉 여대생, 가정주부, 회사원 등이다. 물론 술집이나 홍등가에서 일하는 여성 호스티스나 남성 호스트마저도 에로방화에 등장하기는 하지만, 이는 여대생이나 가정주부에 비하면 상당히 소수이다. 가정주부인 <애마부인>의 여주인공이나 에로방화의 하부장르인 호스티스물에 대한 보다 상세한 분석은 3장으로 미루기로 하고 다시 에로방화의 진보적 양면성, 특히 민중운동과의 밀접한 연관성에 대해 논해야 할 것 같다.

3. 에로방화와 민중, 그리고 민중주의

2023년 현재까지도 영화학계 내의 에로방화 논의의 시작과 끝은 언제나 전두환 대통령의 신군부 정권이 비공식적으로, 암묵적으로 시행한 문화정책인 '3S정책'이 차지한다. 즉, 신군부가 1979년 군사 쿠데타와 1980년 광주에서의 학살에 대한 국민의 정치적 공분을 약화하려는 의도에서 섹스(sex), 스포츠(sports), 스크린(screen)이라는 영문 S로 시작하는 세 가지 문화 영역을 장려한 우민화 정책에 편승하여 일어난 영화적 현상이 에로방화라는 것이다. 군부독재 정권의 억압하에서 섹스와 스크린이 결합하여 그것이 용인되고 장려되며 만들어진 영화들이라는 인식 때문인지 에로방화는 다양한 하부장르와 함께 형성된 그 다층성과 복잡한 정치성에도 불구하고 저질의 상업영화로 매도되는 경우가 많다. 따라서 상업영화와 예술영화, 혹은 주류영화와 독립영화의 이분법적 인식 구도가 1980년대 한국영화사에 적용될 때에는 에로영화와 민중영화의 이항대립 구도로 좁혀지는 경우가 많다.[11] 이에 따라 도매급으로 '나쁜 영화'라 매도되었던 에로방화는 '좋은 영화'로 간주되었던 민중영화, 즉 1980년대 말부터 16mm 필름으로 제작이 활성화된 독립영화들과 이분법적으로 구분되기도 한다.

그러나 나는 3S정책이 에로방화의 하나의 동인이 될 수는 있었겠으나 그것이 필요충분조건이 아니라 주장하고 싶다. 더불어 에로방화가 민중영화와 아주 깔끔하게 무 자르듯 구분될 수 없음도 함께 강조하고 싶다. 에로방화 제작의 유행은 앞서도 언급했지만 3S정책보다는 <애마부인>의 놀라운 흥행에서 찾을 수 있고, 이 흥행의 키는 전적으로 극장을 찾는 관객들에게 달려있었음을 우선적으로 인지해야 한다. 즉, 에로방화 제작과 흥행을 추동한 것은 바로 한국의 관객 대중이었던 것이다. 관객은 정책이 지시하는 대로 무조건적으로 따라 하는 우매한 군중이 아니다. 해방 이후 소수의 독재정권이 장기간 집권하기는 했으나, 1960년 4·19 혁명부터 시작하여 한국의 '민중'은, 때때로 실패했다고는 해도, 언제나 독재정권에 맞서 일어날 준비가 되어 있었다. 1980년 광주항쟁에 대한 신군부의 살육적 제압으로 인해 잠시 대대적인 투

11 주진숙은 1980년대 한국영화를 에로영화와 민중영화로 양분화하여 후자의 중요성을 극대화해서 강조하기 위해 전자를 질타한 바 있다. 다음을 참조할 것. 주진숙 외, 『한국 여성영화인 사전』, 도서출판 소도, 2001.

쟁의 동력은 가라앉아 있었을지도 모르나, 1980년대 내내 대학생들은 정부 당국을 대상으로 끊임없이 집회를 벌였고 1987년 6월 민주화운동에 이르기까지 대학생은 물론이고 일반 회사원과 시민 대중들마저도 차근차근 궐기에 참여할 마음의 준비를 하고 있었다. 그만큼 민주화에 대한 열망이 강력했던 한국 시민사회를 시행의 근거조차 찾기 어려운 문화정책 하나로 정치적으로 무력화하는 것은 결코 간단하고 쉬운 일이 아니었으리라는 이야기다.

물론 3S정책이 하나의 조건이 되어 심야상영이 가능해지고 최초로 <애마부인>이 서울극장에서 심야상영을 해서 공전의 히트를 기록한 것은 사실이다. 그러나 신군부는 물론이고 영화의 제작진조차도 <애마부인>이 그토록 흥행에 성공할 수 있었으리라 확신했다는 근거는 찾을 수 없다. 영화가 대중오락 매체로 자리잡기 시작한 이래 영화의 제작진은 물론 그 누구도 한 영화의 흥행을 쉽게 예견할 수 없고 관객이 원하는 것이 무엇인지도 언제나 알 수 없다는 것이야말로 영화계의 만고불변의 진리가 되어왔다. 따라서 1970년대 <겨울여자>(김호선, 1977)의 흥행 이후로 침체되어 있던 충무로에 <애마부인>의 성공이 되살린 활기와 활력은 어마어마했을 것이라 짐작할 수 있다. 즉, <애마부인>의 흥행과 유사한 장르의 영화들에 보낸 관객의 성원이야말로 1980년대 내내 충무로의 에로화를 추동했던 주동력이었다고 할 수 있다.

3S정책이 실제로 존재했다고 해도 <애마부인>이 흥행에 성공하지 않았다면, 이후로 <애마부인>을 모방하는 수많은 에로방화들이 나올 수 없었을 것이다.

또한 <애마부인>을 위시한 수많은 에로방화 중에서도 흥행에 성공한 영화들의 면면을 보면 단순히 배우들을 벗기는 영화가 아니었음을 알 수 있다. 관객과 공명할 수 있었던 에로방화는 단순히 섹스와 에로티시즘으로 포장한 영화들이 아니라 1980년대의 시대적·민중적 정동을 투영한 영화들이었다. 즉, 이러한 영화들은 신군부 독재정권에 대한 반감과 박정희 군부 정권을 이어받아 개발과 성장을 사회의 중심축으로 놓는 신군부의 개발주의·발전주의 기조에 대해 비판하고 이러한 비판적 태도를 가장 적극적으로 표출한 1980년대의 민중사상 및 민중운동과 궤를 같이하는 경우가 많았다. 따라서 1980년대 한국영화는 에로방화와 민중영화로 간단하게 구분되지 않는다.

그렇다면 도대체 '민중'이란 무엇인가? 강인철은 동아시아에서 "2천 년이 넘는 긴긴 세월 동안 민중은 '다수의 민(民)'을 가리키는 지극히 평범한 말로 남아 있었"으나 한국에서는 "3·1 운동이라는 대사건을 거치고서야 비로소 이 어휘[가] 평범치 않은 그 무엇으로 변하기 시작"했다고 주장한다.[12] 즉, 중국에서 유래하

12 강인철, 『민중, 시대와 역사 속에서 - 민중의 개념사, 통사』, 성균관대학교 출판부, 2023, 7쪽.

여 한국에서는 고려시대와 조선시대를 거치며 피지배자를 지칭하던 "민중이라는 전통적 기표에 '저항'과 '주체'라는 새로운 기의가 부착"되며 1920년대와 1970년대, 1980년대를 거쳐 "복잡하고 다의적인 개념으로 변모"하였다는 것이다.[13] 특히 식민지 조선에서는 신채호를 위시한 민족주의적 지식인들이 3·1 운동을 통해 "피지배 다중에 내장된 거대한 위력"을 목도한 후 일본 제국주의의 탄압과 억압하의 대다수 조선인들을 민중이라는 민족주의적 혁명 주체로 호명했던 바 있다.[14] 즉, 신채호는 민중을 혁명의 '주체'로 내세웠는데, "민중이 주체로 나서 수행해야 할 혁명은 '민족혁명'과 '사회혁명'을 결합한 '동시혁명'이었고, 단순한 '독립'만이 아닌 '총체적·전면적 사회변혁'을 지향"했던 것이다.[15] 해방 이후 민중은 남한의 독재정권하에서 신음하는 피지배계층 대다수를 뜻하는 표현이 되었고, 그것이 1970년대 유신 정

13 위의 책.

14 위의 책, 70쪽. 다음을 함께 참조할 것. Kenneth M. Wells, "The Cultural Construction of Korean History", *South Korea's Minjung Movement: The Culture and Politics of Dissidence* ed. Kenneth M. Wells, University of Hawai'i Press, 1995, pp.11~38. 책의 편집자이자 역사학자인 웰즈는 한국에서 처음으로 '민중'이란 용어가 등장한 글이 신채호의 「조선 혁명 선언서」(1923)라 언급한다. 웰즈에 따르면, 신채호는 이전까지는 민중을 "일반 군중(the people in general) 이나 역사의식을 결여한 대중(mass)"으로 생각했으나, 1920년을 전후하여 "역사적 발전에 기여할 수 있는 집단," 즉 "독립운동을 이끌어갈 수 있는 집단"으로 상정하기 시작했다고 한다. 같은 책, pp.32~33. 강인철은 위의 책의 1장에서 김진하, 최정운, 조동일 등을 인용하며 고대 중국에서부터 '민중'이라는 표현이 사용되기 시작했다고 설명한다.

15 위의 책, 80쪽.

권의 한층 더 강화된 군부독재 체제하에서 소위 '진보' 세력의 핵심 사상이 되어 보다 폭발적인 운동 용어로 또 한 차례 의미가 변모되었다.[16]

1970년대의 민중주의는 1970년 11월 열악한 노동환경에 대한 항거로 이루어진 전태일의 분신자살에 대한 충격과 이에 대한 지식인들의 사회 인식의 변화와 함께 이루어졌다. 이 여파는 "1974년 전국민주청년학생총연맹(민청학련)의 '민중·민족·민주선언'으로도 이어졌"고, "이를 계기로 1960년대의 '3반反[반외세·반매판·반봉건] 이념'이 1970년대에 '3민民(민중·민족·민주) 이념'으로 변화"하여 "운동가들 사이에서는 학생운동만으로는 부족하며 민중의 삶 속으로 들어가야만 한다는 의식이 확산"하기 시작했다.[17] 강인철은 "1940년대가 '인민의 시대'였다면 1970년대는 '민중의 시대'였다"며, "1970년대에 재등장한 저항적 민중 개념은 다수자, 피지배층, 다계층성, 주체(역사주체, 정치주체), 저항성

16 『민중문화론』에서 정지창은 다음과 같이 서술한다. "민중이라는 개념은 70년대에 들어와 특히 강조되었다. 이 시기에 민중이라는 말이 크게 대두되었던 것은 70년대 우리나라의 정치, 경제, 문화 등의 제 환경과 밀접한 관련을 맺고 있다. 특히 민중이라는 개념은 정치적인 측면에서 권력의 원천으로서 민중을 의식하고 그들에게 자의식을 일깨워 주려했던 지식인들에 의해 강조되었고, 또 실제로 많은 지식인들이 민중을 의식화하는 작업을 수행해 왔다. (…) 정치, 경제, 문화의 제 영역에서 민중을 강조하게 되었던 데에는 기존의 지배 구조가 민중의 입장에서 재편되어야 할 것이라는 인식이 바탕을 이루고 있었다고 할 수 있다. 다시 말해서 민중이 이 사회와 역사의 주인이 되어야 한다는 상황 인식에서 모든 것이 출발되었던 것이다." 정지창, 『민중문화론』, 영남대학교 출판부, 1993, 12쪽.

17 강인철, 앞의 책, 177쪽.

이라는 의미 요소를 모두 갖추고 있었다"고 분석한다.[18] 이를 바탕으로 학문적 사상으로 발전한 1970년대의 민중론은 "지배층에서 피지배층(민중)으로 일차적 연구 '대상'의 변화, 민중의 관점에서 사회와 역사를 재해석하는 새로운 '방법론'의 모색은 물론이고, 학문적 오리엔탈리즘과 서구 학계의 지배력에서 벗어나 지성적 '주체성·자주성'을 전취하려는 각오를 두루 포함하고 있었다."[19] 즉, 1970년대부터 학계의 민중론자들은 영어나 서양어 단어로 번역될 수 없는 한국사회의 변혁적 주체로서 민중을 상정하고 민중이 "고유한 '한국식' 창안물임을 강조하기 위해, 외국어로 표기할 경우 minjung 혹은 Minjung을 고수하려 했"다는 것이다.[20]

1970년대의 이러한 흐름은 1980년대에도 이어져 김현화는 "1980년대를 '민중문화운동의 시대'로 선언"하기도 했다.[21] 1970년대에 민중·민족·민주주의를 표방하던 삼민주의가 1980년대에는 민족통일·민주쟁취·민중해방을 강조하는 '삼민투쟁'으로 확대되어 삼민주의가 대중화되는 과정에서 다양한 '민중문화운동'

18 위의 책, 165쪽.
19 위의 책, 195쪽.
20 위의 책, 195쪽.
21 위의 책, 185쪽.

으로 확산되었기 때문이다.[22] 그러나 강인철은 "민중개념사에서 1980년대의 현저한 특징 중 하나는 '개념의 상대적인 동질성'에 있었다"며, 1980년대 이전까지 "다양한 용법들이 혼재함으로 인해 그 의미가 항상 과잉이고 미결정 상태였던 민중 개념이 '저항적 정치주체인 다수 피지배층'이라는 하나의 단일한 기의로 안착하게 된 결정적인 계기는 역설적이게도 지배층의 개념적 억압, 그중에서도 전두환 정권의 민중 개념에 대한 파상적이고도 지속적인 공격"이었다고 분석한다.[23] "1980년대는 1920년대 이후 사상 처음으로 피지배층과 지배층이 사실상 동일한 의미로 민중, 즉 '급진적이고 반항적인 정치주체 민중'을 말하는 시대"가 되어, 1980년대 중반 마르크스주의에 기초한 '사회구성체론'의 등장 이후 민중주의가 계급론으로 치우치기 시작했음에도 단일한 정치적 적을 상정하는 반체제적 담론으로 자리 잡을 수 있었다.[24]

1980년대에 제작된 대다수의 에로방화들은 대중영화로서 이

22 일례로 1980년대의 민중문화운동, 특히 문예운동을 살펴보면, 그것은 연행극, 연극, 노래, 영화 등 다양한 층위에서 실행되었음을 알 수 있다. 박영정은 민족민주운동의 발전 단계에 따라 이를 세 단계로 구분한다. 운동권 대학생이 중심이 되는 '소집단' 문예운동기인 1980~1983년, 학출 노동자 등 청년 활동가를 중심으로 공개 문예운동으로 변모하는 '변혁기' 문화운동기인 1984~1987년, 본격적인 대중운동이 시작되는 1988~1990년의 시대 구분이 그것이다. 박영정, 「80년대 민중문예운동의 전개과정」, 한국산업사회연구회 편, 『한국사회와 지배이데올로기: 지식사회학적 이해』, 녹두, 1991, 319~339쪽.

23 강인철, 앞의 책, 325~326쪽.

24 위의 책, 326쪽.

러한 민중주의와 민중문화운동의 흐름과 결코 동떨어져 있지 않았다. 오히려 임권택, 정진우, 이두용, 이장호, 배창호 등 80년대의 작가주의 감독들 대다수가 민중주의의 자장하에서 자신의 작품들, 특히 에로방화들을 통해 경제성장과 발전주의의 이면에 드리워진 사회 문제들을 비판했기 때문이다. 그들의 영화를 비롯해 수많은 에로방화들 속에서 빈부격차, 물질만능주의, 비윤리적 성공지상주의, 자본의 인간소외, 서구화로 인한 문화 정체성 상실 등 1980년대 한국사회의 문제점들이 에로틱한 조우를 하는 남녀관계라는 틀 안에서 조명되고 문제화되었다.

그러나 민중주의와 에로방화는 그동안 대척점에 있는 영역으로 간주되어 왔다 '민주화'와 '반자본주의'를 한국의 '사회진보'와 동일시한 민중주의적 영화비평가들은 에로영화가 비예술적이며 여성 신체의 전시를 통한 성적 착취만을 일삼는 비도덕적 상업영화라 강조해 왔다. 여기서 주목할 점은 민중주의에 주목하고 '민중영화' 제작의 필요성을 강조한 학계와 평론계 인사들의 에로영화 폄훼 논리가 개발독재 정권의 발전주의적 이데올로기와 크게 다르지 않다는 것이다. 이효인은 에로방화가 건강한 사회적 무의식을 저해하는 영화산업의 음모에 의해 대량생산된 저질문화라 한탄한 바 있고, 주진숙은 에로방화가 "민중영화"와 대척점을 이루는 "한국영화계의 병폐"라 진단했으며, 김경욱은 1980년대 한국영화의 에로화를 퇴행 내지는 퇴보적인 현상이라고 단언하기도 했다.[25] 이들 모두 에로영화의 등장이 한국영화사에 있어 발전적이고 고무적인 현상이 아니라 질병처럼 사회 전체를 물들이고 타락시키는, 안타까울 정도의 퇴보라 단정한다. 그들에게 있어 민중주의를 대놓고 표방하는 이장호의 <바람불어 좋은날>(1980)과 같은 영화는 한국영화사의 진보적인 흐름이고, 같은 감독이 1980년대 중반에 연출해 상업적 성공을 거둔 <무릎과 무릎사이>(1984)나 <어우동>(1985)과 같은 에로방화는 역사적 퇴보였던 것이다.

그러나 한 시대의 영화 제작과 배급, 수용을 두고 벌어지는 문화적 현상을 발전/진보와 퇴보라는 이분법적 논리로 간단히 구분 지을 수 있을까? 과연 1980년대 한국영화는 진보적 민중영화와 퇴행적 에로방화로 명쾌하고 산뜻하게 양분될 수 있을까? 1980년대 초중반에 광주 학살과 같은, 국가가 국민을 상대로 벌인 역사적 만행에 분노했던 '진보적' 영화인들, 특히 '장산곶매'와 같은 영화운동 단체에 소속된 영화인들은 국가폭력에 대항하고 저항하는 투사로서의 민중의 이미지를 영상화하기 위해 민중 다큐멘터리 제작에 갈급했다. 따라서 1980년대 후반에서 1990

25 다음을 참조할 것. 이효인, 「1980년대 한국영화에 대하여」, 『영화언어』4, 1989, 26~42쪽. 주진숙 외, 『한국 여성영화인 사전』, 김미현 편, 『한국영화사』, 커뮤니케이션북스, 2006. 김경욱의 글은 『한국영화사』의 1980년대 편에서 찾을 수 있다.

년대 초반에 이들의 노력이 <그날이 오면>(장동홍, 1987), <87에서 89로 전진하는 노동자>(장산곶매, 1989), <오! 꿈의 나라>(장산곶매 [이은, 장동홍, 장윤현], 1989), <닫힌 교문을 열며>(장산곶매, 1990), <파업전야>(장산곶매 [장동홍, 이재구, 장윤현, 이은기], 1990) 등의 소위 '민중영화'로서의 성과로 나타나고 활성화되자 영화비평계의 양대 세력들, 즉 민중주의 및 여성주의 논자들은 환호할 수밖에 없었다. 그러나 다른 장들에서 상술할 것이지만, 이러한 민중영화들이 지닌 급진성과 퇴행성은 일찍이 에로방화에서 먼저 표출되었던 진보적 양면성과 조응해서 나타난다. 즉, 소위 민중영화라는 이들 영화에서도 당대 영화계의 큰 흐름이었던 에로티시즘은 혼합적으로 녹여져 표출되어 있을 뿐 아니라, 앞서 에로방화의 문제적 특징으로도 언급했던 여성의 성행위에 있어서의 수동성이나 희생자로서의 민중 재현은 동일하게 나타난다.

1980년대 초중반에 제작된 다수의 에로방화들에 녹아들어 있는 민중사상과 페미니즘의 흐름은 1980년대 후반의 민중영화보다 더 먼저 주류 영화인들에 의해 채택되었다. 에로방화와 초기 독립영화가 표방하는 1980년대 민중주의와 페미니즘의 진보적 양면성은 1980년대 한국 대중/민중의 정치적 무의식이었던 셈이다. 이러한 점이 간과된 채 에로방화가 무조건 '저질 영화'라 평가절하된 것은 지금의 관점에서 보면 의아하기까지 하다. 에로티시즘, 그것도 '고급'한 고품격의 에로티시즘이 아니라 '대중'의 취향에 영합하는 '에로'함은 무조건 상업적이고 비정치적이며 비예술적이라 단언할 수 있을까? 다음 절에서 나는 에로방화에 대한 이러한 편견과 선입견을 깨고 다수의 작품들이 진보적 정치성을 지니고 있되 21세기의 관점에서 보면 아쉬운 한계점을 발견할 수밖에 없다는 '진보적 양면성'에 대해 설명하고자 한다.

오랜 기간 수많은 에로방화들을 한국영상자료원 자료실에서 비디오테이프로 관람하고 관련 자료들을 찾아 읽으며 고민하는 과정에서 영화연구자로서 내가 발견한 것은 대다수의 영화들이 1980년대 한국사회에 대해 문제를 제기하고 우려를 표명하고 있다는 점이었다. 물론 내가 모든 에로방화를 전부 다 보았다는 것도 아니고, 그것이 가능할 리도 없다. 그러나 영화의 완성도나 각 영화의 특이성을 차치하고 발견되는 공통점은 다수의 영화들이 한국사회에 만연한 발전주의, 즉 경제성장주의, 물질만능주의, 성공지상주의, 출세지향주의 등에 깊은 난색을 표명하고 있다는 것이었다. 다시 말해, 에로방화는 1960-70년대 군부정권의 연속선상에서 1980년대 신군부 정권이 지속적으로 추진하고 유포시킨 한국적 '발전주의'의 어두운 그림자에 빛을 비추고 그것을 무대의 한가운데에 올리고 있다는 것이다. 따라서 나는 1980년대 에로방화를 '대항발전주의적 영화'라 일컫고 싶다. 그렇다면 대항발전주의는 무엇일까?

4. 에로방화의 진보적 양면성

4-1. 에로방화는 3S정책의 산물?

에로방화에 대한 담론은 대단히 고정되어 있다. 그것에 대한 가장 큰 편견은 에로방화가 1980년대에 전두환 정권이 민주주의에 대한 국민적 갈망과 군부 독재정권에 대한 저항감을 무력화시키려는 의도로 섹스(Sex), 스포츠(Sports), 스크린(Screen)이라는 3S를 육성하고자 했던 '3S정책'의 산물일 뿐 다른 어떤 역사적 의의도 없다는 관점이다. 정권에 '순응'하는 에로방화가 정권에 비판적인 민중주의와 접점을 형성할 수 있으리라는 시각은 존재하지 않았던 것이다. 앞서도 언급했듯, 3S정책이 에로방화의 탄생과 유지를 위한 흥행의 필요충분조건이 될 수 있었는지에 대해서는 강한 의구심이 생긴다. 무조건 신체 노출만 하고 남녀의 벗은 신체가 엉켜있기만 하다고 해서 관객들이 영화를 보러 극장에 가는 것은 아니기 때문이다. 또한 평론가들이야 어찌 됐든 한국 관객들이 에로방화 붐의 시발점이라 할 수 있는 <애마부인>에 보낸 열광적 지지와 환호는 3S정책만으로는 설명할 수 없는 에로방화만의 특이성(singularities)이 있다는 증거이기도 하다. 그리고 그 지지와 특이성은 1980년대 전체에 걸쳐 무수히 많은 에로방화가 만들어진 강력한 계기가 되었고, 그 계기를 통해 한국영화의 불황 속에서도 수많은 에로방화 흥행작들이 등장할 수 있었다.

신군부가 제아무리 섹스와 스크린을 혼합한 에로방화의 제작과 배급을 활성화하도록 물심양면으로 지원했다 하더라도 극장에 가서 표를 사고 영화를 관람하는 행위는 순전히 관객의 선택이다. 따라서 1980년대의 모든 에로방화가 예술적 완성도나 메시지와 상관없이 흥행에 성공할 수 있었던 것은 아니다. 당시의 관객은 지금의 관객과 마찬가지로 서사 전개가 흥미롭고 촬영과 편집에 군더더기가 없을 뿐 아니라 영화의 주제에 공감할 수 있는 경우에만 영화표를 사는 데에 주저하지 않았다. 물론 단순히 시간을 때우기 위해, 혹은 동시 상영관에서 싼값으로 두세 편의 영화를 한꺼번에 상영할 때 끼워팔기로 극장에 걸려서 관객이 본 영화도 많이 있다. 그러나 대중적인 지지를 얻은 영화들을 살펴보면, 1980년대에 가장 흥행에 성공한 한국영화는 <깊고 푸른 밤>(배창호, 1985)이고 그 외에도 <무릎과 무릎사이>(이장호, 1984), <어우동>(이장호, 1985), <매춘>(유진선, 1988), <서울무지개>(김호선, 1989) 등 작품성 있는 에로방화들이 높은 순위를 차지하고 있다. 이러한 사실을 감안하면 관객이 무조건적으로 모든 에로방화에 마구잡이로 동일하게 호의를 표했던 것은 아니라는 점을 알 수 있다. 게다가 3S정책이 어느 정도로 문화계에 파급력이 있었는지, 정부가 어느 정도의 지원을 영화계에 했는지를 기록하는 문건이 공개되거나 그 연관성이 구체적으로 파악된 것도 아니다.

국풍 '81이나 프로야구단의 설립, '86 서울 아시안게임 및 '88 서울 올림픽 개최 등의 다양한 문화행사가 1980년대에 있었던 것은 물론 사실이다. 그러나 이러한 문화행사들과 에로방화의 활성화가 이루어졌다고 해서 온 국민이 거기에 정신이 팔려 신군부 정권의 비민주적 폭압과 탄압을 좌시했던 것은 아니다.

다시 말해, 에로방화가 1980년대 내내, 특히 1980년대 중반에 그 제작 편수와 흥행이 최정점에 달할 수 있었던 원인은 국가가 계산했던 것처럼 국민이 단순히 섹스와 스크린이 결합된 에로물에만 정신이 팔려 정부에 대한 비판의식을 잃었던 것은 아니라는 점이다. 한국의 민중은 군부독재에 대해 끈질기게 저항하고 투쟁했고 1987년에는 마침내 신군부 정권을 전복시킬 수 있었다. 한국의 관객들이 꾸준히 에로방화를 찾았다는 것은, 괜찮은 작품들이 계속해서 제작되고 개봉되었다는 뜻이기도 하다. 실제로 제법 검증된 작가주의 감독들, 즉 이장호와 배창호 같은 이들도 에로방화를 만들었고, 그들이 만든 작품들은 동시대의 다른 에로방화들보다 확실히 보다 더 날카롭게 당시의 시대상을 투영하고 있었기 때문에 흥행에 성공할 수 있었다. 1980년대의 한국영화 중 가장 많은 수의 관객을 모은 배창호의 <깊고 푸른 밤>은 이러한 에로방화 흥행의 최정점이었다. 그렇다면 에로방화의 어떤 점이 관객을 극장으로 끌어들였을까? 에로방화의 무엇이 한국 관객들에게 '은밀한 매력'으로 작용했던 것일까? 나는 그 은밀한 매력을 에로방화의 진보적 양면성, 즉 노출과 은폐 사이의, 급진과 퇴행 사이의 진보성이라 제시하고자 한다.

에로방화는 3S정책에 힘입어 등장하고 진화된 한국형 성애영화 장르의 외피를 두르고 있다. 그러나 에로방화는 앞서도 언급했듯 당대의 한국사회를 비판하거나 전통적인 한국적 미학을 영화화화려는 주목할 만한 작가주의적 시도들을 충실하게 반영하는 장르이기도 하다. 많은 연구자들과 평론가들이 그러한 시도들을 '코리안 뉴웨이브'라는 흐름에 뭉뚱그려 넣어서 생각하곤 하지만, 영화적 에로티시즘에 그다지 관심을 보이지 않았던 박광수나 이명세 등 1980년대 후반에 등장한 코리안 뉴웨이브의 기수들을 에로티시즘에 어느 정도 함몰되어 있었던 1980년대 초중반의 작가주의 감독들과 같은 지평에 놓을 수는 없어 보인다. 물론 장선우와 같은 코리안 뉴웨이브 감독은 1990년대에 에로방화보다 더 에로틱한, 아니 오히려 포르노그래픽한 영화들을 만들었기에 논외로 해야 할 것이다.

어찌 되었든, 그 이전과 이후에도 활발하게 활동했지만, 1980년대 한국영화를 대표하는 작가라 할 수 있는 임권택, 이두용, 정지영, 이장호, 배창호, 장길수, 하명중 감독 등의 1980년대 극장용 성인영화를 보면 에로방화라는 것이 결코 단순한 성애영화가 아님을 곧 알 수 있다. 이들의 영화는 같지만 다른 방식으로, 혹은 다르지만 같은 방식으로 동시대 한국의 다른 감독들의 에로방화에도 적잖은 파장을 던져 에로사극, 민족주의 에로영화, 에로 코미디, 에로 호스티스물, 에로스릴러 등 에로방화의 하위장르들을 형성하는 데에 일조하기도 했다. 또한 이들은 자신들의 에로방화 속에 그들의 철학과 미학을 녹여내어 당대 한국사회의 사상과 명암을 골고루 담아내고 있다. 그들의 영화는 때로 경제성장주의 중심의 당대 정권에 대단히 비판적이어서 반체제주의적 입장, 특히 민중주의적 시각에서 당대 사회의 정치·경제·사회·문화·윤리적 문제들을 지적하고 있다. 그러한 관점에서 볼 때 1980년대 작가주의 감독들의 에로방화들은 정치적으로 매우 진보적인 텍스트이다.

4-2. 발전주의에 대항하는 에로방화

에로방화의 상당수는 한국이 경제성장과 정치발전을 이루어 선진국만 되면 사회의 모든 문제가 사라질 것이라는 개발지상주의의 환상을 깨뜨리는 경우가 많다. 제3공화국부터 시작된 한국의 '발전국가(developmental state)'는 '조국 근대화'라는 명분으로 한국 국민 전체에게 죽도록 열심히 일해야만 개인과 사회의 발전이 있고 그것이 국가와 민족의 존재 목적이라고 강조하며 단기간에 눈부신 경제성장과 산업화를 가능하도록 국민을 채찍질했다. 한국전쟁 (1950-1953) 직후 모두가 다 같이 가난했던 시절을 지나 발전국가가 파생시키기 시작한 빈부의 격차 속에서, 가난한 삶에서 벗어나 부르주아적 삶을 지향하기 시작한 한국인들은 물질주의와 성공지상주의에 경도되어 수단과 방법을 가리지 않고 부와 명예를 추구하는 왜곡된 인물들을 양산하기 시작했다.

대표적 민중 사회학자인 한완상은 1975년 글 「청부·청권·청명」에서 개발독재 정권이 추진한 한국의 압축 근대화, 즉 "산업화(고도경제성장)와 도시화가 불러일으킨 사회심리적 결과와 사회윤리적 역기능"을 세 가지로 설명한다.[26] 첫째는 "정체의식의 혼미"로 급속한 산업화와 도시화로 인해 한국인들이 "명쾌한 방향감각과 도덕적 판단을 내리기가 어렵게 되[었]"고, 두 번째는 "욕구관리능력의 상실"로 지나치게 빠르게 변화하는 사회에서 "물질적 성공과 출세의 욕구가 [지나치게] 상승"하는 "전 국민적 심리현상"이 팽배하게 되었으며, 셋째로는 "정치의 영역을 행정이 침식"하는 정치영역의 축소가 나타났다는 것이다.[27] 물론 두 번째 문제점인 "욕구상승은 항상 역기능적인 것은 아니"어서 "발전의지와 성취동기를 자극하기 때문에 귀중한 발전요소가 [되]"기도 하지만, 그는 "한국같이 각종 자원이 희소하고 (…) 규범 체계가 약화된 상황에서는 욕구상승이 개인의 윤리적 분수의식을 파괴하고 사회안녕과 질서의 기반을 침식해 버[리]"게 되는 결과로

26 한완상, 『민중과 지식인』, 정우사, 1978, 207쪽.

27 위의 책, 207~208쪽, 211쪽.

흐르게 되었다고 진단한다.[28] 즉, "과열된 욕구는 과열된 경쟁을 유발"하고, "패자가 되지 않기 위해서는 이기는 방법을 고안하지 않을 수 없"는데, 한완상은 이러한 방법 고안에 몰두하는 한국적 심리와 태도를 "편법주의적 심성"이라 부르며, "목표(출세) 달성을 위해서는 윤리적으로 부당하더라도 이것이 효과적이고 능률적이기만 하다면 거침없이 사용하겠다는 심성"이라 설명한다.[29] "편법주의는 비윤리적 능률지상주의라고 할 수 있[어] 빠른 것일수록 좋은 것으로 간주"되는 속도주의와 "순서나 절차를 무시"하는"절차윤리의 파괴"가 사회에 횡행하는 모습으로 나타난다.[30] 편법주의의 부작용은 "한국의 산업화가 체계적이고 명백한 산업윤리 없이 막연히 잘살아 보자는 벌거벗은 욕구만을 충족하기 위해 추진"되었기 때문에 부자와 빈자 모두에게 나타나는데 편법으로 신흥 부자층이 된 이들은 "부를 유지하려는 치졸한 욕구가 난무"하는 생활 태도를 유지하며 "계층 간의 갈등 가능성을 조장"할 뿐이고 편법주의를 썼음에도 출세를 못 한 이들은 "범죄와 연관"되기도 하는 극단으로 빠지게 된다는 것이다.[31]

한완상이 분석한 1970년대 한국사회의 편법주의적 인물들은

28 위의 책, 208~209쪽.
29 위의 책, 209쪽.
30 위의 책, 210쪽.
31 위의 책, 210~211쪽.

1970년대와 1980년대 소설에서도 자주 묘사되었으며, 1980년대에는 소설을 원작으로 영화화된 에로방화 작품들 속에서, 혹은 오리지널 시나리오 속에서 황금만능주의와 출세주의에 젖어 편법에 편승해 살아가는 인물 군상으로 자주 등장한다. 특히 에로방화에서는 1980년대 한국 산업 자본주의의 정점에서 사회적·경제적 성공에만 집착해 여성을 출세의 도구로서만 대하는 남성과 이에 대해 복수하는 여성을 단골 테마로 형상화한다. 이미 <애마부인>에서부터 출세와 성공을 위해 가정과 아내를 등한시하다가 감옥에 수감된 남편으로 인해 방황하는 아내가 그 주인공이 된다.

2장에서 <애마부인>과 함께 보겠지만, 정지영은 그의 에로스릴러 <안개는 여자처럼 속삭인다>(1982)에서 프랑스 영화 <디아볼릭(Les Diaboliques)>(앙리-조르주 클루조, 1955)을 변주해 결혼을 통해 부와 사회적 지위를 얻은 남성이 아내를 살해함으로써 모든 재산을 차지하려 하나 죽은 줄 알았던 아내가 살아 돌아와 실행하는 복수극을 선보인다. 이외에도 고영남은 여공과 남성 지식인의 치정극을 다룬 에로스릴러 <사랑의 노예>(1982)를 통해, 김성수는 당대의 미남 스타 임성민을 주변의 모든 사람들을 출세의 수단으로 이용하는 비정한 의상디자이너로 그리는 <색깔있는 남자>(1985)를 통해, 임권택은 호스티스 영화 장르를 변용해 술집 마담이 벌이는 남성중심주의 사회에 대한 복수극인 <티

켓>(1986)을 통해, 유진선은 1980년대 말의 최대 흥행작이자, 성매매로 자신을 경제적, 정신적으로 지원해 준 애인을 버린 남성에 대한 호스티스들의 복수극을 그린 <매춘>(1988)을 통해 같은 테마를 영상화한다. 7장에서 분석하겠지만, 박범신 작가의 장편소설 연작을 영화화한 <불의 나라>(장길수, 1989)와 <물의 나라>(유영진, 1989)도 개인적 성공을 위해 여성을 희생물로 삼거나 물불을 가리지 않고 위로 올라가려 하는 남성들을 등장시킨다. 이들 현대극 에로방화는 경제적 성장과 발전주의에 경도된 한국 사회의 이면에 드리워진 어두운 그림자를 적나라하게 드러낸다.

복수가 아닌 좌절을 통해 발전주의의 이면을 형상화하는 영화들도 많다. 1970년대 호스티스 영화의 특성을 변주해 1980년대에 등장한 호스트·호스티스 에로방화가 특히 그러하다. 하명중 감독의 <엑스>(1983)는 그 선구자격인 영화로, 3장에서 자세히 다루겠지만 호스트가 호스티스와 만나 사랑에 빠지지만 이들을 놓아주려 하지 않는, 자본주의화된 성산업 시스템의 거대한 덫 앞에서 동반자살을 선택하는 커플의 이야기이다. 황석영의 단편소설을 영화화한 <장사의 꿈>(신승수, 1984)도 시골에서 상경한 남성이 먹고살기 위해 에로비디오 배우가 되었다가 결국은 성 노동자가 되지만 성 능력을 상실하고 사회에서 버려지는 호스트물 영화이다. 3장은 <엑스>와 <티켓>을 통해 멜로드라마라는 장르가 세속화된 현대사회에서 종교를 대신해 윤리적 역할을 수행한다는 피터 브룩스의 이론과 다양한 멜로드라마 영화 담론을 통해 1980년대 한국사회의 도덕성 상실을 비판하는 호스트물과 호스티스물을 다룰 것이다.

사회의 거대한 벽 앞에서 좌절하는 하층민 남성의 이야기는 호스트물이나 호스티스물뿐 아니라 이장호 감독의 1980년대 초반 영화에서도 자주 다루어지는 주제이다. 그의 <바람불어 좋은 날>(1980)은 흔히 민중영화로만 규정되지만 <애마부인>에 버금가는 상당한 에로적 요소를 지니고 있는 작품이어서 청소년 관람불가 영화였다는 사실은 흔히 간과되곤 한다. 물론 <바람불어 좋은날>은 이장호가 1970년대 말에 대마초 흡연으로 영화 활동이 중지된 후 하릴없이 집에서 있을 때 대학생이었던 여동생의 방에서 발견한 민중 관련 서적을 읽으면서 눈뜬 민중주의적 비전을 가득 담고 있는 영화이다.[32] 마찬가지로 에로방화로 분류하기는 조금 애매하지만 이장호가 1980년대 초반에 연출한 연소자 관람불가 영화인 <어둠의 자식들>(1981), <낮은데로 임하소서>(1982), <과부춤>(1983), <바보선언>(1983) 등도 민중주의적 관점에서 도시 하층민의 삶을 조명하는 작품들이다. 그러나 애초에 데뷔작인 <별들의 고향>(1975)으로 호스티스 영화라는 1970년대 한국형 성인영화 장르를 구축하는 데에 일조했던 이장호의 영화세

32 김홍준 대담, 『이장호 감독의 마스터클래스』, 작가, 2013, 135~136쪽.

계는 이미 일찍부터 독재정권에 반항적이고 저항적인 청춘문화에 에로티시즘을 진하게 가미시킨 것이었다.

따라서 4장에서 분석하겠지만, 그의 본격적인 에로방화인 <무릎과 무릎사이>(1984)에 이르러서는 한국영화로서는 파격적일 정도의 고수위의 에로티시즘을 영상화할 뿐만 아니라 급속한 서구화 속에서 전통적 문화관을 상실해 가는 한국사회를 비판하는 민중민족주의적인 세계관을 매우 직접적으로 표명하기에 이른다. 서구화·현대화 속에서 전통성과 문화적 정체성을 상실해 가는 한국사회에 대한 우려를 표명하는 것이다. 이장호의 에로사극인 <어우동>(1985)은 이전 사극영화에서는 보지 못했던 기생용 모자인 전모를 에로틱하게 활용하여 '어우동 모자'라는 별명까지 얻게 할 정도로 한복에 고혹미를 더하기도 했다. 또한 조선의 가부장제에 반기를 든 양반집 규수가 기생이 되어 왕까지 유혹하여 정치적 전복을 꿈꾸다가 좌절된다는 서사는 페미니즘적 요소마저도 지니고 있다고 할 수 있다. 이 책에서 <어우동>의 텍스트를 자세히 분석하지는 않았지만, 에로사극을 다루는 5장에서 <어우동>과 유사한 결을 지닌 민중주의적 영화들에 대해 보다 상세히 언급할 것이다.

이장호뿐 아니라 그의 조감독으로 출발해 1980년대 "한국의 스티븐 스필버그"라는 별명을 얻을 정도로 당대 최고의 흥행작을 연출했던 배창호도 <꼬방동네 사람들>(1982)과 <고래사냥>(1984)

을 통해 민중주의적 비전을 제시한다. 두 편의 영화는 민중주의에 약간의 에로티시즘을 곁들이는 정도지만, 1980년대 한국영화 중 최고의 흥행작이었던 <깊고 푸른 밤>(1985)을 비롯하여, <황진이>(1986), <꿈>(1990)과 같은 성인 대상 영화 속에서는 에로티시즘에 민중주의를 가미하는 정도로 혼합의 비중이 달라진다. 1980년대 한국영화 중 최고의 흥행작으로 꼽히는 <깊고 푸른 밤>은 <무릎과 무릎사이>와 같은 민중민족주의적 관점에서 민족적 순수성을 지향하는 재미(在美) 이주민들의 애환과 민족주의적 편견 등을 그리고 있다. 따라서 4장에서는 <무릎과 무릎사이>와 <깊고 푸른 밤>과 같은 영화들을 '민족주의 에로방화'라 명명하고 그 경향을 세부적으로 분석할 것이다. <황진이>나 <꿈>과 같은 에로사극은 이장호의 <어우동>과는 비슷하지만 다른 방식으로 한국의 전통적 회화미를 영상 속에 구축한다. 배창호가 현대물에서 서구와 미국에 대한 동경으로 한국을 떠난 이들에 대한 안타까움을 민족주의적으로 표출했다면, 고전물에서는 한국 전통으로 회귀해 서구화된 영화 미학과는 다른 시도를 민족주의적으로 시도한 셈이다.

에로티시즘과 민중주의, 특히 민중민족주의와의 혼합은 이장호와 배창호의 영화에서뿐 아니라 다른 작가주의 감독들의 영화에서도 쉽게 추적된다. 이원세는 <여왕벌>(1984)을 통해, 장길수는 <밤의 열기 속으로>(1985)와 <아메리카 아메리카>(1988)를 통해 1980년대적 반미감정을 민족주의 속에 흡수시켜 표출한다. 이러한 민중민족주의를 표방하는 에로방화들은 한국의 문화적 정체성을 고수해야 한다는 강박 때문에 현대성을 무조건 서구의 것이라 치부하고 배척하다 못해 전근대 시대의 민족적 전통성으로 회귀해야 한다는 시대착오적인 주제를 부각하는 경향마저 있다. 이는 다소 퇴행적이라고까지 할 수 있는데, 민족적 전통성과 순수성이 언제나 여성 개인의 육체로 환유된다는 것이 보다 문제적이다. 즉, 민족주의 에로극에서는 서양이나 외국(비한국인)의 남성에게 성적 수탈을 당한 여성이 잃어가는 한국의 민족적 순수성을 대변하는 경우가 대다수인데, 강간을 민족 정체성 상실과 동일시한다는 것 자체가 대단히 남성주의적인 관점이기 때문이다. 강간에 대한 여성의 공포를 이해할 수 없는 이들만이 자행할 수 있는 상상력이라 할 수 있겠다. 강간과 변화하는 사회상이 어떻게 동일시될 수 있겠는가? 이런 면에서 민족주의 에로방화의 경우에는 한국의 발전주의 속에서의 민족 정체성 상실에 대한 두려움을 지나치게 급진적으로 그리다 역으로 여성을 성적 희생양으로 삼는 퇴행으로 빠진다는 점에서 에로방화의 양면성이 가장 극한으로 발현된 경우라 할 수 있다.

4-3. 에로방화의 진보와 퇴보의 변증법: 민중주의와 페미니즘 결합의 양면성

에로방화의 의도하지 않은 젠더정치적 퇴행성은 민족주의 에로방화에서만 발견되는 것은 아니다. 현대를 배경으로 하는 에로방화뿐 아니라 사극영화에서도 정진우, 임권택, 이두용 등의 작가주의 감독들은 조선시대를 배경으로 유교적 가부장제하에서 억압받고 고통받는 여성들을 민중의 표상으로 삼아 지배계층을 신랄하게 조롱하고 비판한다. 이러한 에로사극들은 지배계급의 허위의식과 피지배계급에 대한 착취를 비판적으로 재현한다는 점에 있어서 급진적이다. 또한 가부장제하에서 억압받는 여성의 사회적 위치를 비판적으로 부각한다는 점에 있어서는 페미니즘과 접점을 형성하기도 한다. 여성을 피착취계급으로 판단하고 계급혁명의 대상으로 부각시킨다는 점에서 에로사극이 표방하는 여성주의는 1980년대의 페미니즘, 즉 계급주의적 의식에 바탕을 둔 마르크스주의 페미니즘과 결을 같이 한다. 이 책에서는 이러한 1980년대적 페미니즘이 민중주의의 연장선상에 있다는 점에서 그것을 '민중 페미니즘'이라 부르고 싶다. 이는 한국의 1세대 여성학자이자 "최초의 '페미니즘적 민중론'"을 펼친 이효재의 민중론과도 공명하는 부분이 있다고 할 수 있겠다.[33]

33 강인철, 앞의 책, 206쪽.

에로사극이 민중주의와 페미니즘의 교차점에 있는 민중 페미니즘을 표방하기 때문에 정치적으로 진보성이 있음에는 의심의 여지가 없다. 그러나 에로사극은 한 명의 여성을 전체 민중의 대변인으로 내세운다는 점에 있어서는 민족주의 에로방화와 동일한 일반화의 오류를 범한다고 볼 수 있다. 또한 가부장제하에서 고통받는 여성이 이에 저항하여 행동하는 주체가 되지 못하고 체제의 희생물로 비참한 말로를 맞이하는 피해자로만 그려지는 것은 주체성을 강조하는 페미니즘 서사성에는 위반되는 것이라고도 할 수 있다. 이처럼 에로방화가 민중 페미니즘과 맺는 관계성은 매우 복잡하고 양면적이다.

에로사극은 1980년대 에로방화의 하부장르지만 에로방화를 대표하는 장르라 봐도 무방할 정도로 당대를 대표하는 장르이다. 흥행성에 있어서는 미진했지만, 한국영화의 해외 영화제, 특히 유럽의 3대 영화제 진출의 역사를 살펴볼 때는 전례 없는 역사상의 쾌거를 이룩한 장르이기 때문이다. 이두용의 <여인잔혹사 물레야 물레야>(1983)는, 비경쟁부문이라 해도 한국영화 최초로 칸 영화제에 초청되어 상영된 영화이고, 임권택의 <씨받이>(1985)는 베니스 영화제에서 여우주연상을 수상함으로써 소위 세계 예술영화의 경합장으로 평가받는 유럽의 3대 영화제에서 수상한 거의 최초의 한국영화이다. 일제 강점기를 배경으로 하는 하명중 감독의 <땡볕>(1984)도 베를린 영화제 경쟁부문에 출품된 에로사극이다. 토속적 에로티시즘을 강조하는 <피막>(이두용, 1980) 같은 무속영화도 일종의 에로사극으로서 베니스 영화제에 출품된 바 있다.[34]

물론 강대진 감독이 일찍이 1961년에 그의 현대극 <마부>(1961)로 베를린 영화제에서 은곰상인 심사위원 특별상을 받은 것이 한국영화 최초의 유럽 영화제 경쟁부문에서의 수상이기는 하다. 그러나 이후에 집권한 박정희 정권의 수출 중심주의 정책은 거의 20여 년 동안 아시아를 넘어서 서구 영화제, 특히 유럽 영화제에서 수상할 수 있는 방화를 만들도록 영화인들을 종용하는 것으로 나타났으나 이것이 효과를 발휘하지는 못했다. 1970년대에는 보다 직접적으로 수상을 독려하기 위해 '우수 영화' 표창제까지 도입했음에도 이것이 수상 성과로까지 이어지지는 못했음은 물론이다.[35] 정책이 항상 실제 결과를 도출하는 것으로 이어지는 것은 아님을 1960년대와 1970년대 한국영화의 유럽 영화제 진출 성과를 보면 알 수 있다. <마부>는 현대극으로서 베를린 영화제에서 수상할 수 있었지만, 1980년대에 유럽 영화제에서 주목받

34 〈피막〉에 대한 보다 자세한 분석은 본 연구자의 다음 논문을 참조할 것. 이윤종, 「해원의 기술자로서의 무녀: 영화 〈을화〉와 〈피막〉에 나타난 무속 재현」, 『사이間Sai』 32호, 2022, 13~43쪽.

35 1960년대에 영화학자 이영일의 주도로 활발하게 출간되었던 영화이론지 『영화예술』과 1973년 4월에 설립된 영화진흥공사의 기관지 『영화』의 1970년대 출판물들을 살펴보면 영화인들이 정부의 압박으로 유럽 영화제 수상작을 만들어내야 한다는 강박관념이 얼마나 심했는지 쉽게 알 수 있다.

은 영화들은 모두 에로사극들이었다. 에로사극은 한국영화가 거의 최초로 아시아권 영화제가 아닌 칸, 베를린, 베니스에서 개최되는 유럽의 3대 영화제에 출품되고, 초청받고, 상영되는 통로를 마련해 준 한국적 장르라 할 수 있다. 또한 서구 유수의 영화제 초청과 수상을 통해 에로방화의 '예술성'을 입증해 주는 하위장르라고도 볼 수 있다.

그러나 여성의 신체를 비유적으로, 특히 지나치게 환유적으로 활용해 정치적 견해를 펼치는 에로사극의 영상 감각은 때때로 너무나 남성중심주의적이고 가부장적이어서 21세기적 젠더 감각으로 볼 때는 퇴행적인 면도 없잖아 있다.[36] 에로사극에서 여성이, 양반이건 상민이건, 인구의 재생산을 위한 도구로만 이용되고 희생되는 서사는 <여인잔혹사 물레야 물레야>와 <씨받이> 뿐 아니라 다른 많은 사극영화들 속에서 반복·변주된다. 이장호의 <어우동>도 그러한 맥락의 연장선상에 있고, 정진우의 <자녀목>(1984)과 이두용의 <업>(1988)도 아들을 낳아야 한다고 압박

36 이때 젠더정치적으로 퇴행적, 퇴보적이라는 것이 여성의 신체, 특히 반라나 나체를 불필요하게 전시하는 에로영화의 시각적 전략에 대한 비판은 아님을 밝혀둔다. 내가 뜻하는 젠더정치적 퇴행성은 여성의 신체를 이데올로기적 도구로 승화시킨다면 그것이 문제적이지 않다고 생각하는 남성주의적 태도를 뜻한다. 개인적으로 에로방화에서 불필요하게 여성이나 남성 신체를 노출시키는 것을 좋아하거나 옹호하는 것은 아니지만, 그 '불필요한 노출'이 바로 에로방화라는 장르를 만드는 '공식(formula)'임은 부인할 수 없기 때문이다. 그 공식을 문제화하는 순간, 전 세계의 모든 성애영화의 존재성을 부인해야 한다는 결론에 다다라 장르영화 연구 자체가 무의미해지고 만다. 현재 세상에서 가장 많이 유통되고 팔리는 영화장르가 포르노라는 것을 상기하면, 성애영화의 존재론적 비판이나 회의는 대중성 자체에 대한 의심으로 귀결될 수밖에 없다고 생각한다.

하는 조선의 가부장제하에서 고통받는 여인의 비극을 통해 한국 사회의 민중착취를 비판한다. 이러한 비판적 주제의식은 상당히 진보적이지만 이것을 민족이나 한국 민중 전체의 수난과 동일시하는 것은 민족주의 에로방화와 매우 유사한 흠결을 배태하고 있다. 이러한 문제의식은 전근대 조선시대뿐 아니라 일제 강점기를 배경으로 일본 제국주의에 의해 수탈당하는 여성의 수난을 민족의 비극으로 치환시켜 그리는 시대물들에서도 같은 방식으로 그려진다. <애마부인>보다 조금 이전에 나왔지만 이미 에로방화의 면모를 상당히 갖추고 있었던 <뻐꾸기도 밤에 우는가?>(1980, 정진우)가 그러했고 에로방화인 <감자>(1987, 변장호)와 <땡볕>(1984)이 그러하다.

이러한 영화들은 민족주의 에로방화인 <무릎과 무릎사이>나 <여왕벌>처럼 백인 남성은 아니더라도 일본 남성에 의해 성적으로 유린당한 조선 여성들을 통해 민족과 민중의 비극을 강조한다. 여성의 성적 비극을 핍박받는 민중 전체의 수난으로 확장해서 치환하는 동시에 1980년대 군부정권의 폭압에 짓눌린 한국 사회를 은유적으로 비판하는 것이다. 특히 성적인 수난을 억지로 감내해야 하는 여성의 겁에 질린 얼굴의 클로즈업은 에로방화의 기괴하고 그로테스크한 에로성을 반영하기도 한다. 따라서 이러한 서사적, 영상적 특징은 진보와 퇴보 사이를 진동하는 에로방화의 양면적·모순적 특징이라 할 수 있다. 또한 에로사극을 포함한 거의 모든 에로방화의 성적 여정이 남성의 폭력으로 촉발되는 강간 내지는 준(準)강간이라는 점에서 대단히 문제적일 뿐 아니라 그 때문에 영화를 관람하는 여성 관객에게 성적 즐거움을 제공하기에는 상당히 불편한 지점이 있기도 하다.

근대와 전근대, 현대성과 전통성을 오가며 에로방화가 진보와 퇴보 사이에서 진동하는, 이러한 시대적·역사적 특수성은 에로방화를 단순히 저질 상업영화로 매도할 수 없는 이유이다. 민중민족주의와 민중 페미니즘을 흡수하여 에로티시즘과 혼합시킨 작가주의 감독들의 에로방화는 상당히 진보적인 텍스트이지만 젠더정치학적 퇴행성 또한 함께 안고 있다. 이 간극과 모순이 에로방화가 급진적 텍스트가 되기에는 살짝 부족한, 다소 모순적인 진보성의 아쉬움을 남긴다. 그것은 또한 '선진 자본주의'가 고도로 발달된 형태로서 나타난 '금융 자본주의'가 입증했듯, 무한한 성장은 불가능하며 경제성장과 발전의 끝에는 부작용과 문제점들이 있을 수밖에 없다는 현실과도 궤를 같이한다. 이는 에로방화 속에서는 한완상의 민중 사회학 이론에서도 이미 지적된 '편법주의'와 도덕성의 상실로 주로 표출된다.

독일의 페미니스트 학자인 마리아 미즈(Maria Mies)는 자본주의적 근대성이 지닌 진보성과 퇴행성의 양면성을 "진보와 퇴보의 변증법(dialectics of progress and retrogression)"이라는 표현으로 『자본주의와 가부장제』 2장의 첫 번째 절에 소제목으로 소개한다. 미즈가 이 소제목을 통해 의미한 바는 18~19세기 서유럽 사회의 진보와 경제적 부흥이 단순히 발전적인 것이 아니라 비서구의 식민지와 전업주부화된 유럽 여성의 가내 노동의 무임금 착취라는 퇴행적 일면을 통해 이루어진, 진보와 퇴보의 변증법적 과정임을 밝히는 것이다.[37] 이는 헤겔적인 자기비판을 통한 무한 발전의 변증법이 아니라 '선진 유럽 사회'라는 근대사회의 허울이 실상 남성중심적 서구가 비서구와 여성 노동의 착취를 통해 일궈낸 퇴행적 자본 축적의 토대 위에서 가능했던 진보의 상쇄 과정임을 밝히는 것이다. 비슷하지만 다른 맥락에서 1980년대 에로방화의 좌표를 한국영화사, 더 나아가 세계영화사라는 거대한 지형도 안에서 진보와 퇴보의 변증법으로도 그려볼 수 있다.

앞 절에서 언급했듯, 에로방화는 영화사적 퇴행 내지는 퇴보라는 규정하에서 평가절하되어 온 바 있지만, 1980년대의 진보주의 사상이었던 민중주의 및 페미니즘과 매우 긴밀한 연관성 안에서 제작되었다는 점이 간과되는 경향이 있다. 그러나 1980년대 한국영화의 에로화를 퇴보라 규정짓는 논자들은 아이러니하게

37 유럽의 중상류층 백인 남성들은 모든 가사노동을 전담해 가정이라는 쉼터를 공급하는 아내라는 무료 자원과 더불어 식민지의 값싼 인력과 물질 자원이라는 외적 토대를 통해 유럽의 경제 발전을 위한 "원시 자본의 축적(accumulation of primitive capital)"을 마련했다는 것이 미즈의 주장이다. 서구 자본주의가 발전과 진보, 근대화라는 미명하에 은폐해 온 식민지와 여성 노동력 수탈의 거대한 전 지구적 착취의 순환고리를 지적하는 것이다. 자세한 내용은 미즈의 다음 책을 참조할 것. 마리아 미즈, 최재인 옮김, 『가부장제와 자본주의 - 여성, 자연, 식민지와 세계적 규모의 자본 축적』, 갈무리, 2014.

도 민중주의의 입장에서 에로방화의 비민중성을 비판한다. 민중주의적 논자들은 에로방화가 전두환 정권의 '3S정책'의 결과물에 불과한 데다, 자본주의적 논리에 함몰된 상업영화이므로 작품성과는 거리가 멀다고 한탄한다. 그러나 앞서도 언급했듯, 에로방화의 제작과 흥행은 3S정책에 의해서만 지탱될 수 있었던 것도 아니고, 에로방화가 전두환 정권을 지지하는 순응주의적 정치관을 지닌 작품들인 것은 더더욱 아니다. 다른 한편, 페미니스트 영화학자들은 에로방화가 반라 혹은 전라에 가까운 여성의 신체를 전시하고 진열함으로써 남성용 포르노그래피 영화처럼 남성 관객의 성적 쾌락을 자극하기 위해 만들어진 성 착취물이므로 여성을 비하하고 도구화한다고 비판하기도 한다.

그러나 이 책에서 논하는 에로방화의 젠더정치적 퇴행성은 남성 관객에게 소구되기 위해 여성의 나신을 전시하는 장르라는 존재론적, 장르적 음란성이 아님을 우선 밝히고 싶다. 유아동 포르노나 스너프(snuff) 영화가 아닌 한, 나는 포르노 영화나 음란물에 대해 존재론적 의문을 제기하고 싶지는 않다. 내가 포르노 장르의 전문가가 아니므로 포르노 영화에 대해 구구절절하게 설명하려는 것도 아니고, 모든 포르노가 문제가 없는 것도 아니지만 문제만 있는 것도 아니기 때문이다. 에로방화도 마찬가지로 문제만 있는 것도 아니고 문제가 없는 것도 아니다. 오히려 페미니즘의 관점에서 찾을 수 있는 에로방화의 문제점은 포르노성이 아니라 본 절에서도 계속 언급해 왔듯, 민족주의 에로방화나 에로사극에서처럼 여성을 민중이나 민족을 대표하는 비유적 카테고리로 축소시킨다는 점이다.

여성이 비유적 카테고리로만 존재하는 한, 살아 숨 쉬는 역동적 주체로서의 여성을 찾아보기는 힘들다. 그들은 수동적으로 가부장제와 남성중심사회에서 억압받고 수탈당하는 가련하고 구원해 주어야 하는 존재, 내지는 영웅주의에 불타는 남성 혁명 투사들의 머릿속에서만 존재하는 관념적 기호에 불과하다. 여성을 구원과 동정의 대상인 불쌍한 존재로만 바라보는 남성적 시선은 여성을 성적 쾌락의 대상으로만 바라보는 것보다 어떤 면에서 더 위험하다. 그런 경우 여성은 언제나 남성이 보호하고 보살펴야 하는 보호관찰의 대상일 뿐 자신의 삶을 스스로 이끌어갈 능력이 없는 수동적 존재에 불과하기 때문이다. 한 명의 여성을 민중과 민족으로 환치해서 바라보는 이러한 관점은 결국 여성뿐 아니라 한국의 민족과 민중 전체를, 극소수의 남성 엘리트가 보호하고 보살펴야 하는 수동적 존재로 환원시키는 기호나 관념과 다름없다. 이러한 차원에서 볼 때, 작품성을 인정받은 민족주의 에로방화나 에로사극, 작가주의 에로방화 작품들이 <애마부인>이나 <매춘>과 같은 상업영화보다 더 뛰어난 영화라고 말할 수 있는 논리적 근거는 어디에 있을까? 여성과 민중의 비극적 현실을 이야기하면 모든 영화가 다 훌륭해질 수 있는 것일까?

민중영화와 에로방화, 발전과 퇴보의 이분법적 논리를 추구하는 이들은 역사의 여정에 목적과 목표를 두는 목적론(teleology)적 철학과 결을 같이 한다는 점에서 군부정권의 경제 발전주의와 크게 다르지 않은 사유체계를 운용한다. 헤겔(Georg Hegel)이 『정신현상학』에서 '주인과 노예의 변증법(Master-Slave Dialectic)'을 통해 인간이 주관적·객관적 투쟁의 끝에 '절대지식(absolute knowledge)'이라는 거대한 역사적 목표에 도달할 수 있다고 설파하는 것과도 같은 논리라 할 수 있다.[38]

물론 헤겔과 같은 거장의 복잡한 논리가 단순하게 비판되거나, 그 논리적 흠결이 쉽게 발견되는 것은 아니다. 그러나 헤겔식 사고가 서구에서 과학의 눈부신 발전에 따라 끝없는 물질적·역사적·정신적 진보가 가능해 보였던 18세기 유럽에서 가능했던 반면, 정치와 경제의 압축적 발전이 1980년을 기점으로 쇠퇴하기 시작해 발전의 부작용이 부각되기 시작한 한국사회에서 역사 발전의 최종 단계를 규정하는 것은 다른 문제라 할 수 있다. 따라서 에로방화는 단순히 퇴보적이고 퇴행적이라 규정될 것이 아니라 그 층위와 하부장르를 나눠서 세세히 살펴보아야만 그 복잡한 양면성 속에서 진행되는 진보의 의지, 즉 사회 변혁의 의지를 읽을 수 있다.

38 다음을 참조할 것. G. W. F. Hegel, *Hegel's Phenomenology of Spirit*, trans. A. V. Miller, Oxford University Press, 1977.

5. 멜로드라마로부터 죽음충동까지

이 책에서는 1982년부터 1989년, 혹은 1990년까지 다양한 연출 능력을 지닌 충무로의 감독들이 꾸준히 만들어낸 극장개봉용 미성년자 관람불가 영화를 에로방화라 통칭하고 있다. 앞서도 언급했듯 에로방화의 층위와 하부장르는 넓고도 깊을 뿐 아니라 이미 1982년 이전부터 1970년대 호스티스 영화의 연속선상에서 꾸준히 그 원형을 형성하고 있었다. 에로방화라는 카테고리 안에는 해외 유수 영화제에 초청받거나 수상한 소위 '예술영화'들도 있고, 상업적으로도 성공하고 해외 영화제에 진출한 걸출한 작품들도 있으며, 상업적으로도 성공하고 국내 평단의 지지를 받은 영화들도 있다. 물론, 평단과 관객 양측의 외면을 받은 에로방화들도 무수히 많다. 그러나 현재에도 그러하듯 수많은 지지부진한 예술작품들 사이에서 시대를 대표할 만한 소수의 탁월한 작품들이 나오는 것은 1980년대 한국영화계뿐 아니라 전 세계 모든 영화계의 현실이며 예술계 전체의 현실이기도 하다. 따라서 1980년대에 거대자본으로 무장한 할리우드가 새로운 트렌드로 내세운, 대작화된 액션의 향연과 대스타들의 눈부신 활약을 펼치는 블록버스터 영화들에 극장 관객을 빼앗긴 한국영화계가 기댈 수 있는 유일한 활로는 1982년의 서막을 연 <애마부인>의 깜짝 성공에서 찾을 수 있는 에로함이었다. 이후 서둘러 제작된 에로극들이 흥행에 성공하며 에로방화는 하나의 트렌드이자 장르로서 한국영화산업 안에 자리 잡을 수 있었다. 현대극과 사극을 오가며 1980년대 한국의 정치·경제·사회·문화의 현실 속에서 목도되는 한국식 개발지상주의의 어두운 그림자를 조명한 에로방화는 이러한 사회변화에 대한 진보적 양면주의를 바탕으로 대중성을 담보하고 1980년대 한국영화산업을 지탱할 수 있었다.

그러한 측면에서 볼 때 모든 에로방화가 전부 연구 가치가 있는 것도, 전부 없는 것도 아니다. 현재의 영화들과 마찬가지로 연구자의 이목을 끄는 소수의 작품들이 있고 그렇지 않은 다수의 작품들이 있다. 물론 그 소수의 작품이 어느 정도의 양이냐의 문제가 한 시대 영화산업의 내실을 증명하는 단초가 될 수는 있다. 어찌 됐든, 이 책에서 자세히 언급하지 않는 감독들의 작품들 중에서도 상당히 괜찮은 에로방화들, 즉 대항발전주의의 입장에서 사회에서 소외된 이들을 그려낸 영화들이 있음은 주목해야 한다. 몇 편만 예로 들면 조선시대를 배경으로 양성구유의 주인공을 등장시켜 젠더 인식의 지평을 넓힌 <사방지>(송경식, 1988)나 섹스를 이용해 사기행각을 벌이는 남자주인공을 그리는 <늑대의 호기심이 비둘기를 훔쳤다>(송영수, 1988)와 같은 작품들도 있다.

이 책의 전체적인 구성은 다음과 같다. 1부는 "가족·연애 멜로드라마 속에서의 대항발전주의"라는 제목으로 에로방화 현대극들이 멜로드라마의 하위장르인 가족극과 연애물을 통해 대항발전주의를 표방하는 양식을 서사적으로, 미학적으로 고찰할 것이다. 1장에서는 우선 에로방화가 대항발전주의적 관점에서 한국적 특수성을 반영한 장르이기도 하지만 동시대 세계영화의 흐름, 즉 극장용 성인영화 제작 유행과도 조응하는 영화들이었음을 논증할 것이다. 따라서 포르노 영화와의 비교, 즉 유사점과 차이점에 대한 고찰은 불가피하다고 할 수 있으므로, '신체장르(body genre)'라는 공통점하에서 펼쳐지는 에로방화와 포르노의 다른 결에 대해서도 언급할 것이다. 그리고 에로방화의 대항발전주의가 자본주의의 진화 과정 속 한국 산업 자본주의화의 끝물에서, 한국인들이 마주하게 된 황금만능주의와 출세주의, 성장제일주의가 낳은 부패와 탐욕의 현장에서 도덕성을 담보하는 멜로드라마의 역할을 수행했음을 밝힐 것이다. 2장에서는 <애마부인>(1982)과 <안개는 여자처럼 속삭인다>(1983)를 중심으로 출세주의의 늪에 빠진 남편에게 버림받은 가정주부들이 남편에게 복수하거나 자신의 길을 찾아가는 서사를 통해, 가정을 배경으로 하는 1980년대 에로방화에 나타나는 '가정주부화'와 더불어 에로방화의 대항발전주의적 서사가 주로 가정극이나 스릴러물을 통해 나타났음을 개진할 것이다. 3장에서는 <엑스>(1983)와 <티켓>(1986)을 중심으로 1970년대 호스티스 장르가 에로방화에 흡수되며 호스트물로도 분화하고 여성 복수극으로도 나타나며 1980년대에 어떻게 변화했는지 살펴볼 것이다.

2부는 "민중주의와 페미니즘의 접합: 급진성과 퇴행성 사이의 에로방화"라는 제목으로 전술했던 에로방화의 진보적 양면성을 보다 구체적으로 상술할 것이다. 4장은 <무릎과 무릎사이>(1984)와 <깊고 푸른 밤>(1985)을 중심으로 민족주의 에로방화에 대해 분석할 것이다. 두 편의 영화를 통해 민족주의 에로방화들 속에서 여성의 신체가 한민족의 알레고리로서 재현되는 양상을 파헤치고 이러한 양상이 소위 민중민족주의를 어떻게 반영하며 그것이 정치적으로 급진적인 동시에 퇴행적일 수 있음을 상세히 밝히고자 한다. 5장은 <여인잔혹사 물레야 물레야>(1983)와 <씨받이>(1986)를 중심으로 에로사극이 한국의 민속성과 토속성을 경쟁력으로 하여 유럽 영화제에서 이룩한 쾌거에 대해 고찰할 것이다. 또한 전술한 것처럼 에로사극이 해외에서 한국적 미학을 강조하여 예술성을 인정받기는 하였으나, 이러한 '민중 오리엔탈리즘'적 영화들이 조선의 가부장제하에서 겪는 여성 수난사를 1980년대 한국 민중 전체의 정치적 억압과 등치하는 방식에 대해서는 의문을 제기할 것이다.

마지막 3부는 "죽음과 좌절의 장으로서의 에로방화"라는 제목으로 대다수의 에로방화의 결말이 비극적이고 다소는 퇴행적으로 흐르는 것에 대해 고찰할 것이다. 6장은 <변강쇠>(1986)를 중심으로, 일찍이 죽음과 에로스를 결합한 조선시대의 판소리극인 <변강쇠가>를 코믹 버전으로 영화화하며 프로이트적 '죽음 충동

(death drive)'을 구현하는 양상을 탐구할 것이다. 프로이트는 '죽음 충동'이라는 다소 신비주의적인 정신분석학적 개념을 통해 인간이 죽음 이전의 무생물 상태를 갈구한다는 가정하에 그것이 한 개인의 인생 전반을 거쳐 반복적으로 나타나며 개인을 앞으로 나아가도록 하기도 하지만 퇴행적으로 붙잡아 두는 양가적 정신 에너지임을 설파한 바 있다.[39] <변강쇠>가 1980년대에 영화화되며 한국사회의 급진성과 퇴행성 사이에서 진동하는 죽음 충동의 에너지를 어떻게 묘사했고 그것이 대항발전주의와는 어떻게 맞닿아 있는지 밝힐 것이다. 마지막 장인 7장에서는 <불의 나라>(1989)와 <물의 나라>(1989)를 중심으로 1980년대 후반부의 에로방화가 재현하는 한국의 산업화와 도시화가 완성된 이후의 부정적 효과, 즉 엄청나게 벌어진 빈부격차와 신분 상승의 기회가 차단되기 시작한 사회에서 시골에서 상경한 남성들이 겪는 좌절과 실패에 대해 분석한다. 이를 통해 '87년 체제를 통해 '민주화'가 어느 정도 정치적으로 성취된 한국사회에서 이후에도 지속되는 대항발전주의의 감각이 사회적·경제적으로 지속적으로 나타날 수밖에 없는 조건에 대해 고찰할 것이다.

39 다음을 참조할 것. Sigmund Freud, *Beyond the Pleasure Principle*, W.W. Norton & Company, 1990.

영화진흥위원회 50주년 기념 총서 01

에로방화의 은밀한 매력

1980년대 한국 대중영화의 진보적 양면성

1부

가족·연애 멜로드라마 속의 대항발전주의

1부
가족·연애 멜로드라마 속의 대항발전주의

1장 버나큘러 멜로드라마로서의 에로방화

에로방화는 경제성장주의와 사회진화론적 인식이 사회적 상식으로 작용했던 1980년대 한국사회에서 진보나 퇴보라는 관점만으로는 해석될 수 없는 대단히 독특한 위상을 점유하고 있다. 그것은 또한 동시대 타국의 유사 장르영화들, 즉 일본 핑크영화나 로망 포르노, 북유럽의 블루영화, 서유럽의 에로티카, 미국의 에로틱 스릴러와는 대단히 다른 정치성과 지역성(locality), 특이성을 내포하는 성인영화의 한국형 버나큘러(vernacular) 버전이기도 하다. 에로방화는 정치성의 차원에서는 신기할 정도로 급진적인 동시에 젠더정치의 측면에서는 놀라울 정도로 퇴행적이기도 해서, 손쉽게 혁명적이거나 반동적인 영화장르라 단정 지을 수 없다. 문화 이론가인 존 피스크(John Fiske)의 말마따나, 대중문화가 전위예술과 달리 "혁명적일 수 없는 것"은 정치성을 떠나 더 많은 대중에게 소구되어야 한다는 존재론적 전제 때문이다.[40] 그러나 혁명적이지 않다고 해서 대중문화가 '진보적'이지 않은 것도 아니다. 피스크의 논지대로 대중문화는 지배문화의 자장 안에서 생산되지만, "절대로 지배세력의 일환으로서 만들어지는 것이 아니라 그것에 대응해 형성"되기 때문이다.[41]

대중문화가 문화산업의 논리에 따라 만들어지기는 하지만 그것을 향유하는 대중은 문화산업에 종사하지도, 종속되어 있지도 않기에 '모순적'이라는 피스크의 분석처럼, 에로방화도 대단히 모순적인 텍스트들과 정치, 경제적 이해관계 및 대중의 수용 양상을 띠며 구성되어 있다.[42] 이처럼 에로방화의 제작 관행과 수용 양상에서 드러나는 정치성은 대단히 모순적이면서 양면적이다. 앞서 서문에서, 이 책은 에로방화의 이 모순성을 진보적 양면성으로 해석하고자 한다고 밝힌 바 있다. 에로방화는 분명히 에로티시즘을 영화의 장르적 특성으로 대대적으로 활용하지만, 기묘하게 신체의 노출을 최소화하고 영화 속 성행위가 연기라는 것을 지나치게 여실히 드러내는 역설적인 노출의 전략을 구사한다. 게다가 영화의 메시지도 연애나 성애의 고찰이라기보다, 70년대 이래로 급속하게 진행된 한국의 자본주의적 산업화와 함께 가속화되는 인간성 상실이나 가족의 붕괴와 해체를 경고하는 경우가 많다. 그러나 앞서도 언급했듯 대다수의 에로방화가 내용이나 주

40 다음을 참조할 것. John Fiske, *Understanding Popular Culture*, 2nd Edition, Routledge, 2011, p.127.

41 Ibid., p.35.

42 Ibid,, p.19.

제에 있어 전두환 정권이 문제 삼지 않을 정도로 매우 미묘하게 이데올로기적 접근을 하며 직접적으로 제5공화국을 정치적으로 비판한 것은 아니지만, 제3공화국 때부터 정부가 추진해 온 수출과 경제성장 위주의 정책이 가져온 도시 빈민의 대량화와 농촌경제의 쇠락, 사회에 만연한 황금만능주의, 입신출세를 위해 물불을 가리지 않는 편법주의의 횡행을 문제 삼고 있다. 앞서 서문에서 한완상의 민중 사회학 이론을 통해 편법주의에 대해 논했는데, 본 장에서는 이것이 에로방화 속에서 재현되는 양상을 살펴볼 것이다.

에로방화의 이러한 현실 개입 방식은 피터 브룩스(Peter Brooks)가 '멜로드라마적 상상력(melodramatic imagination)'이라 지칭한 멜로드라마의 사회적 기능과 일치하는 측면이 있다. 브룩스는 프랑스 대혁명 이후의 서구 사회에서 연극과 문학의 통속화·대중화와 함께 시작된 멜로드라마가 특유의 극단적인 이분법적 선악 구도라는 "과잉의 양식/미학 (mode of excess)"을 활용해 권선징악을 강조함으로써, 세속화하는 종교를 대신해 "재신성화에의 촉구와 [멜로드라마의] 개인화된 이야기 외에는 신성화를 이루어내는 것이 불가능함"을 동시에 표현한다고 본 바 있다.[43] 멜로드라마는 기본적으로 '도덕극'이고, 선악 구도를 의도적으로 과도하게 부각하는 멜로드라마적 양식을 통해 서구 사회가 세속화·근대화하는 과정에서 잃어가는 윤리적 미덕을 되새김질하는 역할

43 Peter Brooks, *The Melodramatic Imagination: Balzac, Henry James, Melodrama, and the Mode of Excess*, Yale University Press, 1976, 1995, p.16.

을 수행했다고 본 것이다. 브룩스는 여기서 더 나아가 이러한 멜로드라마적인 상상력이 싸구려 대중 연극이나 통속 소설에서만 드러나는 것이 아니라 프랑스의 발자크(Honore de Balzac)나 미국의 헨리 제임스(Henry James)와 같은, 소위 고급 문학 혹은 서구 사실주의 문학의 진수를 보여주는 작가들의 작품에서도 표출된다고 보았다. 마찬가지로 에로방화도 작품성의 고하를 막론하고 '멜로드라마적 상상력'을 발현해, 정부의 발전주의/개발주의 정책하에서 추진된 급속한 경제성장과 반비례하며 역시 급속하게 상실되는 한국사회의 도덕성 혹은 인간성 회복을 촉구하는 경우가 대다수이다. 이 장에서는 에로방화가 독일 출신 미국영화학자 미리엄 핸슨(Miriam Hansen)이 개념화한 '버나큘러 모더니즘(vernacular modernism)'을 한국적으로 재현하는 버나큘러 성인영화 장르로서 한국의 근/현대성에 개입하며 펼치는 진보적 양면성을 '멜로드라마적 상상력'에 적용시켜 고찰해 볼 것이다. 이를 위해 우선 유럽과 미국, 일본 등지에서 포르노그래피를 포함한 성인영화의 역사가 어떻게 전개되었는지 간단히 살펴본 후, 에로방화를 포르노로 규정할 수 있는지에 대한 논의를 한국 페미니스트 영화학자들의 에로방화 담론과 함께 고찰해 볼 것이다.

1. 글로벌 성인영화의 짧은 역사

서구의 주류영화에서 에로티시즘이 본격적으로 감지되기 시작한 것은 1950년대 후반부터이다. 잉마르 베리만(Ingmar

Bergman)이나 루이스 부뉴엘(Luis Bunüel), 장뤼크 고다르(Jean-Luc Godard), 클로드 샤브롤(Claude Chabrol), 루이 말(Louis Malle) 등 소위 '유럽 예술영화' 감독들의 작품에서 그러한 흔적을 발견할 수 있다. 베리만의 <모니카와의 여름(Sommaren med Monika)>(1953), 로제 바딤(Roger Vadim)의 <그리고 신은 여자를 창조했다(Et Dieu ... Crea la Femme)>(1956), 말의 <연인들(Les Amants)>(1958)부터 이어진 성과 금기에 대한 저항은 고다르의 <네 멋대로 해라(A Bout de Souffle)>(1960), 부뉴엘의 <세브린느(Belle de Jour)>(1967), 파졸리니의 <테오레마>(1968)를 거쳐 베르톨루치의 <파리에서의 마지막 탱고(Last Tango in Paris)>(1972)와 파졸리니의 <살로 소돔의 120일(Salo o le 120 Giornate de Sodoma)>(1975)에 이르러 본격적인 사도마조히즘적 성 묘사의 정치적 알레고리에의 연결로 확장되었다.

20세기 중후반의 유럽영화의 한편에서는 이렇게 에로티시즘을 장르적 특성으로 내세우지 않은 채 '고급 모더니즘' 예술의 외피를 두르고 관객의 성적 자극을 목적으로 하지 않는다는 명분하에 남녀 배우들을 반라 혹은 전라로 등장시키거나 실제에 가까운 성행위를 모사하도록 했다. 다른 한편, 1970년대 중반에 이르러 유럽 영화인들은 '에로티카(erotica)'라 지칭되는 "하드코어 포르노에 대한 고급문화적 대안(high-culture alternative to hard core)"으로서의 에로틱한 장르영화도 개발하기에 이른다.[44] 프랑스의

44 Nina K. Martin, *Sexy Thrills: Undressing the Erotic Thriller*, University of Illinois Press, 2007, p.22.

쥐스트 자캥(Just Jaeckin)은 네덜란드 출신의 육감적 미모의 여배우 실비아 크리스털(Sylvia Kristel)을 발굴해 그녀의 눈부신 나신과 영화 속 동명 캐릭터의 자유분방한 성적 여정을 소프트포커스(soft-focus) 기법으로 촬영한 <엠마뉴엘(Emmanuelle)>(1974)을 연출했다. 영화는 현재까지 전 세계 30억 명이 관람한 영화로 기록되어 프랑스 영화 사상 가장 흥행에 성공한 영화 중 한 편이 되었다.[45] 영화의 흐릿하면서도 아련한 감각적인 화면 구성과 서정적인 음악 사용, 나이 차이가 많이 나는 연상의 남편과의 관계에 지루함을 느낀 어린 신부의 성적 모험을 다룬 서사는 유럽뿐 아니라 미국과 아시아 지역으로까지 엄청난 파급효과를 일으켰다. <엠마뉴엘>의 소프트포커스 기법은 즉시 각국의 성인영화 제작 관행에 흡수되기 시작해 미학적인 화면 구성과 관객의 흥미를 끌기에 충분한 서사를 지닌 소프트 포르노 영화 제작 붐이 일기 시작했다. 소프트 포르노 장르를 연구한 데이비드 앤드루스(David Andrews)는 <엠마뉴엘> 이후로 수없이 많이 등장한, 특히 80년대 비디오 시장의 확산과 함께 생겨난 그러한 영화들 중 소프트포커스 기법을 차용하고 여성 관객에게 소구될 만한 서사 전개를 구성하며 "작품성을 지향한(aspirational)" 영화들을 '고급(highbrow)' 영화와 '저급(lowbrow)' 영화 사이의 중간에 위치한 "중급(middlebrow)" 영화산업의 산물이라고 규정하기도 했다.[46]

45 2007년에 미국에서 DVD로 출시된 *Emmanuelle*에 수록된 메이킹 필름 참조.

46 David Andrews, *Soft in the Middle: The Contemporary Softcore Feature in Its Contexts*, Ohio State University Press, 2006, pp.5~10.

고급영화로까지 볼 수는 없어도 저급영화로 치부하기에는 자캥의 출중한 연출력이 부각되었던 에로티카인 <엠마뉴엘>이 전 세계 성인영화 산업에 미친 영향은 막대했다. <엠마뉴엘>의 한국에서의 반응도 폭발적이었으므로 영화의 이러한 후광 효과를 입기 위해 한국 최초의 에로방화인 <애마부인>의 제작자도 엠마뉴엘을 연상시키는 '애마'라는 여성을 주인공으로 등장시키고 영화의 제목을 <애마부인>으로 정했다는 것은 유명한 사실이다.

유럽과 유사한 듯하면서도 언제나 다른 노선을 추구하는 미국에서는 1968년 파리에서 발생했던 68혁명의 여파와 더불어 1966년에 샌프란시스코에서 발생해 미국 전역으로 확산되기 시작한 히피(hippie) 문화의 반체제주의적·반물질문명주의적·자연친화주의적 삶의 추구 경향이 결합해 정치적 저항과 금기에 대한 반항으로서의 성 해방을 동일시하는 경향이 나타나기 시작했다. "Make Love, Not War"라는 기치하에 히피족들은 베트남전 반대 운동과 프리 섹스(free sex) 운동을 벌였으며, 이런 움직임은 영화에도 반영되어 1970년대 미국은 포르노 영화의 전성기를 구가하기도 했다. 1970년대 초에 개봉된 <목구멍 깊숙이(Deep Throat)>(제라드 데미아노, 1972)는 단순히 여성의 나체를 활동사진으로 전시하는 데 불과하던 '스태그 필름(stag film)'에서 비약적인 진화를 거듭한 하드코어 포르노 영화로서, 플롯과 캐릭터, 서사가 갖춰진 최초의 장편 포르노그래피의 형태를 띠고 여주인공인 린다 러브레이스(Linda Lovelace)를 일약 스타로 만들었을 뿐 아니라 미국 사회를 발칵 뒤집어 놓을 만큼의 놀라운 흥행 성적을 기록하게 되었다.[47] 흔히 포르노라고 약칭되는 포르노그래피 영화는 크게 하드코어 포르노그래피(하드코어 포르노)와 소프트코어 포르노그래피(소프트 포르노)로 나뉘는데, 전자는 발기된 남성 성기를 포함한 직접적인 성기 노출과 클로즈업된 성기 중심의 섹스 장면이 다수를 이루는 영화들이고, 후자는 성애 장면은 다수이지만 성기 노출이 거의 없고 있다고 하더라도 남성 성기가 발기되어 있거나 여성 성기를 클로즈업하는 경우는 없으며 성행위 장면을 흉내 내서 보여주는 영화를 지칭한다. 간단히 말해 섹스 장면이 진짜냐 아니냐와 발기된 남성 성기가 보이느냐 안 보이느냐에 의해 하드코어와 소프트코어가 구분된다고 할 수 있다.[48] 여기에 더해 데이비드 앤드루스는 소프트 포르노를 "장편영화 길이의 극영화로서 그 서사 전개에 규칙적으로 (그 이상도 될 수 있지만 보통 여덟 번에서 열두 번 사이의) 성애 장면이 끼어드는데, 그 장면은 연기된 것이고 직접적인 노출이 없는 것"으로 정의하고 있다.[49]

<목구멍 깊숙이>의 대성공은 최초의 극장상영용 하드코어 포르노 영화라는 점뿐 아니라 영화의 외설성이 문제시돼 영화의 배급과 상영을 일임한 '머추어 엔터프라이즈(Mature Enterprise)'사

47 다음을 참조할 것. Linda Williams, *Hard Core: Power, Pleasure, and the "Frenzy of the Visible"*, expanded edition, University of California Press, 1989, 1999, pp.58~92, pp.153~183; Linda Williams, *Screening Sex*, Durham: Duke University Press, 2008, pp.69~112.

48 린다 윌리엄스는 "남성 성기를 감추면 소프트코어가 된다"고 말한 바 있다. Linda Williams, *Hard Core*, p.247.

49 Andrews, Op.Cit., p.2.

(社)가 검찰에 기소되어 미국 내 몇 개 주에서는 유죄 판정과 벌금형을 받으면서 더욱 가속화되었다. 1976년에는 영화의 연출자인 제라드 데미아노(Gerard Damiano)와 여주인공을 연기한 러브레이스가 기소되면서 최초로 흥행업자가 아닌 배우가 음란물 재판 현장에 소환돼 패소하는 기록을 세우기도 했다. 영화를 둘러싸고 벌어진 수년간에 걸친 미국 내의 수많은 논란과 사건들은 <목구멍 깊숙이>를 1970년대에 가장 흥행에 성공한 미국영화로 등극하게 하였고, 미국에서는 70년대를 통틀어 수없이 많은 극장용 포르노그래피 영화가 제작·개봉되었다. 물론 실제 성행위와 성기를 노출하는 하드코어 포르노 영화들은 서서히 음지의 성인전용 극장으로 밀려나게 되었지만, 성행위를 모사하는 소프트코어 포르노의 관행은 <엠마뉴엘>의 성공과 에로티카의 보급화에 힘입어 서서히 할리우드에도 스며들게 되었다. 따라서 1970년대 후반과 1980년대 중반 사이에 할리우드에서는 <미스터 굿바를 찾아서(Looking for Mr. Goodbar)>(리처드 브룩스, 1977), <보디 히트(Body Heat)>(로런스 캐즈던, 1981), <나인 하프 위크(Nine 1/2 Weeks)>(에이드리언 라인, 1986) 등의 대담하고 노골적인 에로티시즘을 표방하는 영화들, 특히 에로틱 스릴러 장르 영화들이 흥행과 평단 양측에서의 성공이라는 두 마리 토끼를 잡는 데에 성공하기도 했다.

유럽과 미국에서 68혁명을 전후해 영화적 에로티시즘이 작가주의 영화와 에로틱한 장르영화, 즉 소프트 포르노와 하드코어 포르노를 오가며 제작비와 작품성의 측면에서 상·중·하급을 골고루 오가며 만들어지는 동안, 일본도 서구와 동시적인 전개 양상을 보였다. 유럽의 고급 모더니즘 영화들이 1950년대부터 섹슈얼리티와 에로티시즘을 활용한 것처럼, 일본에서도 1950년대 후반부터 엘리트 영화인들이 3대 메이저 영화사인 쇼치쿠(松竹), 닛카쓰(日活), 다이에이(大映)에서 에로티시즘의 정치적 가능성을 실험하기 시작했다. 엘리트 영화인과 에로티시즘의 조우라는 측면에서 볼 때, 도쿄대를 졸업하고 1950년대에 네오리얼리즘이 한참 꽃피던 이탈리아에서 영화 연출을 공부하고 일본으로 돌아온 다이에이의 스타 감독, 마스무라 야스조(増村保造)의 작품들이 주목을 요한다.

1957년작 <입맞춤(くちづけ)>으로 일본영화 사상 최초의 키스신을 선보인 마스무라는 1950년대부터 작품 속에 성적, 사회적 욕망에 충실한 여성 캐릭터들을 등장시켜 점차 더 농염해지는 여성의 에로티시즘을 가시화했다. 그가 60년대에 연출한 많은 영화들이 그러했지만, 특히 일본 미스터리 문학의 아버지이자 대표적 에로-그로-넌센스물의 창작자로도 유명한 에도가와 란포(江戸川乱歩)의 동명 소설을 영화화한 <눈먼 짐승(盲獸)>(1969)은 당시로서는 파격적인 성애 묘사의 행보를 보인다. 영화에는 폐쇄적 공간 안에서 성적 쾌락과 육체의 피·가학적 고통을 동일시하며 극한의 성적 황홀감을 맛보기 위해 서로의 사지를 잘라주며 고통과 쾌락 속에서 죽어가는 남녀 커플이 등장한다. 미국 작가 에드가 앨런 포(Edgar Allen Poe)를 존경해 포의 일본식 발음인 에도가와 란포로 필명을 정한 에도가와의 에로틱하며 그로테스크한 작품

세계도 혁신적이지만, 이를 영상화한 마스무라의 시각적 연출력도 돋보이는 수준 높은 성애물, 즉 그야말로 '에로티카'라 할 수 있다. 아니 단순히 예술영화라 칭해도 될 만한 수준 높은 성애물이다.

패전 후에도 지속적으로 이어지는 일본 에로-그로-넌센스의 또 다른 한 분파로 분류될 수 있을 만한 문화적 향방은 당시 패배감에 젖은 일본인들이 가스토리(粕取り) 소주를 마시고 과감하고 대담해졌다는 데서 유래한 '가스토리 문화'와 다니자키 준이치로(谷崎潤一郎)나 가와바타 야스나리(川端康成) 등의 일본 문학계의 대부들이 탐닉하게 된 퇴폐적 에로티시즘에서도 찾을 수 있다.[50] 가스토리 문화는 2000년대 초반에 한국에서도 유행했던 '엽기성'과 유사한 형태로 표출되며 성의 상업화와 결합하여 기묘하고 엽기적인 에로티시즘의 형태로 대중문화 전반에 스며들었다. 가스토리 문화가 대중문화적이라면, 고급스러운 퇴폐적 에로티시즘은 일본적 미학과 결합해 노벨상을 수상한 가와바타의 문학작품이나 에로-그로-넌센스 문화의 엘리트 적자로도 보이는 다니자키의 원작 소설을 영화화한 작품들, 특히 이치카와 곤(市川崑)이 영화화하여 칸 영화제에서 수상한 <열쇠(鍵)>(1960) 등에서도 찾을 수 있다. 또한 전후에 각광받았던 퇴폐적 에로티시즘의 다른 조류로 미군정하 미군 상대 집창촌 여성들의 생명력과 애환을 그린 '육체문학'도 빠뜨릴 수 없다. 육체문학의 대표주자라 할 수 있는 다무라 다이지로(田村泰次郎)의 『육체의 문(肉体の門)』(1947)과

50 다음을 참조할 것. John Dower, "Cultures of Defeat," *Embracing Defeat: Japan in the Wake of World War II*, W. W. Norton, 1999, pp.121~167.

『춘부전(春婦伝)』(1947)은 발표 이후 각각 네 차례와 두 차례 영화화될 정도로 각광받았다. 그중에서도 닛카쓰에서 활동하던 스즈키 세이준(鈴木清順) 감독이 1964년과 1965년에 두 작품을 각각 영화화한 버전이 많은 주목을 받아 왔는데, 특히 <춘부전>은 2차 대전 당시 만주를 배경으로 일본과 한국, 중국 출신의 전쟁 위안부들의 사랑과 욕망을 그렸다는 점에서 특이하다고 할 수 있다. 스즈키는 1950년대부터 액션물과 청춘물을 오가면서 자신만의 독특한 영화 스타일을 구축해 왔으나, 그의 <육체의 문>은 섹슈얼리티와 정치를 연계시킨 작품으로서 1960년대의 대표적 에로티카로 분류될 수 있을 만한 작품이다.

쇼치쿠는 1950년대와 1960년대의 전환기에 프랑스에서 등장해 전 세계 젊은 영화 관객들의 지지를 받으며 초국가적인 영향력을 발휘한 누벨바그(nourvelle vague) 영화인들의 동향에 주목해, 의도적으로 젊은 관객을 흡수하기 위해 사회 비판적이고 정치적으로는 좌파에 속하는 약관의 젊은 엘리트들, 즉 오시마 나기사, 요시다 기주(吉田喜重), 시노다 마사히로(篠田正浩), 이마무라 쇼헤이(今村昌平) 등을 도제 과정을 생략한 채 데뷔시키는 혁신을 꾀했다. 장기간의 도제 실습 기간을 거쳐 감독으로 데뷔하는 것이 오랜 관행이었던 일본영화계에서, 그것도 메이저 스튜디오에서 이를 대폭 축소·생략하는 극약 처방을 한 것이다. 1950년대 일본의 인기 영화장르였던 청춘영화의 관습에 자신들의 관심사인 섹스와 폭력, 영화의 형식적 실험을 결부시킨 이들 감독들은 데뷔 초부터 매우 도발적이고 획기적인 영화들을 만들기 시작했

으나, 50년대의 황금기를 뒤로 한 채 관객이 급감한 일본영화계의 현실을 되돌리기는 역부족이었다. 이들 감독들은 곧 지속적인 상업적 성공의 압박을 가하는 쇼치쿠를 떠나 독립적인 제작사를 차리거나 거대 제작사와 제휴해 지속적으로 금기에 대한 정치적 저항으로서 에로티시즘을 효과적으로 활용해 나가기 시작했다. 특히, 끊임없이 성애와 정치의 연관성에 천착해 오던 오시마는 1970년대에 프랑스 제작자와 손잡고 포르노그래피 제작이 금지된 일본의 영해를 벗어나 프랑스에서 일본 배우들을 기용해 본격적인 하드코어 포르노 영화인 <감각의 제국(愛のコリダ)>(1976)을 연출하기에 이른다. 영화는 프랑스 자본으로 프랑스에서 제작되었지만 일본 배우가 일본어로 연기하는 영화라는 이유로 일본 내 극장 상영이 금지되었을 뿐 아니라 많은 나라에서 극장 개봉이나 비디오 출시가 무기한적으로 연기되는 등 세계 각국에서 논란의 중심에 서게 되었다.

일본 주류 영화계에서는 기존의 메이저 영화 스튜디오를 중심으로 서서히 에로티시즘이 확산되기 시작했지만, 1950년대 후반부터 저예산으로 에로티시즘을 통한 시각적 자극을 목적으로 하는 영화들을 제작하는 '에로덕션(ero-duction)'들이 생겨났고 이들은 메이저 영화사들이 소유하지 않은 작은 극장들에서 관객몰이를 하며 1960년대부터 '핑크영화'라는 새로운 장르를 형성하게 되었다.[51] 핑크영화라는 용어는 일본의 한 스포츠 신문 기자

51 다음을 참조할 것. Donald Richie, "The Japanese Eroduction," *A Lateral View: Essays on Culture and Style in Contemporary Japan*, Stone Bridges Press, 1987, 2001, pp.156~169.

가 주류 영화계에서 제작된 우수 영화를 매해 선정하고 시상하는 '블루리본 영화상'에 대항해 핑크리본 영화상이 만들어져야 한다는 우스갯소리를 한 것에서 유래했다고 한다.[52] 그러나 저예산 독립 에로물을 지칭하는 핑크영화가 큰 의미를 갖게 된 것은 오시마와 마찬가지로 영화적 에로티시즘을 통해 금기에 저항하고 정치적 변혁을 꿈꾸는 영화인들 때문이었다.

서문에서 언급했던, 한국 최초의 음화로 기록된 유현목의 <춘몽>의 원작인 <백일몽>을 연출한 다케치 데쓰지(武智鉄二) 감독은 가부키 연출자로 출발해 1964년에 <백일몽>으로 영화계에 데뷔하며 저예산이 아니라 제법 큰 예산으로 만들어진 일본 최초의 주류 핑크영화를 연출한 인물이 되었다. 독일의 표현주의와 프랑스의 상징주의 영화의 영향을 받아 한국영화사에서 드물게 유럽풍 아방가르드 영화로 완성된 <춘몽>과 달리, <백일몽>은 가부키 연출자 출신의 감독이 만든 영화답게 일본의 전통 음악과 전통 가옥구조를 활용해 특별한 서사 전개 없이 한 여자와 두 남자 사이의 사도마조히즘적 관계를 영상으로 보여주는 영화이다. 이듬해 제작된 다케치의 두 번째 연출작인 <흑설(黒い雪)>(1965)은 눈밭 위에 전라로 누워있는 여배우의 모습을 문제 삼은 일본 정부가 감독을 기소하고 최초의 음란물 재판에 회부한 문제작이 되었다. 재판정에서 다케치는 영화에 누드 장면이 많이 등장하지만, 그 누드 장면들은 미군정하에서 "미국의 침략에 저항하지 못

52 Jasper Sharp, *Behind the Pink Curtain: The Complete History of Japanese Sex Cinema*, FAB Press, 2008, p.53.

하는 일본인들을 상징하는 상징적 누드"라 항변했다.[53] 유현목과 달리, 다케치는 당대 일본의 반미주의 정서와 오시마를 포함한 일본 지식인들의 탄원에 힘입어 무죄를 선고받을 수 있었다. '<흑설> 판례'는 핑크영화가 저예산 독립영화 혹은 작품성이 없는 상업적 성애영화인 '섹스플로이테이션(sexploitation)'이라는 오명을 벗게 해주는 사건이 되었다.

같은 해에 다케치의 재판 사건과 함께, 핑크영화의 대부라 할 수 있는 와카마쓰 고지(若松孝二) 감독의 <벽 속의 비사(壁の中の秘事)>(1965)가 베를린 국제영화제에 초청되면서 핑크영화의 이미지는 더욱 쇄신되기 시작했다. 급진적 좌파인 와카마쓰는 1965년에 자신의 독립영화사인 '와카마쓰 프로'를 설립하기 전까지 닛카쓰에서 63년과 65년 사이에 20편이 넘는 핑크영화를 연출했는데, 그의 영화는 기존의 모든 영화적 규칙과 규범에 대해 전복적이어서 서사와 스타일에 있어 실험적일 뿐 아니라 현실 변혁의 열망을 품은 혁명적인 기운을 품고 있는 것으로 유명하다. <벽 속의 비사>는 재수생이 집에서 망원경으로 건너편 집을 훔쳐보다 그 집의 주부와 사랑에 빠져 연인으로 발전하지만 결국 파국적 결말로 치닫게 되는 과정을 그리는 영화로, 일본의 대학입시와 교육제도의 암울한 현실 속에서 가정주부와 재수생이 일탈을 꿈꿀 수밖에 없는 사회적 상황을 비판한다. 닛카쓰사는 일본 정부가 영화의 장르적 특수성 때문에 외국 영화제 진출을 반

53 David Desser, *Eros Plus Massacre: An Introduction to the Japanese New Wave Cinema*, Indiana University Press, 1988, p.99.

대하리라 예상하고 영화윤리위원회와 상의하지 않고 독단적으로 영화를 베를린에 출품했다. 뒤늦게 사실을 알게 된 영화윤리위원회는 영화가 일본의 국가 이미지에 먹칠을 할 것이라 우려했지만, 오히려 베를린에서 호의적인 반응과 관심을 받게 되었고 이는 핑크영화에 대한 고정 관념을 깨기에 충분한 것이었다. 영화의 성공으로 와카마쓰는 자신의 제작사를 설립할 수 있었고, 2012년에 갑작스러운 교통사고로 유명을 달리하기 전까지 끊임없이 정력적으로 좌파적이고 혁명적인 핑크영화를 만들어왔다.

닛카쓰는 1960년대까지 소극적으로 에로티시즘을 표방하는 영화들을 제작하다가, 1971년에 닛카쓰 로망 포르노라는 고급형 핑크영화 브랜드를 출범하고 본격적인 소프트 포르노 제작에 착수했다. 로망 포르노는 이전의 영화들에 비해 성적 표현의 수위가 훨씬 높지만, 여성친화적인 내용과 화면으로 남녀 관객을 골고루 포섭할 수 있었다. 또한, 로망 포르노의 3대 천황으로 일컬어지는 소네 주세이(曽根中生), 구마시로 다쓰미(神代辰巳), 다나카 노보루(田中登) 등의 감독이 연출한 영화들은 평단의 호평을 이끌어 내며 고급화된 작가주의 에로티카를 보급하는 데 기여하기도 했다. 로망 포르노는 80년대까지 꾸준히 만들어졌으나 일본영화 산업의 약화와 관객의 지속적인 감소, 비디오 시장의 확대로 인한 AV 영화의 확산으로 1988년에 닛카쓰사가 도산하면서 결국 제작이 중단되었다.

일본뿐 아니라 70년대 대만에서도 '블랙 무비(black movie)'라 불리는 성인영화가 유행했다 하고, 80년대 홍콩에서도 '카테고리

III'로 분류되는 성인영화가 성황리에 제작되었다고 한다. 1980년대 중반부터 시작된 중국의 제5세대 영화만 해도 레이 초우(Rey Chow)의 표현을 빌리자면, "원시적 열정(primitive passions)"을 분출시키는 모더니즘적 에로티시즘에 상당히 기대고 있다.[54] 따라서 80년대 한국영화산업의 에로장르에의 쏠림 현상은 단순히 3S정책의 결과도 아니고 한국에서만 유별난 현상이었다고도 할 수 없다. 그것은 서구와 일본에서 먼저 시작된 초국가적 영화제작 경향의 전 지구적 확산의 한 흐름으로 볼 필요가 있다.

2. 신체장르로서의 에로방화와 포르노그래피

한국 페미니스트 영화학자들은 에로방화를 포르노 영화와 동급으로 보지는 않지만, 두 장르가 모두 남성 관객만을 위한 장르이며 여성에 대한 남성의 정치적, 성적 지배를 공고히 하는 매체의 역할을 수행한다는 관점을 견지하고 있다. 에로방화건 포르노건 나체와 성행위를 상업적으로 활용하는 데에서 출발했다는 공통점이 있고 그것이 문제가 안 된다고 말할 수는 없지만, 그 주된 관객은 항상 남성이고 여성은 스펙터클의 역할을 수행하는 데 그친다는 로라 멀비의 영화 관객성에 대한 이분법적 젠더 구분을 무비판적으로 포용한 결과일 것이다. 멀비의 주장은 옳은 부분도 있지만 비판의 여지도 함께 안고 있다. 영화를 보는 모든 관객이 이성애자 남성의 입장에 서 있거나 여성 관객마저도 남성화된 시

54 다음을 참조할 것. Rey Chow, *Primitive Passions: Visuality, Sexuality, Ethnography, and Contemporary Chinese Cinema*, Columbia University Press, 1995.

점에서 여성 신체의 스펙터클을 소비한다고 보는 젠더 본질주의적 사유에 기반하고 있기 때문이다.

이러한 젠더 본질주의적 관객성 연구는 모든 여성을 동질적으로 획일화해 여성 관객의 시점에 대해서는 전혀 언급하지 않으면서, 포르노는 남성 장르이기 때문에 이를 즐겨 보는 여성 관객은 아무도 없다고 상정하는 우를 범한다. 이러한 관점은 포르노도 이성애뿐만 아니라 동성애도 다루고 S/M물이나 제복물처럼 그 하부장르가 복잡하게 세분화돼 있다는 사실을 간과하고 있다. 영상 포르노 산업이 할리우드에 맞먹거나 그 이상일 정도로 세계에서 가장 잘 팔리는 영화산업으로 추산됨에도 불구하고 포르노는 멜로드라마와 공포영화와 더불어 여성의 신체를 매개로 한다는 측면에서 영화장르 중에서도 비평계에서 가장 하급으로 차별받는 장르이다.[55] 린다 윌리엄스는 이 차별받는 세 장르를 '신체장르(body genre)'라 지칭하고 수정주의적 페미니즘의 입장에서 각각의 영화장르들을 재평가하고 재규정한 바 있다. 이 절에서는 윌리엄스의 논지를 따라 수정주의적 페미니즘의 시각에서, 한국의 젠더 본질주의 페미니스트들이 에로방화를 폄훼하고 미국의 반포르노 페미니스트들과 같은 논리로 반포르노 담론을 구성하며 에로장르를 문제화하는 방식에 의문을 제기하며 에로방화를 신체장르로서 재고해 보고자 한다.

55 Peter Lehman, "Introduction: A Dirty Little Secret - Why Teach and Study Pornography?", *Pornography: Film and Culture*, ed. Peter Lehman, Rutgers University Press, 2006, p.10. 피터 레만은 포르노 산업을 "수백억 불짜리 사업"이라 부르고 있다.

강소원은 "노출의 수위에서 하드코어 포르노그래피와 구별되는 소프트코어 포르노그래피는 주류산업의 구조 안에서는 제작이 불가능한 영화"이기 때문에 "1980년대 성애영화들을 소프트 포르노그래피라 부르는 것은 적절하지 않은 것이겠지만 표현의 수위가 아니라 그 영화의 수용 기제와 기능, 그리고 본질의 차원에서는 포르노그래피와 다르지 않은 것"으로 규정한다.[56] 강소원은 에로방화의 성적 표현이 사실주의적이라기보다는 "표현주의적"이며 코믹할 정도로 과장되어 있을 뿐 아니라 그 속에 등장하는 성행위 장면도 직접 세어 본 결과 80년대 초반에는 세 번 정도로 많지 않고 80년대 후반에 이르러서야 보통 일곱 번 정도까지 증가하여 외설성의 측면에서는 포르노와 비교가 될 수 없음을 인지하고 있다.[57] 앞서 앤드루스를 인용해 소프트 포르노가 여덟 번에서 열두 번 정도의 성행위 장면들을 포함하고 있다고 언급했는데, 에로방화의 에로시퀀스들은 1980년대 후반에 수적으로 가장 크게 증가했을 때조차도 소프트 포르노에 미치지 못하고 있다. 그럼에도 강소원은 에로방화, 특히 <애마부인>의 경우, 성적 표현이 "직접적인 표현보다 훨씬 외설적"인 "불순한 시선"을 이용하며 "주로 여성의 얼굴과 상체만으로 하체의 일을 상상하게 만드는 방식이면서 시선 교환을 통한 신체의 극단적인 분절화"를 시도하기 때문에 포르노에 가깝다고 단언한다. "대부분 변죽만 울리는 방식이지만 그렇다고 덜 외설적인 것도 아[닌]" 이러한 성적 표현이 "과장되고 왜곡된 반응과 극단적인 클로즈업 외

56 강소원, 「1980년대 한국영화」, 『한국영화사 공부 1980~1997』, 이채, 2005, 57쪽.
57 강소원, 『1980년대 한국 '성애영화'의 섹슈얼리티와 젠더 재현』, 46쪽.

에도 서사 진행과 무관한 성적 도발의 모티브들"을 활용함으로써 "포르노그래픽"하게 변질되기에 문제적이라 보는 것이다.[58] 따라서, 강소원은 <애마부인>을 "왜곡된(남성중심적이라고 할 수 있는) 성적 판타지와 관음증이라는 두 기제로 작동하는 1980년대식 문화상품"이자 준포르노그래피로 해석한다.[59]

강소원의 에로방화 규정 방식은 "한국영화에서 70년대 중반부터 80년대 후반까지 걸쳐 있는 여성 몸과 섹슈얼리티 과잉 영화들"을 린다 윌리엄스의 신체장르(body genre) 개념을 차용해 "여성 몸의 장르 (female body genre)"라 부르며 그 영화들이 "내러티브 질서상 불필요한 선정성을 겉으로 드러내거나 속으로 함축"하는 방식을 문제시한 유지나의 접근 방식과 같은 논지를 취하고 있다.[60] 유지나에게 있어 "리얼리즘을 벗어난 남성 판타지의 전시장"이 되어버린 이러한 영화들은 "성애 이미지 속에 포화된 여성 스스로 희생자가 된다는 설정 속에서 남성 판타지의 쾌를 위한 황홀경의 양식에 동원되지만 여전히 그것은 억압된 남성쾌락 속에서 사도-마조히즘적인 불균질한 텍스트를 짜나"가며 "한국사회의 [젠더와 계급의] 억압구조에 대한 퇴행적이고 순응주의적인 답변으로 작용"할 뿐이다.[61] 이렇게 "여성 섹슈얼리티를 과잉 이미지화"하는 과거의 "퇴행적"인 방식이 한국영화의 "고질적인 징후적 현상으로 침전"되었다고 보며, 유지나는 21세기에도 "'여

58 강소원, 「1980년대 한국영화」, 58쪽.

59 위의 글, 59쪽.

60 유지나, 「여성 몸의 장르: 근대화의 상처 - 1970년대 후반에서 1980년대」, 『한국영화 섹슈얼리티를 만나다』, 생각의 나무, 2004, 80쪽.

61 위의 글, 93쪽, 96쪽.

성 몸의 장르'가 통시적 효용가치—어두운 시대[1970~80년대]의 한때 우울한 초상화라는—틀을 넘어 공시적인 장르 가치와 남성 판타지가 여성의 몸에 투사하는 섹슈얼리티 과잉 스펙터클로서 한국영화의 주요 기제로 작동"하는 현실을 개탄한다.[62]

유지나의 논의에서 다른 것보다 우선적으로 짚고 넘어가야 할 점이 있다. 유지나는 자신의 글에서 영화장르 이론의 전문가라고 할 수 있는 릭 올트먼(Rick Altman)까지 호출하며 올트먼이 제안한 대로 "공시성"과 "통시성"을 동시에 겸비한 장르 연구를 하기 위해 80년대 에로방화뿐만 아니라 70년대 호스티스 영화까지 포함해 이들을 '여성 몸의 장르'라 부르며 2000년대 한국영화에까지 이어지는 여성 신체의 성적 재현을 문제 삼고 있다.[63] 그러나 그 과정에서 유지나는 린다 윌리엄스가 '신체장르'라는 용어를 만들어낸 본래 의도와 목적을 완전히 간과하고 있다. 윌리엄스는 포르노그래피, 공포영화, 멜로드라마의 세 영화장르를 '신체장르'라 명명했는데, 이들 각각의 장르에서 바로 "여성의 신체가 전통적으로 영화 속 쾌락과 공포와 고통을 주로 '구현(embodiment)'하는 기능을 해왔"기 때문에 이들 장르가 멸시된다고 보기 때문이다.[64] 윌리엄스가 문제시하는 것은 세 장르가 여성의 신체를 쾌락과 공포와 고통의 매개로 삼는 방식이 아니라 그 영화장르들이 바로 여성의 신체를 매개로 하기 때문에 여성과

62 위의 글, 83~84쪽.

63 다음의 마지막 장을 참조할 것. Rick Altman, *The American Film Musical*, Indiana University Press, 1988.

64 Linda Williams, "Film Bodies: Gender, Genre, and Excess", *Film Quarterly*, 44:4, 1991, pp.2~13, p.4.

마찬가지로 문화적으로 낮은 위상을 지닐 수밖에 없는 성차별주의적 편견과 현실인 것이다. 윌리엄스는 다음과 같이 말한다.

> 특히 낮은 문화적 위상을 지녀 온 영화장르들은 대중장르의 체계 안에서마저도 '과잉'으로 존재해 온 것으로 보이는데, 그러한 영화들이 단순히 스크린상에서 선정적으로 신체를 전시(display)함으로써 관객의 신체에 영향을 미치기만 하는 것은 아니다. 오히려 신체장르들을 저질로 규정하는 것은 관객의 신체가 그 영화들 속 신체의 감정과 흥분을 거의 비자발적으로 흉내 내도록 유도된다는 인식 때문이고 이와 더불어 영화 속에 전시되는 그 신체가 바로 여성의 신체라는 사실 때문이다.[65]

윌리엄스는 1990년대 초반에 위의 글을 쓸 당시 본인이 수행한 이전의 연구, 즉 1980년대에 진행한 하드코어 포르노 영화와 멜로드라마 연구 및 후속 연구에서 위의 세 장르를 이미 재평가하고 재역사화한 바 있다. 그러나 윌리엄스가 위의 글에서 비판하는 것은 여성과 여성의 신체가 미천하게 여겨지는 사회문화적 환경이다.[66] 줄리아 크리스테바식으로 말하자면 여성으로 상징되는 모든 것이 "주체도 객체도 아닌(neither subject nor

65 Ibid.

66 린다 윌리엄스가 쓴 다음의 저작들을 참조할 것. Linda Williams, "Melodrama Revised" and "Something Else Besides a Mother: *Stella Dallas* and the Maternal Melodrama", *Feminism and Film* ed. E. Ann Kaplan, Oxford University Press, 2000; "Discipline and Fun: Psycho and Postmodern Cinema", *Reinventing Film Studies* eds. Christine Gledhill and Linda Williams, Oxford University Press, 2000; *Playing the Race Card: Melodrama of Black and White from Uncle Tom to O. J. Simpson*, Princeton University Press, 2002; *Porn Studies*, ed. Linda Williams, Duke University Press, 2004; *Screening Sex*, Duke University Press, 2008.

object)" '비체(abject)'로서 비천하게 인식되는 사회문화적 환경으로 인해 신체장르가 저질문화로 받아들여지는 남성 우위의 현실이 더 큰 문제인 것이다.[67]

에로방화 연구에서 윌리엄스의 논의가 중요한 이유는 에로방화가 여성의 몸을 쾌락의 매개로 활용한다는 점에서 신체장르로 분류될 수 있기 때문이 아니라 그것이 한국사회에서 문화적으로 비천한 저질 장르로 통용되는 이유가 바로 여성의 신체 그 자체를 비천하게 인식하는 사회문화적 메커니즘에 기인한 것임을 파악할 수 있는 메타 이론을 제공하기 때문이다. 에로방화나 포르노그래피뿐만 아니라 멜로드라마와 공포영화도 미국에서와 마찬가지로 한국에서도 영화장르 중에서도 오랫동안 인기 장르면서도 저질 장르로 인식되어 온 것이 사실이다. 흔히 여성장르로 인식돼 온 멜로드라마의 경우 한국에서 가장 대중적이고 인기 있는 영화장르임에도 불구하고 여성의 전유물로 여겨지는 눈물을 유도하는 '최루성 멜로'라는 이유로, 윌리엄스가 지적한 그대로, 남성 관객과 남성 비평가들로부터 오랫동안 외면받아 왔다. 멜로드라마에 대해서는 다음 절에서 보다 소상히 살펴볼 것이지만, 이와 마찬가지로 공포에 질려 소리 지르는 영화 속 여성을 매개로 관객을 공포의 도가니로 몰아넣는 공포영화나 성적 쾌락을 온몸으로 표현하는 여성이 다수 등장하는 포르노그래피도 하급 저질 문화로서 연구될 가치도 없는 것으로 치부되어 왔다. 이런 맥락

67 Julia Kristeva, *Powers of Horror: An Essay on Abjection*, Columbia University Press, 1982, p.1. 인용된 표현은 본문에 있는 구문이 아니라 첫 절의 제목이다.

에서 앞서 인용했던 강소원이 그랬듯 보통 준포르노로 인식되기도 했던 에로방화는, 여성의 몸을 이용한 성적 쾌락의 표현과 여성의 삶에 있어서의 고통을 주로 이야기하는 서사상의 멜로드라마적 요소로 인해 더더욱 저질 국산문화로 저평가될 수밖에 없었다. 젠더 본질주의적 시각은 이러한 기존의 저평가에 기름을 붓는 격이었다고 할 수 있다.

강소원과 유지나의 에로방화 분석에서 공통적으로 발견되는 점은 에로방화의 스펙터클 전개 방식이 여성 몸에 대한 남성의 관음증적인 시선과 판타지에 기반하고 있다는 전제이다. 사실 남성의 관음증적 시선(scopophilic male gaze)에 대한 논의는, 영국의 영화이론지 『스크린(Screen)』이 1975년 페미니즘 영화이론뿐만 아니라 영화이론 전체에 있어서도 가장 획기적이고 중요하다고 할 수 있는 로라 멀비의 글, 「시각적 쾌락과 서사 영화(Visual Pleasure and Narrative Cinema)」를 게재한 이래로 굳이 포르노그래피가 아니더라도 모든 극영화 연구에서 가장 중점적으로 다뤄져 온 주제 중의 하나이다. 멀비는 당시의 주류 할리우드 영화의 구조가 성별에 따라 역할을 구분하고 있다고 보았는데, 남자 주인공은 주로 내러티브 전개를, 여자 주인공은 자신의 신체를 관객에게 볼거리로 제공함으로써 시각적 쾌락(visual pleasure)을 전해준다고 보았다.68 데이비드 보드웰(David Bordwell)의 표현을 빌리자면 남자 주인공은 로맨스와 커리어라는 목표가 동시에 상

68 Laura Mulvey, "Visual Pleasure and Narrative Cinema", *Visual and Other Pleasure*, Palgrave Macmillan, 2009, pp.14~27.

정된 할리우드 고전영화의 서사구조상에서 두 가지 목표를 모두 달성하기 위해 고군분투하며 내러티브를 발전시키는 구심점이 된다.[69] 멀비는 이때 여자 주인공이 남자 주인공의 로맨틱한 욕망의 대상이 되는 동시에 카메라 앞에 자신의 몸을 분절해서 노출함으로써 남성 관객에게도 시각적 쾌락을 제공해 남성의 관음적(voyeuristic) 욕망을 만족시킨다고 본 것이다. 이처럼 영화 속 여성의 신체가 분절되어 남성의 성적 욕망을 채워주는 메커니즘을 설명하기 위해 멀비는 프로이트의 '페티시(fetish)' 개념을 차용한다. 카메라가 잡은 분절된 여성의 몸, 즉 다리라든가 팔, 목덜미 등이 남근을 가지고 있지 않음으로 해서 거세되어 있는 여성의 성기(castrated female phallus)를 대체하는 페티시의 역할을 하며, 남성 관객들에게 성적 쾌감을 선사함으로 그들을 거세 공포증으로부터 해방시켜 준다는 것이다.

멀비의 주장은 현재까지도 할리우드 영화나 한국의 대중영화뿐만 아니라 지구상의 어느 나라의 극영화를 분석하더라도 유효하다고 할 수 있지만, 영화 속 여성 전체를 "(남성)시선의 수용자(a bearer of the [male] look)" 내지는 "보여지는 것(to-be-looked-at-ness)"으로 보편화하고 수동화했을 뿐만 아니라 여성 관객의 위치까지도 무효화했다는 측면에서 맹점이 발견된다. 더 나아가서, 「시각적 쾌락과 서사 영화」에서의 여성 관객의 부재가 문제화되자 멀비는 그에 대한 후기 형식의 글을 다시 『스크린』에 기고하

•
69 David Bordwell, *Narration in Fiction Film*, The University of Wisconsin Press, 1985.

며 여성 관객들이 자신들을 남성 캐릭터나 남성 관객과 동일화한다는 여성 관객의 남성화(masculinization)를 이론화하기도 했다.70 남성중심의 사회 구조가 여성들이 주체성을 잃고 스스로를 대상화하거나 남성과 동일시하도록 만든다는 것이다.

비록 자신들의 글에 멀비를 직접적으로 인용하지는 않았지만, 같은 맹점이 유지나와 강소원의 에로방화 담론에서도 발견된다. 만일 시각적 쾌락이 남성 관객에게만 허용되는 것이라면 여성 관객들은 에로방화를 보지 않았을까? 1980년대 에로방화의 여성 신체라는 스펙터클이 주로 남성 관객에게만 소구되었다면 여성들은 에로방화를 보러 가지 않았던 것일까? 그러나 여기서 주목해야 할 점은, 한국영화의 상업적 성공이 언제나 한때 "고무신 관객"으로 폄하되기도 했던 중년 주부들의 티켓 파워에 힘입은 바가 컸던 것처럼, 에로방화, 특히 <애마부인>의 주된 관객도 중년 여성들이었다는 사실이다.71 <애마부인>에 대해서는 다음 장에서 보다 자세히 언급할 것이지만, 대중영화로서 <애마부인>의 강점은 중년여성에게 어필하는 강력한 서사, 즉 21세기 한국 텔레비전 드라마의 주요 모티프가 되는 이혼녀의 연하남과의 로맨스에 대한 판타지를 서사적으로 충족시켜 주는 이야기라 할 수 있다.

이러한 서사와 별개로 강소원이 특히 불편하게 느끼는 것은 에

70 Laura Mulvey, "Afterthoughts on 'Visual Pleasure and Narrative Cinema' Inspired by *Duel in the Sun*", *Visual and Other Pleasures*, pp.31~40.

71 호현찬, 『한국영화 100년』, 문학사상사, 2003, 246쪽.

로방화 속에서 성적 쾌락을 과도하게 느끼는 여성의 클로즈업된 얼굴과 이를 통해 극 중 인물들의 하체가 하는 일을 상상하게 될 남성 관객의 시선이다. 사실 "성적 열락(ecstasy)을 '연기'하거나 표현하는 여성의 얼굴"은 앤드루스도 지적하듯 소프트 포르노에서 "가장 도상적인(iconic) 장면들 중 하나"임에 분명하고 이런 측면에서 보자면 에로방화는 부정할 바 없이 포르노그래픽한 성격을 지니고 있다.[72] 특히, 성적 오르가슴을 좇는 에로방화 속 여성들의 대다수가 과잉성욕자라 할 수 있을 정도로 "비정상적"으로 표현되는 것에 이의를 제기하는 강소원의 지적에는 나도 동의한다.[73] 그러나 스크린 속 여성들이 오프스크린에 위치한 극 중 상대 남성이나 남성 관객에게 어필하는 방식이 포르노그래픽하게 대상화되어 있다거나 여성의 몸이 남성 성기로 채워지기를 기다리는 빈 공간이나 "빈 기표"로 상정되어 있다는 강소원의 분석 방식은 영국의 비평가 존 엘리스의 남근 중심주의적 포르노 장르 분석과 상당히 유사하다.[74] 엘리스는 1980년 『스크린』지에 학술적인 관점으로는 거의 최초로 포르노그래피에 대한 논문을 기고했다. 그전까지 전무했던 포르노 영화에 대한 연구를 유려한 문장으로 진행했다는 의도의 관점에서는 훌륭한 글이지만, 포르노가 "모든 [성적] 욕망의 기준이자 규준"으로 삼고 있는 것은 남근이며 실질적으로 "[극 중] 여성에게 남근을 제공하는 것은 남성 관객이고, 그것은 남성, 정확히 말해서 여성에게 오르가슴을 제

72 Andrews, Op.Cit., p.46.

73 강소원, 『성애영화』, 49쪽.

74 위의 논문, 47쪽, 62쪽.

공하는 남성이 선사하는 [프로이트적인 의미에서의] '선물'"이라는 논점은 놀라울 정도로 남성중심적이다.[75] 결국 엘리스는 포르노의 남성 관객이 여성의 성적 쾌락을 위한 "이러한 필수조건의 보유자로서 [포르노적인] 재현 속에 봉합"된다고 주장한다.[76]

관객의 시선이 카메라가 보여주는 것과 언제나 일치할 것이라는 강소원과 엘리스의 가정은 물론 깨질 수밖에 없다. 역시 『스크린』지에 엘리스에게 보내는 편지 형식으로 글을 기고한 폴 윌러먼(Paul Willemen)은 스티븐 히스의 "네 번째 시선(the fourth look)"이라는 개념을 차용해서 엘리스의 글에 바로 논박했다. 히스는 필름상의 시선(the profilimic look, 필름상에서 사물이나 사람을 비추는 카메라의 시선), 서사 내부의 시선(the intradiegetic look, 영화 속 캐릭터의 시선), 관객의 시선(the spectator look)에 이어 "카메라-관객-캐릭터의 릴레이 회로와 '보는 것을 보는 것(looking at looking)'의 안정성을 약화하고 되돌리는" 네 번째 눈의 존재를 제안한 바 있다.[77] 이 네 번째 눈은 사실 상업영화의 최전방에서 예술영화와 대척점을 이룬다고 생각돼 온 포르노의 기존 위치를 교란시킴으로써 세계영화사에서 가장 유명해진 일본과 프랑스의 합작 예술영화이자 하드코어 포르노인 오시마 나기사의 <감각의 제국>을 분석하기 위해 히스가 고안한 개념으로, 이 영화가 예술적인 차원에서 기존의 "카메라-관객-캐릭터"의 시선 역학을 해체하는 방식을 설명하는 데에 사용되었다. 윌러먼은 네 번째 눈

75 John Ellis, "On Pornography", *Pornography*, ed. Lehman, p.43.

76 Ibid.

77 Stephen Heath, *Questions of Cinema*, Indiana University Press, 1981, p.151.

을 프로이트의 초자아(the superego)나 라캉의 대타자(the Other)와 같이 자기 감시적 원리로 작동되는 사회적 규율이나 남성 관객의 눈으로 변용시켜 사용한다. 극영화, 특히 할리우드 고전영화에 있어 카메라의 시선은 관객이 의식하지 못하도록 움직여야 한다는 무언의 규칙이 있는데, 이는 흔히 "보이지 않게 하는 형식(invisible style)"으로 일컬어지거나 제이 데이비드 볼터와 리처드 그루신의 표현을 빌리자면 영화의 "재현 행위를 지우거나 자동화하도록 하는" '투명성의 비매개 (transparent immediacy)' 방식을 뜻한다.[78] 존 엘리스가 포르노의 남성 관람자가 영화가 재현하는 장면에 "봉합(suture)"된다는 표현을 쓴 것처럼 영화의 관객이 영화에 몰입하고 자신의 머릿속에서 서사구조를 재구성할 수 있도록 하는 일종의 인지적 장치라고 보아도 될 것이다.[79]

윌러먼은 일반적인 서사 영화에서 필름상의 시선과 관객의 시선이 일치하는 것과 달리 하드코어 포르노에서는 서사의 전개가 거의 없고 카메라가 성기를 비추는 등 영상이 너무 "노골적(blatant)"이어서 관람자가 스크린 바깥에서 벌어지는 영화 속 사

•

78 Jay David Bolter and Richard Grusin, *Remediation; Understanding New Media*, The MIT Press, 2000, p.33. "비매개"는 국내에서 책이 번역되어 출판되었기에 책의 역자인 이재현의 표현을 따른 것이다.

79 기호학과 라캉주의 정신분석학에 기반한 '봉합(suture)' 개념은 의학 용어에서 파생해서 1970~80년대 프랑스, 영국, 미국의 영화이론계를 휩쓸었던 개념 중의 하나이다. 스티븐 히스, 장-피에르 우다르, 다니엘 데이얀 등이 주축이 되어 관객의 위치가 눈에 보이지 않게 영화 서사에 "봉합"되어 내러티브의 전개에 관여하게 된다는 관객성에 대한 이론화로 시작되었다. 이후 카자 실버만은 페미니스트의 입장에서 여성 캐릭터와 여성 관객이 봉합되는 과정을 다룬 바 있다. 다음의 저작들을 참조할 것. Stephen Heath, "On Suture", *Questions of Cinema*; Daniel Dayan, "The Tutor Code of Classical Cinema", *Film Quarterly*, 28:1, 1974, pp.22~31; Jean-Pierre Oudart, "Cinema and Suture", *Screen*, 18:4, 1977, pp.35~47; Kaja Silverman, *The Subjects of Semiotics*, Oxford University Press, 1984.

건을 상상할 수도, 상상할 필요도 없을뿐더러 “이야기 속으로 빠져들거나 대안적으로 [영화의] 담론에 대한 책임을 작가에게 묻거나 할 여지를 가질 수도 없다”고 논한다.[80] 따라서 엘리스가 가정한 것처럼 포르노의 관객이 일반 서사 영화를 볼 때처럼 내러티브 전개 과정에 봉합되며 화면상에 보이지 않는 것을 상상할 여지는 없다는 것이다. 포르노는 “제작 조건상 네 번째 시선의 존재가 강조되도록 구조화돼 시선이 육체적인 (성적인) 접촉을 대체” 할 수 있도록 관객에게 직접적으로 어필하기 때문이다.[81] 포르노에서는 화면 속에서건 밖에서건 여성의 시선이 네 번째 시선으로 작용해 일반적인 관객의 위치와 활동을 “독특하게 분리”하고, “동요”시키며, 위태롭게 해 관객 스스로가 “훔쳐보는 행위를 하고 있는 자기 자신을 놀라고 부끄럽게 만드는 타자의 영역 내에 있음”을 인지하게 만든다는 것이다.[82] 말하자면 포르노 관람에는 강소원과 같은 여성의 시선이 네 번째 시선으로 작용해 남성 관객이 여성 몸에 대한 남근적 힘을 행사함으로써 시각적 쾌락을 얻는 것을 방해하고 교란하게 되는 것이다.

남성 관객에 대해서만 논의한 데다가 네 번째 시선을 상상적인 여성의 시선으로만 한정 짓는 한계가 있긴 하지만, 윌러먼의 네 번째 시선의 논의는 포르노그래픽한 것을 규정하는 데 있어 상당히 시사하는 바가 크다. 포르노 관객론에 대한 윌러먼의 접

80 Paul Willemen, “Letter to John”, *Pornography*, p.54. 필자 번역.

81 Ibid., p.51.

82 Ibid.

근 방식을 따르게 되면 성행위 장면을 “노골적으로” 다 보여주지 않고 관객이 상상할 수 있는 여지를 주는, 혹은 관객이 극 안에 봉합될 수 있는 여지를 주는 에로방화의 성적 표현은 포르노그래픽한 것과는 상당히 거리가 있어 보인다. 게다가, 대부분의 포르노 영화가 하드코어건 소프트코어건 서사 전개가 희박한 것과 달리 에로방화는 주류영화로서 서사구조에 중점을 두었음은 물론이고 윤리성에 기반한 사회적 메시지마저도 매우 강한 편이기 때문에 극영화로서 관객의 몰입을 유도할 수밖에 없다. 에로방화의 일반적 극영화로서의 카메라-관객-캐릭터의 릴레이 회로에 네 번째 시선을 더함으로써 오히려 그 시각적 구도에 남근적 권력을 부여하는 것은 강소원이나 유지나 같은 젠더 본질주의적 영화학자들이라 할 수 있다. 성적 쾌락을 과장해서 표현하는 여성의 얼굴을 보며 남성 관객들이 여배우의 몸을 남근으로 채워지길 기다리는 빈 공간으로 상상할 것이라는 강소원의 가정은 존 엘리스처럼 포르노에서의 남근을 프로이트적인 “선물”로 과대해석하는 것에 지나지 않는다. 마찬가지로 “여성 몸의 과잉 이미지화”라는 유지나의 표현은 화면상에 재현되는 이미지에 대한 해석과 그 담론이 되레 실제의 이미지를 과잉해 버린 경우라 할 수 있겠다.

시선을 남근의 권력과 동일시하고 남근적인 것을 포르노그래픽한 것과 동질화하는 강소원과 유지나의 해석은 미국의 반(反) 포르노 페미니스트들의 남근 담론과도 일치한다. 비록 강소원과 유지나가 포르노그래피에 직접적으로 반대하지는 않았지만, 그들이 에로방화의 시각적 메커니즘을 포르노그래픽하게 보며 이를 문제화하는 논리는 미국의 반포르노 페미니스트들이 남근적인 것과 포르노그래픽한 것을 동일시하는 것과 일맥상통하기 때문이다. 1980년대 초반에 일군의 미국 페미니스트들은 포르노를 남근적 가학성(phallic sadism)을 재현한 것으로 보고 제작 검열 내지는 반대 운동을 격렬하게 전개했다. 로빈 모건, 안드레아 드워킨, 수잔 그리핀, 캐더린 맥키논, 수잰 캐플러 등의 반포르노 페미니스트들은 하드코어 포르노가 남성 관객들에게 여성을 강간하고, 고문하고, 복종시키고, 공격하도록 조장하며 가학적 쾌락을 얻게 만든다고 주장했다. 포르노란 모건에게 있어서는 "강간이라는 실천을 위한 이론"이고, 캐플러에게 있어서는 "남성의 역습"이며, 드워킨에게 있어서는 "비정상적이고 피학적이어서 '나치의 강제 수용소'와도 같은 오르가슴을 주는 오염된 쾌락"이다.[83] 아이러니하게도 남근이 모든 지배성과 가학성의 시발점이라는 이러한 시각은 능동적/가학적 남성과 수동적/피학적 여성의 젠더 본질주의적 이분법을 공고히 하고 있다.

이렇게 이원화된 젠더 구도에 다층성을 더할 것을 요청하며 린다 윌리엄스는 다음과 같은 의문을 제기한다. "남근적 섹슈얼리티가 [가부장적] 권력에 의해 오염된 것이라면, 이러한 [반포르노 페미니스트의] 주장은 마치 남근성이 '본질적으로' 폭력적이고

83 Robin Morgan, "Theory and Practice: Pornography and Rape", *Take back the Night: Women on Pornography*, ed. Laura Lederer, Morrow, 1980, p.139; Susanne Kappler, *The Pornography of Representation*, University of Minnesota Press, 1986, p.19; Williams, *Hard Core*, p.21.

변태적이므로 여성의 섹슈얼리티는 정반대라고 하는 것과도 같다. 즉, 그것이 절대로 비폭력적이고 변태적이지 않으며 권력에 오염되지 않은 순수하고 천연적인 쾌락이라고 말이다."[84] 남성 섹슈얼리티가 폭력적이고 변태적이기만 한 것이 아닌 것처럼 여성의 섹슈얼리티도 당연히 순수하고 비폭력적일 수만은 없으며 훨씬 복잡하고 다층적이다. 그러한 복합성과 다층성을 간과하는 젠더 본질주의가 결국 "페미니즘과 가부장제의 동맹"에 불과할 뿐임을 밝히며, 윌리엄스는 페미니스트들이 포르노의 검열을 주장하거나 제작을 막는 것이 가부장제를 전복시키는 데 아무런 도움도 되지 않을뿐더러 오히려 그러한 항의가 섹슈얼리티의 재현이 이성애적 정상성(heterosexual normalcy), 성적 규범성(sexual normativeness), 정치적 올바름(political correctness)에 근거해서만 이루어져야 한다는 미심쩍은 논리를 강화한다고 보고 포르노 검열에 반대한다.[85] 윌리엄스는 또한 포르노가 젠더와 마찬가지로 '사회적으로 구성된 카테고리'로서 "비정치적 쾌락이라든지 유쾌할 수 없는 권력이라는 단일체(monolith)가 아님"을 강조하며 그것의 "역사적이고 장르적인 맥락화"를 통해 "성적으로 선정적인 이미지를 해석하는 것이 가능"하고 필요함을 역설한다.[86] 그러한 선정적 이미지들은 단순히 남근적 섹슈얼리티뿐만 아니라 "게이 포르노, 레즈비언 포르노, 이성애적 S/M 포르노, 자웅

84 Williams, *Hard Core*, p.20.

85 Ibid., p.22.

86 Ibid., p.170, p.28.

동체의 이미지, 평범한 여성 잡지의 사진들, 남녀의 예술적이고 에로틱한 포즈, 분류를 거부하는 이미지들"과 혼합되어 복잡하게 확장돼 있기 때문이다.[87] 따라서 윌리엄스는 "하드코어 포르노도 영화의 한 장르이고 다른 장르들과 다르지 않게 변화되어 왔으며 그것이 아직까지도 가부장적이긴 하지만 가부장적 단일체는 아니"라 주장한다.[88]

린다 윌리엄스가 설득력 있게 논했듯, 포르노는 단순히 남근적인 것이 아니라 사회적으로 구성되고 장르적으로 실행 양식을 바꾸며 역사적으로 변모해 온 문화현상이다. 여성이 다양하고 다층적인 것처럼 포르노도 다양하고 다층적이어서 그것이 남성 이성애자 관객이나 관람자만을 타깃으로 삼아 단순히 여성의 벗은 몸과 성적 쾌락을 전시하는 장으로만 존재하는 것은 아닌 것이다. 포르노의 핵심이라 할 수 있는 성적으로 선정적인 이미지는 계속해서 다채롭고 다면적으로 변화하고 있기 때문에 그것의 "역사적이고 장르적인 맥락화"를 파악할 수 있을 때에만 보다 풍부한 해석이 가능해지는 것이다. 따라서 포르노그래픽한 것이 가부장제의 단일면으로 해석되고 여성 몸에 대한 남성의 불순한 시선이나 남근적인 것으로만 이해되어서는 안 될 것이다. 또한 포르노그래픽한 것보다 범위가 훨씬 넓은 것으로 볼 수 있는 에로틱한 것도 단순히 포르노그래픽한 것과 동질화되거나 남근적인 것으로만 축소되어서도 안 될 것이다.

87 Ibid., p.28.

88 Ibid.,, p.269.

린다 윌리엄스는 신체장르에서의 "섹스(포르노), 폭력(공포영화), 감정(멜로드라마)"은 "우리의 문화 속에, 우리의 섹슈얼리티 속에, 우리 자신의 정체성 속에 끈질기게 남아있는 문제점들을 드러낸다"며 신체장르가 바로 그러한 "문제 해결의 문화적 형태"라 주장한다.[89] 일례로 "섹슈얼 넘버(sexual number)"라 불리는 하드코어 포르노의 핵심이라고 할 수 있는 실제 성행위 장면에 대해 윌리엄스는 뮤지컬 영화의 '뮤지컬 넘버(배우들이 춤추고 노래하는 장면)'처럼 관객이 그 장르의 영화를 찾고, 보는 이유인 동시에 극중 연인들이 만나고 갈등하고 헤어지고 재결합하는 과정에서 자신들의 "모순된 욕망을 해결"하는 "유토피아적 문제 해결"의 장이라 해석한다.[90] 즉, 1930년대에 전성기를 구가했던 뮤지컬 영화가 대공황 시기 미국인들에게 뮤지컬 넘버로 꿈과 희망을 주었던 것처럼, 포르노의 섹슈얼 넘버는 지루한 일상에 지친 이들에게 보내는 "성적인 것이 넘치는 포르노토피아 (pornotopia)"에로의 초대장이라는 것이다.[91] 마찬가지로 에로방화도 신체장르로서 '섹슈얼리티'와 '감정' 혹은 '1980년대의 감성구조'라는 '문제 해결의 문화적 형태'로 기능하며 산업화와 자본주의화로 인한 한국사회의 도덕성 파괴를 문제화하고 있다. 다음 장에서는 이러한 도덕성 파괴를 고발하는 멜로드라마로서 에로방화가 어떻게 버나큘러화되었는지 살펴볼 것이다.

•

89 Williams, "Film Bodies", p.9.

90 Williams, *Hard Core*, p.134.

91 Ibid.

3. 멜로드라마적 상상력

영미권의 영화학자들, 특히 페미니스트 영화학자들은 1970년대부터 멜로드라마가 단순한 최루성 통속 장르가 아니라 현대성에 대한 가장 예민하고 뛰어난 통찰을 보여주는 영화장르임을 지속적으로 이론화해 왔다. 라틴어로 음악을 뜻하는 'melos'와 극을 뜻하는 'drama'가 결합되어 만들어진 단어인 멜로드라마(melodrama)는 근대 서구 사회에서 음악의 과잉 사용을 통해 관객이 감정적으로 극에 몰입할 수 있도록 하는 연극의 한 장르, 즉 음악극으로서 출발했다. 이후 멜로드라마적 상상력은 브룩스가 분석한 것처럼 연극이나 희곡에서 소설로 영역을 확장하기 시작했고, 19세기와 20세기의 전환기에 등장하자마자 최고의 대중오락으로 등극한 영화에서 그 영향력을 최상으로 발휘하기 시작했다.

한국에서는 일제 강점기에 유행했던 신파극이 휩쓸고 간 자리를 흔히 멜로영화 혹은 멜로물이라 불리는 멜로드라마 영화가 물려받아 액션영화와 함께 한국영화 장르의 양대산맥으로 자리를 굳혀왔다. 이영일은 "한국에서 극영화가 처음으로 제작된 1920년대 이래 지금까지 장르로 꼽을 만한 것 (…) 중에서 어느 때를 막론하고 상존했던 장르는 멜로드라마가 유일"하다며, 특히 멜로드라마 속 애정 표현 방식에서 "문제가 되던 것이 시간이 지나면서 점차 허용되는 도덕적 혁명이 관찰된다"고 논한 바 있다.[92] 멜

92 이영일, 『한국영화전사(개정증보판)』, 도서출판 소도, 2003, 19쪽.

로드라마는 1960년부터 한국영화의 한 장르로서 안정적으로 확립이 되었는데, 백문임은 그 계기로 영화적 스타일에 있어 신파성이라는 일본 신파극의 영향으로부터의 분리를 꼽고 있다. "영화 제작 초기부터 꾸준히 제작되었던 '신파'는 이미 극복되었다고 여겨지는 전근대적 문제 틀(고부 갈등, 처첩 갈등 등)을 재생산하는 장르로 인식된 반면, 멜로드라마는 서구적 가치관의 도입으로 변화하는 동시대의 윤리적 상황을 다루는 세련된 트렌디물로 인식되었다"는 것이다.[93] 비슷한 맥락에서 박유희는 "저널리즘에서 나타난 '멜로드라마' 장르 인식의 추이를 통해 대중서사 장르로서의 '멜로드라마'의 형성과정"을 추적하며, "'멜로드라마'가 '신파'와 비견되고, '신파'가 멜로드라마의 '한국적 형식' 혹은 하위 갈래로 인식되며 같은 문맥 안에서 논의되는 것은 1950년대 들어서"부터라 말한다.[94] "'신파극'은 1920년대 중반까지 일본에서 수입된 새로운 극, 그중에서도 대중에게 인기를 끄는 극으로 통용되다가 그 이후에는 급격하게 '낡고 저급한 양식'으로 폄하되어 갔기 때문에 '멜로드라마'와는 용어의 사용 영역이 달랐"으나, 이 두 극 양식은 서서히 "'눈물'로 통용되는 '감정적 몰입'을 우선으로 하는 '대중비극'이라는 측면"에서 공통 기반을 형성해 1950년대에 이르러서는 "위계 관계"를 형성하게 되었다는 것이다.[95] 즉, 할리우드 멜로드라마 영화가 쏟아져 들어오며 서구 문화에

93 백문임, 『월하의 여곡성: 여귀로 읽는 한국 공포영화사』, 책세상, 2008, 238쪽.

94 박유희, 「한국 멜로드라마의 형성 과정 연구: 저널리즘에 나타난 '멜로드라마' 장르 개념을 중심으로」, 『현대문학이론연구』, 38집, 2009, 181~212쪽, 184~185쪽, 192쪽.

95 위의 글, 206쪽.

대한 충격과 동경으로 인해 '멜로드라마'는 신파극보다 상대적으로 우월한 대중비극으로 인식되며 '신파성'은 멜로드라마 내에서도 극복되고 타파되어야 할 구습으로 여겨지게 된 것이다. 마찬가지로 백문임도 해방과 6·25 전쟁 이후 1950년대 후반부터 "할리우드로 대표되는 새로운 서구 장르가 한국에서 실험되기 시작하면서, 멜로드라마는 과거에서부터 이어온 멜로드라마(신파)를 뛰어넘는 근대적이고 세련된 장르로 인식"되었고, 그러한 경계선이 확실하게 그어진 해가 한국영화의 황금기인 1960년대의 도래를 알리는 1960년이라 언급한다.96

1960년대의 멜로드라마는 신상옥 감독의 대표작들로 구분되기도 하는 <로맨스빠빠>(1960), <사랑방 손님과 어머니>(1961), <로맨스그레이>(1963), <벙어리 삼룡>(1964) 등이 그러하듯 가족 구성원의 애정관계로 인해 생기는 중산층 가정의 갈등과 화해를 그리는 작품들이 주조를 이룬다. 이들은 할리우드나 일본의 가족 멜로드라마나 모성 멜로드라마의 전통에 더 가까운 영화들로서, 멜로드라마의 서구 부르주아 전통에 부응하는 작품들이기도 하다. 크리스틴 글레드힐(Christine Gledhill)은 멜로드라마 미학의 두 축으로 부르주아 문화와 대중에의 호소를 꼽고 있는데, 전자는 서구 비극의 변용이고 후자는 앞서 언급한 음악극으로서의 면모이다.97 레이먼드 윌리엄스(Raymond Williams)는 근/현

96 백문임, 앞의 책, 240쪽.

97 Christine Gledhill, "The Melodramatic Field: An Investigation", *Home Is Where the Heart Is: Studies in Melodrama and the Woman's Film*, ed. Christine Gledhill, British Film Institute, 1987, pp.5~39.

대 비극을 고찰하면서, 고전 비극에서 비참한 죽음을 맞이하는 고귀한 신분의 주인공은 단순한 개인이 아니라 귀족 계급을 대표하는 인물이며 근대화 이후 사라진 귀족을 대신할 계층으로 부르주아가 전면에 나서며 그 역할을 대신하기 시작했다고 본 바 있다. 주인공의 비귀족화 혹은 "민주화"는 가혹한 운명에 대한 "고결한 인내(dignified endurance)"에 대한 도덕적 보상을 요구하는 비극의 "시적 정의(poetic justice)"를 한층 더 강화했는데, "비극적 재앙은 관객의 도덕적 깨달음이나 결의를 일깨우거나, 마음을 바꿔 먹음으로써 한꺼번에 피해갈 수 있는 것"으로 인식됨으로써 부르주아 문학과 문화에서 정서적 효과가 강조되었다는 것이다.[98] 브룩스가 멜로드라마적 상상력의 도덕적 효과를 강조한 것과 마찬가지로, 윌리엄스도 자신의 방식으로 부르주아 문화로서의 현대 비극에 내재된 "감성구조(structure of feeling)"를 파헤침으로써 그 속에서 옹호되는 권선징악적 부르주아 윤리 의식을 드러낸 셈이다.[99] 따라서 글레드힐의 말마따나 "멜로드라마의 정

98 Raymond Williams, *Modern Tragedy*, Chatto and Windus, 1966, p.31.

99 레이먼드 윌리엄스의 문학/문화 이론에서 가장 중요한 용어 중 하나인 "structure of feeling"은 직역하면 "느낌의 구조"이긴 하나 순우리말과 한자어의 어색한 결합으로 인해 "감정의 구조"로 주로 번역된다. 그러나 감정(emotion)보다 느낌에 가까운 한자어인 감성을 구조와 결합하여 '감성구조'로 번역하는 편이 기존의 이성 중심주의에 의거해 사상/사변과 경험 및 개인과 사회를 이분법적으로 구분 짓는 서구 사상의 전통에서 한 걸음 더 나아가 각각의 요소가 밀접하게 연관되어 있는 구조를 파악하려는 윌리엄스의 의도를 보다 잘 포착할 수 있다고 판단된다. 즉, 윌리엄스의 '감성구조'는 상상력이나 감정과 같은 감성적/감각적 요소를 개인적 차원에서만 규명하는 것이 아니라 그것이 사회적으로 구조화된 형태인 '문화'를 파악하기 위해 그 사회적 관계를 규명하려는 시도에서 비롯된 용어라 할 수 있다. Raymond Williams, "Structures of Feeling", *Marxism and Literature*, Oxford University Press, 1977, 2009, pp.128~135.

서적(affective)이고 인식론적인 구조는 [근대 부르주아 계급이 주도한] 자본주의의 추동력(the drives of capitalism)에 의해 해방되거나 그것에 저항하는 힘과 욕망을 구체화하기 위해 지배적인 사회·경제적 틀의 제약 내에서 전개"되게 된 것이다.100

신상옥 감독의 초기 작품들과 함께 가족 멜로드라마나 모성 멜로드라마의 서구 부르주아적 전통이 한국적으로 수렴된 예로, 한국영화 사상 가장 유명하고 성공적인 멜로드라마이자 모성 멜로물이라 할 수 있는 <미워도 다시한번>(정소영 연출, 1968, 1969, 1970, 1971) 시리즈를 꼽을 수 있다. 혼외 자녀 문제를 다루고 있는 이 시리즈는 백문임이 신파적이며 "전근대적 문제 틀" 중의 하나로 규정한 처첩 갈등에 속하는 소재를 재현하며 관객의 눈물을 유도하는 최루성 멜로물이라 볼 수 있다. 가족 관계 내에서 발생하는 윤리적 문제를 다룬 최루성 멜로물은 1980년대 후반부터 등장하기 시작한 <접시꽃 당신>(박철수, 1988)이나 <편지>(이정국, 1997), <국화꽃 향기>(이정욱, 2003) 등 불치병에 걸린 배우자의 투병 과정과 죽음에 초점을 맞춰 관객의 눈물을 쏙 빼며 대중적으로 성공한 멜로물들의 계보로 이어진다. 멜로영화에서 음악이나 도덕성만큼 강조되는 것이 '눈물'인 만큼 최루적 효과를 가장 극대화한 분야인 것이다.

그러나 멜로드라마의 대중성을 담보하는 가장 강력한 요소 중의 하나인 최루성은 장르 자체를 오랫동안 저질의 대중문화 장르

100 Gledhill, "Melodramatic Field," p.21.

로 폄하시키는 동시에 역설적으로 부르주아 계층, 특히 부르주아 남성이 장르의 소비를 꺼리게 하는 요인으로 작용하기도 했다. 영화평론가인 정성일은 한국영화사에서 멜로드라마가 가장 부흥한 시기로 1980년대를 꼽으면서 이 시기의 모든 다른 장르의 영화들이 멜로드라마적 요소를 차용해 "여성의 희생과 가부장제의 복권"을 반복적으로 그리며 눈물을 유도했고, 남성은 여성의 전유물인 눈물을 흘려서는 안 된다고 강요하는 유교적 가부장제 문화의 전통으로 인해 최루성을 핵심으로 하는 멜로영화 관람을 꺼리게 되었다고 보았다.[101] 영화장르에 대한 정성일의 논지는 멜로드라마에 대한 두 가지 함의를 내포하고 있다. 첫째는 멜로드라마의 정의에 대한 전반적인 한국사회의 인식이 그의 논지에 스며들어 있다는 것이고, 둘째는 멜로영화가 그 최루성으로 인해 여성적인 장르라는 정성일의 생각이 본의 아니게 멜로드라마를 "여성영화(woman's film)"로 승격시키려 한 영미권의 여성영화학자들의 논의와 연결되는 지점이 있다는 것이다.

1970년대와 1980년대에 크리스틴 글레드힐을 위시해 클레어 존스턴(Claire Johnston), 로라 멀비, 앤 캐플런(E. Ann Kaplan), 아넷 쿤(Annette Kuhn), 메리 앤 도앤(Mary Ann Doane), 린다 윌리엄스 등 내로라하는 페미니스트 영화학자들은 '감정의 과잉'과 '우연의 남발' 등 비사실주의적 장르란 이유로 남성학자들이 경멸하고 경시하던 멜로드라마 영화 속 여성 캐릭터와 이를 수용하는

101 Chung Sung-ill, "Four Variations on Korean Genre Films: Tears, Screams, Violence and Laughter", *Korean Cinema from Origins to Renaissance*, ed. Kim Mee-hyun, Communication Books, 2006, p.5.

여성 관객이 가부장제 안에서 점하는 위치에 대해 활발한 논의를 전개했다.102 이들은 수정주의적 입장에서 그 당시까지 멸시받던 영화장르들, 즉 멜로드라마, 필름 누아르, 공포영화 등을 재고·재론하고 재평가하는 시도를 했는데, 그중에서도 멜로드라마에 대한 연구가 가장 활발하게 진행되었다. 처음에는 멜로드라마가 '여성의 눈물을 짜내는 영화(women's weepie)'라는 남성중심주의적이고 폄훼적인 시각에 대한 도전으로 시작했던 여성학자들의 연구는 점차 멜로드라마를 단순히 장르적 차원에서 여성영화나 여성용 장르로서 규명하는 것에서 더 나아가 그것이 현대사회에 뿌리 깊이 박혀있는 문화적 '양식(mode)'이나 '형식(form)'으로서 존재함을 밝히기에 이르렀다. 브룩스의 '멜로드라마적 상상력'이 영화와 문화 연구에까지 확장된 셈이다. 브룩스적인 현대성과 도덕성의 연관성에 토대를 두어, 글레드힐은 멜로드라마가 "서구문화의 가장 예민한 문화적, 미적 테두리 안에서 계급과 성별, 인종의 문제를 가상의 동일화, 차별화, 접촉, 대립의 과정 속에서 구현함으로써 장르 체계의 형성 양식(an organizing modality of the genre system)으로서 작동"한다고 결론지었다.103

글레드힐의 '양식성(modality)'에서 더 나아가, 린다 윌리엄스는 그것을 프랑코 모레티(Franco Moretti)의 '눈물'론에 접목해서,

102 글레드힐이 편집한 단행본, *Home Is Where the Heart Is*는 1970년대와 80년대에 이루어진 여성영화로서의 멜로드라마에 대한 다양하고도 중대한 논의들과 함께 멜로드라마 연구에 있어 새로운 지평을 연 토마스 엘새서(Thomas Elsaesser)의 논문, "Tales of Sound and Fury: Observations on the Family Melodrama"를 함께 수록하고 있다.

103 Christine Gledhill, "Rethinking Genre", *Reinventing Film Studies*, eds. Christine Gledhill and Linda Williams, Bloomsbury Academic, 2000, p.238.

멜로드라마가 "시간을 거슬러 올라가 기원의 시간과 순수의 공간으로 되돌아가려는 거대한 [윤리적] 충동"[104]을 표출하는 문화 형식이지만, 그 방식은 '과잉(excess)'의 미덕을 통해 고전주의와 사실주의를 거스르는 것이 아니라 변증법적 절제 속에서 "많은 장르들을 투과해 운용되는 특수한 도덕적 기능을 수행하며 보다 일반적이고 광범위하게 가동되는 재현의 양식[105]을 띠고 있다는 견해를 피력했다. 모레티는 눈물이 고통(distress)에 대한 "가장 유아적인(infantile) 반응"[106]이지만 그것이 현실에 대해 눈을 감게 하는 굴복의 표현인 동시에 눈을 뜨고 세상에 대한 환상을 깨게 하는 "마술 행위(a magic act)"라 본 바 있다.[107] 울거나 눈물 흘리는 것을 세상살이의 타협 속에서 경험하는 '상실(loss)'에 대해 '경의(homage)'를 표하는 행위로 재해석한 것이다. 윌리엄스는 모레티의 '상실감(feeling of loss)'에 초점을 맞춰, 멜로드라마가 사건에 대한 조처(action)가 '너무 늦게 (too late)' 이루어짐으로써 발생하는 상실에 대한 슬픔과 눈물을 자아내는 기법을 구사한다고 보았다. 그러나 그 슬픔의 재현 방식이 고전적 규범으로부터의 이탈이나 여성에게만 적용되는 감정 과잉의 기법이 아니라 "상실에 대한 두려움을 흥분(excitement) 및 행동의 지연(suspense)과 결합"해 "형식에 생기를 불어넣는 감정의 구조를

•

104 Linda Williams, Playing the Race Card, p.35.

105 Ibid., 16.

106 Franco Moretti, *Signs Taken for Wonders: On the Sociology of Literary Forms*, Verso, 1983, 2005, p.179.

107 Ibid., 180.

통제"하는 "파토스(pathos)와 행동(action)의 변증법"에 기반을 두고 있다고 역설한다.[108] 멜로드라마가 현대의 도덕극이되, '과잉(excess)'의 문화 양식이 아니라 시간이 인간에게 불가피하게 부과하는 상실감을 재현해 슬픔과 눈물을 불러일으키는 문화 양식이라는 것이다.

영미권에서 진행된 멜로드라마 담론을 한국에 적용하면, 정성일의 눈물에 대한 논평보다는 이영일이 그보다 시간적으로 앞서 언급한 "도덕적 혁명"에 대한 관점이 보다 급진적이고 시대를 앞서가기까지 했다는 생각이 든다. 멜로드라마적 상상력이나 파토스와 행동의 변증법을 구현하는 멜로드라마적 형식성은 영화를 포함한 현대의 대중문화 전반에 걸쳐서 발견되는 양상이기 때문에 눈물을 여성의 전유물로, 멜로드라마를 여성 관객을 대상으로 하는 연극과 영화의 장르로만 국한할 수 없기 때문이다. 한국 멜로드라마의 주요 관객이 여성인 것은 부인할 수 없지만, 양극단적 선악의 대립을 그리는 멜로드라마적 상상력은 액션영화에서도 흔하게 발현된다. 그러나 한국영화계가 전통적으로 국내 영화를 멜로물과 액션물로 양분하기에, 그것이 장르 연구에 있어서 엄밀한 접근법은 아님에도 불구하고, 에로방화는 편의상 동적 장르인 액션영화와 구분되는 정적 장르로서 멜로드라마 혹은 멜로물에 속한다고 볼 수 있다.

멜로영화에 대한 이영일의 "도덕적 혁명"론으로 되돌아가면,

108 Williams, *Playing the Race Card*, p.38.

그가 80년대 중반까지의 한국 멜로드라마를 관찰하며 그 속에서 과감해지는 애정 표현의 양상에 주목했던 것처럼, 에로방화, 엄밀히 따져 한국의 에로 멜로드라마는 그 도덕적 혁명을 근간으로 정부의 문화 정책과 일진일퇴의 게임을 벌이며 에로티시즘의 강도를 높여왔다고 볼 수 있다. 에로방화는 호스티스 영화를 포함하여 에로스릴러, 에로사극, 민족주의 에로극 등의 다수의 하부장르로의 가지치기를 통해 1980년대 한국의 극장 개봉용 성인물의 상부장르가 되었으며, 그 다양한 하부장르만큼이나 폭넓고 다채로운 각도에서 국가 주도의 발전주의적 압축 근대화가 가져온 한국사회의 황금만능주의와 출세지상주의, 편법주의를 비판한다. 그러한 도덕적 혁명은 2010년대 초반까지는 지속적으로 진행되어서, 한국 멜로물 속에서 높아지는 에로티시즘의 수위만큼 글로벌 자본주의 사회에서 상실되는 윤리성의 수위도 함께 높아지기도 했었다. <해피엔드>(정지우, 1999), <하녀>(임상수, 2010), <은교>(정지우, 2012) 등의 영화를 그 예로 들 수 있으나, 이후로 한국영화 속에서 점차 에로티시즘과 멜로드라마가 함께 사라짐으로 인해 이에 대한 현재형 연구는 일단 답보해야 할 것 같다.

1980년대 에로방화만을 놓고 봤을 때, 그 절대 다수는 에로티시즘보다는 감정과 음악의 '과잉' 사용을 특징으로 하는, 멜로드라마의 본래적 어원에 충실한 형식을 취하며 한국사회의 비인간화·비도덕화를 문제시하는 멜로드라마적 상상력을 구현하고 있다는 점에 주목할 필요가 있다. 이렇게 봤을 때 에로방화는 미리엄 핸슨이 개념화한 '버나큘러 모더니즘'의 한국적 버전으로서 멜로드라마적 상상력을 발휘했다고 볼 수 있다. 핸슨은 영화가 근대 과학기술의 발전으로 생긴 매체이기도 하지만 지역마다 공통적이면서도 다르게 나타나는 '근/현대성(modernity)'을 양가적으로 반영한다고 보고 그것을 '버나큘러 모더니즘(vernacular modernnism)'이라 부른 바 있다.[109] 핸슨은 모더니즘이 현대 고급예술의 미학적 형식을 지칭하는 특정 예술 사조뿐 아니라 "예술이 생산·전파·소비되는 환경의 전형적인 변형을 포함한 현대화의 과정과 현대성의 경험에 대해 전방위적으로 표현·대응·성찰하는 문화적·예술적 실행"까지 망라한다고 역설한다.[110] 즉, 모더니즘 미학 연구의 대상이 "대량 생산·소비되는 패션, 디자인, 광고, 건축, 도시환경, 사진, 라디오, 영화 등의 현대성의 경험을 통해 규명되고 영향을 받는 문화적 실행"으로까지 확대되었다는 것이다.[111] 핸슨은 이러한 모더니즘을 '버나큘러 모더니즘'이라 지칭하는데, 대중성을 뜻하는 '파퓰러(popular)' 대신 의도적으로 '버나큘러(vernacular)'라는 용어를 채택함으로써 "매일 사용되는 일상 언어의 차원이 담론, 관용어, 방언으로서의 함의 및 순환성, 혼잡성, 변환 가능성과 결합"될 수 있는 가능성에 중점을 둔 것이다.[112]

핸슨은 서구의 문화·예술 양식을 고전주의와 모더니즘으로 이

109 Miriam Hansen, "The Mass Production of the Senses: Classical Cinema as Vernacular Modernism", *Reinventing Film Studies*, pp.332~350.

110 Ibid., p.333.

111 Ibid.

112 Ibid.

분화하는 사유체계에 대항하면서, 영화에 있어 1920년대부터 1950년대까지 전성기를 구가하며 고전주의 양식의 대표주자로 여겨져 왔던 '고전적 할리우드 영화(classical Hollywood cinema)'를 고전주의 영화라기보다 버나큘러 모더니즘의 일례라 해석한다.[113] 할리우드가 당시 표준화한 양식이 전 세계 영화의 고전주의적 규범으로 설정되며 미국의 문화적 패권을 공고히 하는 데 기여하는 한편, 멜로드라마도 이러한 규범으로부터의 이탈로 여겨져 천시되었던 정황을 비판하는 것이다. 따라서 핸슨은 할리우드 고전영화들의 전 지구적인 대중적 성공의 요인을 엄격한 형식적 규범에서 찾는 데이비드 보드웰을 위시한 미국학자들에 대해 반박하며 오히려 그것을 할리우드가 영화적 관용어로서 개발한 "최초의 전 지구적 지방어(the first global vernacular)"에서 발견한다.[114] 즉, 할리우드 고전영화가 "보편화된 서사 양식"이 아니라 지역에 따라 다르게 해석될 수 있는 차이점들, 이를테면 당시 미국의 "현대화에 대한 지역적(provincial) 반응과 함께 다르고 다양하지만 비교 가능한 경험을 반영한 지역어(vernacular)"로서의 감성과 감각으로 승부했다는 것이다.[115] 이러한 "고전영화와 현대성의 접점은 영화가 현대성을 위기와 격변으로 경험하고 인식

113 할리우드 고전영화라는 표현은 데이비드 보드웰이 동료학자인 재닛 스타이거 및 크리스틴 톰슨과 함께 고안한 용어로, 1920-50년대의 할리우드 영화들을 문학사조에서의 '고전주의'에 빗대어 아리스토텔레스적인 시간, 공간, 구성의 3일치법에 부합하는 작품들로 해석한 것이다. 다음을 참조할 것. David Bordwell, Janet Staiger, and Kristin Thompson, The Classical Hollywood Cinema: Film Style & Mode of Production to 1960, Columbia University Press, 1985.

114 Hansen, "Mass Production of the Senses", p.340.

115 Ibid., p.343.

하는 과정의 일부이며 징후이기도 하지만, 더 중요한 것은 그것이 현대성의 트라우마적인 효과를 가장 포괄적으로 반영·거부·부인·변형·타결하는 유일한 문화적 지평임을 시사"한다.[116] 따라서 핸슨은 "미국영화의 성찰적 모더니즘의 차원이 반드시 현대성의 경험과 관련한 인지적·보정적·치유적 기능을 제시할 필요는 없으며, 매우 기본적인 의미에서 가장 평범한 상업영화라 할지라도 새로운 감각의 문화를 생산"할 수 있는 가능성을 보여준다고 역설한다.[117] 핸슨의 논지가 뛰어난 것은 현대성에 대한 대중매체의 감각적 대응으로서의 버나큘러 모더니즘이 할리우드나 서구의 영화들뿐 아니라 한국과 아시아 영화에서도 발견되고 앞으로도 계속 그러할 것이라는 점 때문이다.

이 책에서는 핸슨의 버나큘러 모더니즘 개념을 차용해, 한국의 에로 멜로드라마인 에로방화를 "버나큘러 에로틱 장르"로 규정하고자 한다. 앞 절에서 본 것처럼 세계영화사의 맥락 속에서, 특히 미국과 프랑스의 에로틱 장르인 에로틱 스릴러나 에로티카 및 일본 핑크영화와 비교해 보면 한국적 에로티시즘이 영화 속에 토착화되는 방식과 과정 속에 한국적 특수성이 스며들어 있음을 알 수 있다. 에로방화 속 남녀의 애정관계가 1960년대부터 1980년대에 이르는 압축 성장 속에서 형성된 한국적 현대성을 지역적 특수성 속에서 간소화된 시각적 에로티시즘 속에 절망과 배신, 복수의 서사를 버무려 한국적 "버나큘러 모더니즘"으로 상징적

116 Ibid., pp.341~2.

117 Ibid., pp.343~4.

으로 재현하기 때문이다. 다수의 에로방화가 박정희 정권 이래로 '압축적으로' 추진되어온 '조국 근대화' 과정으로부터 소외된 계층, 즉 단순히 기층민이나 서민뿐 아니라 중산층 가정주부 및 고시생 남자친구의 뒷바라지를 하다 버림받는 다양한 계층의 여성까지 포함해 그들의 애환과 울분, 분노, 절망을 멜로드라마적 상상력 속에서 표현하고 있다.

에로방화는 여성의 벗은 몸을 상업주의적으로 이용한다는 비판과 더불어 전두환 정권의 3S정책에 무조건적으로 순응한 문화·정치적 결과물이라는 인식으로 인해 그 장르에 속하는 모든 영화들이 오랫동안 일률적으로, 무차별적으로 폄훼되어 왔다. 그에 따라 에로방화는 그 역사적, 사회적, 미학적 맥락이 학문적, 비평적으로 파악되지 못한 채 오랫동안 대중의 비웃음거리와 조롱의 대상이 되어왔다. 특히 에로방화의 절대 다수가 멜로드라마적인 선악의 양극단적 대립 구도 속에서 비극적인 감수성을 강하게 표출하는 경우가 많은데, 이러한 '멜로'적 코드가 에로영화의 '작품성'을 의심하게 하는 한 축으로 작용하기도 했다. 물론, 눈물과 멜랑콜리를 연상케 하는 '멜로'라는 단어의 한국적 수용과는 별도로, 어원적으로 음악을 뜻하는 멜로스의 과다한 사용을 통한 최루성이 문제화되기도 했다. 멜로드라마적 감정의 과잉과 최루적 효과는 한국뿐 아니라 서구에서도 오랫동안 멜로드라마에 저급하고 저속한 문화 장르라는 꼬리표를 붙게 했음은 물론이다. 그러나 20세기 후반부터 문학평론가인 피터 브룩스를 위시하여 토마스 엘새서, 린다 윌리엄스, 크리스틴 글레드힐, 벤 싱어 등의 영화학자들을 통하여 멜로드라마는 서구의 근/현대성과 밀접한 상호 연관 관계를 형성하는 장르로 재평가됨은 물론, 장르를 초월해 현대 문화의 양식과 형식으로 작동하는 윤리적 추동력으로 새로이 자리매김하게 되었다. 다음 장부터는 이제 구체적인 텍스트 분석을 통해 에로방화가 한국의 버나큘러 모더니즘 장르로서 멜로드라마적 상상력을 구현하는 방식을 상세하게 살펴볼 것이다.

2장 부유한 가정주부와 의상디자이너의 부패한 남편들
:<애마부인>(1982)과 <안개는 여자처럼 속삭인다>(1983)

이 장에서는 최초의 에로방화로서 1982년 2월에 개봉한 <애마부인>과 다음 해 4월 23일에 개봉한 <안개는 여자처럼 속삭인다>의 에로티시즘을 버나큘러 에로티시즘이자 버나큘러 모더니즘으로 읽어보고자 한다. 두 편의 영화는 모두 서울극장에서 개봉하기도 했고, 가족 멜로드라마 혹은 연애 멜로드라마의 양식을 띠며 대항발전주의라는 한국화된 버나큘러 모더니즘을 표출한다는 공통점이 있다. <애마부인>은 영화의 현대적 공간들 속에서 세련된 모더니즘을 표출하고 있으면서도 다소 신파적인 연애물로서 전형적인 멜로드라마로도 분류될 수 있으나 일본적 에로-그로-넌센스의 요소를 드러내는 특이하고도 흥미로운 텍스트이다. <안개는 여자처럼 속삭인다>는 에로티시즘을 스릴러의 요소들과 결합시킨, 한국에서는 매우 드문 에로틱 스릴러 영화로서 본 장에서는 그 장르를 에로스릴러로 지칭하고자 한다. 본 장에서 아주 세세히 분석하지는 않으나, 시간적으로 <애마부인>과 <안개는 여자처럼 속삭인다>의 중간지점에서 제작되어 1982년 여름에 개봉한 <사랑의 노예>(고영남, 1982) 또한 희귀하고도 흥미로운 에로스릴러 영화이므로 <안개는 여자처럼 속삭인다>와 함께 본론에서 보다 상세히 언급할 것이다.

한국과 달리 누아르나 스릴러의 역사가 긴 할리우드에서는 1980년대 초반의 대표적 에로틱 스릴러인 <보디 히트>와 <나인 하프 위크>를 비롯하여 1980년대 후반의 <위험한 정사(Fatal

Attraction)>(에이드리언 라인, 1987)와 1990년대 그야말로 전 세계를 열광시켰던 <원초적 본능(Basic Instinct)>(폴 버호벤, 1992)에 이르기까지 에로틱 스릴러 장르라는 극장용 성인영화들을 통해 미국은 물론 전 세계의 박스오피스를 석권한 바 있다. 21세기 한국영화에서는 제법 흔한 장르가 된 스릴러 영화는 1980년대까지는 매우 드물게 만들어졌기 때문에 <안개는 여자처럼 속삭인다>는 스릴러라는 장르성만으로도 흥미로운 텍스트이다. 게다가 할리우드의 에로틱 스릴러들이 소위 '팜므 파탈'이라는 '악녀'를 등장시켜 남성의 파멸을 도모하는 것과 달리, 정지영의 에로스릴러는 돈과 색욕에 눈먼 남성에게 배신당한 여성의 복수극을 도모함으로써 할리우드와는 달리 주인공을 악녀화하지 않는다는 차이점을 가지고 있기도 하다.

하부장르는 (멜로)드라마와 스릴러로 다소 갈라지지만, <애마부인>과 <안개는 여자처럼 속삭인다> 모두 출세지상주의에 눈이 멀어 편법주의에 길든, 부패한 남편들을 통렬하게 비판하기 위해 멜로드라마적 상상력을 차용한 대항발전주의적 면모를 지니고 있다. 앞서 서문에서 언급했듯, 독일의 여성학자인 마리아 미즈는 자본주의의 '진보와 퇴보의 변증법'을 페미니즘의 관점에서 설파한 바 있다. 미즈가 '진보와 퇴보의 변증법' 속에서 강조한 것은 여성의 '가정주부화(housefiwization)'이다. 유럽 사회에서 산업 자본주의가 자리를 잡게 되면서 "'사랑'과 소비에 주로 관심이 있고, 남성 '부양자'에게 의존적이고 가정화되며 개인적 소유가 된 여성"이 서구 부르주아 계급 사이에서 먼저 이상화되기 시작한 후 전 지구적으로 확장되었다는 것이다.[118] 이에 따라 "가정[은] 여성의 영역, 소비와 '사랑'의 사적인 영역이 되면서, 남성이 지배하는 생산과 축적의 영역에서 배제된 은신처가 되었"다.[119] 유럽과 북미의 부르주아 계급에서 시작되어 점차 하층으로, 그리고 남미와 아시아, 아프리카 등지까지 퍼져나간 "과학적 가정경영"을 하는 가정주부는 여성이라면 도달해야 하는 목표처럼 설정되기 시작했다.[120] 이에 따라 "국가와 국가 정책의 도움을 받아, 자본주의는 처음에는 유산계급 사이에서, 나중에는 노동계급 사이에서 가족을 창조했고, 이와 함께 가정주부를 하나의 사회적 범주로 만들"게 되었다.[121] 미즈는 여성의 가정주부화가 "노동계급으로까지 강제로 진행"되었다고 보는데, 그녀는 노동계급이 "부르주아적 결혼과 가족을 '진보적인' 것으로 여겨" 이를 수용할 수밖에 없었다고 해석한다.[122] 더 나아가 미즈는 가정주부화가 식민지의 획득과 더불어 서유럽의 자본주의적 경제성장의 밑거름이 되는 '원시적 자본 축적(primitive accumulation)'을 가능하게 했다고 논하면서 이는 가사노동과 식민지 노동인력이 무임금으로 동원되었기 때문이라고 분석한다.

박정희 정권에서 전두환 정권으로 이어지는 한국의 개발독재 발전국가는 짧은 시간 안에 압축 근대화를 추진하며 남성은 밖에

118 마리아 미즈, 『자본주의와 가부장제』, 232쪽.
119 위의 책, 232쪽.
120 위의 책, 237쪽.
121 위의 책, 235쪽. 강조는 저자.
122 위의 책, 237쪽, 238쪽.

나가 일하고 여성은 가정을 지키며 남성의 충분한 휴식을 도와 그의 노동 재생산 시간을 풍부하게 하는 것을 가능하도록 하는 가정주부화를 적극적으로 한국사회에 도입했다. 1980년대 한국 사회에서는 미즈의 분석대로 1960년대부터 진행된 가정주부화가 여성의 무임금 가사노동을 통해 두텁게 쌓아올린 자본의 '원시적 축적'에 크게 일조한 결과로 여러 가지 사회적 현상들이 나타나기 시작했다. '가정주부화'의 긍정적 측면도 당연히 크지만, 그 문제적 결과물들 중의 하나가 남편들이 집에서 살림하는 아내의 존재를 전혀 존중하지 않고 자신들의 사회적 스트레스를 해소하기 위해 몰래 성적 일탈을 찾는 경우가 많아지며 유흥산업이 엄청나게 증대하기 시작했다는 사실이다. 거래업체의 고객을 접대하기 위한 명분, 혹은 남자들끼리 모여서 술을 마시면 재미가 없다는 이유로 엄청나게 발달한 한국의 유흥산업은 '호스티스'라 불리던 수많은 여성 접대부들과 함께 그 양과 서비스의 질이 함께 급속도로 팽창했다. 이는 1970년대 한국영화의 주류 장르였던 호스티스 영화가 청운의 꿈을 안고 상경한 많은 젊고 가난한 여성들이 '식모'나 '여공', '버스 안내양' 등으로 취업해 시골에 남아있는 부모님과 어린 동생들에게 경제적 도움을 주다가 결혼할 계획을 세웠으나 예기치 않게 순결을 잃고 결혼의 꿈의 좌절되어 성매매의 길로 들어서 사회적 피해자가 된다는 서사와도 일맥상통한다. 이미 1970년대부터 대중영화는 계급을 막론한 한국의 모든 여성의 궁극적 꿈이 가정주부라는 사회적 분위기를 반영하고 있었던 것이다.

1980년대에는 한국사회의 중류계급화가 본격적으로 이루어지며 영화의 수많은 주인공들이 이제 가정주부의 꿈이 좌절된 호스티스가 아니라 가정주부와 여대생, 직장여성, 전문직 여성 등으로 치환되기 시작했다. 1980년대에는 여성이 가정주부가 되는 것은 계급을 막론하고 당연한 수순이 되어 여성의 인생에 있어 종착지처럼 인식되었던 것이다. 다음 장에서 분석할 호스트·호스티스 영화들이 재현하는 한국 유흥산업과 성산업의 급속한 발달은 부유한 남성들이 전근대 시대에 첩을 두었던 것과는 다른 방식으로 유흥을 즐기거나 외도를 하며 가정에 소홀해지는 것을 장려하는 수단이었다. 한국사회의 전면적 '가정주부화'와 유흥산업의 발달로 인한 부정적 결과는 남편들의 성적·윤리적 일탈과 편법을 통한 부의 축적이라는 악순환으로 이어졌고 이는 에로방화의 '대항발전주의'적 비판의 대상이 되기 시작했다. 최초의 에로방화인 <애마부인>은 자신의 사업에 지나치게 열중하다 못해 유흥산업을 통한 고객 접대가 일상이 된 남편이 아내를 성적으로 소외되게 만들며 가정을 붕괴시키는 한국적 상황을 고발한다. <안개는 여자처럼 속삭인다>에서는 부유하고 능력 있는 아내에게 기생해 유유자적하던 남편이 외도를 하기 시작하며 아내를 제거해 그녀의 재산을 강탈하려 하는 비인간적 행태의 막장을 보여준다.

다음 절에서는 가정을 소재로 하는 이 두 편의 에로방화를 분석하며 영화 속 '멜로드라마적 상상력'이 각각 '부인물' 가족 멜로극과 에로틱 스릴러의 형태로 변전하여 대항발전주의를 강조하는 양상을 살펴볼 것이다. 에로방화는 1980년대의 영화적 현상으로만 그치지 않고 한국의 급격한 정치·경제·사회·문화적 변동 속에서 야기되는 대중의 욕망과 불만, 불안, 갈등 등의 정동을 반영하여 그것을 영화에 녹여내고 반영한 문화사적 사건이다. 앞서도 언급했듯, 에로방화는 발전국가가 주도한 신분 상승과 경제적 번영에 경도된 사회가 가져오는 계급 양극화와 음성적 성산업의 발달, 전 사회적 가정주부화, 가정주부가 되기 전 다양한 계급의 여성들이 사회에 진출하는 과정에서 겪는 문제점과 이성애적 연애관계에 경제문제가 개입되며 생기는 갈등과 파국 등을 다루며 발전주의 사회에서 생기는 난점과 폐해들을 지적하고 있다. 에로방화의 대항발전주의적 성향은 사회발전과 경제성장에 과몰입된 사회에 대한 경고라는 점에서는 대단히 진보적이다. 서론에서 언급했듯, 이러한 진보성이 대중성과 만나는 지점이기도 했다는 데에 에로방화의 특이성이 있다고 할 수 있다.

1. 여성 판타지의 효시이자 에로-그로-넌센스적 에로방화로서의 <애마부인>

1970년대 유신시대까지는 밤 10시부터 야간 통행이 금지돼 한밤중에 영화를 본다거나, 한국 배우가 등장하는 성인영화를 본다는 것은 상상도 할 수 없던 환경이었다. 전두환 대통령의 신군부 정권은 미군정 시대부터 존속했던 야간통금 제도를 폐지하고 심야영화 상영을 허가함으로써 수많은 성인 관객들, 특히 젊은 남성 관객들을 영화관으로 인도했다. 실제로 1982년 2월 6일 서울극장에서 국내 최초의 심야상영으로 <애마부인>을 개봉한 날 밤 전국에서 수많은 인파가 몰려 극장의 유리창이 깨지는 등의 폭발적인 반응을 불러일으켰다고 하며, 이에 힘입어 영화는 4개월 동안 장기 상영되어 당시로서는 이례적으로 31만 명의 관객을 동원할 수 있었다.[123]

앞장에서도 언급했듯, <애마부인>의 성공으로 촉발된 에로방화 제작 붐은 단순히 3S정책의 효과만으로 나타날 수 있는 것이 아니라 영화에 대한 관객의 긍정적, 아니 폭발적 반응이 없었다면 불가능한 현상이었다. 영화의 만듦새가 조악했더라면 첫날 이후 관객들은 극장을 찾지 않았을 텐데, 4개월간이라는 장기 상영기간 동안 꾸준히 관객이 들었다는 것은 영화를 본 수많은 관람자들의 반응이 대단히 호의적이었다는 것을 의미한다. 따라서 국가의 문화정책이나 관객의 성적 호기심을 상업적으로 이용하는 흥행에 대한 기대감만으로 <애마부인>과 그 후속작들이 줄줄이 흥행에 성공해 1995년까지 12편의 시리즈물이 제작되었다는 것은 어불성설이다. 또한 애마를 연기한 안소영의 관능적인 몸매를 내세우고, 그로 인한 남성 관객의 단순한 성적 치기에만 기대어 영화가 성공했다고 보기에는 중년여성 관객의 티켓 파워가 매우 크게 작용했다는 점도 간과할 수 없다.[124] 물론 안소영은 <애마부인>의 성공으로 말 그대로 하룻밤 만에 일약 스타가 될 수 있었다.

●

123 강소원, 「1980년대 한국영화」, 18쪽.

124 호현찬, 앞의 책, 246쪽.

그러나 수많은 중년여성들이 <애마부인>에 몰입할 수 있었던 이유는 그 이전까지의 한국 성인영화에서 여배우들이 예외 없이 연기했던 호스티스가 아닌 중년 주부가 남편의 외도로 소외되고 외로워하다가 경험하게 되는 성적 모험의 여정, 특히 순수하고 풋풋한 연하남과의 사랑에 대한 판타지에 크게 기인했으리라는 것을 짐작할 수 있다. <애마부인>은 2000년대와 2010년대 한국 TV 드라마의 단골 소재였던 중년 아줌마와 '연하남'의 로맨스를 수십 년을 앞질러 영상화한 것이다. 물론 이만희 감독 최고의, 아니 한국영화 최고의 명작으로 손꼽히지만 네거티브 필름이 상실되어 1966년 12월 개봉 이후로 볼 수 없는 영화가 된 <만추>(1966)도 연상녀와 연하남의 짧은 사랑을 소재로 삼고 있어, 이후 비슷한 모티프의 리메이크작들인 김수용의 <만추>(1981)와 김태용의 <만추>(2010)를 통해 아주 간접적으로 그 흐름을 읽을 수는 있다. 그러나 <만추>의 남녀 주인공들은 결혼한 상태가 아닌 데다 일반적 가정으로부터 동떨어진 여성 (모범) 징역수와 경찰에게 쫓기는 남성 범죄자라는 매우 독특한 설정에 놓여 있다는 특이점이 있다. 이와 달리, <애마부인>의 애마(안소영 분)는 부유하고 아름다운 가정주부이기는 하지만 일상 속에서 흔하게 마주칠 수 있는 평범한 중년여성이라는 특징이 있다.

70년대 중후반과 80년대 초반 사이에 상당수 제작된 호스티스 영화 속 비운의 하층민 여성들이 에로티시즘의 객체로 묘사되는 것과 달리, <애마부인>은 호스티스가 아닌 중산층, 아니 중상층의 주부가 성적 욕구의 주체로서 화폐를 매개로 하지 않은 성적 관계를 지향하는 여성으로 등장함으로써 본격 에로물 출범의 신호탄을 쏘아 올린 작품이라 할 수 있다. <애마부인> 이후로 한국영화는 성매매에 종사하지 않는 여성들까지 에로티시즘의 주체이자 객체로 등장하게 된 물꼬를 튼 셈이다. <애마부인>은 나름 여성 취향의 에로티시즘에 대한 여성 관객의 보편적 갈구와 더불어 대항발전주의적 주제라는 한국적 특수성에 힘입어 80년대 에로방화 제작 트렌드의 기폭제가 될 수 있었던 것이다. 만약 남성 관객들만을 만족시키는 그저 그런 성인영화였다면 <애마부인> 이후 1980년대 방화계를 점령했던 수많은 에로방화들은 만들어지지 않았을 것이며 여성 관객들은 한국영화를 완전히 외면했을 것이다.

<애마부인>은 갑작스럽게 남편이 수감된 후 부유한 시부모가 손녀를 양육하게 되어 세 가족이 살던 으리으리한 단독주택에서 강남의 한강변 고급 아파트로 홀로 이사해 가정부를 두고 독립해 살게 된 중상층 주부의 자유롭고 파격적인 삶을 그린다. 그러나 영화는 여성의 순결·정절 이데올로기에 집착하는 한국적 정서를 매우 세심하게 고려해 제작된 영화이다. <애마부인>은 분명 1장에서 언급한 쥐스트 자캥의 <엠마뉴엘>처럼 유럽의 고급화된 소프트 포르노, 즉 에로티카 제작 붐과 더불어 핑크영화나 로망 포르노와 같은 일본의 극장용 성인영화 장르의 대중화된 제작 관행에 발맞추어 일어난 한국적 버나큘러 에로틱 장르영화이다. 이에 따라 주인공 애마의 이름도 엠마뉴엘을 연상시키는 이름으로 작명되었고, 애초의 한자명은 "'말을 사랑하는 부인'이라는 뜻에서

'애마(愛馬)'로 신청했으나 어감이 나쁘니 바꾸라는 검열 당국의 지시에 따라 엉뚱하게도 '애마(愛麻)부인'으로 한자를 바[꿔] 결국 무슨 의미인지도 모를 영화제목이 되고 [말]"았다고 한다.[125] 의도치 않게 마, 즉 삼베를 사랑하는 여인이라는 의미를 부여받은 애마의 성적 여정은 그 작명의 순간부터 다소 '에로-그로-넌센스' 했던 셈이다. 서문과 1장에서 언급했던 에로-그로-넌센스의 요소가 발견되는 기괴하고 기이하며 말도 안 되게 코믹하기까지 한 에로티시즘과 함께 '부인 시리즈' 성인영화의 시발점으로 자리매김하면서 일본 성인영화의 관행과 조응하는 초기 에로방화의 특징이 감지되기 때문이다.

물론 <애마부인>의 에로-그로-넌센스가 일본 성인영화를 그대로 모방하거나 그것을 한국사회에 무작위적으로 적용하는 방식을 통해 이루어진 것은 아니다. 한국영화사에서 '부인'이 영화 제목에 최초로 등장한 것은 정비석 원작소설인 『자유부인』의 영화판인 1956년의 동명 영화로까지 거슬러 올라갈 수 있다. 한 대학교수 부인의 결혼제도로부터의 일탈과 상품 소비에의 욕망 추구를 그리고 있는 원작 소설과 영화 <자유부인>은 6·25 전쟁 직후의 시대적 배경을 고려할 때 성애 코드를 전혀 사용할 수 없는 영화였다. 그럼에도 불구하고 가정과 남편으로부터의 꿈같은 일탈을 실행하는 여주인공의 모습은 남한 사회 전반에 논란의 불씨를 지피기에는 충분했다. <자유부인>은 에로티시즘의 요소보다

125 위의 책, 245쪽.

플로베르(Gustave Flaubert)가 집필한 프랑스 사실주의 소설, 『보바리 부인(Madame Bovary)』(1857)이나 푸치니(Giacomo Piccini)의 오페라(1904)로 더 유명한, 존 루터 롱(John Luther Long)의 소설 『나비부인(Madame Butterfly)』(1898)에 등장하는 전근대적인 순종적 여성상과 성적·실존적 욕망에 충실한 근대적 여성상의 전환점에 놓인 여성들의 갈등을 표면화하는 문학적 관습에 더 가까워 보인다. 그러나 이러한 관습은 일본여성이 이국적인 성적 대상으로 등장하는 오페라 <나비부인>의 대중화와 함께 다시 기묘한 일본적 전통을 형성한 듯하다. 산업근대화와 대량소비사회화의 심화와 함께 영화의 대중화, 영화장르의 세분화와 맞물리면서 20세기 후반의 일본에서 성인영화의 대중화와 함께 성적 일탈을 추구하는 '부인'물이 등장했고, 에로-그로-넌센스처럼 일본화된 부인물 제목짓기의 관행이 한국에도 상륙했음을 유추할 수 있다.[126]

영화의 도입부에서 유부녀임에도 불구하고 애마(안소영 분)는 매일 밤 외로이 잠 못 이루고 침대에서 혼자 뒤척인다. 애마의 남편(임동진 분)은 사업상의 목적으로 매일 밤 접대부를 끼고 고객을 접대하느라 바빠 새벽에 집에 돌아와 아내의 손길을 거부하기 일쑤다. 그러나 아내를 사랑하는 데다, 유부남으로서의 양심마저 상

126 재스퍼 샤프(Jasper Sharpe)에 따르면 일본 극장용 성인영화의 전통은 1950년대 후반부터 훈도시만 입고 거의 전라로 바다에서 해산물을 캐는 일본식 해녀인 '아마'("the *ama*, Japanese girl diver")가 등장하는 아마물로부터 유래했다고 한다. 본격적인 일본의 극장용 성인영화는 1960년대부터 저예산 독립 성인영화인 핑크영화와 함께 등장해 핑크영화적 요소가 서서히 대중장르로 변용돼 대형 제작사에서 만들어지기 시작했는데, 샤프의 책에서 언급되는 영화의 제목들을 보면 심심치 않게 ○○부인을 마주치게 된다. 다음을 참조할 것. Jasper Sharpe, Op.cit.

실하지는 않은 애마의 남편은 자신의 이러한 이중생활에 회의를 느끼고 괴로워하다 어느 날 밤 혼자 술을 마시던 중 취객과 싸움이 붙어 상대방에게 상해를 가하고 구속된다. 수감된 상태에서 남편은 애마를 자유롭게 해주기 위해 이혼을 제안하고 심지어 부부의 외동딸인 지현마저 자신의 양친에게 키워달라고 부탁한다. 물론 애마는 이혼을 거부하고 남편이 수감된 8년 동안 초기의 3년간은 매주 한 번도 빠짐 없이 남편의 면회를 가는 열부 내지는 수절녀의 모습을 보인다. 이렇듯 다소 케케묵은 유교적 관습을 따르고 있다고는 해도, 애마는 영화의 초반 30분도 채 지나지 않아 가정주부 아닌 가정주부로서 혼자 자유롭게 살게 되어, 이후 이혼도 하지 않은 상태에서 당시로서는 매우 파격적으로 남편 이외의 남성 두 명과 성적으로 연루되기 시작한다. 애마가 미혼녀였다면 이 모든 설정이 불가능했겠지만, 그녀가 애까지 딸린 유부녀, 즉 처녀가 아닌 데다 남편이 죄질을 떠나 범죄자, 게다가 수감자이기 때문에 당시의 관객들, 특히 여성 관객들은 이 모든 서사적 상황에 대해 반감을 갖지 않고 수용하게 된 듯하다. 이러한 설정은 순결·정절 이데올로기를 위반하지 않는 한도 내에서의 한국적 타협이라 할 수 있다.

또한 애마가 한국의 가정주부화를 반영하는 부르주아 가정주부라는 설정 또한 한국 최초의 에로방화로서 극장가에서 대흥행을 이룰 수 있는 기반을 형성한 것으로 보인다. 가정주부임에도 자녀 양육은 시부모에게 맡기고 가사 도우미를 고용하여 가사노동으로부터 해방된 애마의 모습은 로맨스와 에로티시즘을 갈구할 수밖에 없는 경제적·시간적 여유가 풍족한 여성 그 자체이기 때문이다. 신시아 인로는 1960년대에 박정희 정권이 미국과 유럽, 일본의 운동화 회사와 전자 회사의 경영진들에게 노골적인 러브 콜을 보내 한국에 공장을 짓도록 유도하고 많은 여성들을 공장의 노동자로 끌어들였음을 지적하며 다음과 같이 분석한다. 1970년대 초까지 군사 정부는 "시민이 생각하는 '고상한(respectable)' 한국 젊은 여성의 이미지를 바꾸기 위해 계획적으로 캠페인을 벌여 (…) '국가 안보', '민족 자존심', '근대화', '산업 성장'이라는 개념들을 융합하면서, 딸들의 부모들을 설득하여 '품위 있는' (곧 '좋은 신붓감'인) 남한의 젊은 여성에게 '자연스러움'이란 부모 집 밖에서 일하는 것이라고 그 정의를 급진적으로 바꾸었다."[127] 과거 유교사회의 '순종적인 딸들'은 이제 애국적 용사가 되어 근대국가의 아버지의 명령에 따라, "고상한" 아내가 되라는 부모의 설득에 따라, 자발적으로 서구의 글로벌 기업을 위한 남한의 값싼 노동력으로 기능했던 것이다. 인로가 지적하듯 부산은 1970년대까지 '세계의 신발 중심지'가 되었고, "1980년대 초에서 중반까지 운동화 공장과 전자 공장, 의류 공장에서 일하는 수천 명의 한국 여성은 공장에서 일하는 것이 시민으로서 역할을 하는 것이라고 새롭게 상상하기 시작"했다.[128]

그러나 1970년대부터 한국 정부가 산업체계를 중공업 중심의

127 신시아 인로, 김엘리·오미영 옮김, 『군사주의는 어떻게 패션이 되었을까 - 지구화, 군사주의, 젠더』, 바다출판사, 2015, 66쪽.

128 위의 책, 71쪽.

경제체제로 개편해 남성중심의 공장문화가 만들어지기 시작하며 보다 급격한 경제성장을 이룩하기 시작하자, 1980년대 후반부터 글로벌 기업들은 더 값싼 노동력을 얻기 위해 동남아시아로 공장을 옮기기 시작했고, 그 많던 한국의 여공들은 이제 이데올로기적으로나 물리적으로나 공장에서 벗어나게 되어 보다 고학력의 교육을 받은 부르주아적 가정주부가 되기를 희망하게 되었다. 초창기 박정희 정권하에서 여공이 미래의 "고상한" 신부가 되기 위한 예비과정이었다면, 전두환 정권에서의 "고상한" 신붓감의 조건은 고등학교 혹은 대학교육을 받고 '과학적 가정경영'에만 전념할 수 있는 여성으로 변모한 것이다. 여성의 가정주부화는 모든 여성을 잠재적 가정주부로 규정해 가사노동을 거의 완전히 무급노동으로 전환해 버렸을 뿐 아니라 여성은 가사에만 전념하는 가정주부가 되는 것이 '진보적'이라는 이데올로기까지 무의식적으로 1980년대 한국사회에 주입했다. 그 결과 부르주아 가정주부지만 아이러니하게도 '과학적 가정경영'의 의무로부터도 해방된 애마는 자신의 리비도를 분출시킬 수 있는 영역을 필요로 할 수밖에 없고, 한때 누군가의 아내, 즉 부인이었다는 경력을 통해 부인 시리즈 에로방화의 신호탄을 쏘아 올리는 최초의 히로인이 될 수 있었던 것이다.

그러나 프랑스 영화 <엠마뉴엘>을 연상시키기 위해 지은 제목이라지만 <애마부인>이라는 제목에서부터 일본 성인영화의 전통, 즉 부인 시리즈의 연장선상에 있는 것 같은 혼종성을 감지할 수 있다. 따라서 <애마부인>은 한국적 정절 이데올로기에 충실하면서도 서구와 일본의 주류 소프트 포르노적 관행, 특히 후자를 적극적으로 포용하고 있는데, 아마도 통금 해제 이후 최초로 심야극장에서 상영되는 본격 성인영화라는 부담감이 정인엽 감독에게 외국의 성인영화 관습, 특히 일본적 관행을 차용하도록 결심하게 한 것이 아닌가 하는 추측을 불러일으킨다. 이 영화가 가진 묘하게 일본적인 에로-그로-넌센스의 성향은 크게 두 가지 장면에서 드러나는데, 하나는 애마와 절친한 친구 간의 레즈비언적 성행위를 연상시키는 미묘한 눈빛 교환 장면이고, 다른 하나는 애마의 과거 애인, 문오(하명중 분)의 매우 기괴한 행적이다. 영화 속에서 애마와 그녀의 절친한 친구 에리카(김애경 분)의 관계는 동성연대적(homosocial) 관계에서 더 나아가 동성애적(homoerotic) 연대성을 암시하고 있는 데다, 그러한 간접적 동성애성의 매개가 침술이라는 점은 일본 성인영화의 기괴함을 연상시킨다. 한자 표기가 가능하지만 매우 이국적인 이름의 소유자, 애마와 더불어 그녀의 친구인 에리카도 심상치 않은 이름과 성향을 지니고 있다. 애마와 달리 한자 표기가 불가능해 보이는 이름을 가진 에리카는 애마의 남편이 수감되기 전부터 습관적 외도를 저지르는 그와 결별하기를 애마에게 종용한다. 김애경이 연기하고, 깊고 중후한 저음의 보이스로 유명한 연극배우 박정자가 목소리 더빙을 한, 영화 속 에리카는 어느 날 새벽 아파서 잠 못 이루는 애마의 전화를 받고 자다 깨서 한달음에 친구에게 달려간다. 결혼해서 가정이 있는 여성이 아무리 절친한 친구라 해도 한밤중에 전화를 받고 바로 달려간다는 것은 상식적으로 쉬운 일이 아닐 텐데, 에리카는 옆에서 자는 남편의 허락도 구하지 않고 아무런 망설임도 없이 애마를 찾아간다. 집으로 한의사를 불러 침을 맞기로 한 애마는 굳이 에리카가 지켜보는 가운데 전라로 엎드린 상태에서 허리와 엉덩이 부위만 붉은 천으로 가리고 온몸에 가늘고 기다란 침을 골고루 맞으며 선정적으로 눈을 감고 입을 벌리며 고통 속의 쾌락을 음미한다. 이를 지켜보는 에리카도 붉게 칠한 입술 사이에 연방 새끼손가락을 집어넣으며 성적으로 자극받은 표정을 짓고 앉아 있다. 시간적으로는 매우 짧은 장면이지만, 침을 맞는 환자나 이를 지켜보는 보호자가 성적으로 자극을 받는다는 설정은 있음 직하기는 해도 약간은 과도하게 보인다. 이러한 사도마조히즘적 레즈비언 성애 장면은 남성 관객을 보다 성적으로 자극하기 위해 이미 1970년대부터 서구와 일본의 에로티카와 소프트 포르노에서 관행으로 자리 잡은 레즈비언 판타지의 요소가 활용된 것으로 볼 수 있다. 그러나 침술이라는 동양적 기법을 그로테스크한 성애의 도구로 활용하는 영화의 전략은 육체적 고통 속에서 성적 쾌락을 느끼는 여성과 이에 자극받는 관찰자를 함께 전시하는 일본 성인영화의 그로테스크한 성애 장면들을 연상시키기도 한다.

에리카의 캐릭터 자체는 특별히 일본적이거나 비한국적이라기보다 시대와 공간을 초월한 자유로운 영혼의 여성으로 파악 가능하지만, 하명중이 연기하는 문오는 그의 행동도 그렇지만 캐릭터 자체가 에로틱하다기보다는 그로테스크하고 넌센스한 쪽에 가깝다. 문오는 애마가 결혼 전에 교제했던 옛 연인으로 그녀가 아파트로 이사한 후 그녀의 바로 위층에 살고 있었기 때문에 두 사람은 의도치 않게 재회하게 된다. 곧 애마가 혼자 산다는 것을 알게 된 문오는 애마와의 만남을 시도하려 하지만 번번이 그녀가 이를 거부하자 은밀한 만남을 위해 몇 날 며칠을 고민하기 시작한다. 어느 날 밤 코믹할 정도로 비장한 표정으로 밧줄을 엮어 사다리를 만든 문오는 마침내 한밤중에 그것을 타고 내려가 베란다를 통해 애마의 집에 난입해 애마를 반강제적으로 범한다. 문오가 밧줄을 엮는 장면부터 시작해 애마를 겁탈하기까지 시퀀스 전체가 주택 침입이라는 불법 행위와, 외간 남자가 잠들어 있는 여자를 건드려 강간하면서 그것을 여자의 적극적 응대로 바꾸는 화간이라는 남성의 변태적 판타지를 곳곳에서 반영하고 있다. 하늘에서 내려뜨린 밧줄을 타고 하강해 아무런 거리낌 없이 여성에게 성폭력을 자행하고 이를 반복하는 문오의 행보는 서양의 악마를 연상시키기도 하지만 그에게는 날개가 없는 데다 에로틱하다기엔 그 행위가 극심하게 그로테스크하고 그것이 너무 희한하고 상식을 벗어난 행위여서 관객의 어이없는 웃음까지 유발하는 문자 그대로의 에로-그로-넌센스적 요소를 두루두루 갖추고 있다.

가택 침입을 통한 반강제적 성적 접근을 시도하는 남성과 이를 수용하는 여성의 모습은 1장에서도 언급했던 핑크영화의 대부인 와카마쓰 고지 감독이 베를린 영화제에 출품해 초청받았던 <벽 속의 비사>에서도 목격되고, 닛카쓰 로망 포르노의 대표작이자 장르의 대표적 엘리트 감독인 다나카 노보루가 에도가와 란포의 소설을 영화화한 <지붕 밑의 산보자(屋根裏の散 者)>(1976)의

주요 테마이기도 하다. <벽 속의 비사>는 배창호 감독의 <적도의 꽃>(1982)과도 다소 유사한 서사구조를 가지고 있어, 아파트 앞 동의 아름다운 여성을 훔쳐보던 남성이 그녀와 점점 사적으로 가까운 사이로 발전하게 된다는 모티프를 품고 있다. 21세기의 관점에서는 '스토커'라 불러 마땅한 중대한 사생활 침해의 범죄적 요소를 안고 있다. <지붕 밑의 산보자> 역시 일본식 가옥의 천장 바로 밑에 대들보와 연결된 다락과 같은 공간을 통해 집 전체를 몰래 숨어다니는 남성이 천장에서 흠모하던 여성의 방을 훔쳐보다 그녀와 사적인 접촉점을 찾는다는 점에서 역시 에로틱하고 그로테스크하며 넌센스한 성범죄적 상황을 설정하고 있다.

일본 극장용 성인영화의 성향, 특히 에로틱한 영역에서의 그로테스크하고 넌센스한 특성이 <애마부인>에 반영된 것은 개인적으로 영화의 옥의 티라 생각되지만, 한국에서 중산층 여성의 성적 일탈을 최초로 영화화한 작품이 1970~80년대에 일본의 주류 영화계를 강타한 로망 포르노의 장르적 영향력과 부인 시리즈의 전통을 완전히 무시하고 만들어질 수는 없었으리라는 짐작 또한 가능하다. 물론 핑크영화나 로망 포르노에 비해 에로방화는 에로틱하다는 표현이 무색할 정도로 성적 표현에 있어 싱겁기 그지없는 수준에 불과하고 <애마부인>도 예외는 아니다. 그러나 영화는 레즈비언 판타지 장면과 애마의 전 애인이 사도마조히즘적이며 폭력적인 성적 접근을 구가하는 장면을 넣음으로써, 에로-그로-넌센스의 영향으로 사도마조히즘이 거의 빠지지 않고 등장하는 일본의 소프트 포르노적 감수성을 미묘하게 수용하고 있다.

국적을 불문하고 대다수의 에로티카나 포르노물에서 남편으로부터 성적 만족을 얻지 못하는 유부녀가 우연찮은 만남을 통해 성적 쾌락을 주는 남성을 만나게 되고 이후 또 다른 남성을 찾아가는 여정이 펼쳐지는 경우가 많은데, 애마의 경우는 한국적 순결·정절 이데올로기에 대한 강박관념에 부응해 남편이 수감된 후에 비자발적으로 혼외정사에 발을 들이게 된다. 만약 유부녀인 애마가 주체적이고 적극적으로 다른 남성들을 만나기 시작하는 서사적 요소를 가지고 있었다면, 영화는 절대로 극장에서 흥행할 수 없었을 것이다. 그만큼 1980년대 한국사회는 여성의 성적 욕망에 대해 보수적이고 억압적인 관점을 가지고 있었다. 애마를 통해 여성의 성적 욕망을 적극적으로 표현하는 데다 순수하고 매력적인 연하남까지 등장시켜 여성 판타지를 충족시키는 영화지만, 애마가 자발적으로 성적 여정을 시작하는 것으로 그리기에는 당시의 시대적 여건이 여의치 않았던 것이다. 때문에 문오의 무리수를 둔 무단 주거 침입에 뒤이어 잠든 채로 그에게 농락당하고 심지어 이를 즐기기까지 하는 애마의 (남성 판타지에 근거한) 성적 수동성에 의거한 반응들이 잇따를 수밖에 없다. 애마는 반강제적으로 이러한 변태적 만남을 반복하고 지속하다가, 매주 남편을 면회하며 알게 된 연하의 미술학도, 동엽(하재영 분)과 사랑에 빠지며 드디어 자발적으로 문오와의 관계를 정리한다. 물론 애마는 처음에는 나이 차를 이유로 동엽의 남성적 접근을 거부하지만, 그의 무조건적인 순수한 열정에 결국 이끌리게 된다.

그러나 밑도 끝도 없이 시작되어 갑작스럽게 공중분해된 애마와 전 애인의 관계는, 일본의 에로-그로-넌센스물이나 성인영화에서 변태성이나 그로테스크함이 마지막에 한꺼번에 설명되는 것과 달리, 서사구조에 취약한 1990년대 중반 이전의 한국영화의 최대 단점을 그대로 노출하고 있다. 한국영화 속에 강간이나 성폭력이 난무하는 것은 나름의 오랜 전통이라 할 수도 있지만, 옛 애인이 옛정을 생각해 분위기에 취해 하룻밤 실수를 저지르는 것도 아니고, 서열이나 계급 관계에 있어 상층에 있는 남성이 하층에 있는 여성에게 폭력을 가하는 형태도 아닌, 반복적인 한밤중의 무단 가택 침입은 에로성의 확보와 정절 이데올로기에 사로잡힌 한국의 정서를 감안해 내려진 무작위적인 처방으로밖에는 설명할 수가 없다. 다시 말해, 초기 에로방화가 별다른 의도나 맥락 없이 일본적인 에로-그로-넌센스의 요소를 모방하고 수용했다는 것 외에는 문오의 등장 이유를 달리 해석할 방도가 없다. 다른 한편으로는 일본적 에로문화에 무의식적으로 노출된 정인엽 감독 혹은 이문웅 작가의 의도치 않은 선택이 아니었을까 싶기도 하다. 여성 관객의 열띤 지지를 받았던 영화임에도 불구하고, 중년여성 관객의 지지를 얻기에 빗줄 장면은 너무나 억지스럽고 불쾌하기 이를 데 없으니 말이다. 이러한 측면에서 볼 때, <애마부인>은 완전히 한국화된 장르로 고착화하기 이전 단계의 초기 에로방화로서 한국적 특수성인 순결·정절 이데올로기와 국제적 성인영화의 관행인 레즈비언 판타지, 소프트포커스와 더불어 일본 성인영화의 영향인 에로-그로-넌센스의 특징으로서의 에로성, 변태성 및 부인 시리즈 제목 등을 골고루 포섭하고 있는 실험장의 역할을 수행한 영화라 볼 수 있다.

그렇다면 <애마부인>의 중년여성 관객들은 1장에서 설명했던 것처럼 멀비의 관객론을 따라 스스로를 남성 관객과 동일시하는 남성화된 입장을 취해 주연배우 안소영이 속이 훤히 비치는 네글리제를 걸치고 말을 타고 달리는 장면에서 흔들리는 그녀의 가슴을 페티시로 삼아 관음증이 충족되는 시각적 쾌락을 얻었을까? 물론 안소영의 몸매를 보고 경탄하거나 그것을 보기 위해 극장을 찾은 여성 관객도 있었겠지만, 나는 당시의 여성 관객들이 <애마부인>에 보인 호응의 원인은 시각적 페티시즘보다는 영화의 서사에서 오히려 찾을 수 있다고 생각한다. 멀비가 분석 대상으로 삼은 텍스트들이 1970년대 초반까지의 할리우드 영화들이기는 했으나, 멀비의 혹은 멀비적인 젠더 본질주의적 시각이 불러일으키는 또 다른 오류가 바로 이 부분에서 감지된다. 그것은 <애마부인> 속 안소영이 연기한 애마가 영화의 에로틱한 스펙터클을 담당하기는 하지만 제목의 주인공인 것처럼 영화 속 내러티브의 주축이기도 하다는 것이다. 이에 따라 애마의 욕망의 대상이 되는 남성이 영화 속에 당연히 존재하고 애마보다 열 살 이상 어린 그도 영화 속 다른 중년 남성 배우들과 확연하게 구분되는 풋풋한 모습으로 영화의 스펙터클이 되기도 하는데, 이것은 프로이트의 페티시즘으로는 설명될 수 없는 부분이다. 남성이건 여성이건 젊음이 '몸값'의 큰 부분을 차지하는 자본주의 사회에서 20대 초반의 남성이 30대 중반 정도의 여성을 진심으로 사랑한다는 <애마부인>의 시각적, 서사적 설정은 1980년대 초반의 한국사회에서 상당히 파격적인 시도였을 것이라 짐작할 수 있다.

그런 면에서 <애마부인>은 한국 중년여성의 성적 판타지 서사구조의 선구자 격이라 할 수 있는데, 2000년대 초반부터 시작해서 영화가 개봉한 지 30년도 더 지난 2010년대에도 한국의 텔레비전 드라마들이 바람피우는 남편과 이혼한 뒤 착하고 능력 있는 연하남을 만나 성공하는 중년여성의 이야기를 끊임없이 확대재생산하고 여성 시청자들도 이에 지속적인 호응을 보여주고 있다는 것이 그 예증일 것이다. 물론, 영화 속에서 애마가 자발적으로 외도한 남편을 버리는 것이 아니라 감옥에 갇히게 된 남편이 그녀를 배려해서 이혼을 결정한 것이고, 이혼만으로도 획기적인 서사였음에 분명한 1980년대의 정서를 감안해 애마가 21세기의 드라마 주인공들처럼 과감하게 연하남을 선택하지 않고 잠깐의 연애만 하다가 결국 전 남편에게 되돌아가는 것은 영화의 파격성을 저하하는 대목임에는 분명하다. 그럼에도 그 당시의 여성 관객들은 <애마부인>을 보고 스스로를 애마와 동일시하며 현실에 대한 대리만족을 얻을 수 있었을 것이다. 앞서도 언급했듯, <애마부인>의 개봉일 당시 엄청난 인파가 몰려 서울극장의 유리가 깨질 정도로 영화표 구매자들이 폭발적인 호응을 보였다는데, 그들 중에는 당연히 중년여성들도 다수 있었을 것이다. 이러한 여성 관객들은 <애마부인>의 에로-그로-넌센스한 에로티시즘을 유쾌하게 받아들이지는 않았다 할지라도, 여성 작가인 조수비의 원작 소설을 영화화한 이 작품의 여성친화적인 서사에 적극적인 지지를 보였을 것이다.

1980년대 중반에 미리엄 핸슨은 프로이트가 이론화한 남녀 어린이들의 성적 판타지에서 드러나는 다양한 '양면성(ambivalence)'에 대한 개념을 도입해 영화 관람의 역학에서 드러나는 성 역할이 고정되어 있지 않고 '진동(oscillation)'하는 것으로 볼 것을 제안한 바 있다. 핸슨의 '진동' 개념은 <애마부인>을 위시한 에로방화의 여성 관객이나 여자 주인공의 욕망의 대상이 되는 남성 캐릭터를 설명하는 데 있어 매우 유용하고도 중요한 관점을 제시한다. 핸슨은 무성영화 시대 최고의 스타였던 루돌프 발렌티노(Rudolph Valentino)에 대한 당시 서구 여성 팬들의 광기에 가까운 애정을 설명하기 위해 섹슈얼리티의 구조에 있어 남성성과 여성성, 가학성과 피학성이 복합적으로 존재함을 예로 들어 여성 관객이 남성의 위치에서 발렌티노에 동일시하는 것이 아니라 발렌티노의 외모와 시선이 내포한 위협적인 남성성과 어딘가 여성스러우면서도 피학적인 성향에 동시다발적으로 반응한다고 분석한다.[129] 즉, 발렌티노의 성적 양면성, 즉 그가 영화 속에서 동시에 내보인 남성성과 여성성이 다양한 여성 관객에게 다양한 방식으로 어필함으로써 그가 당대의 슈퍼스타가 될 수 있었다는 것이다. 마찬가지 맥락에서 <애마부인>에 열광한 중년여성 관객들도 다양한 층위에서 영화의 시각적, 서사적 요소에 동일시할 수 있는 부분을 찾을 수 있었을 것이다. 영화 속 연하남의 때 묻지 않은 젊음의 순수함과 더불어 어딘가 보호 본능을 일으키는

•

129 Miriam Hansen, "Pleasure, Ambivalence, Identification: Valentino and Female Spectatorship", *Feminism and Film*, ed. E. Ann Kaplan, Oxford University Press, 2000.

연약함에 반응하는 이도 있었을 것이고, 그가 애마에게 보이는 무조건적인 열정에 반응하는 이도 있었을 것이다. 연하남의 남성성과 여성성이 다양한 여성 관객들에게 다층적으로 어필하는 가운데 다수의 여성들이 자신을 애마와 동일시할 수 있었으리라 짐작할 수 있다.

또한 애마의 남편이 사업을 위해 고객을 접대하는 과정에서 성매매 업체 여성들과 자주 접촉하는 것을 스스로도 '외도'로 인지하고 그것이 가정의 안정을 해치는 문제점이라 스스로 진단하고 있다는 것도 획기적일 정도로 주목할 만한 점이다. 접대를 위한 외도도 한완상의 말마따나 '편법주의'의 일환이고 이것이 결국은 남편의 일탈로 이어져 범죄로까지 치닫는 것이다. 얌전히 가정을 지키며 남편을 내조하는 가정주부가 모든 한국 여성이 도달해야 할 인생의 종착지로 여겨지던 1980년대에 <애마부인>은 이러한 '가정주부화' 현상의 이면에서 이루어지는 남성적 편법주의의 현장을 드러낸다. 이를 통해 영화는 전 국민적인 가정주부화에 도달한 국가의 발전, 즉 자본주의적 산업화가 개인의 행복을 보장해 줄 수 없으며, 가정을 안정적으로 유지하기 위해서는 여성의 가정주부화를 통한 무임금의 가사노동과 일방적 희생뿐 아니라 남성의 가정생활에 대한 협조가 중요함을 강조한다. 이러한 <애마부인>의 대항발전주의적 서사는 여성친화적 연하남 판타지 및 남성친화적 에로-그로-넌센스적 성인영화의 특성과 결합하여 다양한 남성과 여성 관객들을 극장으로 끌어들일 수 있었던 것으로 보인다.

<애마부인>부터 시작하여 에로방화가 다수의 남녀대중에게 어필하며 상업적으로 성공할 수 있었던 원동력은 단순히 이성애자 남성 관객의 영화 속 벗은 여성을 바라보는 관음증적 시선과 이에 대한 '불순한' 성적 욕망만으로는 설명될 수 없다. 남성이건 여성이건 관객이 어두운 극장에 앉아서 그것이 어떤 종류의 것이든 카메라가 포착한 이미지를 스크린상에 투영하는 것을 일방적으로 바라보고 있는 것은 기본적으로 훔쳐보기이자 관음에 해당하는 행위인 데다가 그 이미지들에 대한 관람자의 반응은 동질적일 수 없기 때문이다. 관객의 인종과 젠더, 계층은 언제나 기본적으로 고려되어야 할 사회적 조건이고, 그중 젠더의 문제도 단순의 남성과 여성의 구분을 떠나서 동성애자인지 이성애자인지 양성애자인지, 혹은 피학적인 편인지 가학적인 편인지 양쪽 다인지 양쪽 다 아닌지, 편의상의 구분이지만 남성적 성향이 좀 더 강한지 여성적 성향이 좀 더 강한지에 따라서 복잡다단하게 갈라질 수밖에 없을 것이다.

2. 육체와 영혼 사이를 출몰하는 유령 : <안개는 여자처럼 속삭인다>

정지영 감독의 1982년 장편영화 데뷔작 <안개는 여자처럼 속삭인다>는 앙리-조르주 클루조(Henri-Georges Clouzot) 감독의 스릴러 영화, <디아볼릭(Les Diaboliques)>(1955)>의 한국판 리메이크물이라 볼 수 있는 작품이다. 하지만 1980년대의 한국에는 저작권 개념이 부재하였기에 리메이크 판권을 사서 영화를 만들었을 리도 만무하고 원작의 서사에 상당한 변형을 주었으므로, 이는 비공식적 리메이크판이라 볼 수 있다. 원작은 1950년대 프랑스의 기숙학교를 배경으로 하고 있으며, 가부장적인 학교장의 독단과 억압, 폭력에 시달리던 그의 정부와 학교의 이사장이지만 실질적인 권력을 남편에게 빼앗긴 아내가 공모하여 교장을 살해한 후, 교장이 살아있는 듯한 징후를 발견하고 공포에 시달린다는 내용이다. 1990년대에 같은 내용으로 할리우드에서 당시 미국과 프랑스의 대표 여배우라 할 수 있는 샤론 스톤(Sharon Stone)과 이자벨 아자니(Isabelle Adjani)를 내세워 <디아볼릭(Diabolique)>(제레미아 체칙, 1996)이라는 제목으로 리메이크한 바 있다.

정지영 감독의 지명도에도 불구하고 <안개는 여자처럼 속삭인다>(이하 <안개는 여자처럼>)는 국내에서도 그다지 널리 알려져 있는 영화는 아니다. 정지영은 <남영동1985>(2012)와 <부러진 화살>(2011)은 물론 1990년대의 대표작 <하얀전쟁>(1992), 그리고 2023년에 개봉한 <소년들>(2020)을 통해 사회성 짙은 영화를 만드는 감독으로 오랫동안 입지를 다져 왔다. 정지영의 필모그래피에서 특수한 위치를 점하는 <안개는 여자처럼>은 <애마부인>의 폭발적인 성공 이후 만들어진 거의 모든 영화들이 에로방화였기 때문에 데뷔 감독에게 큰 선택권이 주어질 수 없었던 환경에서 만들어진 장르영화로 보인다. 그러나 정지영이 감독 데뷔 전에 각본가로 먼저 영화판에 발을 들였고, 연출 데뷔작인 <안개는

여자처럼>도 본인이 각본을 직접 썼던 점으로 미루어 볼 때, 에로방화로 데뷔하기는 했지만 의도적으로 클루조의 <디아볼릭>과 같은 고전영화를 선택해 이를 한국판으로 변형한 듯하다.

그러나 할리우드 리메이크판이 프랑스 원작의 내용을 그대로 따와 배경만 미국으로 바꿔서 재연하는 데에 그친 것과 달리, <안개는 여자처럼>은 남편과 아내의 성별을 맞바꾸고 한국적 맥락을 더해 대항발전주의적 주제를 강조한다. 남편이 돈 많은 디자이너 부인의 재산을 빼앗기 위해 정부와 모의해 아내를 살해하지만 아내의 사체가 사라지고 생존의 징후가 발견되기 시작하는 것이다. 한국판은 프랑스 원작에서 강조하는 가부장제의 폭력보다는 1980년대 한국사회에 팽배한 물질만능주의와 살인을 해서라도 손쉽게 재산을 가로채려 하는 편법주의가 만연하는 인간성 상실의 사회를 고발하는 데에 더 역점을 두고 있다. 이는 당대에 드물었던 또 다른 에로스릴러인 <사랑의 노예>(1982)와도 같은 방향성을 형성한다. <애마부인>보다 5개월 늦고, <안개는 여자처럼>보다 9개월 빠른, 1982년 7월 10일 중앙극장에서 개봉한 <사랑의 노예>는 서울 관객 17,473명을 동원하여 서울극장에서 개봉된 <안개는 여자처럼>의 69,059명보다 적은 관객수를 기록하고 있지만 여공과 과학자의 사랑과 배신을 다룬다는 점에서는 매우 독특한 서사적 위치를 점유하고 있기도 하다. 박정희 정권이 1960년대에 경공업을 통한 한국의 산업화에 성공했음에도 불구하고 공장 노동자들의 인권을 존중하지 않고 그들의 권리 운동을 억압했기 때문인지 방화 속에서 여공이 그려지는 경우는 희한하게도 상당히 드물기 때문이다. 1970년대 호스티스 영화나 1980년대 초반의 도시상경물에서도 시골에서 상경한 가난한 여성들이 성매매업에 투신하기 이전에 택하는 직업은, <영자의 전성시대>(김호선, 1975)나 <도시로 간 처녀>(김수용, 1981)에서 볼 수 있는 것처럼, 여공보다는 가사 도우미인 '식모'나 '버스 안내양'인 경우가 더 많다.

<사랑의 노예>는 화학 연구원인 백남수(이영하 분)가 제약회사를 설립해 신약을 개발하고자 하는 야심을 이루기 위해 오랜 연인인 여직공, 윤정숙(원미경 분)을 배신하는 것으로 시작된다. 영화의 서사는 상상을 초월할 정도로 자극적이고 충격적인데, 남수는 처음에는 자신이 연구소에서 500만 원을 횡령했음을 고백하며 동반자살을 하자고 정숙을 설득해 호텔 방에서 함께 극약을 먹는다. 약을 조금만 먹은 남수가 구토를 함으로써 금방 정신을 차리는 것과 달리, 고지식하게 정량을 먹은 정숙은 의식을 잃고 앰뷸런스에 실려 가지만 기적적으로 목숨을 부지한다. 정숙을 죽이는 데에 실패한 남수는 이번에는 함께 산으로 여행을 가자고 꼬드긴 후 자신의 두 친구를 시켜 텐트 안에서 그녀를 윤간하도록 한다. 윤간도 충격적이지만 더 충격적인 것은 윤간이 일어나는 와중에 텐트로 돌아온 남수가 사건의 우발성을 가장하기 위해 자기 친구들과 싸우는 척한 후에 괴로워하는 정숙에게 이별을 고하는 것이다. 윤간당한 여자에게 위로는커녕 당당하게 이별을 선포하는 남수의 모습은 1980년대 초반의 한국사회가 얼마만큼 여성의 성적 순결에 집착하고 있었는지를 예증한다. 1980년대의 한국사회는

자신이 아닌 다른 남자와 비자발적인 성관계를 맺었다는 이유로 남자가 여자에게 당당히 이별을 고할 수 있을 만큼, 성관계의 폭력성이 문제가 아니라 성관계 상대의 숫자가 중요한 공간이었다. 1980년대 한국영화에서 윤간이나 강간이 자주 등장하는 이유는 아마도 그것 때문일 것이다. 그러나 다행히도 많은 영화들이 그에 대한 응징을 가하며 종결해 성폭력의 문제점을 부각하는 효과가 있기도 하다. <사랑의 노예>도 마찬가지이기는 하지만, 영화의 남성 엘리트, 남수의 사악성은 이것으로 끝나지 않는다.

윤간의 후유증과 남수의 이별 선언으로 절망에 빠진 정숙은 찢긴 옷차림으로 홀로 산을 헤매고 다니며 "난 깨끗해, 남수"를 읊조리다가 텐트로 돌아온다. 때마침 텐트 안에서는 남수와 그 친구들이 대화를 하는 와중이어서, 그녀는 밖에서 이를 엿듣고 그의 진심을 알게 된다. 그러나 정숙이 모든 사실을 간파했다는 것을 알게 된 남수는 이제 아예 대놓고 그녀에게 떠나달라 하고 정숙은 절벽에서 뛰어내린다. 남수는 정숙과 사귀는 동안 재벌가의 딸인 유경과 육체적으로 깊은 관계를 유지하고 있었고, 정숙이 사라지자 유경과 결혼한다. 연구소의 돈을 횡령해 갈 곳이 없던 남수는 결혼을 물꼬로 제약회사를 설립한다. 3년 후 제약회사의 사장이 되어있는 남수는 그의 넘치는 연구욕 때문에 재산의 2/3를 양보해 주겠다는 유경의 간청으로 이혼한다. 그가 이혼하자 잡지는 "야망의 과학자 드디어 파혼"이라는 제목의 기사를 내보내기도 한다. 유경과 이혼했어도 아직 유복한 남수에게 정숙의 그림자가 드리우기 시작한다. 정숙을 윤간했던 그의 친구 한 명이 묘령의 여성의 유혹을 받아 성관계를 갖던 중 눈을 찔려 실명하게 된 것이다. 친구가 실명을 했음에도 위협을 느낀 남수는 특수약물을 써서 친구를 독살함으로써 사건은 자살로 처리된다. 그러나 이번에는 정숙을 윤간했던 다른 친구가 샤워를 하던 도중 갑작스럽게 나타난 정체불명의 여성에 의해 하복부에 자상을 입는다. 전과가 없는 남수 주변의 친구들에게 괴이한 사건이 연달아 일어난 데다 독살된 친구의 부검 후 특수약물을 발견한 형사들은 남수를 의심하기 시작한다. 형사에게 쫓기다가 정숙과 똑같이 생긴 여인에게 살해 위협을 받게 된 남수는 3년 전에 절벽에서 떨어진 정숙이 사고로 하반신 마비에 실명까지 하게 됐음을 알게 된다. 그리고 정숙을 대신해서 이 모든 복수극을 대신한 것이 외국에 있던 그녀의 쌍둥이 동생, 정애였음도 알게 된다. 정애는 경찰에 연행되고, 남수는 홀로 남은 정숙을 찾아가 정애의 앞에서 권총으로 자살한다.

에로스릴러로서 <사랑의 노예>의 서사는 <안개는 여자처럼>의 그것과 매우 유사한데, 남자 주인공이 죽였다고 생각한 애인/아내인 여자 주인공이 살아 돌아와서 복수를 행한다는 측면에서 그러하다. 그러나 <안개는 여자처럼>이 <사랑의 노예>와 차별점을 형성하며 부각시키는 미학적 특성은 살해당한 후 '유령'의 형식을 취해 귀환하는 배우자의 존재와 이로 인한 공포의 조장이다. 죽은 줄 알았던 배우자가 유령처럼 출몰해 살아있는 듯한 신호를 보내며 살인을 저질렀던 배우자에게 양심의 가책과 경악, 공포를 느끼게 하는 것이다. 이는 데리다(Jacques Derrida)의 유령론 혹은 유령학(hantologie/hauntology)을 상기시키게 되는데, 데리다에게 있어 유령(spectre/specter)은 인간이 현재에 있어 자신의 윤리적 채무성을 깨닫게 하는 존재이다. 유령은 단순히 과거에 죽은 육신의 영혼이 아니라 앞으로 인간에게 다가올 가능성 혹은 '미래적 현재성(future present)'의 존재이기 때문이다.[130] 육신의 죽음과 영혼의 생존 사이에 놓여있는 유령은 칼 마르크스(Karl Marx)처럼 과거에도, 현재에도, 그리고 미래에도 전 지구적 자본주의에 이의를 제기할 수 있는 역사적 존재이기도 하지만, 셰익스피어(William Shakespeare)의 『햄릿(Hamlet)』에 등장하는 햄릿 아버지의 유령처럼 자신의 억울한 죽음을 아들에게 성토함으로써 살아있는 이들의 행위와 운명에 큰 변화를 일으키는 문학적이고 은유적인 존재이기도 하다.

또한, <안개는 여자처럼>과 <디아볼릭>이 그리는 것처럼, 유령의 출몰(haunting)은 단순히 개인적인 문제가 아니라 권력의 남용과 억압된 사회적 폭력이 가시화되고 일상화됨으로써 드러나는 공포가 시각화된 것의 예증이다. 아도르노(Theodore Adorno)와 호르크하이머(Max Horkheimer)가 "유령의 존재에 대한 믿음은 죽은 자에 대한 산 자의 나쁜 생각이나 오래된 '죽음에의 소망'에 대한 회상으로부터 연유한다는 프로이트의 이론이 너무 제한적"이라고 비판했듯, 유령은 단순한 개인적 미신이나 두려움

130 Jacques Derrida, *Specters of Marx: The State of the Debt, the Work of Mourning and the New International*, trans. Peggy Kamuf, Routledge, 1994, p.81.

의 대상, 혹은 신경증적 허상이 아니다.[131] 아도르노와 호르크하이머가 "가까운 사람이 죽은 후에 뒤에 남은 사람이 삶을 새롭게 조작하는 방식"을 "현대판 '유령의 믿음'"이라 지칭한 것처럼, 유령은 현대인의 '절멸에의 공포'와 보이지 않는 것과 관계 맺기를 원하는 인간의 욕망을 대변하는 사회적 존재이다.[132] 여기서 더 나아가, 사회학자인 에이버리 고든(Avery Gordon)은 유령의 출몰이 "과거 혹은 현재에 사회적 폭력에 의해 발생한 가해와 상실"을 드러낸다며, 그것을 트라우마와 달리 "무언가 바뀌어야 한다는 인식을 낳는" 사회적 사건이라 해석한다.[133] 데리다의 유령론과 일맥상통하는 관점이다.

<디아볼릭>은 클루조의 두 번째 장편영화이자 스릴러 장르 영화로서 역사에 남을 만한 상업적, 비평적 성공을 거두었다. 이 영화로 클루조는 스릴러의 대명사라 할 수 있는 히치콕(Alfred Hitchcock)의 대서양 건너편 경쟁자로 자리매김했다.[134] <디아볼릭>은 스릴러와 공포영화의 중간지점쯤에 위치한다고 볼 수 있는데, 대부분의 공포영화처럼 피나 신체적 오물, 괴기스러운 분장 등을 활용해 과장되거나 역겨운 스펙터클을 부각하거나, 예기치 못하게 관객을 깜짝깜짝 놀라게 함으로써 공포를 유발하는 기

131 Th. W. 아도르노, M. 호르크하이머, 김유동 옮김, 『계몽의 변증법: 철학적 단상』, 문학과 지성사, 2001, 320쪽.

132 위의 책, 321쪽.

133 Avery Gordon, *Ghostly Matters: Haunting and the Sociological Imagination*, University of Minnesota Press, 1997, 2008, p.xvi.

134 물론 히치콕은 미국이 아니라 영국 출신이지만 할리우드에서 가장 출중한 업적을 만들어냈다.

법을 사용하지 않는다. 오히려 히치콕의 심리 스릴러처럼 기묘하게 으스스하고 음침한 공간과 분위기, 상황을 활용해 관객을 심리적으로 긴장하게 만드는 수법을 매우 효과적으로 활용하고 있다. <디아볼릭>은 피에르 부왈로(Pierre Boileau)와 토마 나르체작(Thomas Narcejac)의 소설 『이제는 존재하지 않는 사람(Celle Qui N'était Plus)』을 영화화하는 과정에서 클루조 본인이 대본의 각색에 제롬 게로니미(Jérôme Géronimi)와 함께 직접 참여해 소설 속 남편의 폭압성과 그와 아내 및 정부의 관계를 영화적으로 매우 효과적으로 압축하며 시작한다.

소년 기숙학교의 교장인 미셸 드라살(폴 뫼리스 분)은 학교의 유일한 여교사들인 자신의 아내, 크리스티나(베라 클루조 분)와 정부인 니콜(시몬느 시뇨레 분)에게 가부장적이고 억압적인 폭력을 행사함은 물론 학생들과 교사들 모두에게 자신의 권위를 이용해 폭정을 일삼는 전제주의적인 인물이다. 게다가 싸구려 와인과 상하고 오염된 식재료를 헐값으로 사와 학생들과 교사들 모두에게 저질의 급식을 공급하며 비용을 절감하는 등 전형적으로 비윤리적이고 비인간적인 행위를 일삼는 인물이다. 미셸은 본래 수녀였던 크리스티나가 막대한 유산 상속자인 것을 알고 유혹해서 결혼한 후 아내의 바람대로 기숙학교를 운영하지만, 신혼 때의 친절함과 달콤함은 곧 모두 내던지고 아내로부터 학교 운영의 전권을 가로채 행사하는 것으로도 모자라, 심장이 약한 크리스티나가 빨리 죽어 그녀의 재산 전부까지도 상속받을 수 있게 되기를 바라는 악한이다. 또한 아내와 학교 전체에 부하 교사인 니콜과의 불륜

관계를 숨기지도 않을 정도로 뻔뻔한 것은 물론 니콜에게도 끊임없이 폭력과 패악을 일삼는 남성이다.

당대의 톱스타, 시몬느 시뇨레가 연기하는 당당하고 강한 여성인 니콜과 대조적으로 크리스티나를 연기하는 클루조 감독의 실제 부인, 베라 클루조는 다소 고루하고 촌스러워 보이는 소녀풍의 원피스 차림으로 크리스티나의 병약함과 촌스러움을 생생하게 체화한다. 미셸의 가부장적 폭정에 시달리던 니콜은 미셸을 죽이기로 결심, 자신보다 더 억울하고 고통받는 위치에 있는 크리스티나에게 살인 공모를 제안하고 망설이던 크리스티나도 마침내 이에 동조한다. 영화의 스릴러적 긴장감과 서스펜스는 감옥이나 수용소와도 같이 밀폐된 '훈육(discipline)'의 공간인 기숙학교 안에서 교장과 그의 두 여자의 관계를 관찰하는 카메라 렌즈를 통해 증폭된다. 이는 푸코가 벤담의 '판옵티콘(Panopticon)'을 재해석하며 밝힌 현대사회의 감시와 통제 체계를 연상시키기도 한다.[135] 원형 감옥의 간수가 판옵티콘의 한가운데에 위치한 첨탑에서 내려다보는 파노라마적인 전망을 통해 죄수들을 감시하고 통제하듯, 비정상적인 혼인 관계를 유지하는 <디아볼릭>의 주요 등장인물들은 사방천지에 그들을 지켜보는 가상의 감시자들, 즉 그들의 학생들, 동료들, 이웃들 및 관객의 시선에 노출되어 있는 것이다. <디아볼릭>의 감옥처럼 닫힌 공간인 기숙학교 안에서 얽히고설킨 시선의 연쇄 사슬은 정보의 발견이라는 권력을

•

135 Michel Foucault, *Discipline & Punish: The Birth of the Prison*, trans. Alan Sheridan, Vintage Books, 1995.

형성하고, 이 권력을 두고 등장인물과 관객은 눈에 보이지 않는 치열한 사투를 벌이게 된다.

크리스티나는 미셸을 마취제가 섞인 위스키로 기절시킨 후, 니콜과 함께 그를 물이 가득 찬 욕조로 옮겨 익사시킨다. 미셸의 시신을 학교로 옮겨와 학교의 실외 수영장에 수장시킨 두 여인은 자신들이 휴가차 학교를 비운 사이 미셸이 술에 취한 채 수영장에 빠져 사고사한 것으로 밝혀질 것을 계획하고 그의 시신이 물위에 떠오르기를 기다린다. 그러나 며칠이 지나도 미셸의 시신은 수영장 위에 떠오르지 않고, 그렇지 않아도 심약하던 크리스티나는 신경쇠약에 시달리기 시작한다. 미셸의 시신이 떠오르기를 기다리다 못한 크리스티나가 수영장의 물을 비우도록 지시하고 마침내 바닥이 드러났을 때 그 안에 있어야 할 시체가 없자 그녀의 경악과 공포는 더욱 가중된다. 이후 익사 당시 미셸이 입었던 양복이 세탁소에 맡겨져 크리스티나에게 배달되는가 하면, 학생들의 단체 졸업 사진에 미셸처럼 보이는 형상이 유령처럼 창문 그림자에 비쳐 함께 찍히기도 한다. 설상가상으로 그를 만났다고 주장하는 학생까지 나타나자 크리스티나의 신경쇠약은 극에 달한다. 마침내 미셸이 욕조에서 자신의 살해 순간을 재연하며 시체의 모습으로 크리스티나 앞에 자신의 육신을 드러내자 심신이 완전히 쇠약해진 크리스티나는 심장마비로 죽고 만다. 크리스티나가 쓰러지자마자 미셸은 흰자위만 보이는 렌즈를 벗고 그녀의 숨이 끊어진 것을 확인한 후 옆방에 숨어있던 니콜을 불러내 키스한다. 미셸은 그동안 죽은 척 흉내 내는 것이 얼마나 힘들었는지 토로하고 크리스티나가 예상보다 훨씬 목숨이 질겼다고 불평하며 니콜과 다시 키스한다. 유령이나 혼령이 좀비처럼 죽은 육신에 깃들어 귀환한 것이 아니라 남편이 심장이 약한 아내를 심장마비로 자연사시키고 그 재산을 빼앗기 위해 정부와 작당해서 유령 행세를 한 연극이었음이 밝혀지는 순간인 것이다. 다행히도 영화는 바로 그 순간 이 사건을 조사하고 다니던 전직 형사를 이들 불륜 커플 앞에 등장시켜 그들이 살인죄로 15년에서 20년 정도의 감금형을 받을 것임을 알려주며 순식간에 크리스티나에게 감정이입하고 있던 관객의 찜찜함을 다소간 해소시켜 준다.

데리다는 유령을 "영혼도 육체도 아닌 동시에 그 둘 다이기도 한, 이름 붙이기 힘든 어떤 '것'"이라고 정의하는데, <디아볼릭>의 미셸이 바로 그러한 존재이다.[136] 데리다가 정의하는 유령은 뒤르켐(Emile Durkheim)이 규정하는 유령, 즉 "제한된 행동능력만을 가지고 (…) 특정한 활동영역을 가지고 있[지 않은 채] (…) 어떤 특정한 임무도 수행하지 않는 떠도는 존재"와 본질적으로 다르다.[137] 뒤르켐은 데카르트(René Descartes)적인 육체와 영혼의 이분법에 기초해 유령을 바라봄으로써, 그것이 "한정된 유기체 안에 갇혀있[어] (…) 유기체의 포로"일 뿐인 영혼이나, 영혼과는 또 달리 "공간 속에서 독립적인 존재를 영위하기 위해서 마음대로 거기에서 빠져나올 수 있[고] (…) 좀 더 넓은 행동반경을 가지고 있[는]" 영(靈)뿐 아니라, 살아있는 자들보다도 한 단계 "강등"

136 Derrida, Op.cit., p.5.

137 에밀 뒤르켐, 노치준·민혜숙 옮김, 『종교생활의 원초적 형태』, 민영사, 1992, 386쪽.

된 존재라고 본다.[138] 뒤르켐은 육체의 죽음이 영혼을 육체로부터 해방시키지만 그것을 유령으로 변환시켜 구천을 떠도는 망령(revenant)으로 만든다고 본 것이다. 이와 달리 기존의 서구철학의 이분법을 해체하며 주류사상에서 배제되었던 타자의 존재를 부각하는 철학자인 데리다에게 있어 유령은 육체와 영혼의 사이를 오가며 기존의 기득권 개념들, 즉 주체성과 개인성, 정신과 의식 등과 차이를 지으며 등장하는 존재이다. 가부장의 권리를 누리며 폭권을 행사하던 미셸은 이제 타자인 유령이 되어 눈에 보이는 듯하면서 보이지 않고, 실재하는 듯하면서 실재하지 않고, 감각적으로 지각되는 듯하면서 지각되지 않는, 육체와 정신의, 사람과 사물의 중간에 존재하는 어떤 것으로서 크리스티나를 홀리는 것이다.

햄릿의 고민과 비극이 아버지의 유령이 출몰하면서 시작되는 것처럼, 데리다에게 있어 유령은 모든 것이 시작되게 하는 '서막(exordium or incipit)'[139]이다. 데리다가 유령을 서막의 징후로 해석하는 것은 매우 전략적인데, 동구권의 붕괴 이후 마르크스의 자본주의 비판이 더 이상 유효하지 않다며 '역사의 종말'을 주장하고 나선 이론가들과 의도적으로 대치되는 노선을 택한 것이기 때문이다. 즉 유령은 역사의 끝이 아니라 시작을 알리는 존재이다. 따라서 죽은 육체와 살아있는 영혼 사이에 있는 마르크스의 유령은 자본주의 비판의 종말을 고하는 것이 아니라 오히려 자본

138 위의 책, 385~6쪽.

139 Derrida, op.cit., p.2.

주의를 비판할 책무를 빚지고 있는, 살아있는 그의 후손들이 이루어야 할 비판 작업의 시작과 서막을 알리는 존재이다.

그러나 미셸이 유령 행세를 하며 그의 정부와 사기극을 벌였음이 밝혀지는 반전에 이어 영화의 마지막 시퀀스에서는 또 한 번의 반전이 등장한다. 크리스티나가 죽고 미셸과 니콜이 체포됨으로써 학교가 문을 닫고 모든 학생과 교사들이 학교를 떠나는 날, 이전에 미셸을 보았다고 주장하던 소년이 예전에 미셸에게 압수당했다던 새총으로 유리창을 깨다가 남자 교사 한 명으로부터 꾸중을 듣는다. 교사가 새총의 출처를 묻자 소년은 크리스티나로부터 받았다고 하고, 교사는 그날 오전에 크리스티나의 시신이 묘지에 안치되었다며 그의 말을 믿지 않는다. 낙담한 소년은 뒤돌아서서 걸어가고 소년의 뒷모습이 디졸브되며 영화는 끝난다. 크리스티나로부터 새총을 받았다는 소년과 그녀의 시신이 안치됐다는 교사의 대화는 불일치를 이루지만, 크리스티나가 미셸처럼 살아있는 유령 행세를 하며 남편과 그의 정부에게 복수를 하고 자신의 유산을 지켜냈을지도 모른다는 가능성이 남는다.

만약 크리스티나가 육체와 영혼의 사이를 오가는 유령이 되기로 선택한 것이라면, 유령처럼 기숙학교의 판옵티콘에서 크리스티나를 감시하던 미셸의 시선은 사실은 일방적인 것이 아니라 크리스티나의 것과 양방향으로 흘러 상호감시가 이루어진 셈이다. 그리고 감시를 통한 권력 쟁취에서 최후의 승자는 결국 크리스티나가 되는 셈이다. 토마스 매티슨(Thomas Mathiesen)은 이러한 양방향적인 상호감시 체제를 '시놉티콘(synopticon)'이라

부른다.[140]

지그문트 바우만(Zygmunt Bauman)은 이렇게 권력이 작동하는 방식이 원형 감옥의 비유를 통해 설명될 수 없는 시놉티콘의 시대를 '액체근대(liquid modernity)'라 부르며 모든 것이 유동적임으로 해서 불안정하고 불확실한 이 시대에 '밤잠을 설치게 하는 불확실성과 불안이라는 섬뜩한 유령을 몰아내는 대낮의 의식' 혹은 '액막이 의식'으로 쇼핑을 꼽는다.[141] 바우만이 말하는 쇼핑은 "음식, 구두, 차량, 가구 등속에 국한된 것이 아니[라] 새롭고 개선된 인생의 본보기나, 비결을 열심히, 끝없이 찾는 것"까지 포함해 "모든 소비자 사회의 구성원들이 달리고 있는 [욕망의] 특별한 경주의 원형"이다.[142] 즉 시놉티콘적인 시선과 감시를 통한 권력투쟁에서 이겨야 하는 소비자 자본주의 체제 혹은 극소수의 생산자가 모든 것을 차지하는 '승자독식사회'에서 불안이라는 유령을 떨치기 위해서는 끊임없이 무언가를 쇼핑해야 하는데 삶의 방식에 대한 선택은 바로 그 쇼핑의 대상 중의 하나인 것이다.[143] 크리스티나는 자신의 삶을 불행하게 만든 미셸 혹은 가부장제의 유령을 떨치기 위해 그로부터 '해방'되는 것을 선택하고 이를 위해 유령으로서의 삶을 쇼핑하는 것이다.

•

140 Thomas Mathiesen, "The Viewer Society: Michel Foucault's 'Panopticon' Revisited", *Theoretical Criminology*, 1:2, 1997, pp.215~234.

141 지그문트 바우만, 이일수 옮김, 『액체근대』, 강, 2005, 130~131쪽.

142 위의 책, 118쪽.

143 다음을 참조할 것. 로버트 H. 쿡 · 필립 쿡, 권영경 옮김, 『승자독식사회』, 웅진지식하우스, 2008.

그러나 바우만이 분석하는 대로, "'쇼핑하고 다니는' 식의 삶을 특징짓는 정체성의 이동성과 유연성은 해방의 도구가 아니고, 자유의 재분배이다."[144] 크리스티나가 자신을 억압하던 미셸과 이에 동조하던 니콜을 자신의 살해자로서 투옥시키고 자유를 얻었을지도 모르지만, 이는 진정한 의미에서 가부장제로부터의 해방도 아니고 자기 정체성의 발견도 아니라 유예된 자유일 뿐이다. 클루조 영화의 원제 'Les Diaboliques'처럼 악마 같은 행위 혹은 인물은 단수가 아니라 니콜과 크리스티나까지 포함한 복수로서 현대인 모두가 인간의 탐욕과 사악한 충동으로부터 자유로울 수 없음을 상징하는 것이기도 하다. 클루조는 스릴러라는 장르의 특질을 최대한으로 활용해 미셸의 유령놀이로 크리스티나와 관객을 공포와 불안과 긴장 속에 몰아넣고, 유령으로서의 삶을 쇼핑해 남편의 가짜 유령을 액막이함으로써 그를 처단한 크리스티나의 미래를 열린 결말로 제시한다. 이 열린 결말은 일찍이 액체근대에서의 인간 해방의 문제를 예견한 감독의 선견지명으로 보인다.

<디아볼릭>에서는 남편의 가부장적 폭력성으로부터 해방되기를 원하는 아내와 이를 억압하는 남편이 데리다적인 유령의 형태를 차용해 일으키는 공포와 서스펜스에 초점을 맞춤으로 인해, 아내에게 상속된 유산을 둘러싼 탐욕과 갈등이 아주 크게 부각되지는 않는다. 그러나 이보다 30여 년 뒤에 남편과 아내의 역할

144 지그문트 바우만, 앞의 책, 144쪽.

을 맞바꿔 한국에서 제작된 <안개는 여자처럼>에서는 아내의 재산을 둘러싼 갈등이 극대화되어 유령을 통한 데리다의 자본주의 비판과 시놉티콘적인 '뛰는 놈 위에 나는 놈 있다'는 한국 속담이 최대치로 영상화된다. 서론에서도 언급했듯, 정지영 감독의 필모그래피에서도 흔하지 않은 스릴러 영화지만, 1980년대 에로방화 제작 현황에서도 흔하지 않은 에로스릴러물이다. 1960년 한국 공포영화 혹은 스릴러의 조명탄을 쏘아 올린 <하녀>(김기영, 1960) 이후로, 스릴러 영화가 <하녀>와는 달리 애정물이나 멜로드라마보다는 "액션 및 스펙터클과 결합하는 양상"을 보인 것과 무관하지 않아 보인다.[145]

클루조의 <디아볼릭>이 밀폐된 기숙학교를 중심으로 벌어지는 불가사의한 현상, 즉 시신 분실과 유령 출몰에 중점을 둔 전형적인 스릴러물이라면, <안개는 여자처럼>은 <디아볼릭>의 서사를 빌려오되, 당대의 한국영화 제작 풍토에 걸맞게 그것을 한국적으로 변형시키며 상당한 분량의 시각적 에로티시즘을 영화 곳곳에 포진시키고 있다. 아내와 남편, 그의 정부 및 친구의 사각관계를 통해 부각되는 에로티시즘은 스릴러적인 긴장감과 결합되어 배금주의와 물질만능주의 앞에서 친구와 연인, 배우자마저 배신하며 황폐해져 가는 80년대 한국 중상층을 재현한다. <디아볼릭>과 마찬가지로 <안개는 여자처럼>에서도 재산가는 아내이지만, 한국영화에서는 아내가 남편을 익사시키는 것이 아니라, 첫

145 백문임, 앞의 책, 114쪽.

번째 시퀀스부터 남편이 정부와 공모해 아내를 청평 호수로 유인해 익사시키고 시신을 서울 단독주택의 연못에 수장한다. 원작으로부터 남편과 아내의 성별만 바꿔 거의 동일한 서사 전개를 하고 있지만, 후속편의 위치에서 서사를 비튼 셈이다. 게다가 아내의 재산을 빼앗기 위해 살인을 저질렀지만 그녀의 유령 같은, 아니 귀신 같은 출몰로 서서히 광기에 휩싸이는 남편의 모습은 "처음으로 공포영화라는 장르가 생산되던 때부터 현재에 이르기까지, 한국에서는 '여자 귀신'이 그 내러티브와 이미지의 중심에 있다"[146]는 사실과 긴밀하게 연동된다.

백문임은 한국 공포영화 속에서 많은 경우 "가족 관계 내의 갈등과 정조를 둘러싼 문제로 여성이 '비정상'적인 죽음을 맞이"하고 여귀로 출몰해 복수를 하는 멜로드라마적 서사가 빈번한 현상을 한국의 근대성과 연결한 바 있다.[147] 즉, "한국 공포영화의 여귀가 '근대화'라는 전일적인 프로젝트에 내재된 불안감, 즉 당위적으로 구현해야 할 근대적 가치들이 환기하는 불안감과 청산하고 망각했다고 간주했던 전근대적 가치들에 대한 불안감이 투사된 표상"이라는 것이다.[148] 과연 <안개는 여자처럼>의 아내는 재능 있는 패션 디자이너로서 본인의 능력으로 부를 축적한 현대여성이지만, 그녀의 남편은 사업체를 가지고 있으나 아내에게 기생해서 사는 바지사장으로 그려진다. 따라서 영화는 에로스릴러이

146 위의 책, 19쪽.
147 위의 책, 66쪽.
148 위의 책, 61쪽.

지만, 유능한 아내가 무능한 남편에게 '비정상적인 죽음'을 당함으로써 여귀의 형태로 남편 앞에 출몰해 복수하는, 전형적인 한국 귀신영화의 형식을 띠는 것이다. 이는 가장의 위치가 뒤바뀐 부부 사이에서 전통적인 성 역할이 전도된 데 대한 한국 남성의 불안감이 증폭되는 1980년대 한국의 현실을 반영한 것으로서, 근/현대화하는 사회에서 전근대적인 가치관이 망령처럼 떠돌며 한국의 근/현대성과 불협화음을 내는 상황을 포착한 것이기도 하다.

여기서 흥미로운 점은 정지영 영화 속의 남편, 석민(신일룡 분)은 클루조 영화 속의 병약한 아내, 크리스티나와 달리 건강하다 못해 건장하고 성적 매력과 성욕이 넘치는 남성이라는 것이다. 직업인으로서는 아내만큼의 소득을 올리지 못하는 사업가일지 몰라도, 남성으로서의 석민은 성적으로 거세된 인물은 아니다. 그는 미셸처럼 가부장적이고 독선적이며 전제주의적인 인물도 아니다. 아내 혜련(오수미 분)을 익사시키기 전에도 그는 생일을 며칠 앞둔 그녀에게 목걸이를 선물하고 별장에서 함께 블루스를 추며 밤낚시를 하는 등 로맨틱한 시간을 보낸다. 석민은 유명 디자이너인 아내가 벌어들인 막대한 부를 가로채 아이러니하게도 '아내를 가장 잘 따르는 모델'인 그의 정부, 도희(윤영실 분)와 함께 해외로 이민을 가 새 인생을 시작하고 싶어 하는, 자신의 욕구에 충실한 인물일 뿐이다.

영화는 제목처럼 안개 낀 청평 호수를 배경으로 붉은 글씨의 영화 제목이 새겨지며 시작되는데, 곧 호수의 외진 별장에서 밀회를 갖는 석민과 도희의 정사 장면이 이어진다. 90분의 러닝타임 동안 이 불륜 커플은 영화 속 에로티시즘의 주축을 형성하며, 청평 별장에서, 차 속에서, 부산 호텔에서 계속해서 정사를 이어간다. 영화 속에는 상대적으로 석민과 혜련의 정사 장면이 부재하는데, 이는 부부가 명목상의 결혼을 유지하는 쇼윈도 부부임을 암시하기 위한 것으로 보인다. 주목할 점은 석민과 도희의 자동차 정사 장면으로, 숲속에서 흔들리는 자동차의 김이 서린 창유리로 성적 열락 속에 도희가 손을 내뻗는 쇼트가 연출되는데, 할리우드 영화 <타이타닉(Titanic)>(제임스 카메론, 1997)의 유사한 쇼트보다 15년 앞서 감각적이고 세련된 에로티시즘을 선보이는 장면이라는 것이다. 또한, 비슷한 시기의 다른 감독들의 에로방화들과 달리, 정지영은 과장된 신음 소리와 시끄러운 외부 소음을 지양하고 낭만적인 경음악을 이용해 정사 장면을 유연하게 연출한다. 불필요하게 신체를 과잉 노출하지 않으면서, 얼굴을 주로 클로즈업하며 키스를 부각함으로써 에로방화에서 종종 실종되는 로맨틱한 감각을 구사하는 것이다.

영화에서는 초반부터 혜련의 재산 문제가 거론되는데, 석민의 절친한 친구이자 그의 회계 담당인 김 부장(차현재 분)이 재산 정리를 하기 시작한 시점에서 석민이 생일을 며칠 앞둔 혜련을 제거하는 용의주도함을 보인다. <디아볼릭>에서는 기숙학교를 제외한 크리스티나의 재산이 어느 정도 되는지 분명하게 밝혀지지 않지만, <안개는 여자처럼>의 혜련은 서울의 고급 주택과, 청평의 별장, 지방의 젖소 목장과 상선 및 주식을 소유한 상당한 자산가임이 김 부장과 석민의 대화를 통해 매우 구체적으로 드러난다. <디아볼릭>에서 크리스티나의 유산에 대한 미셸의 욕망이 미묘하게 표현됨으로써 그의 가부장적 권력 행사가 보다 크게 강조되는 것과 대조적으로, 석민의 혜련 소유의 재산에 대한 집착과 욕망은 영화 전반에 걸쳐서 매우 강렬하게 표출된다. <디아볼릭>이 만들어진 1950년대 프랑스와 달리, <안개는 여자처럼>이 제작된 1980년대 한국사회는 압축 산업화·자본주의화에 발맞추어 속성으로 부자가 되고 싶은 국민 개개인의 욕망도 급격하게 팽창된 공간이었다. 즉 20~30년 만에 이루어진 단기간의 압축성장과 고도 산업화만큼이나 한국인의 황금만능주의와 물신숭배 풍조까지 급속도로 도를 넘어 분출되기 시작한 것이다. 따라서 1980년대 한국영화에는 부동산 투기나 고시 합격, 결혼을 통한 신분 상승으로 갑작스럽게 손쉽게 부를 소유하게 된 소위 '졸부'라 불리는 이들이 자주 등장하는데, 영화 속에서 이들은 종종 이기적이고 탐욕스러운 인물들로 그려진다. 흥미롭게도 그러한 이기적이고 탐욕스러운 인물들은 대다수가 남성이고, 이들은 자신의 탐욕만큼이나 성욕도 넘치며 과거에 자신을 위해 헌신한 가난한 애인을 헌신짝처럼 버렸다가 그녀들의 복수의 대상이 된다. 마찬가지로 석민도 어떤 경로로 혜련을 만났는지는 영화에 나타나지 않지만, 혜련과 결혼해 풍족한 삶을 누리던 상태에서 아내와 거의 친자매처럼 친한 후배 패션모델과 불륜에 빠짐으로써, 갑자기 인생의 걸림돌로 느껴지는 아내를 제거하고 그녀의 전 재산을 차지하고 싶어 하는 것이다.

이러한 1980년대 한국의 물신숭배 풍조는 유럽뿐 아니라 한국도 마르크스의 유령에 홀려있음을 극단적으로 보여주는 예이다. 데리다는 유럽에서 유령에의 '홀림(haunting)'의 서막이 마르크스와 엥겔스(Fridrich Engels)의 사유가 셰익스피어(William Shakespeare)의 '드라마투르기(dramaturgy)'를 경유하여 유럽을 '유령의 경험'에 놓이게 한 데에서 비롯되었다고 논한다. 데리다는 이러한 유령론의 궤적을 따라 발레리(Paul Valéry)가 셰익스피어와 마르크스를 거쳐 인간을 '혼령의 혼령'으로, 정치를 인간의 사유를 반영하는 활동으로 재정의할 수 있었다고 평한다.[149] 발레리는 유럽에 수천 명의 햄릿이 있어왔고, 레오나르도 다빈치(Leonardo Davinci), 라이프니츠(Gottfried Wilhelm Leibniz), 칸트(Immanuel Kant), 헤겔(G. W. F. Hegel), 마르크스 등의 수많은 유럽의 햄릿들이 "진리의 생과 사"를 중재하고, 기꺼이 "우리의 모든 논쟁의 대상"이 되어왔으며, 그들의 "회한"으로 "인간의 영광"을 이루었다고 본 바 있다.[150] 즉, 유령은 죽은 사상가들이 남긴 사유의 체계처럼 셰익스피어의 시대인 16~17세기부터 마르크스와 엥겔스의 시대인 19세기, 발레리의 시대인 20세기 초반의 기간을 연결하며 유럽을 홀려왔고, 프랑스어로는 '유령론(hantologie)'과 유사한 발음인 '존재론(ontologie)'의 형태로서도 유럽을 존재하게 한 것이다. 셰익스피어 시대의 중상주의로부터 발아하기 시

149 Derrida, op.cit., p.3.

150 Paul Valéry, "La Crise de l'esprit," in *Oeuvres*(Paris: Gallimard, Bibilothèque de la Pléïade, 1957), p.993. Jacques Derrida, *Specters of Marx*, p.4. 재인용.

작한 자본주의의 싹은 19세기와 20세기를 거치면서 확고한 사회·경제 형태로서 거듭났고, 비록 구소련과 동유럽의 사회주의 정권의 붕괴와 함께 자본주의 극복의 실험은 실패한 듯했지만, 마르크스의 유령들은 굳건하게 전 지구를 떠돌며 그 실험이 계속되어야 함을 역설하고 있다는 것이다.

물론, 1982년의 한국은 동구권의 붕괴를 경험하기 이전 상태였지만, 단기간의 성장·발전주의 경제 정책으로 자본주의의 어두운 이면들이 에이버리 고든이 말하는 유령처럼 사회 깊은 곳에 숨어 있다가 갑자기 속속 출몰하기 시작한 단계로, <안개는 여자처럼>과 같은 에로방화들은 이러한 문제점들을 은근하고 미묘하게 지적하고 있다. 이 모든 유령 효과의 기원은 돈과 물신에 대한 인간의 자본주의적 욕망에서 비롯된 것임을 암시하는 것이다. 자본과 상품에 대한 인간의 우상숭배적 욕망은 자본이 내뿜는 신비로운 힘, 즉 "물리치기 어려운 힘이자 '유령' 효과의 근원적인 힘"에 근거하고 있고 현대인은 이에 홀려있는 것이다.[151] 자본의 유령 효과는 유럽의 햄릿들과 달리 인간의 역사에 어두운 그림자를 드리운 악한 유령이다. 유령도 인간처럼 선과 악이 공존한다 말하는 데리다는 마르크스도 끊임없이 악한 유령 혹은 자기 자신의 '사악한 상'을 쫓아내는 '푸닥거리(exorcism)'를 하기 위해 노력했다면서 그 흔적을 마르크스의 저작들을 정독하는 가운데에서 찾는다.[152] 21세기에 진입해 한국사회의 물신숭배와 물질만능주의

151 Derrida, Op.cit., p.186.

152 앞의 책, 174쪽.

는 물론 1980년대보다 훨씬 더 심화되었지만, 한창 자본주의적 경제성장의 최고점을 달리던 80년대에 많은 지식인들이 일찍이 자본주의의 "사악한 상"에 대해 우려하기 시작했고, 정지영 감독도 데뷔작인 에로스릴러를 통해 이러한 흐름에 동참한 것이다.

혜련의 재산이 끊임없이 <안개는 여자처럼> 속 등장인물들을 홀리고 추동하는 자본주의의 악한 유령으로 작용하는 한편, 혜련은 본인이 스스로 유령이 되어 이들을 징벌한다. 그녀의 유령으로서의 캐릭터는 자신의 사회적 능력만큼이나 유능함을 발휘한다. <디아볼릭>의 크리스티나가 유산으로 거액을 상속받아 자신의 돈으로 기숙학교를 운영하지만 남편에게 운영의 전권을 박탈당하고 그에게 순종하다 못해 '매 맞는 아내'의 위치로까지 격하된 아이러니한 전근대적 여성이라면, <안개는 여자처럼>의 혜련은 자신의 능력으로 부를 축적했고 거기에 걸맞게 잘생기고 매너 좋은 남편을 트로피나 훈장처럼 가정과 일터에 전시하는 초현대적 여성이다. 영화의 서사도 그러하지만, 두 아내의 변이는 문화적 번역의 대표적 일례로도 볼 수 있다. 레이 초우는 영화가 다른 어떤 매체보다도 국경을 초월한 '문화적 번역(cultural translation)'을 가장 효과적으로 수행하는 매체라 제언한 바 있다. 영화의 문화적 번역은 두 층위에서 이루어지는데, 하나는 "한 세대와, 한 민족과, 한 문화가 영화 매체 속으로 번역되거나 변경되는 각인으로서의 번역," 즉 민족지학적인 번역이고, 다른 하나는 "전통의 변형과 매체 간의 변이를 통한 번역"으로 "활자 매체 위주의 문화가 영상이 지배적인 문화로 변환되는 과정에 놓인 것"

으로서, 초우는 중국 5세대 감독의 영화가 두 경우에 해당된다고 보았다.[153] <안개는 여자처럼>의 경우는 첫 번째 문화적 번역을 수행하는 경우이다. 1950년대의 프랑스 원작의 서사와 영화 형식이 1980년대 한국에 건너와 당시의 사회·문화적 현실에 대입됨으로써, 스릴러가 에로틱 스릴러로 변전되고 영화 속 등장인물들도 한국의 80년대적 물신숭배 풍조에 걸맞게 변형된 것이다. 원전이 30여 년의 시간적 간극과 서유럽에서 동아시아로의 공간적 거리를 여행해 한국으로 번역되는 과정에서 '한 세대와, 한 민족과, 한 문화가 영화 매체 속으로 번역되거나 변경되는 각인' 효과를 발휘한 것이다.

그러나 <안개는 여자처럼>이 <디아볼릭>과 가장 크게 다른 점은 영화가 끝날 때까지 연못의 바닥이 드러나지 않는다는 것이다. <디아볼릭>이 텅 빈 수영장 바닥을 드러냄으로써 사라진 미셸의 시신에 대한 크리스티나와 관객의 궁금증과 공포를 유발하는 반면, <안개는 여자처럼>은 연못의 바닥을 드러내지 않고 다른 장치들을 공포의 도구로 활용하면서 혜련의 행방을 묘연하게 한다. 석민은 혜련을 수장시킨 다음 날 시체가 떠오를 것을 예상하지만, 다음날 연못에 떠오른 것은 혜련이 기르던 애완용 고양이의 사체이다. 게다가, 연못가에서는 혜련이 익사 당시 입었던 옷과 석민에게 생일선물로 받은 목걸이가 발견된다. 불안해하는 석민 대신에 도희가 연못에 자신의 열쇠를 빠뜨려 정원의 물을

153 Rey Chow, Op.cit., p.182.

뺄 구실을 마련해 준다. 석민은 정원사인 미스터 박을 시켜 양수기로 연못의 물을 뺄 것을 지시하지만, 다음날 갑자기 미스터 박은 혜련으로부터 물을 빼지 말라는 내용의 전화를 받았다고 석민에게 알린다. 미스터 박은 <디아볼릭>의 남자 교사들과 남학생들처럼 집주인 내외와 정부의 관계를 예의 주시하는 감시자의 역할을 하는 동시에, 영화의 서스펜스 사이사이에 긴장을 완화시키는 코믹한 완충제 역할을 한다. 그의 코믹함은 그가 담당하는 영화의 기묘한 에로티시즘의 한 축과도 맞물린다. 해병대 출신이라며 옷을 훌훌 벗고 팬티만 입은 채 연못에 빠진 도희의 열쇠를 찾으러 뛰어드는 순간부터, 그와 혜련의 관계를 의심하는 석민의 난입으로 매번 실패하는 정사의 시도들, 즉 정원의 비닐하우스에서 혜련을 닮은 여자와 벌이는 정사 시도나 젊은 가정부와 집안에서 벌이는 정사 시도 장면에 이르기까지, 미스터 박은 극 중 여러 번 알몸을 노출하고 그의 빨간 팬티를 과시하며 석민을 원망한다. 흑백 영화인 <디아볼릭>과 대조적으로, 컬러 영화인 <안개는 여자처럼> 속에서 유난히 두드러지는 미스터 박의 빨간 팬티와 덥수룩한 장발에 콧수염을 기른 그의 우스꽝스러운 얼굴, 그리고 익살스럽고 과장된 행동은 관객의 웃음을 유발하는 동시에 초창기 에로방화 특유의 그로테스크하면서도 코믹한 에로티시즘을 관객에게 선사한다. <안개는 여자처럼>도 <애마부인>처럼 일본적 에로-그로-넌센스의 영향이 남아있는 동시대 핑크영화의 자장에서 완전히 자유롭지는 않았던 것으로 보인다.

<디아볼릭>의 미셸이 마지막 욕조 장면에서 자신의 육신을 크

리스티나 앞에 노출하며 그의 유령놀이의 정점을 찍는 것과 달리, <안개는 여자처럼>의 혜련은 연못가에 자신의 소유물들을 흘리는 데에 이어서, 자신의 신체나 목소리를 직접적으로 석민에게 노출시키며 그를 혼란스럽게 하고 놀라게 한다. 실종 이틀 후, 혜련은 석민에게 직접 전화를 해 자신의 육성으로 마치 아무 일도 없었다는 듯 패션쇼 때문에 부산에 가 있다고 남편에게 자신의 거취를 알린다. 마음이 조급해진 석민은 김 부장을 집으로 불러 혜련의 부동산과 주식을 급히 처분해 현금을 마련해 줄 것을 부탁하는데, 그 순간 김 부장과 와인을 마시던 석민의 술잔에 혜련의 얼굴이 비친다. 석민이 뒤돌아보자 아내처럼 보이는 여자가 지나가, 그가 그녀를 쫓아가자 연못에 무언가가 빠지는 소리가 들리고 그가 연못으로부터 그것을 건져내 보니 여자 마네킹이다. 마네킹은 디자이너인 혜련이 고양이 사체 및 자신의 옷과 목걸이, 술잔이나 거울에 비치는 자신의 이미지와 함께 이후로도 석민을 혼란스럽게 하고 처벌하기 위해 매우 효과적으로 사용하는 중요한 영화 속 소품이다. 혜련은 한국의 여귀처럼 긴 머리를 풀어헤치고 밤에만 나타나 악령처럼 큰 소리로 울거나 웃으면서 사람들을 홀리는 것이 아니라, <디아볼릭>의 미셸처럼 육체와 영혼의 사이를 오가는, 데리다적인 유령으로서 소품을 활용해 매우 계획적으로 석민을 홀린다. 혜련은 석민의 사무실 창으로 택시를 타는 모습을 그에게 비추고, 부산에 패션쇼 때문에 내려왔다는 전보까지 보내며 태연자약하게 남편에게 자신의 향후 일정을 꾸준히 알린다.

혜련의 유령에 홀려가던 석민은 이제 악몽까지 꾸기 시작한다. 거실 소파에서 잠든 그의 얼굴에 갑자기 천장에서 피가 떨어져 위를 올려다보자, 피 묻은 고양이가 그에게 달려들더니 정원으로 달려간다. 고양이를 따라 연못으로 향한 석민은 연못에 떠올라 있는 피에 젖은 아내의 시체를 보고 다가서는데, 갑자기 혜련이 눈을 뜨더니 칼을 들고 그를 찌른다. 그 순간 석민은 꿈에서 깨는데, 이 악몽은 영화 속 (공포)영화의 형식으로 <안개는 여자처럼>의 전체 내용을 짧게 요약한다. 석민을 더 오싹하게 하는 것은 잠이 깬 그의 머리맡에 놓여있는 혜련의 쪽지로, 준비가 다 되었다며 곧 자신의 생일 파티에 오겠다는 내용이다. 데리다는 "유령이 언제나 나를 지켜보고 있다(The ghost, always, is looking at me)"고 말하는데, 혜련의 유령은 푸코적인 판옵티콘에서 언제나 석민을 지켜보고 있는 것이다.[154] 이는 유령을 본다는 것이 사실은 자신을 유령의 시선 앞에 노출함으로써 가능하기 때문이다.[155] 혜련은 부처님 손바닥처럼 석민의 행동반경을 모두 꿰고 있고 그렇기 때문에 거울이나 유리잔 등을 이용해 스스로를 유령처럼 연출해 석민의 시야에 노출하는 것이다. 악몽과 혜련의 쪽지에 이어 주방에 파티를 위한 상이 차려진 것을 보고 불길해진 석민은 한밤중에 정원으로 달려 나가 다시 양수기를 돌리기 시작한다.

파티 장면은 <안개는 여자처럼>의 핵심 장면이라 할 수 있는데, 혜련이 이전까지 했던 것처럼 마네킹을 이용해 석민의 광기

154 Derrida, op.cit., p.168.

155 Ibid.

를 조장하기도 하고, 영화의 반전의 반전이 거듭되는 장면이기 때문이다. 석민의 의사와는 무관하게 많은 사람들이 초대받은 가운데 혜련의 생일 파티가 시작되고, 마침내 혜련이 자택의 2층에서 자신이 디자인한 황금색의 아방가르드한 의상을 입고 석민에게 선물받았던 목걸이를 손에 들고 계단을 내려온다. 연못의 물이 다 빠지기 전에 혜련의 육신이 먼저 석민의 앞에 도착한 것이다. <디아볼릭>의 미셸이 죽은 자의 모습으로 시체 흉내를 내며 자신의 유령 행세를 완결 짓는 것과 달리, 혜련은 온전히 산 자의 모습으로 자신이 시체가 아님을 모든 사람들 앞에서 밝히며 그전까지의 유령 행세를 종결짓는다. <디아볼릭>에서 텅 빈 기숙학교에 홀로 남아있는 병약한 크리스티나의 앞에 육화한 미셸의 유령이 나타나 그녀를 심장마비로 쓰러뜨린다면, <안개는 여자처럼>에서는 혜련의 집을 가득 채운 수십 명의 초대객들과 남편 앞에 혜련이 자신의 생일날 안주인이 아니라 집의 주인으로서, 자신의 생일 파티의 주인공으로서, 온전하게 살아있는 자신의 육신을 과시하며 등장해 석민을 경악시킨다. 발작적인 광기에 이른 석민은 삽을 휘두르며 파티장을 엉망진창으로 만들고 혜련을 진짜로 죽이기 위해 온 집안을 들쑤시고 다니기 시작한다. 혜련의 모습이 비치는 거울을 깨고, 혜련과 똑같은 옷을 입은 마네킹의 목을 내리치며, 거실 창에 비치는 아내를 향해 삽을 휘두른다. 이성을 잃고 2층 베란다에서 삽을 휘두르던 석민의 눈에 마침내 아내의 상이 다중노출로 여러 개로 퍼져 보이고, 그가 혜련을 삽으로 쳐서 베란다 밑으로 추락시켜 죽였다고 생각하는 순간, 진짜 혜련이 나타나 석민을 베란다 밑으로 밀어 그를 먼저 떨어진 마네킹 위에 추락시킨다. 석민의 죽음을 확인하고 그가 작동시킨 양수기를 멈추러 가는 혜련과 도희의 대화를 통해, 영화는 두 여인이 유령놀이를 공모해 석민을 죽인 것으로 마무리되는 것 같더니, 갑자기 김 부장이 엽총을 쏘아 도희를 연못에 빠뜨림으로써 혜련과 김 부장의 내연 관계를 암시한다. 다음 날 석민의 시신은 수습되지만 도희의 사체가 행방불명되고, 김 부장이 혜련의 모든 재산을 인출해서 행방이 묘연하다는 경찰 조사 결과를 듣게 된 혜련이 경찰과 이동해 공항에서 밀회하던 김 부장과 도희를 급습하며 영화는 끝난다.

<디아볼릭>의 결말 부분에서 두 번의 반전이 있는 것과 달리, <안개는 여자처럼>의 끝에서는 반전이 새끼줄처럼 연쇄적으로 꼬이고 꼬여 반전의 반전을 거듭한다. 혜련과 석민, 도희와 김 부장의 사이에서 연인 관계는 연쇄적으로 스와핑되고, 이들 각자는 진실을 모른 채 안개 같은 상황 속에서 스스로 반전을 맞이하는 것이다. <디아볼릭>과 마찬가지로, <안개는 여자처럼>에서도 판옵티콘의 꼭대기에서 이 모든 것을 계획하고 통제하는 한 명의 권력자 혹은 승자가 존재하는 것이 아니라, 모두가 상호 감시하는 시놉티콘의 체제 속에서 네 명의 등장인물들이 한 치 앞을 알 수 없는 안개 속을 헤매는 게임을 거듭한다. 물론 <디아볼릭>에서는 부부와 남편의 정부 간의 기묘한 삼각관계 속에서 결국은 아무도 죽지 않는 듯하지만, <안개는 여자처럼>에서는 네 남녀의 육체관계와 이해관계가 얽히고설켜 최종적으로는 모든

것을 모의한 시발점이자 '서막'이 되는, 그리고 결국은 진짜 '유령'이 되는 석민이 죽음을 맞이한다. 데리다는 오직 산 자만이 죽은 자를 매장할 수 있다며, 죽은 자가 죽은 자를 매장하는 불가능성이 가능해진다면 그것이야말로 '절대악(absolute evil)'이 될 것이라 경고한다.[156] 다행히 <디아볼릭>과 <안개는 여자처럼>, 두 편의 영화에서는 그러한 최악의 사태가 벌어지지는 않고, 죽은 척 하던 산 자가 다른 죽은 척 하는 산 자, 혹은 산 자를 매장한다. 그러나 냉전 시대에 만들어진 이 두 편의 영화는 현재의 전 지구적 자본주의 체제하에서 유령이 된 마르크스의 이론이 우리에게 시사하는 바가 아직도 유효하며 살아있는 자들이 과거의 유령을 함부로 호도하거나 매장해서는 안 됨을 역설하고 있다. <안개는 여자처럼> 속의 안개 낀 청평 호수와도 같은 현재의 신자유주의적 글로벌 자본주의 체제 내부에서 자본의 유령 효과에 대해 재고하고 숙고해야 할 시점인 것이다.

3. 마치며

본 장에서는 <애마부인>과 <안개는 여자처럼 속삭인다>를 중심으로 초창기 에로방화가 그려내는 한국 산업 자본주의의 발전 속에서 가정주부화가 촉발한 남편의 외도로 인한 가정의 위기와 그 위기의 사회적 확장성을 다루었다. <애마부인>의 가정에 충실하지 못하고 아내를 성적으로 소외되게 만든 부유층 남편은 스

156 Ibid., pp.219~220.

스로의 죄책감으로 인해 아내를 가정으로부터 자유롭게 만들어 그녀가 성적 일탈을 즐길 수 있도록 한다. 그러나 당대로서는 획기적으로 연하남과의 자유로운 연애마저 이루어내는 애마의 일탈은 한국적 순결·정절 이데올로기의 자장 안에서 다소 수동적이고 변칙적인 형식으로 이루어짐으로써 다소 에로-그로-넌센스적인 일본풍 에로티시즘의 성격을 띠게 되었다. 그럼에도 에로방화의 폭발적 제작 붐을 일으킨 <애마부인>이 갖는 의의는 사회적 성공과 물질적 성취에 경도된 한국 남성들이 소외시킨 여성의 섹슈얼리티를 부각함으로써 여성에게도 성욕이 있고, 여성도 성행위를 함께 하고 싶은 상대로부터 일방적으로 선택되기보다는 상대를 선택하고 싶은 욕망이 있으며 그럴 경우에야만 진실된 사랑이 가능하다는 것을 한국사회에 크게 각인시켰다는 점일 것이다.

<안개는 여자처럼 속삭인다>는 한국에서는 드문 에로틱 스릴러 형식으로 아내를 죽이고 재산을 차지하려 한 파렴치하고 비도덕적인 남성의 타락을 응징하는 멜로드라마적 상상력을 통해 대항발전주의의 풍자적 요소를 최대치로 끌어내고 있다. 프랑스 영화 <디아볼릭>과 유사한 캐릭터와 서사를 지니고 있지만, <안개는 여자처럼 속삭인다>는 같은 시기에 만들어진 또 다른 에로스릴러인 <사랑의 노예>와 마찬가지로 가능한 한 손쉽게 무슨 수를 써서라도 부와 성적 만족을 성취하려 하는 남성의 '범죄'로까지 치달은 '편법주의적 심성'을 고발하며 에로방화의 한국화된 버나큘러 모더니티를 재현한다. 또한 데리다가 말하는 마르크스

의 유령이 1980년대뿐 아니라 동구권이 해체되고 신냉전이 가속화된 21세기에도 우리의 주변을 맴돌고 있음을 상기시키며, 산업 자본주의에서 소비 자본주의로 급속하게 전환된 1980년대 한국사회에서 가속화된 개인적 '성장'과 '발전'만을 추구하는 이기적 발전주의의 태도가 이 유령을 통해 응징되어 정의가 구현되기를 바라는 희망을 담고 있기도 하다. 가정과 부부를 소재로 하는 <애마부인>과 <안개는 여자처럼 속삭인다>는 물질적 풍요가 낳은 개인주의와 황금만능주의가 한국의 가족구조와 가정을 해체하기 시작하는 초기 풍경이 1980년대 초부터 전개되었다는 것을 예증하고 있기도 하다. 다음 장에서는 에로방화의 또 다른 하부장르인 호스트·호스티스 영화를 통해 일찍부터 신자유주의화되기 시작한 성매매 체계가 그려내는, 개인 간의 결속과 유대가 약화된 액체근대로서의 한국사회의 풍경을 살펴볼 것이다.

3장 액체근대 속 호스트와 호스티스
: <엑스>(1983)와 <티켓>(1986)

성매매에 종사하는 다양한 여성들의 명과 암을 그린 호스티스 영화가 1970년대 한국 극장가를 지탱했다면, 1980년대에도 호스티스 영화는 꾸준히 만들어졌고 그 위에 성 판매업에 종사하는 남성들을 종종 등장시키는 양상을 보이게 되었다. 본 장에서는 그러한 남성들을 다룬 영화를 '호스트 영화'라 지칭하고 이를 1980년대의 호스티스 영화와 함께 짚어보고자 한다. 성매매를 다루는 1980년대 영화들은 1970년대보다 훨씬 복잡하게 산업화된 체계가 이미 이때부터 성립되었음을 보여준다. 1970년대보다 거대해지고 복잡해진 한국의 성매매 산업 속에서 1980년대 호스트·호스티스 영화들은 에로방화의 하부장르가 되어 1970년대와는 다른 양상의 서사를 전개한다. 본 장에서는 호스트물 <엑스>(하명중, 1983)와 호스티스물 <티켓>(임권택, 1986)을 중심으로 사회학자 지그문트 바우만의 '액체근대(liquid modernity)' 개념을 차용하여 외적으로는 보다 체계화되고 산업화된 1980년대 한국의 성매매 체계가 내적으로는 급속하게 약화된 인간적 유대관계 속에서 개인을 오히려 보다 더 고립시키고 소외시키는 현장을 살펴볼 것이다.

할리우드는 1960년대 후반부터 <미드나잇 카우보이(Midnight Cowboy)>(존 슐레진저, 1969)나 <아메리칸 지골로(American Gigolo)>(폴 슈레이더, 1980)와 같은 영화를 통해 남성이 여성 고객에게 성 판매를 하는 상황을 그려왔다. <미드나잇 카우보이>에서 가진 것이라고는 뛰어난 외모(특히 부각되는 것은 안젤리나 졸리에게 유전된 존 보이트의 두툼한 입술)밖에 없는 남성이 성매매 외에는 생계를 유지할 방법이 없어 거리에서 호객 행위를 한다면, 11년 후 제작된 <아메리칸 지골로>에는 보다 체계화된 네트워크 안에서 직업 정신을 발휘하는 고급 콜 보이, 리처드 기어가 등장한다. 두 영화의 제작연도가 11년 정도 차이가 나는 만큼 그 사이에도 남성 성 판매자를 다룬 할리우드 영화들은 계속 존재했지만, 이 두 편의 시간적 간극을 통해 미국에서 남성 성매매가 고도로 산업화되는 일면을 엿볼 수 있다.

마찬가지로 한국에서도 1980년대에 들어서며 영화 속에서 남성 성 판매자인 호스트가 등장하기 시작했고, 호스티스물만큼 많이 만들어지지는 않았어도, 21세기까지도 꾸준히 제작되어 <비스티 보이즈>(윤종빈, 2008)나 <만추>(김태용, 2010) 같은 영화와 함께 그 명맥이 이어지고 있다. 게다가 거의 최초의 한국 호스트물로 보이는 <엑스>에서는 비슷한 시기에 만들어진 <아메리칸 지골로>만큼 화려하지는 않아도 충분히 체계화되고 산업화된 콜 보이 시스템이 등장한다. <엑스>는 여기서 더 나아가 1980년대 한국의 외화 획득의 일등공신 중 하나로 여겨졌던 기생관광도 함께 그리고 있다. 이 영화 한 편만으로도 80년대 한국의 성산업이 소위 '선진국'에 버금갈 정도로 '성장' 혹은 '발전'을 했고, 어느 정도 호황을 누렸는지 짐작할 수 있다. <엑스>보다 2년 후에 만들어진 <장사의 꿈>(신승수, 1985)도 <미드나잇 카우보이>처럼 가진 것이라곤 건장한 몸밖에 없는 가난한 시골 출신 남성이 상경해 에로비디오 배우를 하다가 성 판매자가 되고 결국은 성불구자가 되는 몰락의 과정을 그리고 있다. 각각 조해일의 동명 장편소설과 황석영의 동명 단편소설을 영화화한 <엑스>와 <장사의 꿈>은 1970년대 호스티스 영화가 견지한 서사 전개의 전형성을 따르고 있다.

호스트물과 더불어 에로방화의 하부장르를 형성하는 1980년대 호스티스물의 경우는 1970년대 호스티스 영화와 달리 여성의 복수극을 주요 테마로 삼는 경우가 많다. 이는 1970년대 호스티스물처럼 시골에서 상경한 가난한 여성이 가정부나 공장 노동자로 취직해 일하다 본인의 의지와 무관하게 순결을 잃고 가정주부의 꿈을 접은 채 먹고살기 위해 성매매업에 종사해야만 하는, 하층 여성 피해자화의 서사와 매우 다르다. 1980년대의 호스티스 영화는 에로방화로서 가난한 여성이 성 판매업에 종사하면서도 사랑만을 믿고 애인을 위해 경제적·정서적으로 헌신하다 남성이 자신의 출세, 즉 사회적 성공과 경제적 풍요를 찾아 상류층의 여성과 결혼하는 선택을 함으로써 버림을 받자 이에 대한 복수를 감행하는 서사가 많다. 1970년대 방화의 호스티스들이 가혹한 운명의 피해자로서 성 판매자가 되어 고통받다가 죽음을 선택하거나 무기력하게 불행한 결말을 맞이한다면—물론 영화 <영자의 전성시대>(김호선, 1975)는 예외적이다)—1980년대의 호스티스들은 성매매에 종사하는 자신들의 처지를 비관하기보다 자신들에게 도덕적으로 옳지 않은 태도를 취한 가해자들에게 응징을 가함으로써 편법주의에 편승하는 한국사회의 도덕적 타락을 적극적으로 고발한다. 2장에서 살펴본 에로스릴러물 <안개는 여자처럼 속삭인다>와 유사한 여성 복수극의 형태를 띠고 있는 것이다. 이러한 서사의 대표적 1980년대 호스티스물로 <티켓>과 <매춘>(유진선, 1988)을 들 수 있다. 두 편의 영화 모두 흥행 측면에서 상당히 성공했고, <티켓>은 평단의 평가도 매우 호의적이었다. 임권택 감독의 <티켓>에서는 속초의 티켓다방에서 성매매를 하는 젊은 여성들과 티켓다방을 운영하는 중년의 마담을 중심으로, 남자친구와 남편을 위해 헌신했던 여성들이 남성들에게 버림받고 망가지기도 하지만 자신들을 이용한 남성들에 대한 응징을 가한다. <매춘>에서는 사법고시를 준비하는 남자친구를 물심양면으로 지원하기 위해 콜걸이 된 여성이 고시에 합격한 남자친구에게 버림받고 자살을 하자, 그녀의 동료 콜걸들이 고위층 자제와 결혼식을 올리는 남자의 결혼식장에 난입해 그의 과거를 폭로함으로써 동료의 복수를 대신한다.

본 장에서는 <엑스>와 <티켓>을 중심으로 1980년대 에로방화의 하부장르가 된 호스트·호스티스물에 대해 논의하며 이를 멜로드라마적 권선징악의 주제와 연결하고자 한다. 2장에서 본 바와 같이 대다수의 에로방화는 여성을 서사의 중심으로 삼는, 다소는 비틀어진 로맨스물로서 도덕극의 형식을 띤 멜로드라마라 할 수 있다. 성매매물은 에로방화 중에서도 가장 멜로드라마적인 하부장르라 할 수 있는데, 이 장르는 1950~60년대의 양공주물부터, 70년대의 본격 호스티스 영화, 80년대 호스트·호스티스물에 이르기까지 가장 효과적으로 관객의 '눈물'을 유도하는 역사가 긴 장르이기도 하다. 주로 가난한 시골 가정에서 태어나 가족을 부양하기 위해 상경한 후 차가운 도시에서 살아남기 위해 온갖 직업을 전전하다 성매매를 택할 수밖에 없는 여성들과 남성들의 기구한 삶을 통해 한국의 자본주의적 산업화 과정의 가장 생생하고 극적이며 비극적인 사례들을 제시하고 있기 때문이다. 다음 절에서 우선 호스티스 영화는 물론이고 호스트 영화도 한국의 버나큘러 모더니즘을 반영하는 멜로드라마 장르임을 먼저 살펴본 후 멜로드라마가 근/현대성과 맺는 관계성을 고찰하며 두 영화의 텍스트 분석을 할 것이다.

1. 액체적 근/현대성을 재현하는 장르로서의 멜로드라마

벤 싱어(Ben Singer)는 미국의 무성영화기(1895~1929) '남성 액션영화'가 당시에는 일반적으로 '멜로드라마'로 지칭됐던 것을 발견하고 초기 미국 멜로드라마 영화를 도시화와 산업화로 대표되는 근/현대화에 대한 남성의 혼란과 공포를 그린 장르로 재정의한 바 있다. 싱어의 연구는 멜로드라마로서의 호스트·호스티스 영화가 한국의 근/현대성과 맺는 연관성을 파악하는 데에 매우 유용한 단서를 제공한다. 싱어의 멜로드라마론과 함께 1장에서 살펴본 미리엄 핸슨의 '버나큘러 모더니즘' 개념도 본 장의 호스트물과 호스티스물 분석에 매우 중요한 이론적 준거로 작용한다. 모더니즘이라는 단어가 형식적 실험성이나 현대인의 무의식을 투영하는 고급예술을 지향하는 예술 사조를 뜻하는 한편, 현대사회, 특히 지평선을 가리는 고층 빌딩과 배기가스를 내뿜으며 질주하는 자동차들이 뒤엉킨 도심 한가운데에서 바쁜 삶을 살아가는 현대 도시의 대중이 느끼는 공포와 스릴, 기쁨, 분노 등의 다양한 감정과 감각도 포함하고 있기 때문이다. 또한 1980년대 초중반의 호스트·호스티스 에로방화들 속의 한국사회는 지그문트 바우만이 『액체근대』에서 제시하는, 현대에 대한 '유동성'이나 '액체성'의 비유가 그대로 적용될 수 있는 시간성과 공간성을 재현하고 있기도 하다. 따라서 이 장에서는 영화와 근/현대성의 접점을 찾는 핸슨과 싱어의 논의를 바우만의 액체현대론과 연결해서 <엑스>와 <티켓>의 텍스트를 분석할 것이다.

앞장들에서도 반복적으로 언급했듯, 호스티스 멜로물의 경우 성매매에 종사할 수밖에 없게 된 도시 하층민 여성의 기구하고 비극적인 운명을 통해 한국의 산업화와 도시화의 어두운 단면을 그림으로써, 한국의 버나큘러 모더니즘을 반영하고 있다. 1970년대의 주류 장르라지만, 호스티스 영화의 전조는 이미 1950년대부터 양공주 스파이물인 <운명의 손>(한형모, 1954)이나 본격 양공주물인 <지옥화>(신상옥, 1958)에서부터 발견되어, 1960년대의 양공주물인 <육체의 고백>(조긍하, 1964)이나 양공주가 등장하는 <오발탄>(유현목, 1961), 1960년대의 호스티스물인 <육체의 문>(이봉래, 1965) 등의 영화로까지 소급된다. 2008년에 발굴된 일제 강점기의 무성영화 <청춘의 십자로>(안종화, 1934)가 경제적 여건으로 기생이 되는 여성을 다루고 있는 것까지 고려하면, 성매매 멜로물은 한국에서 최초의 극영화가 등장한 1920년대 이래로 가장 꾸준히 제작된 장르라 보아도 무방할 것이다. 서구에서건 동아시아에서건 영화가 20세기의 문턱에 등장해서 현대성, 특히 도시성과 떼려야 뗄 수 없는 관계를 형성했음은 널리 알려진 바이지만, 성매매 멜로영화의 역사가 한국영화의 역사와 언제나 함께해 왔다는 것은 성매매물이 한국의 근/현대성과 맺는 긴밀한 연관성에 대한 예증이라고도 볼 수 있다. 호스티스 멜로물의 이러한 근/현대성에 대한 인식과 감각은 미리엄 핸슨이 명명한 '버나큘러 모더니즘'의 가장 한국적인 예라 할 수 있겠다.

호스티스물은 1970~80년대의 급속한 산업화·도시화와 더불어 발전·팽창한 3차 산업, 특히 향락산업 종사자의 증가와 이러한 서비스업에 자의 반 타의 반으로 연루될 수밖에 없는 이들이 느끼는 현실에 대한 자괴감을 반영하고 있다. 이런 측면에서 볼 때 에로방화 중 가장 멜로드라마적인 하부장르인 성매매물은 한국의 버나큘러 모더니즘을 가장 극명하게 성찰함으로써 한국의 압축적·산업적·자본주의적 현대화에 대한 비판적 관점을 제기하는 장르라 할 수 있다. 벤 싱어는 현대성의 특성을 크게 여섯 가지 측면으로 구분 지어 열거하는데, "사회경제적·기술적 발전(일반적으로 '현대화'라고 명명된 것)의 폭발적 증대, 제도화된 합리성의 통치로서의 현대성, 지속적인 문화적 불연속성과 사상적 '성찰'의 조건으로서의 현대성, 극대화된 이동성과 모든 '사회적인 것들'의 순환성으로서의 현대성, 사회적 세분화와 경쟁적 개인주의의 환경으로서의 현대성, 그리고 유례없이 복잡하고 강도 높은 감각적 지각의 환경으로서의 현대성"이 그것이다.157 그는 멜로드라마가 "현대 문화에 대한 근원적인 표현"이라며, 열거한 현대성의 마지막 측면, 즉 "영화와 대도시의 현상학의 관계"에 초점을 맞추며, 멜로드라마라 지칭되던 할리우드의 초기 무성 액션 영화가 불러일으키는 "질병으로서의 은유, 기형성, 도착성, 약물 중독"의 묘사에 주목한다.158 초기 액션 멜로드라마 영화들은 "자본주의가 태동하는 봉건제와 교권제 이후의 세상에 만연한 불안과 혼란 속에서 무고한 이들이 가차 없이 희생되는 현실을 강박적으로 표현"하는 '선정주의(sensationalism)'에 기반을 둔 장르였다는 것이다.159 겉보기에는 화려하고 풍요로워 보이는 현대화·도시화의 이면에는 하늘로 치솟는 고층 빌딩과 매연과 소음을 내뿜으며 달리는 자동차로 가득 찬 거리에서 시각적·청각적·촉각적 자극으로 공포와 무감각을 동시에 느끼는 현대인들의 스트레스를 반영한 장르가 바로 멜로드라마인 것이다.

마찬가지로, 한국의 호스트·호스티스 멜로물도 도시화·산업화가 가져온 경제성장과 물질적 풍요로움의 뒷골목에서 그 혜택을 받지 못하고 소외 계층이 된 성매매 종사자를 부각하며, 물질만능주의와 신분 상승만을 추구하는 사회의 어두운 이면을 조명한다. 특히 1980년대의 성산업은 개인적이고 파편적으로 이루어지

157 Ben Singer, *Melodrama and Modernity: Early Sensational Cinema and Its Contexts,* Columbia University Press, 2001, pp.1~2.

158 Ibid., p.2.

159 Ibid., p.11.

던 성매매 행위가 보다 체계화된 중개업자들의 개입과 맞물려 산업화되어 있는 모습을 보이는데, 이것이 확대되는 3차 산업이자 비물질 산업이라 할 수 있는 서비스업의 형태를 띠면서 일찍부터 신자유주의적 자본주의의 특성을 가장 크게 드러내고 있다는 역설마저 배태하고 있다. 한국의 신자유주의화는 1997년 국제금융기구 IMF(International Monetary Fund)로부터 구제금융을 원조받으면서 재정적 구제의 조건으로 산업의 구조조정이 전격적으로 이루어진 바 있는데, 1980년대부터 성매매업은 유연한 노동시장과 정부의 산업 부문의 규제 완화라는 신자유주의적 특성을 일찍부터 띠고 있었다는 점에서도 주목을 요한다. 지그문트 바우만은 근대가 그 시작부터 '액화' 과정이었다며, 오늘날 일어나고 있는 '유연한' 변화들은 "전근대적인 고체들의 해체 상태가 꽤나 진척"된 결과,[160] 마르크스가 언급한 '견고한 것들을 녹이는 것'이 지속적으로 진행되어 "근대성의 '녹이는 힘'이 재분배되고 재할당"되는 과정이라 설파한 바 있다.[161] 이처럼 액체화된 근대성 속에서는 노동력마저도 유연화되어 개인들이 뿔뿔이 제각각으로 물질적·비물질적 생산업에 종사하게 될 뿐 아니라 인간관계마저도 견고하고 굳건하게 유지하기가 어렵다. 따라서 성 판매자들은 자신이 제공하는 서비스업으로부터 가장 소외된 노동을 할뿐더러 같은 업체 종사자들 간의 연대도 단단하게 유지하기가 매우 어렵다. <엑스>와 <티켓>은 이런 풍경을 가장 적나라하게 보여

160 지그문트 바우만, 『액체근대』, 10쪽.
161 위의 책, 14~15쪽.

주며 멜로드라마적 상상력을 보여주는 1980년대 성매매 에로방화라 할 수 있다.

1980년대의 대표적 호스티스 멜로물로 임권택 감독의 <티켓>과 가장 상업적으로 성공한 에로방화 중 한 편인 <매춘>을 들 수 있을 텐데, 두 편 모두 1970년대 호스티스 영화처럼 성매매 업소로 흘러들어올 수밖에 없었던 여성들의 구구절절하고도 기구한 사연과 굴곡진 인생을 통해 한국의 산업근대화의 어두운 이면을 조명한다. 앞서도 언급했고 다음 절에서도 보겠지만, 두 편의 영화는 1970년대 호스티스물과 달리 성매매업에 종사하게 된 여성들이 출세와 경제적 안정을 위해 자신들을 버렸던 남성들에게 복수를 함으로써 멜로드라마적 권선징악을 실현한다. 호스트물인 <장사의 꿈>은 호스티스 영화의 주인공을 남성으로 바꿔, 시골 출신의 젊고 순진한 남성이 도시에서 윤락업에 종사할 수밖에 없는 암울한 현실을 그린다. <티켓>이나 <매춘> 같은 호스티스 에로물이 출세지상주의에 경도돼 자신을 부양하고 지원해 준 애인을 배신한 것에 대한 복수를 통해 잘못된 현실을 바로잡으려는 시도를 보여준다면, <장사의 꿈>은 호스트라 할지라도 같은 직종의 여인과 사랑에 빠짐으로써 사랑은 얻지만 성기능을 상실함으로써 사랑을 유지할 수 없는 남성의 비참한 현실을 그린다. 황석영의 동명 소설을 원작으로 하는 <장사의 꿈>처럼, 조해일의 동명 소설을 원작으로 하는 <엑스>는 <장사의 꿈>과 마찬가지로 호스트와 호스티스의 사랑을 다루지만 조금 다른 각도에서 성판매자를 다루는 호스트 영화이다.

한국의 버나큘러 에로티시즘은 <애마부인>을 기점으로 1970년대의 돈 없고 백 없는 하층민 여성에서 더 나아가 중산층 이상의 교육받은 여성과 다양한 계층의 남성까지 에로틱한 주체로 포섭하게 되었는데, 그 결과로 성매매업 종사자도 여성에서 남성으로까지 확대되며 호스트 멜로물도 등장하게 된 것이다. 다음 절에서 보게 될 <엑스>는 한국영화 사상 최초로 본격적인 남성 성판매자를 내세운 호스트 멜로물로서 역사적 가치가 있을뿐더러, 호스티스 영화와 마찬가지로 멜로드라마적 상상력의 전형을 형성하는 텍스트이기도 하다. 이제 <엑스>와 <티켓>의 텍스트 분석을 통해 1980년대 에로방화의 하부장르인 성매매 멜로물이 표출하는 한국의 액체적 현대성에 대한 멜로드라마적 상상력과 버나큘러 모더니즘을 살펴보고자 한다.

2. 액체현대 속에서 헤엄치는 <엑스>의 지식인 호스트

조해일의 동명 소설을 원작으로 하는 <엑스>는 시골 출신도, 교육 수준이 낮은 남성도 아닌, 박사학위를 취득한 지식인 남성이 성매매업에 발을 들이며 겪는 고뇌와 분투를 통해 1980년대 한국사회의 계층 갈등을 부각한다. 영화는 하길종 감독의 동생이자 영화배우 출신 감독인 하명중의 연출 데뷔작이기도 하다. <엑스>의 경우 에로방화인 데다 당대의 영화에서는 흔치 않게 다뤄지는 호스트를 다루고 있음에도, 상당히 암울하고 무거운 주제를 담고 있어 흥행에는 참패했다. 그러나 자연스럽고 사실주의적인 영상으로 유명한 유영길 촬영감독의 감각적인 미장센과 더불어 서른 번이 넘게 대본을 고쳐 썼다는 감독 본인의 각색에 대한 열정에 힘입어, 하명중은 이 영화로 대종상 신인 감독상을 수상하기도 했다.162

그러나 영화 시상식에서의 수상 여부와는 상관없이 <엑스>가 중요한 에로방화 텍스트인 이유는 영화가 거의 최초인 동시에 대표적인 호스트 에로방화일 뿐 아니라 버나큘러 모더니즘을 충실히 재현하는 영화로서 한국의 자본주의적 산업화에 대한 날카로운 통찰을 보여주기 때문이다. 더글라스 서크(Douglas Sirk), 루키노 비스콘티(Luchino Visconti), 라이너 베르너 파스빈더(R. W. Fassbinder) 등 유럽 출신의 작가주의 감독들이 추구한 고급 모더니즘의 멜로드라마가 보여주는 형식주의까지 다다르지는 않았다 할지라도, <엑스>와 같은 한국의 호스트 멜로물이 통속적 버나큘러 모더니즘을 통해 표면화하는 현대 한국사회의 급속한 자본주의화에 대한 비판적 감수성은 어떤 면에서 소위 유럽 예술영화 감독들의 멜로드라마보다 더 직접적이고 통렬하다 할 수 있다. 미리엄 핸슨이 "가장 평범한 상업영화라 할지라도 새로운 감각의 문화를 생산"할 수 있다고 본 것처럼, <엑스>는 상업영화로서는 실패했지만 한국의 버나큘러 모더니즘에 대한 성찰을 날카로운 감수성과 감각적 영상을 통해 보여주고 있다.

영화는 액체화된 한국의 현대성을 산업화된 호스트업과 연결

162 하명중, 「'하명중의 나는 지금도 꿈을 꾼다' 42 - 〈X〉로 감독 데뷔」, 『한국일보』, 2008. 10. 27.

시켜 영상화한다. 우선 영화의 시작과 종결의 공간이 물이다. 남자 주인공 곽동식(하재영 분)이 여자 주인공인 수옥(이미숙 분)을 처음 만나는 장소가 실내 수영장이며, 두 사람이 함께 최후를 맞이하는 곳은 바다이다. 엄밀히 말해서 영화의 오프닝 장면은 자다 깬 수옥이 하얀 빛 속에서 쇠사슬을 봤다며 누군가와 전화 통화하는 장면이지만, 카메라가 수옥의 현대적이고 아늑한 아파트 내부에서 영화 전반에 걸쳐 반복적으로 비추는 것은 거실의 한가운데에 위치한 작지 않은 크기의 어항, 아니 수족관이다. 전화를 끊은 수옥은 수족관 속 열대어에게 밥을 주고 그들에게 말을 건다. 나중에 동식과 연인이 된 이후 수옥은 동식과 함께 수족관을 바라보며 물고기가 지구의 주인이고 이 세상에서 바닷속이 제일 따뜻하고 아름다운 것 같다는 대화를 나누는데, 두 사람은 언젠가 바다에 가서 지구의 주인과 만나 함께 헤엄치자는 약속을 한다. 영화의 후반부에 수옥은 동식에게 고교 시절 눈 내리는 바다에 가서 죽고 싶다는 생각을 한 적이 있다는 고백도 하는데, 영화의 결말인 바다 장면은 수옥이 자신에게 한 다짐뿐 아니라 동식과 한 약속을 행동으로 옮기는 것이기도 하다. 물은 지구의 탄생지자 생명의 발원지이지만, 영화 속에서는 죽음의 공간으로도 설정되는 것이다.

또한 물은 수옥과 동식이 처음 만나서 인연을 맺는 곳이기도 하다. 두 번째 시퀀스의 배경인 실내 수영장에서 동식은 자유형으로 헤엄치는 수옥에게 갑자기 다가와 물이 딱딱하다고 생각하느냐며 말을 건넨다. 수옥은 대답하지 않지만, 동식은 물의 성질을 알면 수영할 수 있으니 성향대로 살면 된다며 계속 수옥의 주변을 맴돈다. 동식의 말마따나 물은 '딱딱함'을 특징으로 하는 고체와 달리 '끊임없이 형태상의 변화'를 겪는 유동적인 물질이다. 영화는 이러한 현대의 액체성과 유동성을 상징하는 물을 중요한 상징으로 삼고 있는데, 물만큼이나 현대성과 관련하여 의미심장한 것은 오프닝 장면에서 수옥이 꿈속에서 보았다는 쇠사슬이다. 영화의 말미에 가서 수옥은 꿈에서 본 하얀 빛이 발목에 묶인 쇠사슬을 녹였다고 동식에게 이야기하는데, 이는 바우만이 문제시하는 현대의 유동성 속에서 아이러니하게 경색되어 가는 경제적 질서와도 연관된다. 이러한 경색은 "선택하고 행동할 개인의 자유를 제한한다는 혐의를 (옳게 혹은 그릇되게) 받고 있는 족쇄와 사슬이 근본적으로 녹아버린 데서 발생"한다.[163] 바우만은 "질서의 경색은 인간 주체의 자유가 만든 인공물이자 침전물"이라며, 이는 "'브레이크를 푼' 전반적 결과이며 규제 철폐, 자유화, '유연화', 증가된 유동성, 제정·부동산·노동시장을 풀고 조세 의무를 덜어준 결과"라고 분석한다.[164] 꿈속에서 하얀 빛이 수옥의 발목에 채워진 족쇄를 녹였지만, 그것이 그녀를 자유롭게 한 것이 아니라 오히려 그녀를 구속하는 결과를 초래해 두 젊은 연인이 마지막에 죽음을 선택하는 것과도 무관하지 않다. 즉, 한국의 자본주의적 현대성의 어두운 이면이 물과 수옥의 꿈을 통해 상징적으로 재현되는 것이다.

163 지그문트 바우만, 앞의 책, 13쪽.

164 위의 책.

앞서도 언급했지만, 바우만이 언급하는 노동시장의 유연화와 규제 철폐라는 신자유주의적 유동성은 한국에서는 1990년대 후반 IMF의 재정 원조 이후에 나타나기 시작한 현상이지만, 남녀 주인공의 직업을 고려하면 노동의 유연성은 이미 1980년대부터 아니, 그 이전부터 나타나기 시작했다고 볼 수 있다. 동식은 수영장에서 수옥을 처음 본 순간 그녀가 자신과 마찬가지로 고아 출신인 것을 알아보고, 의도적으로 수옥의 지갑을 훔쳐서 그녀와 다시 만날 기회를 마련한다. 호텔 커피숍에서 수옥과 두 번째로 만난 동식은 둘 사이의 운명의 끈, 혹은 "동질의 인간에게 맡을 수 있는 냄새(정상적으로 자란 사람에게 맡을 수 없는 독특한 냄새)"를 맡았다며, 자신이 얼마 전까지 경제학을 전공한 대학의 시간강사였으나 지금은 백수건달이라고 소개한다. 6·25 전쟁 당시에 태어난 전쟁고아인 동식은 어릴 때부터 형들을 따라 개구리, 달팽이 등 온갖 것을 먹고 "윗사람들에게 거짓 존경을 표하며" 경제학 박사가 되었지만 경제적 어려움으로 인해 강사를 그만두고 부잣집 사모님들을 상대로 성매매를 하는 콜 보이가 된다. 자신에게 연민을 표하는 사모님 고객 중 한 명에게 동식은 경제학 박사답게 세상은 수요, 공급의 법칙으로 돌아가므로 "한 몸뚱어리로 서로 필요한 것을 주고받으면 좋은 것"이라 대꾸하며 세상을 체념한 듯 산다. 그러면서도 언제나 구원을 갈망하는 동식은 처음 만난 수옥에게 "악령에 시달리는 자신의 영혼을 구해 달라"고 부탁한다. 자신은 성모 마리아가 아니라며 기회가 있으면 구원하겠다고 말하고 가버린 수옥을 다시 만난 자리에서 동식은 자신의 "내장을 다 내놓고 수옥[씨]에게 구원받고 싶다"고 재차 이야기한다.

동식의 구원 타령에 웃음을 터뜨리며 소매치기도 경제학에 포함되느냐고 동식을 놀리는 수옥도 사실은 대졸 출신의 고급 콜걸이다. 그녀는 양공주였던 어머니가 미군으로부터 버림받고 정신이상이 되어 휴전선 근처에서 동사한 후 고아가 되지만, 친척집을 전전한 끝에 대학교육까지 마친다. 그러나 졸업 후 결혼해서 파리로 신혼여행도 가고 함께 영국으로 유학도 가자고 약속했던 약혼자 덕기(이구순 분)가 수옥의 어머니에 대해 알게 되어 그녀와 파혼하자, 자포자기하고 콜걸이 된다. 수옥은 비밀 클럽에서 상류층의 한국 남성이나 한국으로 '기생관광'을 온 외국인 사업가들, 주로 아랍인이나 일본인들을 상대한다. 수옥이 밤마다 규칙적으로 클럽에 출근해서 산타클로스 복장을 에로틱하게 변형시킨 짧은 업무용 드레스를 입고 규칙적으로 '근무'를 하는 반면, 동식은 사모님들과의 접선 장소와 시간을 불규칙하게 배정받고 일하는 프리랜서 성 판매자이다. 한국에서 성매매의 스펙트럼이 얼마나 넓을 수 있는지를 보여주는 일례라 할 수 있다.

주목을 요하는 점은 동식과 수옥이 처음 만난 수영장이 동식의 성매매 접선 장소라는 것이다. 수영장은 바로 동식과 같은 중개인 밑에서 일하는 콜 보이들이 고객과의 만남의 장소와 시간을 배정받는 장소였던 것이다. 또한 동식이 고객을 상대하는 장소도 서울 외곽의 호수나 강변 위의 한적한 별장, 호텔인 경우가 많아서 동식은 보트를 타고 약속 장소로 가곤 한다. 물로 상징되는 현대의 액체성 속에서 동식의 직업도 그를 유동적으로 이동해 다니도록 하는 것이다. 아이러니하게도 일터의 연장선상인 수영장에서 수옥에게 반한 동식은 자신과 동질의 인간인 그녀에게 "내장을 드러내놓고" 구원을 받기 위해 자신의 모든 것을 털어놓게 된 것이다.

동식은 수옥을 세 번째 만난 자리에서 원시 시대를 사는 기분으로 산다며 거짓과 위선으로 사는 것을 때려치우니 시원하고 힘이 난다고 말하고, 수옥도 동식의 말에 강하게 동조한다. 그전까지 동식을 경계하는 듯했던 수옥은 이 세상에서 제일 멋진 남자를 만난 기념으로 자기가 쏘겠다며 축배를 든다. 수옥도 허위와 위선으로 가득 찬 세상에서 진실하게 살기를 꿈꾸는 여성으로, 영화 속에서도 쓴 건 쓴 것답게 마셔야 한다며 블랙커피가 좋다고 하고, 부드러운 것은 부드러운 것답게, 춤추는 사람은 춤추는 사람답게 놀아야 한다고 계속적으로 강조한다. 자신만의 고유한 특성을 변형 없이 간직한 채 살고 싶은 수옥의 욕망이 반영된 대사이다. 액체현대 속에서 고체적인 불변성과 '상호결속'을 꿈꾸는 수옥의 '멜로드라마적 상상력'이 표출되는 것이다. 수옥과 동식은 대낮부터 다음 날 아침까지 '업무'를 제치면서 즐거운 시간을 보낸 끝에 연애를 시작하기로 한다. 그러나 택시로 거리를 달리고, 기원에서 바둑을 두고, 디스코텍에서 춤추며 즐겁게 노는 두 사람의 모습과 교차 편집되는 장면들은 수영장에서 갑작스레 동식의 대타로 지명된 호스트가 뛰어나가서 차를 타고 과속으로 달리던 끝에 경찰에게 단속을 당해 한강 다리 한가운데에서 차에서 내려 뛰어가며 안절부절못하는 장면이다. 이부자리에 누워서 콜 보이의 도착을 기다리는 중년여성의 쇼트도 중간에 삽입된다. 동식의 일탈이 야기하는 불길한 징조를 예고하는 시퀀스이다. 불길한 예감대로 동식은 수옥과의 일탈의 대가로 죽지 않을 만큼 얻어맞아 만신창이가 되어 몸져눕고, 수옥은 지극정성으로 그를 간병한다.

한때 지식 생산자였다가 성 노동자가 된 동식은 과거에도 그렇고 현재에도 전형적인 '비물질 노동' 종사자이다. 네그리(Antonio Negri)와 하트(Michael Hardt)는 "자본주의적 착취와 통제의 현재 형태"의 하나로 "노동의 변형"을 꼽는데, 그 일례가 "이미지, 정보, 지식, 정동, 코드, 사회적 관계가 자본주의적 가치화 과정에서 물질적 상품 혹은 상품의 물질적 측면보다 더 큰 중요성을 가[지는]" 비물질 노동이다.[165] "비물질적 재화(혹은 물질적 재화의 비물질적 측면)를 생산하는 노동 형태는 흔한 말로 '머리와 마음의 노동'이라 할 수 있으며, 서비스 노동, 정동노동, 인지노동을 포함"하는데, 3차 서비스 산업의 일부인 성매매업도 그중 하나라 할 수 있다.[166] 이러한 비물질 노동은 "소외의 특징을 새롭게 부각"해 노동자들이 생산의 과정과 생산물을 소유할 수 없음으로 해서 자본으로부터 소외되는 현상이 물질적 생산물이 아닌 비물질적 생산물에도 적용되어, 비물질 노동자들도 "일을 할 때 그들의 사유·사랑·돌봄의 능력을 자신의 것으로 느끼지 않는다."[167] 즉, 자

•

165 안토니오 네그리·마이클 하트, 정남영·윤영광 옮김, 『공통체: 자본과 국가 너머의 세상』, 사월의 책, 2014, 198쪽.

166 위의 책.

167 위의 책, 208쪽.

본의 내부가 아니라 외부에서 생산되는 "정보 흐름, 소통 네트워크, 사회적 코드, 언어적 혁신, 정동과 정념의 행위"가 창출하는 가치가 "사회적 노동의 장"을 대상으로 수탈되고 착취되므로, 비물질 노동자 혹은 정동 노동자는 물질 노동자보다 더 큰 소외를 느낄 수밖에 없는 것이다.168

따라서 동식은 성 판매를 하며 느끼는 이러한 노동 소외에서 벗어나기 위해 진실한 삶을 살며 구원을 찾고자 하는데, 그의 그런 생각은 과거 대학강사 시절 학생 한 명이 동식에게 진실과 허위의 차이를 묻는 회상 장면에서 살짝 암시된다. 하명중은 질문 장면을 비중 있게 다루기 위해, 바로 동식의 대답을 보여주지 않고 수영을 하거나 고객과 엉켜있는 동식의 쇼트와 벌거벗은 마네킹들의 쇼트, 거리를 지나가는 사람들의 쇼트를 교차 편집하며 의도적으로 동식의 대답을 지연시켜 질문의 하중을 높인다. 그러다 다시 강의실 장면으로 되돌아가, 동식이 진실과 허위는 "화폐의 양쪽 면처럼 구별하기 어렵다"며 "정상적인 사고를 하는 사람에게는 착각 아니면 기만"일 것이고 "진정한 대답은 세상의 창조자만 할 수 있을 것"이라 대답하는 장면이 이어진다. 윗사람에게 거짓 존경을 표하며 사는 삶에 환멸을 느껴 지식인의 삶을 포기했지만, 마네킹이나 위선으로 무장한 거리의 군중들처럼 고객에게 거짓 환락을 제공하는 자신의 삶이 동식에게는 여전히 만족스럽지 않은 것이다. 동식의 그러한 감정은 수옥을 만난 이후 고객

168 위의 책, 209쪽.

들과의 정사 장면에서 두드러진다. 실험적이고 아방가르드한 배경음악하에서 볼록렌즈로 호텔 방 침대 위에 얽혀 있는 한 쌍의 벗은 육체를 기묘하게 보여주는 쇼트에 이어 역시 볼록렌즈로 환락에 젖은 다양한 중년여성들의 얼굴이 추하고 탐욕스럽게 잡힌다. 표정 없는 얼굴로 누워있는 동식은 북소리가 울리는 가운데 말을 탄 검은 복면의 남자가 창을 들고 달리는 장면을 떠올린다. 정사 후, 붉은 깃발이 휘날리는 한강변을 지쳐서 걷다가 헛구역질을 하는 동식에게 있어, 매춘은 전장에서 전투를 하는 것처럼 치열하고도 처참한 동시에, 자신의 영혼을 파는 것과도 같은 행위이다. 수옥과 사랑에 빠진 이후, 이전까지는 "한 몸뚱어리로 서로 필요한 것을 주고받으면 좋은" 경제적 행위였던 성매매가 이제 영혼 없이 진행되는 육체노동으로 변질되어, 그의 영혼을 갉아먹는 참을 수 없이 힘든 고역이 된 것이다.

연극배우 박정자의 목소리로 장갑 낀 손만 등장하는 무시무시한 중개인, 즉 여성 포주가 동식이 함부로 자신의 할당된 비물질노동으로부터 이탈하지 못하도록 통제하는 것처럼, 수옥도 비물질 노동자로서 가혹한 운명을 마주한다. 언제나 옛 애인, 덕기에 대한 기억, 특히 낙엽이 흩날리는 가을날 "썩은 나무로는 조각할 수 없다"며 그녀를 버리고 간 그의 모습을 떠올리던 수옥은, 동식과 연애하기 시작한 후 덕기에 대한 기억을 떨치고, 클럽에서도 원하지 않는 고객을 거부하는 등, 하고 싶은 대로 행동하며 모처럼 행복한 나날을 보낸다. 그러나 1장에서 린다 윌리엄스를 통해 멜로드라마의 형식성을 "파토스와 행동의 변증법" 속에서 비극성을 구현하고 눈물을 유도한다고 해석했던 것처럼, 덕기는 막 행복해지려고 하는 수옥의 앞에 다시 나타나 그녀의 인생을 망치고 관객이 수옥에게 크나큰 연민을 느끼게 한다. 굳이 수옥의 클럽에 찾아와 그녀를 지명한 덕기는 수옥이 아직 시들지 않아 생각보다 싱싱하다는 말로 모욕감을 주는 데 이어, 호텔로 옮겨서도 옛 약혼녀였던 수옥을 '직업여성'으로서 함부로 대한다. 덕기와 마주친 이후로 아무런 표정도, 반응도 없던 수옥은 마침내 그의 굵은 금 목걸이를 손으로 쥐고 그의 목을 졸라 덕기를 살해한다.

동식은 덕기를 죽이고 자신을 찾아온 수옥을 기꺼이 받아주고, 함께 바다로 떠난다. 언젠가 함께 바다에 가자고 약속한 것을 마침내 실행에 옮기는 것이다. 안타까운 것은, 수옥이 덕기를 죽이는 동안, 동식이 구타를 계기로 완전히 환멸을 느끼던 성 판매업에서 손을 떼고 수옥과 새출발하기 위해 신문의 구인 광고를 뒤적이는 중이었다는 것이다. 그러나 멜로드라마적인 "파토스와 행동의 변증법"은 이번에도 어김없이 동식으로부터 새출발과 행복의 가능성을 앗아간다. 동식의 결심이 '너무 늦게' 이루어져, 살인을 저지른 수옥은 물론 수옥을 사랑하는 동식 모두가 가혹한 운명의 희생양이 될 수밖에 없는 것이다. 바닷가에서 마지막으로 행복한 시간을 보내던 두 사람은 땅끝이자 바다의 시작점인 작은 바위섬 한가운데에 서서 중천에 뜬 해를 보고, 태어날 때처럼 옷은 벗어놓고 세상에서 얻은 모든 것을 돌려주고 가기로 한다. 옷을 벗은 채로 서로를 마주 보며 포옹하고 키스하던 커플은 물로 뛰어들어 '자유롭게' 헤엄치기 시작한다. 바다 한가운데에서 보이는 두 사람의 머리 위로 엔딩 크레디트가 올라가며, 수영장에서 처음 만났을 때처럼 젊은 연인들은 현대성이라는 드넓은 액체 속을 헤엄쳐 간다. 죽음을 상징하는 장면이지만, 현대라는 유동의 바다에서 손을 맞잡고 수영하는 두 사람의 자유로운 모습은 결속을 통해 시류를 역행하는 젊은이의 반항적 가능성을 보여주기도 한다. 고아 출신이기에 한국사회의 가족 이데올로기에서 소외되어 외로울뿐더러 자신들의 노동으로부터도 소외되어 행복해지기 어려운 이들이지만, 서로가 서로를 만나 서로의 영혼을 알아보고 결속함으로 인해서 소외에서 벗어날 수 있게 된 것이다.

6·25 전쟁과 미군 점령이라는 한국의 특수한 역사적 상황하에서 고아로 성장한 동식과 수옥은 1980년대까지만 해도 문턱이 낮지 않았던 대학교육을 받은 이들이지만, 출신 성분으로 인해 낸시 에이블먼이 당시 한국사회의 주요한 특성으로 꼽았던 '멜로드라마적 신분 상승(melodramatic mobility)'을 이루는 데에는 실패한다.[169] 당시 한국사회의 한편에서는 신분 상승의 대표적 수단으로 여겨졌던 대학교육을 통해 중산층 이상의 위치로 안착하거나, 다른 한편에서는 대학교육을 받지 않았어도 1970년대 말과 1980년대 초반의 급격한 도시화와 건설 산업의 팽창 속에서 부동산 투기나 편법을 활용해 부를 축적한 '졸부'들이 양산되고 있었다. 동식을 구타하도록 명하는 여성 포주 같은 3차 산업 중개

169 다음을 참조할 것. Nancy Abelmann, *The Melodrama of Mobility: Women, Talk, and Class in Contemporary South Korea*, University of Hawai'i Press, 2003.

인들도 음지에서 부를 축적하는 그러한 졸부의 일례이다. 동식과 수옥의 고객인 사장님·사모님들은 양지에서는 점잖은 척할지 모르지만 음지에서는 성매매를 즐기는 위선적인 삶을 산다. 그들은 적지 않은 돈으로 남몰래 성적 쾌락을 사야 하는, 어찌 보면, 불행한 이들이다. 또한 도시의 음지에서는, 하층민으로 태어나 중산층 이상의 신분 상승을 꿈꾸며 기약도 없이 죽도록 일하거나, 녹록지 않은 개인적 사정으로 인해 노동 소외 현장의 최고봉을 이루는 성매매업에 흘러 들어가 도시의 밀폐된 공간에 갇혀 사는 이들이 있었던 것이다. <엑스>는 남녀 성 판매자들 주변의 이처럼 다양한 인간 군상의 모습을 보여주며, 고체 근대에서 액체 근대로 접어든 한국사회 정동 노동자의 불안정한 삶과 액체현대 속에서 잃어버린 고체성과 결속을 찾아 헤엄치는 그들의 멜로드라마적 상상력을 보여준다. <엑스>와 같은 호스트·호스티스 에로방화 속의 인간관계와 남녀의 애정관계는 한국적 현대성을 가장 압축적으로 상징화하고 재현하는 시각적·서사적 장치로 작동하는데, 이는 한국적 "버나큘러 모더니즘"의 표상이라 할 수 있을 것이다.

3. <티켓>의 변절과 복수

<티켓>은 1970년대에 민주화운동을 하던 반체제 인사이자 시인이었던 남편이 필화 사건으로 교도소에 수감되어 생계가 막막해진 여성이 성매매업에 뛰어들고 1980년대 중반에는 티켓다방

의 마담이 되어 젊은 여성들을 착취하는 풍경을 그린다. 그러나 그녀는 이혼한 남편이 출소하여 민주화운동과는 거리가 먼, 매우 세속적인 풍요를 추구하는 삶을 영위하는 현실에 배신감을 느껴 실성하게 된다. <티켓>은 여주인공인 다방 마담을 연기한 김지미가 주연배우로 참여했을 뿐 아니라 그녀가 설립한 영화사인 '지미 필림'에서 기획·제작한 영화이기도 하다. 정성일은 <티켓>의 김지미가 "티켓다방을 운영하면서 네 명의 여자들의 살과 웃음을 빨아먹고 사는 늙은 흡혈귀"라 표현하기도 하는데, 그 정도로 영화 속 마담은 젊은 성 판매자들을 지독하게 독촉해 더 많은 돈을 벌어오도록 종용하며 그녀들에게 아주 냉정하게 이익금을 분배한다.[170]

영화는 속초의 티켓다방을 배경으로 한다. <엑스>가 실내 수영장이나 수족관, 호수, 한강 등을 통해 끊임없이 물의 이미지를 액체현대와 연결한 것처럼, <티켓>도 바닷가 항구도시인 속초를 배경으로 오랜 기간 바다로 나가 만선을 꿈꾸며 돈을 벌어와야 하는 남성 어부들을 상대하는 다방 여종업원들을 통해 현대 어촌의 액체성을 그려낸다. 겉으로는 이 젊은 여종업원들이 남자 손님들을 대상으로 차와 커피라는 액체 음료를 파는 것처럼 보이지만, 뒤에서는 다방의 중년 여사장인 마담 민지숙(김지미 분)이 종업원들에게 성매매를 알선하는 티켓을 팔아 그 수익으로 다방을 운영한다. 이는 <엑스>의 성산업 현장처럼 대규모화된 계약관계

170 정성일 대담·이지은 자료정리, 『임권택이 임권택을 말하다 2』, 현문서가, 2003, 23쪽.

에 기반한 것이 아니라 보다 느슨하고 유동적인 계약체계로 운영되는 소규모의 액체적 산업현장이다. 지숙은 <엑스>의 여성 포주처럼, 매달 티켓 수익을 결산해 티켓이 팔린 숫자만큼 여성들에게 분배하고 거기서 남는 중개금을 통해 상당한 금전적 이득을 챙긴다.

영화는 르포르타주의 형식으로 지숙을 포함한 다섯 명의 여성들의 삶을 사실적으로 기록한다. 변인식의 평대로, 임권택은 "'이 시대에 우리는 무엇을 잃었고 무엇을 찾아야 하는가?'라는 테마성을 강렬히 제기"하여 "일종의 사회 고발의 메시지를 제시"한다.[171] "현대인들이 갖고 싶어 하는 여러 가지 표[티켓]"라는 은유를 통해 "물질적인 차원에서 '돈'일수도 있고 정신적인 차원에서 '사랑'이라든가 '신뢰'일수도 있"는 것이 상실된 사회를 고발하는 것이다.[172] <티켓>은 고대로부터 상품화되어 왔던 성(性)뿐 아니라, 앞 절에서 <엑스>를 분석하며 논했던, 인간이 가진 비물질적이고 정신적인 영역마저 상품화되는 자본주의의 현실 속에서 이루어지는 인간성 상실의 현장을 '대항발전주의'의 관점에서 조명한다. 즉, 영화는 고도로 자본주의화된 한국사회에 팽배한 배금주의와 물질만능주의가 한때 운동권으로서 민주화운동을 하던 세력마저도 현실에 타협하는 변절자가 되도록 만드는 세태와 사회 구조를 강렬하게 비판하고 있다.

171 변인식, 「임권택·이두용 영화의 주제비교 분석시론 (II) - 21세기를 향한 디딤돌로서 두 감독의 역할은 크다」, 『영화평론』 4, 1992, 145~178쪽, 155쪽.

172 위의 글.

영화는 지숙이 강원도 원주의 직업소개소에서 세 명의 젊은 여성을 선택하여, 속초항에 있는 자신의 사업장인 조향다방에 데려가는 장면으로 시작한다. 다방 안에는 홀로 앉아 안경을 낀 채 신문에서 복권 당첨을 확인하는 미스 주(명희 분)가 있는데, 지숙은 신참들에게 그녀에 대해 3년째 함께 일했지만 빚이 150만 원이라는 설명과 함께 저렇게 되지 않도록 조심하라고 경고한다. 미스 주는 영월 탄광촌 출신의 미스 홍(이혜영 분), 산골짝 원통 출신의 미스 양(안소영 분), 시골 출신으로 서울에 있다 온 세영(전세영 분)에게 티켓다방 업계에서 빚을 안 지기 위해서는 "현찰 박치기, 안면몰수, 재탕 금지"라는 3대 수칙을 지켜 "누구에게도 외상 주지 말고, 누구든 한 번 이상은 정 주지 말라"고 훈계를 한다. 지숙이 마담답게 냉정하고 계산적인 캐릭터라면, 미스 주는 친구에게 남편을 뺏기고 친정에 어린 자식을 떠맡기고 나온 여성으로 "다섯 명 중에 가장 잘못되어 있는 여자, 가장 바닥 안을 살고 있는 여자, 그리고 자기를 완전히 포기하고 사는 여자"로 그려진다.[173] 미스 양은 영화스타의 헛꿈을 품고 살아 속초에 촬영하러 온 영화배우에게 사기를 당하는 실속 없는 푼수이며, 미스 홍은 차가운 듯하지만 의리와 잔정이 있고 중풍에 걸린 아버지의 한약 값을 부탁하러 "찾아오는 노모가 있는 아가씨이고, 세영은 등쳐먹는 가짜 대학생 애인과 온 집안의 무능한 가족들이 기대고 있는" 불운한 여성이다.[174]

173 정성일, 앞의 책, 67쪽.
174 위의 책.

다섯 여성의 사연과 캐릭터가 거의 그만그만하게 동등하게 그려지지만, 서사의 양대 축은 막내인 세영과 최연장자인 마담 지숙이 담당하고 있다. 이용관의 분석대로 "표면상 중심인물은 마담이지만, 중원사와 롱 테이크의 결합으로 인해서 나머지 여인들도 동일한 주체적 존재가 된다."[175] 그는 또한 "이런 류의 영화[호스티스물]이 갖는 센티멘탈리즘을 극복하고 '현장영화'로 드라이하게 몰고 간 전반부의 연출이 돋보인다"며 이를 통해 <티켓>이 "저널리즘의 작품이자 인간회복의 테마를 지키고 있는 [임권택의] 장인의 솜씨를 잘 드러내"는 작품이 되었다고 평한다.[176] 실제로 영화는 임권택이 휴식차 정일성 촬영감독과 속초에 여행을 가서 다방에서 차를 마시다 "다방 종업원들이 티켓을 판다는 얘기를 [듣]"고 "여행에서 돌아온 후에 송길한 시나리오 작가에게 연락해서 함께 다시 그 지역으로 [가] (…) 티켓을 사서 다방 종업원을 데리고 다니면서 취재"한 결과를 영화로 만든 것이다.[177] 임권택과 송길한이 직접 취재한 내용을 바탕으로 구성된 르포르타주 영화답게 항구도시 티켓다방의 풍경을 매우 사실적으로, 그리고 매우 다채롭게 재현한다.

갓 스무 살 정도의 세영은 처음에는 남자친구도 있고 티켓다방 일에 익숙지 않아 커피 배달 외에 티켓을 끊는 일이나 남성 고객

175 이용관, 「임권택의 롱 테이크에 나타난 표현적 기능: 후기 구조주의의 주체이론을 중심으로」, 『영화연구』 10, 1995, 74~96쪽, 83쪽.

176 이용관, 「<티켓>의 고전적 데꾸바쥬 분석: 작가론과 텍스트의 친화력을 중심으로」, 『영화연구』 9, 1993, 111~136쪽, 116쪽.

177 정성일, 앞의 책, 136쪽.

들과의 성관계를 거부하는 순진한 아가씨로 등장한다. 그녀는 부잣집 아들로 사범대 학생이지만 계모와 재혼한 아버지와 살기 싫어 독립하기로 했다는 김민수(최동준 분)의 생활비를 지원해 주며 그와 교제하는 중이다. 그러나 그녀는 지숙의 채근과 경제적 부담에 떠밀려 서서히 티켓 성매매를 시작한다. 이후로 영화의 거의 모든 에로시퀀스는 다섯 장면 정도의 세영의 베드 신으로 채워지는데, 이는 주로 민수와의 정사 장면과 주요 고객인 박 선장(윤양하 분)과의 성매매 장면들이다. 세영은 어리고 풋풋한 매력으로 곧 인기 호스티스가 되고 사람 좋은 박 선장의 애정 속에 만선을 부르는 "운수 좋은 아가씨"로 등극한다. 물을 상대로 자신의 운을 시험해야 하는 어부들인 만큼 성관계의 대상이 그 운을 불러주거나 몰아간다고 믿는 것이다.

세영은 민수를 박 선장에게 소개해 취직을 주선하기도 하지만, 배를 타지 않겠다는 그는 건축회사에 취직하고 싶은데 자재 관리를 하기 위해 목돈의 보증금이 필요하다며 세영에게 당시로서는 거금인 30만 원을 융통해 줄 것을 부탁한다. 여기서 더 나아가, 아버지의 환갑을 축하하기 위해 민수와 고향을 찾은 세영은 마을이 떠들썩하게 치러지는 아버지의 회갑연 비용을 전부 지불한 데다 아픈 오빠의 결혼 비용 및 지참금까지도 요구받는다. "운수 좋은 아가씨"로 승승장구하는 분위기에 이 모든 경제적 요구들을 호기롭게 승낙한 세영이지만, 곧 자신이 성병에 감염된 데다 임신까지 한 것을 알게 된다. 게다가 돈을 융통해 주자 행방을 감췄던 민수는 티켓을 사서 세영을 여관으로 호출한 후 수술비를 주며 아기 아버지를 알 수 없으니 임신 중절을 하라고 종용하고, 매달리는 그녀에게 "더러운 것! 너 같은 건 죽어!"라며 구타까지 하고 절교를 선언한다. 사기꾼인 가짜 대학생 애인과 가난한 가족을 위해 성매매까지 하며 돈을 번 세영이지만 돌아온 것은 차디찬 배신과 "운수 좋은 아가씨"에서 운수 나쁜 아가씨로 전락한 처지일 뿐이다. 마담 지숙은 세영의 사기꾼 남자친구를 자신의 전남편과 겹쳐 보게 된다.

지숙의 사연은 "다방 생활[을] 오래 한 경험이 많은 아가씨"를 취재하고 싶다는 "사이비 냄새를 풍기는 안경 쓴 작가"와 인터뷰하게 된 미스 주의 입을 통해 우선 소개된다.[178] 미스 주는 자기 이야기인 것처럼 시인이었던 남편이 필화 사건으로 투옥되었다가 석방된 후 자취를 감추었는데 생사 여부조차 모른다는 이야기를 시작한다. 그의 옥바라지를 하는 동안 "영치금 차입하랴, 변호사 사대랴, 시골에 계신 [남편] 어머니한테 생활비[까지] 보내랴, 뻔한 수업에 늘 허덕[이다] (…) 빚은 자꾸 늘어가고 결국은 남자들의 유혹을 뿌리칠 수 없게 되"어 다방 생활을 시작했다는 고백 아닌 고백을 한다.[179] "추운 겨울날 밤새도록 지은 솜옷 한 벌과 계란 두 개를 앞가슴에 품고 면회 갔던 일이 아직도 눈에 선"하다던 미스 주는 작가가 "앞으로 이루고 싶은 꿈이나 소망"을 묻자 자신의 본심대로 복권 당첨이라 고백한다.[180] 후술하겠지만, 계

178 송길한, 『송길한 시나리오 선집』, 커뮤니케이션 북스, 2006, 454쪽.
179 위의 책, 455쪽.
180 위의 책, 455~456쪽.

란 모티프는 영화의 휴머니즘을 상징하는 핵심과도 같다. 이 장면에서 작가는 테이블 위에 녹음기를 올려두고 작은 마이크를 통해 미스 주의 인터뷰를 녹음하는 척을 하는데, 클로즈업된 녹음기 쇼트에서 돌아가고 있는 카세트테이프는 <영산도>, <강원도 아리랑>과 같은 민요 모음집이다. 미스 주는 그날 밤 지숙의 방을 찾아와 작가에게 그녀의 사연을 자기의 이야기처럼 속여서 이야기했다며 사과하고, 지숙은 과거를 회상하기 시작한다.

지숙은 미스 주와 마실차 설악산에 갔다가, 출옥 후 재혼한 아내와 어린 두 아들을 데리고 가족여행을 온 남편, 김동민(박근형 분)과 마주친 적이 있다. 케이블카에서 눈이 마주친 후, 잠시 짬을 내 지숙과 대화를 시도하는 동민은 10년 동안 그녀의 행방이 궁금했다며 연락처를 묻고 지숙은 속초의 조향다방 민 마담을 찾으라고 알려준다. 질투와 부러움의 시선으로 동민의 가족을 몰래 훔쳐보던 지숙은 동민을 다시 만날지도 모른다는 기대감으로 투옥된 남편에게 면회를 갔던 과거를 회상한다. 동민의 시점에서 화장기 없는 수수하고 순수한 얼굴에 목도리로 머리를 감싸고 두툼한 싸구려 스웨터를 입은 채 만면에 미소를 띠고 있는 지숙의 미디엄 쇼트는 현재 그녀의 쨍하고 화려한 분위기와 강렬한 대조를 이룬다. 서정적이고 구슬픈 음악이 깔리며 반가움이 가득한 표정의 부부는 철창을 마주한 채 손을 부여잡고, 동민은 지숙의 꽁꽁 언 손을 입김으로 녹여준다. 지숙은 가슴 춤에서 아직 따끈할 것 같은 삶은 달걀 두 알을 꺼내 동민에게 건네주고 동민은 눈물을 흘리기 시작한다. 이 장면에서 철창을 마주한 부부를 전경으로 해서 후면에는 비스듬하게 창문을 반 정도 비추는 쇼트가 있는데, 창밖으로는 새파란 하늘을 배경으로 여우비처럼 함박눈이 내리고 있고 면회장 안에는 밝은 빛이 비쳐 들어와 젊은 시절 지숙과 동민의 풋풋하고 순수한 모습을 강조한다. 지숙의 머리 위로 유난히 따스한 색감으로 비치는 빛은 그녀를 성녀처럼 보이게까지 한다.

얼마 정도 시간이 지나 지숙은 포항에서 속초에 출장 온 동민의 친구, 서병석으로부터 연락을 받고 동민 대신 만나러 왔다는 그로부터 2천만 원짜리 수표를 전달받는다. 그는 장인의 사업을 도와 부동산 및 재정 관리 등을 한다는 동민을 대신해 그를 잊어 달라는 부탁을 하러 온 것이다. 동민의 집으로 전화를 해 과거에 그와 살던 서울 창신동에서 약속을 잡은 지숙은 동민과의 행복하던 시절을 회상하며 그를 기다린다. 가난하지만 그녀를 정열적으로 사랑해 그녀를 영감의 근원으로 시작(詩作)을 하던 동민은 이제 "옥중에 갇혀 있는 그 수많은 사람들의 기구한 삶을 보면서 내가 써온 시가 얼마나 무의미하고 무력했는지 깨닫고 붓을 꺾고 말았"다고 말한다.[181] 동민이 고고하게 "학처럼" 살고 있으리라 생각했다는 지숙에게 그는 "학이 살 땅이 아니었[다]"며 지난 일들은 다 잊자고 답한다.[182] 지숙은 "부인 몰래 마련해 보낸 돈을 받을 만큼 궁하게 살고 있지 않"다며 그에게 수표를 돌려준다. 그

181 송길한, 앞의 책, 482쪽.

182 박근형의 이 대사는 대본집에는 존재하지 않는다. 박근형이 현장에서 애드리브로 만든 대사로 보이는데, 당대의 시대 상황을 고려할 때 매우 적절한 발언이라 생각된다.

러자 동민은 "속된 말로 인생은 버스요. 한 번 지나간 버스는 다시 오지 않소"라며 출옥 후 그녀를 찾아 헤매다가 그녀가 성매매업에 종사하게 된 것을 알고 "새출발"을 했으니 "제발 날 더 이상 찾거나 내 인생을 방해하지 마시오"라며 자신의 승용차를 타고 떠나버린다.[183] 자동차가 떠난 후 흙먼지 날리는 성벽에 홀로 주저앉아 고개를 숙이는 지숙의 모습을 익스트림 롱 쇼트로 잡은 이 장면의 마지막 쇼트는 그녀의 충격과 실망, 울분, 배신감 등을 고스란히 전달한다.

이어지는 조향다방 술자리 시퀀스에서는 술에 얼큰히 취한 지숙이 술주정을 하며 아가씨들 한 명, 한 명에게 노래를 시키고 훈계하며 야단을 치는 4분 20초 정도의 롱 테이크 장면이 등장한다. 자신을 어떻게 생각하냐는 지숙의 질문에 "억대라는 돈은 하늘이 알아주는 돈"이니 "대성공"한 거라는 미스 주에게 지숙은 자신이 그녀처럼 생각했다 "인생을 조졌다"며 동민에게 들은 "인생은 버스"라는 이야기를 들려준다. 이용관은 <티켓>에서의 이 롱 테이크가 "극의 전환점에 위치하여 클라이맥스와 에필로그로 직접 연결되는 중추가 되고 있"다고 분석한다.[184] "자신이 오로지 그리워했던 한 사내에 대한 그리움이 얼마나 덧없는 것이었는지를 깨[달]"은 지숙의 "절망"은 지숙이 민수에게 "물리적으로 보복하고 난 후에 정신병원에 수감됨으로써 작품의 테마가 [되]"어 "밑바닥 인생을 초래한 것은 본래적 인성이나 개인적인 문제

183 송길한, 앞의 책, 483쪽.

184 이용관, 「임권택의 롱 테이크」, 83쪽.

가 아니라 인간과 사회의 구조적 모순 때문"이라는 작가관이 부각된다는 것이다.[185]

과연 지숙은 민수를 바닷가로 불러내 "타락"한 세영을 참을 수 없다는 그에게 "아름다운 진주는 진흙 속에 묻힌 상한 조개 속에서 나온[다]"고 말하며 설득하려 한다. 지숙은 민수에게 세영을 버리지 말아 달라고 부탁하지만 그녀의 더러움을 참을 수 없다는 그의 모습에서 창신동에서의 동민을 겹쳐 보고 서서히 분노하기 시작한다. 지숙은 민수를 바닷물 속에 밀어버린 후 빠져나오려 기를 쓰는 그를 발로 계속 차서 물속에 가라앉혀 버린다. 곧 완전히 실성한 표정이 된 그녀는 멍한 표정으로 속초 시장을 방황하기 시작한다. 방향성은 다소 다르지만 <엑스>와 마찬가지로 <티켓>도 바다를 죽음의 공간으로 설정하는 셈이다. 물론, 이후 정신병원에 수감된 지숙을 찾아온 미스 주의 대사를 통해 민수가 죽지 않고 살아 있다는 것이 밝혀지지만 말이다.

유지나는 <티켓>에 대해 다음과 같이 말한다.

> 이 영화에서 저는 이른바 성을 상품화하는 자본주의 사회, 더 정확히 말하면 남성중심 자본주의 사회에 대한 감독님의 비판적인 시선을 느꼈습니다. 동시에 감독님이 다른 감독보다 문제의식을 영화 내러티브로 소화해 내는 능력이 탁월하고, 그것이 오늘날 감독님의 위상을 담보하게 됐다고 새삼 인식하게 되었어요. 예를 들면, 마담이 계산하는 장면이 여러 번 영화 속에 나타납니다. 그것은 마담이 성을 상품으로

185 위의 글.

> 삼아 장사하고 있음을 내놓고 보여주는 것이죠. 다방 종업원이나 윤락녀를 소재로 다룬 수많은 한국영화들 중에서 <티켓>처럼 상품화된 성, 물질만능주의 속에서 타락한 여성의 문제를 적나라하게 보여준 경우가 거의 없었거든요. 결국 윤락 행위는 여자가 원해서 선택한 직업이기보다 어쩔 수 없이 돈을 벌기 위한 것이라는 자본주의의 그늘을 다루고 있어요. 그러나 한편으로는 실망스러운 장면들이 눈에 띄기도 합니다. 그것은 감독님의 영화에서 간혹 발견되는 불균질성이기도 한데요. 예를 들면 막내의 경우 너무 이상화되거나 유형화되어 리얼리티가 떨어집니다.[186]

유지나의 지적대로 <티켓>의 성 판매자들은 본인들이 원해서라기보다 "어쩔 수 없이 돈을 벌기 위해" 성매매업에 뛰어드는 자본주의적 사회 구조의 희생양들로 그려진다.

그러나 성매매는 자본주의가 근대 유럽 사회에서 도래하기 시작한 17세기 이전, 아니 고대부터 인간사와 함께 해왔다. 여성의 성이 상품화되고 매매된 것은 남성중심 자본주의라기보다 고대부터 인간사와 함께 해왔던 가부장제 탓이 더 크다고 할 수 있을 것이다. "마담이 계산하는 장면이 여러 번 영화 속에 나타[나]"는 것도 새삼스럽게 현대 한국에서 성이 상품화되었기 때문이라기보다는 본래 전통적으로 남성이 담당하던 포주, 즉 성매매 중개인 역할을, 앞서 <엑스>에서도 그렇고 <티켓>에서도 그러한 것

186 임권택·유지나, 『영화, 나를 찾아가는 여정 - 임권택 감독의 영화 연출 강의』, 민음사, 2007, 138쪽.

처럼, 이제 여성도 수행하게 되었기 때문이라 보는 것이 더 정확할 것이다. 게다가 <엑스>를 통해 보았던 것처럼, 남성도 성매매의 대상이 되었을 뿐 아니라 그 매매가 1980년대 초반부터 이미 대단히 사업화되고 체계화되었다는 것은 여성의 성만 상품화된 것이 아니라 남성의 성도 완전히 상품화되었고 그 체제마저도 고도로 자본주의화되고 산업화되었다는 것을 드러낸다.

그렇다면 젠더정치적으로 상당히 보수적이었던 1980년대 한국사회에서 어떻게 여성이 성매매 중개인이 되는 것이 가능했던 것일까? 지숙과 같은 여성 포주가 그 당시부터 존재했다는 것은 지숙처럼 성 판매업부터 시작해 물질적 성공을 선취한 후 자신의 사업 수완을 바탕으로 중개업을 하기 시작한 여성들이 다수 존재하게 되었으리라는 짐작과 더불어 한국전쟁 이후 부족해진 남성 노동 인구를 대신해 여성들이 결혼 전에 식모나 공장 및 사무직 노동자로 일하며 가족을 부양했던 전통과도 결코 무관하지 않아 보인다. <티켓>이 티켓 성 판매 여성들의 취재에 근거해 기획·구성·제작된 영화인 만큼 사실성을 강조한 작품이므로, 그 사실성 덕으로 "10여 만의 관객동원을 기록"하며 흥행에 성공한 영화가 될 수 있었던 것이다.[187] 비록 1980년대까지만 해도 학교를 졸업하고 기술직이나 사무직 노동자로 근무하다 결혼을 하면 전업주부가 되는 것이 한국 여성들의 이상적 삶이기는 했으나, 결혼을 하고도 지숙처럼 생계를 유지하기 위해서는 여러 가지 이유로 어

187 이용관, 「<티켓>의 고전적 데꾸빠쥬」, 132쪽.

떤 방식으로든 본인이 돈을 벌어야 하는 경우도 허다했을 것이다. 그런 여성 중 성매매업에 뛰어든 여성이 다수는 아니었겠지만, 영화 속 지숙의 경우는 최악의 상황에서 살아남기 위해 성매매업을 선택했고 본인은 수수하고 청초했던 동민의 아내로 돌아갈 수는 없을망정 동민만은 학처럼 살기를 희망했던 것이다. 그러나 동민은 고고하게 살기는커녕 반체제 시인으로서 필화에 이어 투옥까지 됐던 자신의 과거를 부정하고 붓을 꺾은 후 유복한 사업가 집안의 여성과 결혼하여 처갓집에 기생하며 살아가는 현실 순응자가 되어 있다. 게다가 그는 성매매로 돈을 버는 지숙을 불결하게 여기며 더 이상 자신에게 연락하지도 말고 자기 앞길을 막지도 말라는 선전포고까지 하고 그녀를 떠나버린다.

영화가 비판하는 사회구조적 문제는 단순히 "성을 상품화하는 자본주의 사회"의 일면이라기보다 돈을 벌기 위해서는 무슨 짓이라도 할 태세를 갖춘 배금주의자와 물질만능주의자들이 성매매가 윤락, 즉 윤리적 타락이라 비난하면서도 성 판매자들에 의존하며 그들이 성매매로 번 돈에 기생하며 살아가는 1980년대 한국의 현실이다. 즉, 경제적 궁핍에 몰려서도 남편의 옥바라지와 변호사 선임비 및 시부모의 생활비까지 조달하던 지숙이 성매매에 뛰어들게 된 과거를 "추문과 비행"이라 비난하는 동민이야말로 이제 그녀의 희생과 은공을 잊고 그녀에 대한 신의를 저버린 추악한 수탈자가 된 것이다. 동민이 의도했던 것은 아니라 하더라도 과거에 지숙을 갈취하여 그와 그의 부모가 인고의 시간을 살아남을 수 있었건만, 그는 이제 재혼하여 부유한 처가에 빌

붙어 굴종적으로 안락한 삶을 사는 자기 자신을 반성하지 않는, 진정한 윤리적 타락의 길에 접어든 것이다. 필화 사건으로 투옥될 정도로 군부독재 체제에 강력하게 저항하는 반체제 인사였던 동민이 자본가 장인에게 영합해 성공한 사업가 행세를 하며 부와 권력을 추구하는 것은 커다란 모순이라 아니할 수 없다.

임권택은 <티켓>의 초기의 시나리오에서는 "운동권으로 살았던 사내의, 그런 투철한 의식을 가졌던 동민(박근형)의 변질"이 설정되어 있었으나 검열의 장막에 가로막혀 "애초에 [그가] 하고자 했던 것들이 많이 훼손된 작품"이 되었음을 아쉬워한다.[188] 그러나 그럼에도 박근형이 연기한 동민은 반체제 인사의 변절을 표현하기에 부족함이 없는 캐릭터이고, 이에 대한 지숙의 분노는 김지미를 통해 충분히 설득력 있게 표출된다. 그녀는 민수에게 동민을 겹쳐 보며 자신의 편의와 이득을 위해서는 여성의 경제적·성적 희생에 기대 무위도식하는 무능력하고 무책임한 남성들에게 복수를 감행하는 것이다. 임권택은 일찍부터 변절한 "운동권에 대해 실망스러운 생각을 꼭 가지고 살았"고 그것이 <티켓>에 반영되었다고 밝히기도 한다.[189]

영화의 마지막 장면에서 지숙은 정신병원에 수감되어 면회를 온 미스 주를 동민으로 착각하고 가슴 속에서 탁구공 두 개를 꺼내 그녀에게 건네며 아련한 표정으로 간절하게 "따뜻할 때 드세요"라고 말한다. 과거 추운 겨울날 가슴 속에 따뜻하게 품어온 삶

188 정성일, 앞의 책, 65쪽.
189 위의 책, 75쪽.

은 달걀 두 알을 동민에게 건넸던 순수한 시절이 박제된 현재가 되어 그녀의 기억을 지배하고 있는 것이다. 그러나 그러한 지숙도 사회적 구조의 피해자인 동시에 가해자여서 그녀가 다방 종업원들을 착취하고 살아온 "흡혈귀" 같은 존재였음도 부인할 수 없다. 임권택의 말마따나 "이 마담 지숙도 남자한테 그렇게 당한 것도 있지만 또 자기 직업 자체가 기집애들 등쳐먹고 사는, 그러니까 이놈의 세상이랄 게 그런 밝은 쪽을 지향하고 그것을 투철하게 살아내려는 그런 의지가 있는 사람이 별로 없는 세상"임을 <티켓>은 재현하고 있는 것이다.[190] 이는 <티켓>이 "사람들을 그렇게 조여가면서 살 수밖에 없는 사회에 대해서 좀 주목했으면 하는 생각을 하면서 찍은 영화"이고, 임권택 영화의 대부분이 그런 주제를 다룬 영화들로서 한국인들을 "그런 삶 속으로 몰아넣고 있는 그런 사회 구조, (…) 지숙이가 그런 변질을 살 수밖에 없게끔 그 시대의 삶의 조건들이 그런 식으로 사람들을 몰아가고 있"는 현실을 고발하고자 만들어졌기 때문이다.[191] 즉, 한국 자본주의의 급속한 발달과 이에 맞추어 자기 자신을 끊임없이 채근하며 경쟁이 치열한 사회에서 살아남기 위해 편법에 편승해 살아가는 것이 일상이 된 1980년대 중반의 한국사회에서, 이제 거장의 반열에 오른 임권택 감독이 호스티스 영화를 연출한 것은 한국사회 곳곳의 인간성 상실의 현장을 고발하는 대항발전주의적 영화를 만들기 위한 의도적 선택이었던 것이다.

190 위의 책, 69쪽.
191 위의 책, 70쪽.

앞서 언급했듯, 개발독재 정권은 한국전쟁 이후 온 나라를 휩쓴 빈곤과 저개발에서 벗어나기 위해 독일과 일본식의 발전국가론에 입각하여 압축 근대화와 압축 자본주의화를 추진한 바 있다. 한편으로는 그 덕에 1980년대에 접어들어 한국의 1인당 국민소득(GNP)은 한국전쟁 직후보다 12.9% 증가하여 5천 불을 넘어서게 되었다.[192] 그러나 단기간에 압축적으로 진행된 산업화와 도시화, 경제성장의 결과로 특히 서울 시내 곳곳의 대규모 아파트 단지 건설 등으로 1980년대부터 부동산 투기 등을 통해 양산된 졸부의 갑작스러운 등장은 많은 한국인들에게 인내와 끈기를 갖고 기초부터 차근차근 다져가며 인생의 주체가 되기보다 무엇이든 '빨리빨리' 지름길이나 쉬운 길을 통해 습득하고 획득하여 일확천금을 원하는 사람들마저도 대량으로 양산하게 되었다. 1980년대 호스트·호스티스 에로방화는 이러한 사람들의 욕망에 의해 이용당하고 버림받는 성 판매자들의 경제적·정신적으로 소외된 삶을 액체화된 사회와 성산업의 풍경을 통해 재현하고 있다.

4. 나가며

본 장에서는 <엑스>와 <티켓>을 통해 에로방화의 하부장르인 호스트·호스티스 멜로드라마가 그리는, 고도의 산업 자본주의

192 「한국 1인당 국민소득, 6·25 이후 500배로 증가」, 『한겨레』, 2019. 12. 19. https://www.hani.co.kr/arti/economy/economy_general/921390.html

사회에서 액체화되어 물처럼 확산하는 비물질 노동 현장인 성산업 서비스업의 노동 소외와 인간적 결속의 단절, 비윤리적 착취의 회로구조와 대항발전주의적 복수 현장의 어두운 이면을 살펴보았다. 1960년대 이래로 한국 정부가 추진해 온 압축 성장과 경제발전지상주의의 최고점을 찍은 시점인, 1988년 서울 올림픽을 전후해 최고조로 제작·소비된 에로방화는 당시의 버나큘러 모더니즘과 결합해 '멜로드라마적 상상력'을 마음껏 발휘했다. 특히 <엑스>와 <티켓> 같은 호스트·호스티스물들은 자본과 노동 현장으로부터 소외된 성산업 종사자들을 통해 한국의 급속한 근/현대화 속에서 같은 속도로 함께 상실되는 인간적 결속과 신의에 대한 비애와 절망, 한탄을 한껏 풀어놓는다.

<엑스>에는 구슬픈 주제가를 배경으로 우울하고 쓸쓸한 표정으로 고개를 숙이고 계단을 오르며 거리를 쏘다니는 동식과 교차편집되어, 카메라가 낙엽이 흩날리는 스산한 공원 벤치에 지팡이를 짚고 힘없이 앉아서 쉬는 노인들의 모습을 잡은 장면이 하나 등장한다. 비물질 노동산업 종사자로서 자본과 사회로부터 소외된 젊은 남성이 고령으로 인해 노동 현장과 사회로부터 소외된 이들과 함께 병치를 이루는 장면이다. 한국적 버나큘러 모더니즘의 한 단면을 멜로드라마적으로 재현하는 이 장면은 현대가 환영하는 '희생양'의 전형을 보여준다. 바우만은 말한다. "그 희생양이 사생활이 엉망인 정치가여도 좋고 비열한 거리와 거친 구역들을 거니는 범죄자들이어도 좋고, '우리 안의 이방인'이어도

좋다."[193] "[액체현대에서] 두려움을 느끼는 개인들이 비록 짧은 순간이나마 그들의 두려움을 집단적으로 의지할 어떤 개별적 말뚝들이 필요"[194]하기에 희생양이 필요하고, 영화 속의 젊은 지식인 콜 보이와 노인은 '우리 안의 이방인'으로서 그 희생양으로 제시되는 것이다.

1980년대 호스티스 영화는 <티켓>이나 <매춘>처럼 자신의 출세를 돕기 위해 경제적·심리적 내조를 하던 가난한 애인을 버리고 부잣집 딸과 결혼해 빠른 성공 코스에 접어든 남성들을 질타하며 이들에게 복수하는 여성들을 그린다. 이러한 1980년대 여성 복수극의 전통은 이미 <안개는 여자처럼 속삭인다>나 <사랑의 노예>와 같은 에로스릴러에서도 표출된 바 있지만, <티켓>이나 <매춘>과 같은 호스티스 에로방화의 단골 소재이기도 했다. <티켓>의 지숙은 이성이 아닌 동성의 여성들을 착취하며 자신의 물질적 부를 쌓아왔지만, 결국 성매매에 투신한 자신의 희생으로 살아남은 반체제 인사인 전남편이 부잣집 여성과 재혼함으로써 군부독재 체제에 대한 저항정신을 버리고 편법적 출세를 이룩한 것에 대한 배신감을 이겨내지 못한다. 세영을 등쳐먹고 살던 가짜 대학생 민수도 단지 한 번도 고결한 이상을 가진 적이 없을 뿐이지 부유하고 안락한 삶을 꿈꾼다는 점에서는 결국 동민과 다르지 않기 때문에 지숙은 민수에게 대리복수를 실행하는 셈이다.

193 바우만, 앞의 책, 63쪽.
194 위의 책.

액체현대에서 "법률상의 개인의 여건과 실제 개인이 될 수 있는 기회, 즉 자신의 운명에 대한 통제권을 쥐고 진정 바라는 선택을 할 수 있는 기회 사이에는 엄청나게 넓은 간극이 자리하고 있"기에, 1980년대의 멜로드라마적 희생양은 호스트나 호스티스를 통해 최고치로 그려졌다.[195] 고대 그리스 비극의 주인공들처럼, 현대 멜로드라마의 주인공들도 한 치 앞을 알 수 없는 미래에 대한 불안 속에서 자신의 운명에 대한 통제권을 쥐지 못하고, 원하는 선택을 할 수 없다. 그러나 운명의 희생양이 되었다 하더라도 동식은 최소한 액체현대를 함께 헤엄치며 고체적 유대를 형성할 동반자를 찾음으로써 관객의 멜로드라마적 상상력을 만족시켜준다. 그러나 <티켓>에서는 그 결속이 이루어지지 않고 복수만이 남음으로써 모두가 뿔뿔이 흩어지고 만다. 복수도 멜로드라마적 상상력이 작용한 결과이기는 하지만, 오히려 죽음으로 종결되는 <엑스>의 두 주인공이 덜 외롭게 느껴지는 것은 지나치게 낭만화된 해석일까? <티켓>은 이미 정신적으로 신자유주의화되어 액체화된 현대사회 속에서 '각자도생'을 외치고 실천하는 1980년대 중반 한국사회의 발전주의 정신의 어두운 이면을 고발하고 있는 것이다.

195 위의 책, 63~64쪽.

영화진흥위원회 50주년 기념 총서 01

에로방화의 은밀한 매력

1980년대 한국 대중영화의 진보적 양면성

2부

급진성과 퇴행성 사이의 에로방화의 진보성 :민중민족주의와 페미니즘

2부

급진성과 퇴행성 사이의 에로방화의 진보성 : 민중민족주의와 페미니즘

4장 민족주의 에로방화 속 위기의 여인들[196]

: <무릎과 무릎사이>(1984)와 <깊고 푸른 밤>(1985)

1980년대 에로방화의 일부는 반미 정서를 표출하고 민족주의적 주제를 내세우며 만들어졌다. 본 장에서는 이 영화들을 민족주의 에로방화라 명명하고, 이를 크게 두 가지 유형으로 구분하여 대표작 한 편씩을 각각 분석하며 그 흐름을 들여다볼 것이다. 첫 번째 유형은 한국 내 가장 큰 미군 기지가 있는 용산의 이태원 일대에서 미국인/서양인에 의해 성적으로 유린당한 한국 여성들의 트라우마를 다루는 경우로, <무릎과 무릎사이>(이장호, 1984), <여왕벌>(이원세, 1985), <추락하는 것은 날개가 있다>(장길

196 이 챕터는 *The Journal of Korean Studies*에 게재된 필자의 논문 "Woman in Ethnocultural Peril: South Korean Nationalist Erotic Films of the 1980s"를 학술지의 출판사인 듀크대학교 출판사로부터 허가를 얻어 한글로 번역하면서 약간의 수정과 보완을 가했음을 밝혀둔다. Yun-Jong Lee, "Woman in Ethnocultural Peril: South Korean Nationalist Erotic Films of the 1980s", *Journal of Korean Studies*, vol.21, no.1, pp.101~135. Copyright 2016, Duke University Press. All rights reserved. Republished by permission of the publisher. www.dukeupress.edu.

수, 1990) 등이 대표적이다. 두 번째 유형은 아메리칸 드림의 어두운 이면을 그리는 영화들로, 미국 사회에서 마약에 중독되거나 금전 문제로 누군가에게 쫓기는 처지에 놓인 한국계 여성 이민자들이 한국인 남성을 만나 구원을 받거나 보다 처참하게 이용당하는 내용을 담고 있다. 미국 이민의 허상을 담고 있는 이러한 영화들로 <깊고 푸른 밤>(배창호, 1985), <아메리카 아메리카>(장길수, 1988), <추억의 이름으로>(유영진, 1989) 등을 들 수 있다. 본 장에서는 이 중 <무릎과 무릎사이>와 <깊고 푸른 밤>을 중심으로 민족주의 에로방화를 분석할 것이다. 두 영화는 1980년대를 대표하는 작가주의 감독이라 할 수 있는 이장호와 배창호에 의해 각각 연출되었고, 비평과 흥행 양면에서도 크게 성공했다는 공통점을 지니고 있다. 또한 두 영화는 한 여성의 신체를 국체(國體, national body)와 민족(nation)/민족국가(nation state)의 총체로 동일시하며 전자와 후자 모두를 성애화하는 남성중심주의적 사유를 품고 있다는 특징 또한 함께 지니고 있다.

1980년대 중반부터 수적으로 급격하게 많이 제작되어 에로방화의 일종의 하부장르를 형성하고 있는 민족주의 에로방화에서 한국 여성들은 미국 및 서양 남성의 성적 유린의 직접적인 피해자로 그려지는 경우가 많다. 그러나 여기서 그치지 않고 그녀들은 서구나 미국의 정치·문화적 제국주의에 의해 정신적으로도 황폐해져, 한국 남성에 의한 구조가 절실히 필요한 존재들로 그려진다. 이러한 민족주의 영화들은 민족의 기저를 이루는 기층민, 즉 민중을 여성화하여 그 대표자를 여성으로 상정하고 서구에 대한 한국 지식인 남성의 공포, 특히 미국이 한국에서 정치·문화적으로 우위를 점하고 있는 현실에 대한 공포와 분노를 대변한다. 이러한 신식민적 현실 속에서 근대 이전, 산업화 이전, 전 지구화 이전의 한국의 문화적 순수성을 보존할 필요성을 강조하기 위해 민족적 순수성을 한국 여성의 성적 순결/정조와 동일시하고 이를 비유적으로 재현하는 것이다. 이러한 가부장적 민족주의는 외국인, 특히 백인 남성에 의해 성적으로 유린된 한국 여성을 한국의 민족문화적 위기, 즉 근대화 이후 미국의 신식민지로 전락했다고 여겨지는 남한이 전 지구화를 향해 나아가는 과정에서 민족적 정체성을 상실할지도 모른다는 위기에 처한 제유적 표상으로서의 민중·민족으로 표현한다. 에로방화에서 나타나는 이러한 상징적 민족주의가 1980년대의 민중주의와 민중문화운동과 결합하여 형성된 만큼 본 장에서는 이를 민중민족주의라 부르고자 한다. 한국의 민족주의도 역사적으로, 이론적으로 다양한 형태를 띠고 나타났기 때문에 그 모든 지류들을 단순히 민족주의라고만 부르기에는 각각의 민족주의의 성격이 조금씩 다르기 때문이다.

1980년대 민중민족주의 에로방화 속의 여성은 각자의 개별적 삶, 특히 성생활에서의 주체성을 박탈당한 채 "민족적 알레고리의 [무거운] 짐을 진" 민족적, 성적 위기의 피해자로 그려지는 경우가 대다수이다.[197] 이처럼 영화 속에서 알레고리화된 여성들이

197 Ella Shohat, "Post-Third-Worldist Culture: Gender, Nation, and the Cinema." in *Transnational Cinema, The Film Reader,* eds. Elizabeth Ezra and Terry Rowden, London: Routledge, 2006, pp.39~56.

민족-국가의 위기와 동등하게 외세로부터의 문화적 침략의 위협에 처해 있을 때, 이러한 위협의 순간들은 더욱 도발적으로 성적 스펙터클로 전환된다. 이런 의미에서, 민중민족주의 에로방화는 단순한 상업적 오락물이 아니라, 1980년대 미국 중심의 대중문화 제국주의의 흐름 속에서 제1세계(미국 및 서유럽 국가들)와 제3세계(아시아와 아프리카 및 남미 국가들) 사이의 불평등한 관계 사이에 개입하는 한국 특유의 사회문화적 산물이라 할 수 있다.

민중민족주의 에로방화를 포함한 반미민족주의 영화와 문학 작품들은 1980년대 중반을 기점으로 폭발적으로 쏟아져나온 바 있다. 1985년 소설가 황석영의 이름을 걸고 나온, 1980년 광주항쟁에 대한 최초의 기록서인 『죽음을 넘어 시대의 어둠을 넘어』가 공개된 1985년이 그 기점으로 보인다. 물론 초판은 "풀빛출판사를 통해 나올 예정이었으나 제본소에 맡긴 1만여 권이 압수돼 한동안 금서로 지정"되기도 했다.[198] 『넘어 넘어』라는 축약명으로도 자주 일컬어지며 1980년대 지하시장에서 비공식적 베스트셀러가 된 『죽음을 넘어 시대의 어둠을 넘어』는 1980년 5월 18일 신군부의 계엄령에 대한 항의 시위를 하던 광주 시민들에게 가해진 공수부대의 무차별한 폭압과 살육의 현장을 직접 경험한 이재의, 조봉훈, 전용호 등이 자신들의 체험과 4년간의 자료 수집을 기초로 하여 집필한 책이다. 1980년대 초반까지도 북한의 무장공비가 남한 사회를 전복시키기 위해 광주에서 무장 투쟁을 벌

198 「'죽음을 넘어 시대의 어둠을 넘어' 영국서 번역출간했다」, 『경기매일』, 2022.7.5. http://www.kgmaeil.net/news/articleView.html?idxno=297063

인 데에 광주 시민들이 동참했다는 날조된 뉴스가 남한 전역에 퍼져 있었기에 원저자들은 더 많은 독자에게 광주의 진실을 알리기 위해 황석영의 허락하에 국내외에서 유명한 작가의 이름을 빌려 책을 출판한 것이다. 『넘어 넘어』의 유통은 수많은 한국의 독자들, 특히 대학생들과 민중 운동가들을 최악의 국가폭력에 대한 충격과 공포의 도가니로 몰아넣었다. 특히 광주에 공수부대가 투입되는 군사적 결정은 미국의 허가가 없이는 이루어질 수 없었던 당대 한국의 현실에 비추어 미국 정부가 전두환 정권을 인정하고 간접적으로 군사 쿠데타를 승인했다는 인식으로 이어지며 다수의 한국 대학생들을 반미주의의 흐름으로 인도했다. 민족주의 에로방화도 이러한 흐름 속에서 1980년대 중반에 반미를 표방하며 가장 활발하게 제작된 것으로 보인다.

물론 1980년대 중반 이전인 1980년 12월 9일의 광주 미국문화원 방화 사건이나 1982년 3월 18일 부산 미국문화원 방화 사건으로도 알 수 있듯, 반미운동은 1980년대 초반부터 광주항쟁의 폭력적 진압에 대한 미국의 책임을 묻는 수많은 민주 인사들과 운동권 대학생들의 문제 제기와 함께 이미 시작되었던 바 있다. 광주와 부산에 이어 서울에서도 서울 소재 5개 대학의 재학생들이 1985년 5월 23일부터 26일까지 서울 미국문화원을 점거하고 농성을 벌이기도 했다. 이처럼 1980년대의 민주화 운동가들은 1980년 광주 시민들의 희생 위에 집권한 신군부의 독재정권뿐 아니라 이를 암묵적으로 승인했다고 여겨지는 미국 정부에 광주 학살의 책임 소재를 물으며 미국의 한국에 대한 제국주의적 영향력을 비판하는 움직임을 완전히 내면화했다. 1980년대의 이러한 반미 정서는 한국전쟁의 휴전 이후로 미국이 남한의 공산화를 막은 '구세주'이자 경제 발전에 도움을 준 '혈맹'이라는 인식에서 벗어나기 시작한 움직임이었던 것이다. 오영숙은 이러한 미국에 대한 한국인들의 감정 변화의 또 다른 축으로 1980년대 중반부터 가시화된 탈냉전의 흐름을 꼽으며, 이때부터 1990년대 중반을 정점으로 하여 미국에 적대적인 방화들이 점점 더 그 강도를 드높이며 꾸준히 만들어졌음을 지적한다. 아직 냉전과 반공주의가 투철하던 1970년대만 하더라도 미국과 미국인은 구세주이자 혈맹의 이미지로 그려졌던 것과 매우 대조적이다. 그러나 "이들 [1980년대] 영화가 구현하는 것이 반미감정인지 반미주의인지에 대한 구분이 요구될뿐더러, 과연 미국에 대한 적의만으로 만들어진 '반미영화'인가에 대해 쉽사리 단정하기는 힘들어 보인다"고 말하기도 한다.[199] "1980년대 영화의 간과하기 어려운 특징 중 하나가 미국에 대한 증오와 애정을 동시에 갖고 있는 경우가 허다"하기 때문이다.[200]

실제로 민족주의 에로방화를 포함하여 1980년대 반미감정을 표출하는 영화들은 "미국에 대한 증오와 애정"을 분열적이고 이중적으로 동시에 드러낸다. 따라서 반미의 정서를 내장했다 하더라도 여성의 신체를 통해 한국의 민족적·국체적 훼손과 회복을 제유적으로 표상하는 에로방화들은 반미주의 영화라기보다 민족

199 오영숙, 「탈/냉전기 미국주의의 굴절과 표상」, 『한국문학연구』 46집, 2014, 87~127쪽, 118쪽.
200 위의 글.

주의 방화라 칭하는 것이 더욱 타당하게 보인다. 또한 최초로 광주항쟁을 다룬 장편 독립영화이자 민중주의적 집단 창작물인 장산곶매의 16mm 영화 <오! 꿈의 나라>(이은, 장동홍, 장윤현, 1989)가 반미주의 민중영화로서 1980년대 중반의 민족주의 에로방화와 매우 유사한 서사적·주제적 결을 지니고 있다는 점은 주목을 요한다. <오! 꿈의 나라>의 주요 여성 캐릭터들이 동두천 미군부대의 양공주로서 아메리칸 드림을 품고 미군들을 상대하며 미국 이민을 꿈꾸다가 그들에게 물질적·정서적으로 배신당하고 삶의 의지까지 잃게 된다는 서사적 설정은 앞서 설명한 민족주의 에로방화의 여성들이 직면한 민족적·문화적 위기와 매우 흡사하다.[201] <오! 꿈의 나라>보다 5년 정도 전부터 활발하게 제작되어 민중민족주의적 소재와 주제를 표방한 에로방화들은 이러한 점에서 정치적으로 진보적인 주제(민주화와 민족해방)를 내세우고 있으나 한국의 여성과 민중에 대한 남성 지식인들의 선민의식의 반영이라는 측면에서는 다소 퇴행적인 차원이 있다는 점을 우선 밝혀야 할 것 같다.

그러나 민족주의 에로방화는 대중영화로서 정부의 검열을 의식하며 제작된 만큼 <오! 꿈의 나라>보다 미묘하게, 덜 직접적으로 반미감정을 드러내며 이를 한국의 급격한 서구화에 따른 민족문화와 한국의 문화적 정체성에 대한 상실에 대한 우려로써 표현

201 필자의 다음 논문을 참조할 것. Yun-Jong Lee, "Gwangju and the 1980s Film Movement: The Representation of the Minjung in *Oh! My Dream Country*", *Journal of Japanese and Korean Cinema*, Vol. 14, No. 1, 2022, pp.21~35.

하고 있다는 차이가 있다. 또한 1980년대 극장가가 미화(美畵), 즉 미국영화 혹은 할리우드 영화에 압도적인 차이로 점령되었던 현실에 좌절했던 방화 제작자들에게도 미국은 한국영화와 문화를 위협하는 존재로 인식되었던 만큼, 충무로 영화인들에게 할리우드에 대한 애증의 감정, 즉 동경과 반감이라는 양가의 감정은 불가피했다. 이와 같은 민족주의 에로방화에서 나타나는 미국에 대한 애증의 감정과 정치적으로 진보적이면서도 젠더적으로는 다소 퇴행적인 특성은 그야말로 에로방화의 '진보적 양면성'을 그대로 압축하고 있다. 민족주의 에로방화 속에서 반미감정이 문화민족주의로 전화되는 지점을 살피기 위해서는 당대 방화의 위상에 대해 우선 살펴보아야 할 것 같다.

1. 영상적 전환 : 1980년대 방화에 대한 미화의 우세

앞서 서문에서 언급했던 것처럼, 해방 이후 남한에서 민중이 다시 부각되기 시작한 것은 1970년대부터 민주화운동 세력이 본격적으로 박정희 정권의 장기 군부독재를 비판하며 민주화의 주체로서 민중을 상정하면서부터이다. 1979년 10월 26일 박정희 대통령이 피살된 후 같은 해 12월 12일 전두환 소장이 군사 쿠데타를 일으켜 실질적인 권력을 탈취하고 1980년 5월 17일 비상계엄령을 선포하기 전까지의 '서울의 봄' 기간 동안 시민들은 잠시나마 민주화에 대한 희망에 들떠 있었다. 그러나 12·12 군사반란에 이어 5·18 광주항쟁의 무력진압과 함께 희망은 완전히 사그라들었고 전두환 소장의 신군부가 곧 정권을 완전히 장악하며 민주화운동가들은 보다 거세게 민중을 소환하기 시작했다. 그리고 1980년대 민중운동은 문화운동으로 보다 크고 넓게 확산되어 마당극 등의 문화 텍스트 등을 통해 보다 광범위한 대중에게 민중·민족·민주의 필요성을 각인시킬 수 있었다. 광주항쟁 직후 소수 지식인들의 반미감정과 반미운동으로 촉발된 한국의 신식민지적 상황에 대한 외적 위기의식과, 신군부의 독재정권 치하에서 표현과 선택의 자유를 박탈당한 한국의 내적 위기 속에서 민주주의와 민족해방을 갈망했던 민중주의 지식인들과 문화운동가들은 1980년대 내내 미국과 한국 정부 양측을 상대로 투쟁했던 것이다. 이를 통해 1980년대의 민중문화운동은 미국의 신식민지 상태로부터의 민중·민족해방과 민주화를 목표로 북한과의 통일을 모색하며 민족주의 운동을 도모하기도 했다. 그렇다면 1980년대 주류 영화인들은 어떻게 이러한 민중민족주의와 연동된 영화들을 만들게 된 것일까?

1980년대 한국 내에서 미국 대중문화의 엄청난 인기와 영향력은 민중 지식인들은 물론이고 영화인들마저도 미국문화에 빠진 젊은이들에 대한 우려와 함께 당대의 반미 민족주의적 정동에 동조하는 데에 일조하게 했다. 오영숙의 말마따나 "1980년대에 미국식 문화가 대중들에게 내면화되는 속도는 그 어느 때보다도 빠른 편"이어서 "코카콜라와 블루진, 맥도날드 햄버거, 록큰롤 음악, 할리우드 영화와 같은 소프트 파워는 미국이 행사하는 하드 파워보다 미국적 가치를 전파하는 영향력 면에서는 한 수 위였다."202 영화에서의 반미는 특히 미화에 대한 방화의 상대적 약세로 인해 더욱 거세졌다. 에로방화가 극장가에서 흥행에 성공했다 해도 당대 할리우드의 액션 블록버스터 영화의 인기와는 비교될 수 없었으며 1980년대의 서울관객 기준 톱 텐 흥행작 리스트는 아래 표에서 보듯 미국영화, 즉 미화가 거의 완전히 점유하고 있었다.203

순위	영화명	제작국	감독	제작 연도	한국 개봉일	서울 관객수
1	킬링 필드	영국	롤랑 조페	1984	1985. 6. 6.	925,994
2	인디아나 존스 2	미국	스티븐 스필버그	1984	1985. 5. 8.	808,492
3	람보 2	미국	조지 코스마토스	1985	1985. 8. 3.	639,098
4	플래툰	미국	올리버 스톤	1986	1987. 7. 4.	576,924
5	사관과 신사	미국	테일러 핵포드	1982	1983. 1. 1.	563,533
6	이티(E. T.)	미국	스티븐 스필버그	1982	1984. 6. 23.	559,056
7	007 네버 세이 네버 어게인	미국	어빈 커쉬너	1983	1983. 12. 23.	555,627

202 오영숙, 앞의 글, 96쪽.

203 표는 필자가 박사논문 집필 당시(2010-2012년) 네이버 블로그들을 검색했던 결과를 토대로 만든 것이다. 그 당시 참조했던 블로그는 현재 검색이 안 되고, 다음의 인터넷 사이트에서 같은 결과를 찾을 수 있다.
https://dprime.kr/g2/bbs/board.php?bo_table=movie&wr_id=639984

8	미션	영국	롤랑 조페	1986	1986. 12. 24.	525, 630
9	깊고 푸른 밤	한국	배창호	1985	1985. 3. 1.	495, 673
10	인디아나 존스 - 최후의 성전	미국	스티븐 스필버그	1989	1989. 7. 22.	491, 010

이상 10편 중 7편이 할리우드 영화이고, 한국영화는 <깊고 푸른 밤> 단 한 작품만 순위에 포함되어 있다. 물론, 1위와 8위를 차지한 두 편의 롤랑 조페 감독의 영화는 영국 감독에 의해 연출되었을 뿐 아니라 제작국이 영국이라는 특이점이 있을뿐더러 <미션>은 영국과 프랑스의 합작영화이기도 하다. 또한 조페 감독이 프랑스계 영국인인 만큼 성에 프랑스식 알파벳이 사용되어서인지 그의 이름을 롤랜드 조페가 아니라 프랑스식으로 롤랑 조페로 표기하고 아직까지도 한국에서는 그렇게 알려져 있다는 것도 흥미로운 현상이다. 그러나 조페가 연출한 두 영화 모두 미국의 아카데미상 시상식에서 다수의 상을 받고, 주연배우인 샘 워터스톤(<킬링 필드>)과 로버트 드니로(<미션>)가 미국인이기 때문인지 한국에서는 21세기까지도 미국영화로 인식되고 있다.

이 같은 상황을 감안하면, 1980년대 한국 관객들은 방화보다는 미화를 차별적으로 선호했다고 단언할 수 있다. 게다가 10편의 흥행작 중 3편이 스티븐 스필버그 감독의 작품임을 감안하면 미국과 해외에서는 물론이고 한국에서도 스필버그의 높은 위상을 확인할 수 있다. 이러한 상황에서 <깊고 푸른 밤>이 성취한 흥행기록은 상당히 예외적이고 유의미하다고 할 수 있다. <깊고 푸른 밤>의 대성공은 이를 예상치 못했던 배창호 감독 자신도 놀라게 했을 뿐 아니라 그가 '한국의 스티븐 스필버그'라는 별명을 얻게 되는 계기가 되기도 했다.[204] 위의 표에는 안 들어가 있지만 배창호가 한 해 전에 연출한 <고래사냥>(1984)도 당시의 한국영화 최고 흥행기록을 경신한 영화였고, 이장호의 <무릎과 무릎 사이>가 그보다 몇 달 후에 개봉해서 개봉 3주 차에 <고래사냥>의 기록을 웃돌며 흥행하는 듯했으나 결국 최종적으로 기록을 깨지는 못했다. 이장호는 <어우동>(1985)으로 다시 <깊고 푸른 밤>과 흥행기록을 놓고 경쟁을 벌였으나 결국 1980년대 최고의 방화 흥행작의 자리는 배창호의 작품이 지키게 되었다. <적도의 꽃>(1983)과 <고래사냥>, <깊고 푸른 밤>으로 연속적으로 방화의 흥행기록을 갱신한 배창호는 선배 감독인 이장호와 선의의 경쟁을 벌이며 1980년대 극장가의 방화흥행을 주도했다 할 수 있다.

할리우드 영화는 21세기에도 한국 관객에게 대단히 사랑받고 있지만, 1980년대 방화에 대한 미화의 상대적 우위는 당대의 영화인들을 긴장시키기에 충분했다. 1990년대 후반부터 이어져온 한국영화의 르네상스로 새천년의 한국 관객은 코로나 팬데믹 이전까지 극장가에서 한국영화의 티켓을 사는 것을 주저하지 않았으나, 1980년대의 관객들은 압도적으로 할리우드 영화를 편애했다. 따라서 할리우드 블록버스터와의 경쟁과 1970년대부터 이어져온 방화의 침체라는 이중고에 시달렸던 1980년대 한국의 영

204 김영진, 『이장호 vs 배창호: 한국영화의 최전선』, 한국영상자료원, 2007, 97쪽.

화인, 평론가, 기자들에게 미화는 시기와 적대의 대상이 될 수밖에 없었다. 1985년 경향신문에는 「미 폭력영화 올 극장가서도 활개」라는 제목의 기사가 실리기도 했는데, 프랑스 영화 <마이 파트너>가 작품성이 뛰어남에도 극장가에서 고전하고 있다며 이는 미국영화 <람보 2>의 흥행기록과 매우 대조된다는 소식을 전한다.205 기사의 말미에는 영화평론가 허창을 인터뷰해 "우리 영화 관객은 완전히 미국영화에 젖어 있다고 해도 과언이 아니다"라는 그의 분석과 "외화는 작품성 위주로 들여와 정신문화 발전에 기여토록 해야 한다"는 그의 조언을 인용하며 한국의 현실을 개탄한다.206

사실 상업성으로 무장한 할리우드 영화가 관객 정신에 미치는 유해한 효과에 대한 민족주의적 경고는 한국뿐 아니라 미국을 제외한 전 세계 거의 어느 나라에서나 발견할 수 있다. 어느 나라의 내셔널 시네마라도 "전 지구적"이고 "국제적"이며 "초국가적"인 할리우드 영화와 대비해 "위기와 갈등, 저항과 협상"의 역사를 거칠 수밖에 없기 때문이다.207 이에 따라 내셔널 시네마론은 거의 대부분의 나라에서 "문화적(이고 경제적)인 저항의 전략: (보통) 할리우드의 국제적 지배에 대항하여 국내의 자급력을 확고히 하

205 김양삼, 「美 폭력영화 올 극장가서도 활개 - 수입외화 중 76% … 〈람보 2〉 관객 60만 동원; 수준 높은 유럽 작품에도 눈돌려야」, 『경향신문』, 1985. 11. 11.

206 위의 글.

207 Andrew Higson, "The Concept of National Cinema," *Film and Nationalism*, Alan Williams ed., Rutgers University Press, 2002, pp.52~67, p.54.

는 방안"으로서 개념화되고 활용된다.208 한국의 경우 방화에 대한 미화의 우세 때문에 이러한 문화적 저항의 전략이 1980년대에 유례없이 강하게 나타났다. 이는 또한 박유희의 지적대로 "영화의 예술성을 논할 때 할리우드 영화는 제외되고 예술영화의 자리는 유럽영화들이 차지"하는 한국적 통념이 "해방 이후 지금[21세기]까지도 작동하고 있으며, 미국에 대한 우리의 인식과 겹쳐"지는 현실과도 맞닿아 있다.209

나는 이러한 1980년대 미화의 거의 일방적인 우세가 1970년대부터 뉴 할리우드가 새로이 선보이기 시작한 블록버스터 영화들, 즉 <조스(Jaws)>(스티븐 스필버그, 1975)와 <스타워즈(Star Wars)>(조지 루카스, 1977)에서 볼 수 있는 놀라울 만큼 스펙터클한 영상미로 인해 가능해졌다고 생각한다. 다시 말해, 할리우드 영화를 비롯한 미국 대중문화가 1980년대 남한에서 구가한 엄청난 인기는 미술사학자 W. J. T. 미첼이 '영상적 전환 (pictorial turn)'이라 명명한 문화적 현상과도 궤를 같이하는, 대중음악과 같은 비시각적 매체에서까지도 목도되는 미국문화의 스펙터클한 영상화로 인

•

208 Ibid. 위의 책에 함께 수록된 스티븐 크로프트(Stephen Croft)의 "Reconceptualizing National Cinema/s"도 참조할 것. 이 글에서 크로프트는 미국 외의 여러 나라들이 할리우드의 자국 영화관 점령에 대응하는 방안으로서 내셔널 시네마 담론을 펼치는 다양한 접근들에 대해 방대하게 분석하고 있다. 톰 오리건도 그의 *Australian National Cinema*라는 책에서 호주 영화가 할리우드 영화와의 관계성 속에서 드러내는 내셔널 시네마의 특성에 대해 분석하고 있다. Tom O'Regan, *Australian National Cinema*, Routledge, 1996. 이 외에도 다음을 참조할 것. Mett Hjort and Scott Macknzie, eds., *Cinema & Nation*, Routledge, 2001; Valentina Vitali and Paul Willemen, eds., *Theorising National Cinema*, British Film Institute, 2008.

209 박유희, 『한국영화 표상의 지도: 가족, 국가, 민주주의, 여성, 예술 다섯 가지 표상으로 읽는 한국영화사』, 책과 함께, 2019, 171쪽.

해 추동된 것으로 보인다. 미첼은 영상적 전환을 "언어주의와 기호주의 이후 재발견된 시각성, 장치, 제도, 담론, 신체 및 비유성과의 상호작용으로서의 영상"으로의 전환으로 정의하는데, 1980년대 미국 대중문화는 "이 세상에 완전히 '순수하게' 시각적이거나 언어적인 예술은 없다"는 미첼의 주장을 실현하기라도 하듯 문자와 영상이 혼합되어 있었다.[210] 이에 따라 1980년대 할리우드 영화가 공격적일 정도로 스펙터클을 강화하는 한편, 포스트모던 시대의 미국 팝음악은 (1970년대 '글램 록'의 유행 이후) 1981년 MTV(Music Television)의 개국으로 급물살을 타고 글래머러스하게 영상화되기 시작했다. 미국 대중문화가 영상적 전환을 거치는 동안, 1980년대 초중반의 한국 대중음악계는 청각성에 골몰해 뮤직비디오나 가수의 댄스 공연에 투자한다는 것은 아직 일반적이지도 않았고 높게 평가되지도 않았다. 이때의 영화조차도 이두용 감독의 말마따나 언어화된 이야기를 영상으로 포장하는 것에 지나지 않았다.[211]

물론 이두용, 이장호, 배창호, 임권택과 같은 몇몇 감독들은 뛰어난 영상미를 통해 자신들의 영화를 시각 예술로 승화시키려 고군분투했다. 다음 절에서 <무릎과 무릎사이>와 <깊고 푸른 밤>을 분석하며 보겠지만, 이들이 연출한 영화들조차도 입으로, 언어로 영화를 이데올로기화하고자 하는 한국의 문자주의적 기조에 굴복할 수밖에 없었다. 아이러니하게도 한국영화계는 영상

210 W. J. T. Mitchell, *Picture Theory*, University of Chicago Press, 1994, p.16, p.5.
211 Yu Yang-geun, *Lee Doo-yong*, KOFIC, 2009, p.108.

미에 대체로 무관심한 태도로 일관해 이러한 경향이 1990년대 후반까지도 지속되었고, 이 무렵부터서야 김지운, 봉준호, 박찬욱 등의 감독들이 각각 <조용한 가족>(1998), <플란다스의 개>(2000), <공동경비구역 JSA>(2000)의 영상미로 주목받기 시작하며 다른 데뷔 감독들에게도 영향을 주게 되었다. 1990년대 후반은 강제규 감독이 <쉬리>(1999)를 통해 한국 최초의 블록버스터 영화를 선보이며 한국도 액션 블록버스터 영화를 만들 수 있다는 것을 입증한 시기이기도 하다. 1990년대의 바로 직전인 1980년대까지도 지속된, 미장센보다 서사를 지나치게 중시하는 한국 영화인들의 경향은 아이러니하게도 미국의 한국문학자인 시어도어 휴즈가 식민지 시기 이래 전통적인 문자 매체인 문학이 발전시켜 온 공감각성을 통한 "시각적인 것에 대한 언어적 호소"와는 다소 대비되기도 한다.[212] 그러나 서사에의 집착에도 불구하고 한국영화는, 김소영의 지적대로, 연결성 없는 서사구조와 일관성 없는 캐릭터 설정 등에서 많은 지적을 받아왔다.[213] 물론 이승만, 박정희, 전두환으로 이어지는 독재정권 치하에서의 엄격한 검열도 한국영화의 다소 거칠고 불연속적인 편집 및 플롯 구조에 일조했으나 서사구조의 문제점은 고질병과도 같이 오랜 기간 이어져 온 감이 있다. 어찌 되었든 이러한 환경으로 인해 1980년대 방화는

212 Theodore Hughes, *Literature and Film in Cold War South Korea: Freedom's Frontier*, Columbia University Press, 2012, p.26.

213 Soyoung Kim, "Questions of Woman's Film: *The Maid, Madame Freedom*, and Women", *South Korean Golden Age Melodrama: Gender, Genre, and National Cinema*, Kathleen McHugh and Nancy Abelmann, eds., Wayne State University Press, 2005, pp.185~200, p.192.

미화에 밀려 고전을 할 수밖에 없었다.

게다가 1973년부터 1984년까지 지속된 제4차 개정 영화법 치하의 충무로는 영화사들이 고품격의 영화를 제작하기보다 영화 세 편 제작당 한 편씩 주어지는 외화 수입권을 따기 위해 네 달만에 서둘러서 영화를 만드는 악습이 유지되는 환경을 조성했다. 방화 제작보다 미화의 수입과 배급이 훨씬 이윤이 남는 장사였기 때문에 영화사들은 1년에 12편의 방화를 제작해 4편의 외화 수입권을 따는 데에 혈안이 돼 있을 수밖에 없었다. 또한 정부는 영화사의 존속 비율을 엄격하게 규제해 1984년까지 14개에서 20개 정도의 영화사들만이 명맥을 유지할 수 있었다. 이러한 상황하에서 한국영화계는 완성도가 낮은 영화만을 재빨리 만드는 악순환을 반복할 수밖에 없었다. 따라서 한국 관객들은 에로방화를 포함한 방화 전체를 저질의, 촌스럽고 대충 만든 영화라 경시하는 풍조에 젖어 들게 되었다. 상황을 더 악화시킨 것은 제5차 영화법 개정으로 1984년에서 1987년 사이에 미국영화를 직배, 즉 직접 배급하도록 하는 법안이 통과된 것이었다. 할리우드 영화가 미국 영화사를 통해 직배되기 시작한 1980년대 말에 이르러 미국영화에 대한 한국 영화인들의 위기의식과 공포심은 한층 더 배가되었다. 미국의 두 영화사, 유니버설 픽처스와 파라마운트 픽처스의 합작 회사인 UIP(United International Pictures)에 의해 최초로 배급되어 한국 극장에 걸린 할리우드 영화 <위험한 정사>(에이드리언 라인, 1987)가 1988년 9월 10일 개봉하자 영화인들은 거세게 들고일어났다. 어떤 이는 극장에 뱀을 풀기도 했고 어떤 이는

상영관에 방화를 (물론 금방 꺼졌지만) 저지르기도 했다.[214]

1990년까지 이어진 영화인들의 격렬한 저항에도 불구하고 제5차 영화법은 폐지되지 않았고 몇몇 영화인들의 극단적 처방은 한국의 미국에의 종속에 대한 민족주의적 우려를 고양하는 데에 크게 기여했다. 일례로 1990년 한 신문기사에서는 중년의 구독자가 청소년들이 UIP 직배 영화를 보기 위해 극장 앞에 길게 줄 서 있는 것을 보고 장기적으로 볼 때 "민족문화 훼손"이 우려된다는 기고문을 보내기도 했다.[215] 한국의 일반 대중뿐 아니라 영화인들과 비평가, 기자들에게도 할리우드는 초국적 영화의 상징이기보다는 한국영화를 오염시키고 훼손시키는, 초강대국인 미국의 문화적 제국주의의 상징이었던 것이다. 이러한 관점에서 반식민주의와 민중·민족 해방을 추구하는 민중민족주의는 반미주의와 결합하여 다수의 영화인들에게 영향을 미치게 된 후 민족주의 에로방화로 표출되었다. 이와 더불어 한국 관객들도 영화인들의 우

214 「미국영화 직배극장 잇따라 피습 - '씨네하우스' 방화 (…) '극동' 등 5곳 최루가스 소동」, 『한겨레』, 1989. 8. 15. ; 「영화감독 정지영 씨 등 셋 구속 - 미 직배 극장 2곳 뱀 투입 사주; 방화 개입여부도 추궁 (…) 3명 수배」, 『경향신문』, 1989. 9. 4. ; 「직배 극장에 뱀 투입 영화감독 2명 집유」, 『조선일보』, 1989. 12. 1. 정진우 감독이 운영하던 씨네하우스는 1989년 8월에 방화를 당하게 되었는데, 1989년 2월부터 〈007 리빙데이라이트(The Living Daylights)〉(존 글렌, 1987)와 〈레인맨(Rain Man)〉(베리 레빈슨, 1988) 등을 잇따라 상영해 "이를 반대하는 사람들로부터 심한 반발을 사왔으며 지난 5월 27일에는 영화관 안에서 독사 등 뱀 10마리와 암모니아가스 4통이 발견되기도 했다"고 한다. (『한겨레』 기사) 앞서 2장에서 분석했던 영화 〈안개는 여자처럼 속삭인다〉를 연출했던 정지영 감독은 정희영·김현명 감독과 함께 '미국영화 직배 저지 및 영화진흥법 쟁취 투쟁위원회'를 결성하여 고향 후배인 뱀장수를 통해 독성이 없는 뱀을 구입하여 〈위험한 정사〉를 상영하던 서울의 코리아극장과 신영극장 등에 뱀 10마리를 푼 혐의로 체포되어 징역 1년, 집행유예 2년 등을 선고받았다. 담당 판사는 다음과 같은 이유로 집행유예를 선고했다고 한다. "이들의 범행은 그 수단이 정당하지 못한 것은 사실이나 UIP직배영화가 통상마찰과 문화적 종속의 우려를 야기하고 있는 점 등을 볼 때 그 동기에 정상을 참작할 여지가 있다." (『조선일보』 기사)

215 조경희, 「UIP 직배 영화 판쳐 민족문화 훼손」, 『한겨레』, 1990. 1. 21.

려에 동조하여 1980년대 중반에 피크를 이루며 각각 1984년과 1985년에 개봉된 <무릎과 무릎사이>와 <깊고 푸른 밤>과 같은 민족주의 에로방화에 크게 환호하였다.

이 두 편의 1980년대 반미 민족주의 영화의 흥행은 한국 민중의 미국에의 정치적·문화적 종속에 대한 공포와 더불어 영화를 포함한 미국 대중문화의 막대한 파급력에 대한 위기의식의 발로라 볼 수 있다. 이제 민족주의 에로방화 속에서 민중민족주의가 어떤 형태로 펼쳐졌는지, 특히 그것이 젠더 문제와는 어떻게 결부되었는지 살펴보고자 한다. 아이러니한 점은 <무릎과 무릎사이>와 <깊고 푸른 밤>과 같은 민족주의 에로방화가 박정희 정권과 전두환 정권이 표방한 민족문화 보존을 강조하는 국가의 공식적 민족주의와 공명할 뿐 아니라 유럽의 제국주의자들이 내세웠던 전근대 시기의 민족적 순수함, 특히 여성의 성적 순결과의 동일시를 통한 퇴행적 욕망마저도 반영하고 있다는 것이다. 이러한 흐름을 통해 두 편의 영화가 내세우는 민중민족주의적 가치는 가부장적 민족중심주의로 흐르기도 하는데, 우선 <무릎과 무릎사이>를 통해 그 흐름을 볼 것이다.

2. <무릎과 무릎사이>의 '문화적 강간'의 알레고리

<무릎과 무릎사이>는 1980년대의 대표적 에로방화 흥행작 중의 한 편이다. 영화는 "시네마스코프 1시간 37분, 1984년 9월 30일에 단성사에서 개봉되어 263,334명이 본 것으로 공식적으로

기록"되어 있다.[216] 민족주의 에로방화 중 한국 내에 거주하는 서양인/미국인 남성에게 성적으로 범해지는 여성을 통해 훼손된 민족적 순수성에 대한 남성적 회한과 울분을 알레고리화하는 영화이다. 영화는 중상층의 여대생이 우연한 기회에 잊고 있었던, 유년 시절 미국인 성인 남성에게 당했던 성추행의 트라우마를 기억해 내며 겪게 되는 성적 일탈의 과정을 그린다. 이 과정은 <깊고 푸른 밤>과 마찬가지로 여주인공이 미국인들과 미국의 문화 및 생활방식을 접하며 피해자가 되는 과정으로 전환되는데, 이를 통해 두 편의 영화는 한국적인 것이 미국적인 것보다 가치 있고 이상적이라는 메시지를 전달한다. 특히 두 영화 속에 내재화된 반미 민족주의는 "(신식민화된) 국가에 대한 이중적·역설적 알레고리를 만들어낸다. 즉 반(反)식민주의적 민족주의는 스스로 여성 타자를 만들어냄으로써만 성립 가능하다."[217] 두 영화는 실제로 여성의 신체를 타자화된 전투지로 그려내며 그 안에서 한국의 민족적 순수성은 보존되거나 훼손되는 운명에 처하고 이에 대한 수호는 한국 남성의 가장 중요한 책무 중 하나로 주어진다. 이러한 경향은 이 두 편의 영화에서만 발견되는 것이 아니라 서론에 언급했던 다른 민족주의 에로방화들에도 적용된다.

이러한 관점에서 보자면 <무릎과 무릎사이>는 프레드릭 제임슨(Fredric Jameson)이 언급한 '민족적 알레고리로서의 제3세

216 이장호·김홍준, 『이장호 감독의 마스터클래스 - 대담_김홍준』, 작가, 2013, 279쪽.

217 Chungmoo Choi, "Nationalism and Construction of Gender in Korea", *Dangerous Women: Gender & Korean Nationalism*, Elaine Kim and Chungmoo Choi, eds., Routledge, 1998, pp.9~32, p.22.

계 문화 텍스트'라는, 유명하면서도 논란이 많은 도식의 전범이라 할 만하다. 제임슨은 사적이고 리비도적으로 이야기가 전개되는 것처럼 보이는 제3세계 텍스트가 표출하는 공적이고 정치적인 차원에 주목한 바 있다. 이러한 이야기들은 1980년대 한국을 포함한 제3세계 국가들이 "다종다양한 방식으로 휘말리게 된 제1세계의 문화적 제국주의와 벌이는 생사의 고투 - 제3세계 국가들에서 이루어지는 다양한 단계의 자본의 침투, 혹은 곧잘 완곡하게 표현되어 근대화라 지칭되는 경제적 상황 그 자체를 반영한 문화적 고투"에 처해진 조건들 속에서 창작된다.[218] 과연 <무릎과 무릎사이>는 한 한국 여성의 성생활을 미국의 문화적 제국주의 혹은 자본주의적 근대화와 마주한 한국의 민족적 알레고리로서 정치화한다. 영화는 민중민족주의의 기치하에 그러한 제국주의에 저항하며 한국 여대생의 "생사의 고투"를 알레고리화하는데, 영화 속에서 그녀의 신체는 위험에 처한 한민족을 상징할 뿐 아니라 이장호 감독의 표현대로 미국/서구 "문화에 의해 강간"당하기까지 한다.[219] 이는 이장호의 말마따나 "음악을 들을 때 록이나 팝송을 들으면 내 온몸 전체가 반응하는데, 국악을 들으면 내가 무언가를 생각해야 돼서 머리만 반응을 하지 가슴이나 온몸 전체가 반응을 안" 해 자신이 "미국문화에 강간을 당했나 생각"을 하다가 "서양음악에 강간당해서 이렇게 됐다고" 결론을

218 Fredric Jameson, "Third-World Literature in the Era of Multinational Capitalism", *Social Text*, no. 15 (Autumn 1986), pp.65~88, p.68.

219 See-moo Kim, *Lee Jang-ho*, KOFIC, 2009, p.96.

내린 끝에 영화의 시나리오를 썼기 때문이다.[220]

비록 제임슨은 "모든" 제3세계 문화 텍스트들이 문화 생산의 근대 자본주의적 양식에 저항해 전 자본주의 시대의 "부족적" 생활로 회귀하기를 희망했으나, <무릎과 무릎사이>에 내장된 민족주의는 "리비도적 역학"에 상업적 에로티시즘을 가미하여 그것을 정치화하는 메커니즘 자체를 상업화한다. 제임슨은 제3세계의 문화민족주의가 공과 사, 예술과 정치, 성적인 것과 사회경제적인 것 사이의 모더니스트적 분열을 야기한 제1세계의 포스트모던하고 자본주의적인 문화의 대안이 될 수 있으리라 본 바 있다. 그러나 <무릎과 무릎사이>는 그 분열을 재연결하기보다 서구적 근대성에 대해 양면적·역설적인 대응을 함으로써 그것을 영구화한다. 영화는 문화적 근대화(미국화/상품화)를 맹렬히 거부하지만, 정치적·경제적 근대화(자본주의와 민주주의)는 열렬히 환영한다. 아이자즈 아마드(Aijaz Ahmad)가 제3세계와 제1세계, 민족주의와 포스트모더니즘, (부족적) 전 자본주의와 자본주의, 정전과 비정전으로 양분한 제임슨의 "이분법적 대치를 총체화된 현상으로 바라보는 성급함"을 비판한 것처럼, 1980년대 한국사회와 그 속에서의 에로방화 생산은 그러한 대치의 중간지점에 놓여져 있다.[221] 1980년대의 한국은 산업화/근대화된 자본주의 국가로서 민족적 알레고리를 상업화함으로써 서구에 대항하기보다 서구를

220 이장호·김홍준, 앞의 책, 289쪽.

221 Aijaz Ahmad, "Jameson's Rhetoric of Otherness and the 'National Allegory'", *Social Text*, no. 17 (Autumn 1987), pp.3~25. p.8.

따라잡고 싶어 했다. 이 과정에서 전근대는 전 자본주의적 특성보다는 근대화에 수반된 민족문화의 혼종화가 이루어지지 않은, 오염되지 않은 문화적 양상이라 여겨져 높이 평가받게 되었다.

캐런 캐플런(Caren Kaplan)과 인더폴 그레왈(Inderpal Grewal)은 더 나아가 제임슨뿐 아니라 아마드조차도 "남성주의" 마르크스주의자들이라 지칭하며 이들은 제3세계 민족주의에서 여성의 위치는 거의 고려하지 않는다고 지적한다.[222] 아마드가 제임슨의 글에 대해 논평하면서 말미에 '젠더화된 텍스트'에 대해 슬쩍 언급하기는 하지만, 그와 제임슨 모두 "문화의 가부장적 구성이나 문화적 차이"에는 대체로 무관심할 뿐 아니라 "인종 문제에 의해 굴절된 제1세계와 제3세계 간의 계급 구성 및 남성과 여성 간의 불공평한 구분"에도 관심을 기울이지 않는다는 것이다.[223] 두 남성 학자는 오히려 전 지구적 자본주의에 대항하는 남성 마르크스주의자들 간의 국제적 연합을 추구하고자 한다. 그러나 바로 이러한 연유 때문에 <무릎과 무릎사이>는 제임슨이 이론화한 민족적 알레고리에 보다 잘 부합한다는 역설이 발생한다. <무릎과 무릎사이>와 <깊고 푸른 밤>에서 보이는 전 지구적 불평등에 대한 남성주의적 대항은, 비록 두 영화가 마르크스주의적 주제를 강하게 드러내지 않기에 이상적인 제3세계 텍스트의 도식에는 맞아

222 Caren Kaplan and Inderpal Grewal, "Transnational Feminist Cultural Studies: Beyond the Marxism/Poststructuralism/Feminism Divides", *Between Woman and Nation: Nationalisms, Transnational Feminisms, and the State*, Caren Kaplan, Norma Alarcón, and Minoo Moallem, eds., Duke University Press, 1999, pp.349~364, p.352.

223 Ibid., p.353.

떨어지지 않지만, 제임슨적 이분법과 젠더/문화 본질주의적 유비를 동시에 표출할 수 있게 된 것이다.

<무릎과 무릎사이>는 반복적으로 한국과 서구/미국, 전근대와 근대, 시골과 도시, 남성 강간범과 여성 피해자를 이분법적으로 대비시킨다. 영화는 여주인공 자영(이보희 분)을 그녀의 대학 선배이자 남자친구인 조빈(안성기 분)과 병치시킨다. 조빈은 근대성에 대치되는 전통성을 대변하며 바람직하고 정치적으로 올바른 한국 남성으로 그려진다. 고층 아파트에서 현대적 삶을 영위하는 자영의 가족과 달리, 조빈과 그의 홀어머니(전숙 분)는 한옥에서 살고 집에서는 한복을 입는다. 자영이 서양 악기인 플루트 전공자인 데 반해, 조빈은 한국 전통 악기인 대금을 전공한다. 조빈과 그의 어머니가 판소리를 즐겨 듣는 것과 대조적으로 자영의 남동생인 지철(박영록 분)은 미국 대중음악, 특히 마이클 잭슨의 음악과 공연에 심취해 있다. 지철은 방 전체를 마이클 잭슨의 사진으로 도배해 놓는 것으로도 모자라서 클럽에서도 그의 춤을 따라 하고 집에서도 잭슨의 뮤직비디오를 보며 춤 연습을 한다. 약사인 자영의 어머니(태현실 분)는 일하는 여성이다 보니 살림이나 자녀 양육에는 다소 소홀한 편이어서 가정부(김지영 분)에게 살림을 맡긴다. 이와 달리 조빈의 어머니는 전통적인 한국 여성으로서 작고한 남편에 대해 수절하며 가사에 충실할 뿐 아니라 여가 시간에는 자수를 놓거나 거문고를 뜯는 등 조선시대 양반 여성이 현대에 환생한 것 같은 풍모를 보인다. 보다 눈길을 끄는 것은 자영이 학교에서 서양음악인 현악 4중주 공연을 관람하던 중 성악 전공

자인 수일(임성민 분)로부터 성적 유혹을 받는다는 것이다. 같은 시간에 조빈과 그의 어머니는 여성 수절의 대명사라 할 수 있는 <춘향가>의 판소리 공연을 관람하고 있다. 서구화된 자영의 가족은 자영의 성적 일탈과 더불어 유복한 사업가인 그녀의 아버지(김인문 분)가 예전 여비서(이인옥 분)와의 사이에서 혼외자녀인 딸 보영(이혜영 분)을 둘 정도로 서구/미국 문명에 의해 오염된 것으로 그려진다. 영화 속에서 한국 전통의 것은 모두 좋은 것이고, 서구적/미국적인 것이나 근대적이고 서구의 영향을 받은 것은 모두 나쁜 것으로 재현된다.

<무릎과 무릎사이>는 한국과 서구/미국의 이분화 위에 남성과 여성, 가해자/강간범과 (강간) 피해자의 고전적인 이분법을 덧붙인다. 이처럼 양극화된 이분법의 중복을 통해 영화는 성적 쾌락조차도 한국에는 본래 존재하지 않았으나 외부에서 유입된 개념이라 설파한다. 영화는 1980년대 에로방화 중 가장 예외적이고 놀라울 정도의, 에로비디오 수준의 고수위의 에로티시즘을 묘사하지만 묘하게도 성적 쾌락은 서구에서 유래한 것으로 치부하며 이를 부인하고, 부정하고, 악마화한다. 자영에게 성 충동은 그녀가 성적 주체로서 자발적으로 자연스럽게 느껴야 하는 것이 아니라 미국인 가해자에 의해 수동적으로 외인적으로 맞닥뜨려야 하는 피해의 경험이다. 어린 시절 자영은 집에서 미국인 백인 남성 음악교사로부터 플루트 과외를 받은 적이 있는데, 한 회상 장면에서 둥근 테의 안경을 끼고 턱수염을 길러 프로이트를 연상시키는 외모를 지닌 그는 집에 아무도 없을 때 자영의 무릎을 애무

한다. 바로 그 프로이트적 성적 유혹의 순간, 자영의 어머니가 집에 들어와 백인 소아성애자가 순진한 소녀의 무릎에 키스하는 현장을 목격하게 된다.

아이러니한 점은 이 성추행 사건에서 자영의 어머니가 문제시하는 이가 미국인 소아성애자가 아니라 바로 자신의 어린 딸이라는 것이다. 영화는 한국에서 21세기인 아직까지도 성추행이나 성폭행 사건과 관련해 책임 추궁을 당하는 이가 연령을 불문하고 언제나 여성이라는 점을 상기시킨다. 분노한 어머니는 딸의 뺨을 때리며 야단을 치는 걸로도 모자라 그날부터 매일매일 자영의 일거수일투족을 감시한다. 어머니의 숨 막힐 정도의 감시하에 자영의 트라우마적인 성추행의 기억은 억압되어 잊혔을 뿐 아니라, 그녀는 어떤 남성과도 일체의 성적 접촉을 할 기회가 차단된 채 성장하게 된 것이다. 그러나 어느 날 밤 자영은 자신을 감시하는 어머니로부터 걸려온 전화와 혼선되어 들리게 된 어느 여성의 성적 열락에 가득 찬 신음 소리를 접하고 갑자기 자신의 무릎 사이에서 강한 성적 자극을 느끼게 된다.

영화는 이 전화 통화 장면에서부터 자영의 성 충동이 어린 시절 미국인 플루트 교사로부터 주입되었다가 다시 일깨워져 그녀의 무릎을 영원히 문제적인 성감대로 고정함으로써 자영이 성적으로 '비정상적인' 여성으로 변형되는 과정을 보여주기 시작한다.[224] 자영의 무릎이 '서구화된' 한국인 강간범들로부터 만져지

224 강소원은 수많은 에로방화들 속에서 이처럼 '비정상적인' 여성이 자주 목격되는 현상에 대해 언급한 바 있고, 이에 대해서는 나도 적극 동의한다. 강소원의 박사논문, 『1980년대 한국 성애영화의 섹슈얼리티와 젠더 재현』을 참조할 것.

는 순간마다 그녀는 자신을 방어하다가도 더 이상 저항하지 못하게 되기 때문이다. 영화 속에는 (구강성교를 연상시키는 플루트 등의) 프로이트적인 성적 비유가 넘쳐나는데, 영화평론가 김시무는 영화의 제목인 '무릎과 무릎사이'가 영화의 에로시퀀스마다 자영의 흰 무릎 사이에서 번쩍거리는 금빛 플루트의 기묘한 이미지로 치환된다고 언급한 바 있다.225 이에 따라, 영화의 감독일 뿐 아니라 대본을 집필하기도 한 이장호는 프로이트와 닮은 플루트 교사를 통해 "대중화된 프로이트주의로부터 파생된 성적 이미지들"을 적극적으로 차용하고자 한 것으로 보인다.226 이장호는 한편으로는 어린이가 어른으로부터 성적 유혹을 받는 것에 대해 갖는 환상이 어린이의 "규범적" 성적 발달의 과정을 억압한다는 프로이트의 이론을 수용해, 자영이 무릎에서 느끼는 "신경증적"이고 "비정상적"인 흥분을 프로이트적인 "억압된 것의 귀환"으로 영화 속에서 그려낸다.227 또 다른 한편, 감독은 인간이 유아 시절부터 성적 쾌락을 추구한다는 프로이트의 주장을 오인해 그가 섹슈얼리티를 찬양하고 신성화한 것으로 보고 이를 서구에서 유래한 성적 방종이나 성적 타락과 등치하는 오류를 범한다. 이러한 가정하에 영화는 미국인 가해자와 이후 자영을 겁탈하는 서구화된 한국 남성들 모두가 자영의 성적 순수성을 파괴하는 문화적 강간범이라 질타한다. 미국인 소아성애자는 성 성숙기 이전의 자

225 See-moo Kim, Op.cit., p.60.

226 Christine Gledhill, "Rethinking Genre", p.236.

227 어린이가 어른으로부터 성적 유혹을 받는 것에 대해 갖게 되는 환상에 대해서는 다음을 참조할 것. Sigmund Freuid, *Three Case Histories*, Touchstone, 1996.

영을 성적 세계로 폭력적으로 끌어들이고 서구의 영향을 받은 한국 남성들은 성인이 된 자영을 성적 타락으로 인도한다. 특히 자영을 강제적으로 혹은 반강제적으로 범하는 한국 남성들은 성악 전공자인 그녀의 대학 동기 수일로부터, 수일과의 첫 성관계 이후 자영이 몸과 마음의 휴식을 위해 찾은 조용한 농촌 마을에서 아무런 배려심 없이 서구 경음악을 시끄럽게 틀어놓는 두 명의 도시 청년들이나 지나가던 윤간범들 등의 완전한 타인에 이르기까지 서구의 성적 자유주의에 취해 도덕심을 상실한 이들로 그려진다. 자영의 성적 여성을 최악으로 종결시키는 윤간 장면은 그녀의 몸과 마음을 완전히 망가뜨려 그녀는 삶의 의지를 잃게 된다.

그럼에도 불구하고 영화는 그녀가 자신의 의지와 상관없이 피해자가 된 만큼 자영에게 희망을 불어넣어 주기도 한다. 자영(현대 한국)이 성적으로, 존재론적으로 미국 남성과 서구의 영향을 받은 한국 남성들에 의해 위기에 처했을 때, 그녀는 '고결한(respectable)' 한국 남성인 조빈에 의해 심리적으로, 영적으로 구원을 받는다. 조빈은 여자친구인 자영을 지키기 위해 자신의 성욕을 절제할 뿐 아니라 한국 전통문화(전근대 한국)를 수호하기 위해 서구 문화를 거부하기도 한다. 영화의 오프닝 시퀀스에서 자영과 조빈이 대학 캠퍼스 어딘가에서 흘러나오는 마이클 잭슨의 <스릴러>를 들으며 나누는 대화 장면은 주목을 요한다.

자영: 내동생 지철이 말이에요. 하루 종일 자기가 마이클 잭슨이라 착각하고 사는 게 그 애 취미예요.

조빈: 나는 마이클 잭슨을 볼 때마다 겁이 나. 노스트라다무스가 예언한 세기말적인 모든 것의 선봉장 같은 느낌이 들거든.

자영: 징그러울 때도 있지만, 장난감처럼 앙증스러을 때도 있어요. 꼭 말썽꾸러기 요정 같은 모습이 더 인기를 끌게 하는지도 모르죠.

조빈: 흐흠…. 몰라. 그게 요정인지 악마인지 모르지만, 우리에겐 달갑지 않은 친구야.

이 장면에서 조빈은 이장호를 대신해 자신의 민족주의적 우려를 표출한다. 그에게 있어 팝의 황제 마이클 잭슨은 한국인인 "우리에겐 달갑지 않은" 타자일 뿐 아니라 "요정" 같기도 하고 "악마" 같기도 한 매력으로 보는 사람을 홀려 19세기 후반과 20세기 초반의 세기 전환기의 퇴폐주의와 유사한 20세기의 종말론적 증후군의 상징으로도 여겨지는 것이다. 영화 속에서 이 미국 가수가 한국문화의 미국적/서구적 오염의 상징으로 다소 부정적으로 여겨지는 만큼, 언제나 로봇처럼 움직이는 마이클 잭슨의 춤 동작 하나하나를 따라하고 연습하는 지철도 자신의 인간적 능력을 유지하지 못하는 인물로 묘사된다. 자영이 겁탈당하는 순간마다 '성애화된' 장면은 지철이 아무것도 상관 않고 클럽에서 춤추는 데에 몰두해 있는 쇼트로 삽입된다. 이는 그가 누나의 비극에 로봇처럼 무관심하게 일관하는 태도를 강조하는 효과를 준다. 자영을 겁탈하는 이들이나 지철이 서양 문화 전반에 현혹되고 물들어

도덕성을 잃은 것과 달리 조빈은 서구 문물에 대한 환상이 없는, 한국 전통문화의 수호자이자 보호자로 그려진다.

조빈은 조지 모스(George Mosse)가 말한 '고결함(respectability)'의 화신과도 같은 인물이다. 모스는 19세기와 20세기 전환기 서유럽의 부르주아 남성들의 섹슈얼리티와 민족주의의 연관성에 대한 그의 연구에서 고결함을 "섹슈얼리티에 대한 올바른 태도이자 '점잖고 예의 바른' 매너와 도덕"이라 정의한다.[228] 120여 년 전, 세기 전환기 유럽의 중상층 남성들이 당대의 퇴폐성을 거부하며 남자다움을 "성적 열락으로부터 해방된 상태인 동시에 관능성을 사회와 국가의 리더십으로 승화"시킨 것으로 받아들였던 것처럼, 조빈은 자영과 교제하면서도 자신의 성욕을 절제하며 그녀와 완전히 플라토닉한 관계를 유지한다.[229] 1980년대 한국사회에서 교제 중인 커플들이 혼전 성관계를 갖지 않는 것은 전혀 이상할 것 없이 매우 바람직하게 여겨졌던 것이 사실이기도 하다. 조빈은 또한 마지막의 윤간을 포함해 연속적인 겁탈 이후 신체적 정신적으로 완전히 무너진 자영을 온전히 포용하는 성숙함을 보여주기도 한다. 자영의 부탁으로 잠시 그녀와 헤어졌던 조빈은 그녀가 자살 시도를 해 입원하자 한걸음에 그녀에게 달려가 병상을 지킨다. 빛나는 갑옷을 입은 멋진 기사처럼 흔들림 없이 자영을 지키던 조빈은 영화의 마지막에서 이들의 해피엔딩을

228 George Mosse, *Nationalism and Sexuality: Respectability and Abnormal Sexuality in Modern Europe*, Howard Fertig, 1958, p.1.

229 Ibid., p.13.

암시하듯 순백의 원피스를 입고 퇴원하는 자영과 재결합한다. 자영은 영화의 가부장적 민족주의의 기치하에서 "고결"하고 "남자다운" 한국인 남성에 의해 구원을 받는 것이다.

<무릎과 무릎사이>는 민족국가가 "근현대성의 부속물에게는 허용되지 않는 불변성"을 유지해야 한다고 주장하는 영화이다.[230] 조빈으로 표상되는 영화의 이러한 민족주의적 열망은 근현대성과 이에 수반되는 성적 자유로부터 한국이 물러서고 역진해야 함을 설파한다. 그러나 조빈과 이장호의 이러한 민족주의는 아이러니하게도 역설적이어서 20세기 초 유럽의 민족주의는 물론이고 박정희 대통령이 공식화한 남한의 민족주의와도 매우 유사해 그러한 민족주의들의 수순을 그대로 밟는다. 즉, 이러한 민족주의들은 이상적인 국가 건설을 위해 성욕을 절제하는 (부르주아) 남성의 고결함을 강조할 뿐 아니라 "중상층 여성들이 가정 외부에서 적극적인 사회 활동을 하는 것을 차단해 격동의 시대와 마주치지 않도록 하는 것"을 추구한다.[231] 2장에서 <애마부인>과 함께 언급했던 '가정주부화'에는 이러한 남성적 민족주의의 의도도 함께 깔려있다. 이러한 논리에 따르면 이상적인 여성은 조빈의 모친처럼 전근대의 상징으로서 "순수/순결함과 정조"를 보전해야 하고, "목가성과 영구성은 악의 근원인 대도시의 대항마로서 설정"되어야 하는 것이다.[232] 고결한 남성이 이들을 수

230 Ibid., p.52.
231 Ibid., p.112.
232 Ibid., p.98.

호해야 함은 두말할 나위가 없다. 민중민족주의는 이와 같은 산업화 이전으로의 반식민주의적이고 반근대적이며 반서구적인 역진(retreat)을 요청하는 것이다. 이는 테리 이글턴(Terry Eagleton)의 "아이러니" 개념을 빌려 말하자면 민족주의와 같은 적대적 정치사상이 "불가피하게 적대적 반대항에 기생적"일 수밖에 없는 상황을 나타낸다.[233] <무릎과 무릎사이>에 나타나는 전근대 지향적이고 성적으로 억압적인 민족주의 논리는 영화가 그토록 비판하는 서구의 민족주의는 물론이고 민중주의자들이 그토록 맞서 싸우던 (신)군부 정권의 민족주의, 즉 남한의 공식적 민족주의와 매우 흡사하다는 점에서 "아이러니" 그 자체라 할 수 있다. 한국의 공식적 민족주의 또한 "정신적 동원"을 통해 전통 민족문화를 수호해야 함을 강조하는데, 이는 "교묘하게" 유럽의 식민주의 및 제국주의를 보조하게 된다. 파르타 채터지(Partha Chatterjee)가 지적한 바대로, 민족주의는 "유럽의 비유럽에 대한 수출품"이자 "완전한 유럽 정치사적 산물"인 것이다.[234]

주목할 점은 이장호 감독이 1980년대 중반에 이 영화에 대해 포장은 섹스요, 내용은 정치, 특히 민중주의라 공언하고 다니다 못해, 감독 본인이 <무릎과 무릎사이>의 마지막 장면에 자영의 회복을 돕는 정신과 의사로 등장한다는 것이다. 퇴원하는 자영이

233 Terry Eagleton, "Nationalism: Irony and Commitment", in *In Nationalism, Colonialism, and Literature*(Minneapolis: University of Minnesota Press, 1990) eds. Terry Eagleton, Fredric Jameson, and Edward W. Said, pp.23~39, p.26.

234 Partha Chatterjee, *The Nation and Its Fragments : Colonial and Postcolonial Histories*, Princeton, NJ: Princeton University Press, 1993, p.4.

어머니와 함께 정신과 의사의 진료실에 들르자 이장호는 영화 전체의 주제를 직접 말로 전달한다.

> 그동안 따님과 좋은 얘기 많이 나누었습니다. 본인보다는 오히려 우리 사회의 잘못이 많습니다. 우리 한국인에게는 맞지 않는 서구적 생각이나 생활 때문에 우리 모두 열병을 앓고 있는 거지요. 이제 지나간 악몽일랑 모두 잊어버리시고 앞으로는 따님의 정신적인 순결을 어머니께서도 높이 사주셔야겠습니다.

이장호가 자영의 비극이 한국의 서구화/미국화에서 기인되었다고 비판하자마자 다음 장면에서 자영은 마치 다시 정화되어 부활하고 재탄생한 것처럼 순백의 원피스를 입고 퇴원을 한다. 순백색은 자영의 순수한 마음과 정신적 순결을 상징한다. 이장호는 이후에 자신의 카메오 등장이 지나치게 설교적이었다고 후회하며 영화의 선정성이 메시지를 곡해할 것을 우려하여 출연했던 것이라 언급하기도 했다.[235] 그리고 "사람들한테 에로, 포르노를 팔아먹는 게 다라고 인식되니까 그런 영화의 면피를 하기 위해서 메시지를 전해줘야겠는데, 그냥 보통 배우가 나가서 전하는 것보다 내가 나가서 하는 게 좋겠다 싶어서" 출연했으나 평론가들이 가장 많이 지적하는 장면이라 "굉장히 멋쩍었"다고 토로하기도 했다.[236]

•

235 이효인, 「이장호 감독론」, 『영화언어』 12, 1992, 26~42쪽.

236 이장호·김홍준, 앞의 책, 295쪽.

그러나 나는 "에로, 포르노를 팔아먹는 게 다"인 에로시퀀스보다 오히려 영화의 구술화된 가부장적 민족주의 메시지가 오히려 그 속의 전례 없이 에로틱하고 관능적이며 현실적인 이미지들을 왜곡시켜 버렸다고 생각한다. 물론 이장호의 1974년도 데뷔작 <별들의 고향>이 호스티스 영화의 원형으로서 1970년대로서는 놀라울 정도의 성애화된 장면들 덕에 기록적인 흥행에 성공한 바 있기는 하지만 말이다. 내가 보기에는, 1980년대에 만연했던 반미민족주의와 결합한 이장호 영화의 관능적인 장면들이 당시로서는 아직 미숙했던 한국의 '영상적 전환'의 한 전범을 형성했고, 그것이 영화의 흥행을 불러올 수 있었던 것이라 생각된다. 영화의 과도하게 도식적인 민중민족주의적 접근이 영화의 그러한 미덕들을 무색게 하지만 말이다. 따라서 <무릎과 무릎사이>에서 문제적인 것은 에로티시즘 그 자체가 아니라 영화의 가부장적 민족주의의 기치하에서 여성의 신체와 민족국가를 동일시하고 강간을 성애화한다는 점이다.

이장호는 여기서 더 나아가 <무릎과 무릎사이>가 문화적 '강간'을 상징화한 작품이라 대놓고 말하기도 했다. 앞서도 언급한 것처럼, 감독 본인이 제목을 먼저 떠올리고 이에 맞춰 영화의 내용을 구상한 다음 자기 자신을 여성의 위치에 놓고 서구 문화에 의해 강간당하는 스스로의 모습을 상상하며 시나리오를 집필했다는 것이다.237 따라서 이러한 '문화적 강간'의 피해자인 자영은

237 See-moo Kim, Op.cit., pp.95~96.

아동기의 성추행 때부터 (파블로프의 개처럼) 무릎이 애무될 때마다 어이없이 조건반사적으로 성인기 이후의 연속적인 (준)강간을 즐기게 된다. 이전의 겁탈 장면들이 자영의 열락에 빠진 표정을 보여주며 다소 강간에서 화간으로 변질되는 것처럼 처리되었다면, 마지막 윤간 장면에서 암울한 음악과 자영의 괴로워하는 표정을 클로즈업하며 사건의 심각함을 예외적으로 강조하기는 하지만 말이다. 그러나 이 윤간 장면마저도 사실 자영의 자살 시도를 유도하기 위한 서사적 장치라 보아도 무방하다. 이에 따라 영화 속에는 강간의 끔찍함에 대한 고찰이나 강간을 사상적 장치로 활용할 경우의 파장에 대한 고려가 전무하다.

이와 같은 "개인 신체와 국체(national body)의 혼동"은 한국뿐 아니라 일본의 남성 민족주의자/국수주의자들의 논리에서도 자주 발견된다는 점에 주목할 필요가 있다. 마이클 몰라스키(Michael S. Molasky)는 이러한 혼동에 대한 일본 페미니스트들의 반발을 일본의 "대항역사(counter-history)"라 부른 바 있다. 몰라스키는 "피해자성이 공유될 수 있다는 환상"에 대해 비판적인 일본 여성 작가들의 주장을 다음과 같이 정리하고 있다.[238]

> 일본 본토와 오키나와의 남성 작가들은 2차 세계대전에서의 패망과 미국의 일본 점령에 대한 수치심을 놀라울 정도로 일관되게 겁탈당하는 여성에 비유하여 표현해 왔다. 남성 작가들이 강간의 폭력적 현

238 Kono Taeko, "Jikai" [Self displine], *Bungei* (July), pp.10~11. Michael S. Molasky, *The American Occupation of Japan and Okinawa: Literature and Memory*, Routledge, 1999, p.46.(재인용)

실을 무시하고 그 상징적 차원을 활용하는 경향은 저명한 여성 작가인 코노 타에코가 '전쟁의 승자들이 일본 여성들을 모두 겁탈하는 편이 최선이었을 뻔했다'는 자조적인 발언을 하게 만들기까지 했다. 코노는 일본 여성들이 실질적으로 겁탈을 당했더라면 남성 작가들이 자신의 이익을 위해 여성이 성적으로 범해지는 내용을 함부로 작품 속에서 활용하지 않았으리라 말하고 싶었던 것이다.[239]

분노에 찬 코노 타에코(Kono Taeko)의 반응과 같은 맥락에서, 리디아 리우(Lydia Liu)도 20세기 초 일본의 침략을 마주한 근대 중국 남성 지식인들의 민족주의 담론에 대해 매우 비판적이다.

겁탈당한 여성들은 상징적 교환의 표식으로서 반일 선전선동의 강력한 비유의 기능을 수행한다. 여성의 피해자화는 정확히 말해 중국의 역경을 재현하고 성애화하는 데에 사용된다. 이러한 기호화는 민족주의에 의해 여성 신체를 탈구시킨다. 민족주의 담론은 겁탈의 기표에 더 큰 상징적 의미를 부여함으로써 여성 개개인의 특수한 경험들을 부인한다. 즉, 중국 그 자체가 일본 강간범들에 의해 겁탈당하는 것이다.[240]

리우가 말하는 중국 민족주의 담론에서처럼, <무릎과 무릎사이>에서 이루어지는 자영의 피해자화는 한국의 문화적 "역경"

239 Ibid., p.112.

240 Lydia Liu, "The Female Body and the Nationalist Discourse: The Field of Life and Death Revisited.", *Scattered Hegemonies: Postmodernity and Transnational Feminist Practices*, Inderpal Grewal and Caren Kaplan, eds., University of Minnesota Press, 2006, pp.37~62, pp.43~44.

을 강조하기 위해 "성애화"되고 "겁탈의 기표에 더 큰 상징적 의미를 부여"한다. 영화 속에서 자영은 중상층의 여대생이지만, 하층민 여성들, 특히 한국 내 미군 부대 근처의 양공주들은 한국의 문학, 영화, 민족주의 담론들 속에서 '피해자화된 국가'로 알레고리화된다. 안정효의 소설 『은마는 오지 않는다』와 장길수 감독에 의해 영화화된 동명 소설의 1991년 버전을 분석하면서 김현숙은 미군에 의해 강간당해 양공주가 된 어머니의 서사가 성 판매자들을 "비난"할 뿐 아니라 양공주들을 "군사주의와 신식민주의의 희생양"으로서 "전체화된 일차원적 이미지"로 고착시킨다고 비판한다.[241] 같은 맥락에서 캐더린 문(Katharine H. S. Moon)도 남성 가해자와 여성 피해자로 젠더화된 미국과 한국의 관계를 문제화한다. 이러한 젠더화가 "강대국의 약소국에 대한 태도나 여성을 대하는 태도에 대한 책임을 면제"시켜줄 뿐 아니라 "약소국도 주체성을 상실하고 더 강한 나라의 역할만 과대평가"하는 결과를 초래하기 때문이다.[242] 김현숙과 캐더린 문 모두 한국의 가부장적 반미민족주의가 미국을 상대로 한국을 여성화하고 한국 여성 모두를 동질화·전체화하는 것을 경계하는 것이다.

<무릎과 무릎사이>에서 자신을 여성의 입장에 놓아보려 했던 이장호의 시도는 남성은 능동적이고 여성은 수동적이라는 젠더 본질주의적 담론은 물론이고 전근대를 이상화하고 근대를 악마

241 Hyun Sook Kim, "Yanggongju as an Allegory of the Nation", *Dangerous Women: Gender & Korean Nationalism*, pp.175~202, p.180.

242 Katharine H. S. Moon, "Prostitute Bodies and Gendered States in US-Korea relations", *Dangerous Women: Gender & Korean Nationalism*, pp.141~74, p.157.

화하는 문화 본질주의적 담론에마저 기대 여성의 입장, 특히 강간에 대한 입장을 고려하지 않는다. 영화 속에서 한국은 상상된 여성의 입장에 놓여 "주체성을 상실"하고 오히려 미국과 서구의 역할은 "과대평가"되고 만다. 한국이 여성의 입장에 놓인다는 것도 여성 개개인의 특수성, 즉 여성들마다의 젠더, 계급, 인종화된 입장 등을 고려하지 않고 이루어졌음은 말할 필요도 없다. <무릎과 무릎사이>가 여성을 민족적 알레고리로 정치화하기보다 오히려 여성의 사적이고 리비도적인 삶을 보다 깊이 탐구했더라면 어땠을까? 어쩌면 영화는 21세기의 기준에서도 매우 관능적이고 고품질의 에로방화가 되었을지도 모른다.

3. <깊고 푸른 밤>의 깨어진 아메리칸 드림

<깊고 푸른 밤>은, 앞서도 언급했듯, 1980년대에 가장 흥행에 성공한 한국영화이다. 영화는 아메리칸 드림을 품고 미국으로 이주한 한인 이민자들이 다문화 미국사회 내에서의 인종적/민족적 갈등과 동족 간의 골육상쟁에 의해 죽음으로까지 치닫는 내용을 그린다. <무릎과 무릎사이>가 민족문화의 '본질'이 한국의 서구화/미국화에 의해 겁탈당하고 있는지도 모른다는 공포를 알레고리화했다면, <깊고 푸른 밤>은 해외 이주 한국인들을 민족적·문화적 배반자로 그리고 있다. <무릎과 무릎사이>의 피해자가 순진함에 의해 문화적 강간을 당하는 것과 달리, <깊고 푸른 밤>의 배반자들, 즉 미국을 동경해 자발적으로 조국을 등지고 한반도를

떠난 이들을 기다리는 것은 비극적 운명뿐이다. 이장호는 미국과 한국을 이분법적으로 구분해 한국을 옹호하는 전략을 취한 바 있다. 이와 달리 이장호의 <바람불어 좋은날>(1980)과 <어둠의 자식들>(1981)에서 조감독을 하며 영화계에 입문한 배창호는 특정 국가를 이상화하거나 악마화하기보다는 가치평가를 삼간다.

배창호는 오히려 영화 속 이주자들의 부도덕성을 문제시한다. 특히 영화의 주인공이자 안티히어로인 백호빈이 영화 속에서 가장 문제적 인물이라 할 수 있는데, 호빈을 연기하는 배우는 바로 1년 전 영화인 <무릎과 무릎사이>에서 이상적 한국 남성으로 열연을 펼친 안성기이다. 호빈은 에로방화에 수없이 등장하는 도덕적으로 부패한 남성의 전형이다. 이 책의 서론에서도 언급했던 것처럼, 그들은 한국의 압축 근대화 속에서 사회적 성공과 경제적 풍요를 위해서라면 윤리적으로 떳떳하지 못한 일조차도 기꺼이 할 준비가 되어있다. 따라서 <깊고 푸른 밤>의 호빈과 재미 한인들은 미국에서의 불법 체류 상태를 벗어나기 위해서라면 무엇이든 할 결의가 되어 있는 인물들로 그려진다.

최인호의 1982년 동명 소설을 원작으로 하지만 영화판 <깊고 푸른 밤>의 서사는 원저자가 직접 시나리오를 집필했음에도 소설과 상당히 다르다. 소설은 남성 소설가와 남성 가수가 한국의 어두운 현실(군부독재 정권과 마리화나 흡입으로 인한 가수의 위법적 상황)을 피해 미국으로 도망가 자동차로 남캘리포니아를 여행하는 내용을 다루고 있다. 여행을 하며 두 남자는 현실을 결코 피할 수 없다는 것을 깨닫고 한국으로 돌아간다. 소설은 암울한 사회정치적 상황에 놓인 한국 젊은이들의 패배주의와 도피주의를 그리고 있는 것이다. 이와 달리 영화는 소설의 두 남성을 한 남성과 한 여성으로 바꾸어 이들이 미국 영주권을 얻기 위해 가짜 부부 행세를 하는 것을 골조로 하고 있다. 이를 통해 영화는 미국이 유토피아가 아님은 물론 1980년대 한국의 정치·문화적 혼란에 대한 대안도 결코 될 수 없음을 설파한다.

<깊고 푸른 밤>의 한인 이산자들은 할리우드 영화의 화려한 광휘에 순진하게 이끌려 미국으로 향한다. <무릎과 무릎사이>의 자영와 지철 남매가 미국 대중문화의 세례 속에서 자란 것처럼, <깊고 푸른 밤>의 두 남자와 한 여자도 미국(美國)을 한자 그대로 '아름다운 나라'로 낭만화하며 환상을 품는다. 여주인공 제인(장미희 분)은 매일 밤 호화로운 파티장에서 아름다운 드레스를 입고 춤추며 바다가 보이는 대저택에 사는 할리우드 영화 속 인물들을 꿈꾸고, 십 대 시절 마이클이라는 흑인 주한미군과 결혼해 도미한다. 그러나 결혼 후 제인이 마주한 것은 텍사스 작은 마을의 황량한 모래벌판과 인종차별에 대한 분노로 아내에게 손찌검을 하는 남편의 폭력적 모습뿐이다. 곧 자신의 아메리칸 드림이 악몽이었음을 깨달은 제인은 남편과 이혼하기는 하지만, 그녀의 한국식 양육법을 인정하지 않는 텍사스 법에 따라 딸 로라의 양육권을 남편에게 빼앗기고 만다. 제인은 그리스인과 재혼하지만 그가 미국 영주권을 얻기 위해 그녀에게 접근했음을 알게 되고 이혼한다. 두 번이나 이혼하고 나자 그녀는 세 번째와 네 번째 남편인 이탈리아인과 파키스탄인과는 아예 영주권을 위한 편의상의 결

혼을 한다. 호빈과의 다섯 번째 위장 결혼을 앞두고 제인은 앞으로 더 이상 영주권 취득을 위한 결혼은 하지 않기로 결심한 터였지만 한국인 남성과 자녀를 가질 수 있을지도 모른다는 희망으로 결혼에 응한다.

이미 미국 생활과 문화에 대한 환상이 깨진 제인과 달리, 이제 미국에 온 지 반년밖에 안 된 백호빈(안성기 분)에게 있어 미국은 꿈과 희망의 땅이다. 호빈은 할리우드 배우 그레고리 펙을 연상시키는 '그레고리 백'이라는 미국 이름을 짓는다. 제인과의 결혼이 합법적인지 조사하러 온 이민국 수사관들에게는 미국이 자유와 평등의 나라이자 세계에서 가장 위대한 나라라 찬양하고 소리 높여 미국 국가를 부르기까지 한다. 그는 영주권을 얻으면 밤낮으로 일해서 할리우드 영화에 나오는 것 같은 베벌리힐스의 저택과 롤스 로이스, 개인 비행기를 사서 하인들과 운전기사까지 두고 살 거라 제인에게 호언장담한다. 호빈과 같이 식료품점에서 일하는 한인 점원(진유영 분) 또한 미국에 대한 동경으로 마이클 잭슨이 <스릴러>의 뮤직비디오에서 입고 나온 붉은 의상을 연상시키는 옷을 입고 다닌다. 동두천 미군기지 근처에서 자라 영어를 배웠다는 그는 미국에 와서 마침내 "진짜" 미국인들과 "미제" 상품들을 직접 마주하게 된 기쁨으로 하루하루 감격한다.

그러나 이 세 명의 한인 이주자들이 품었던 아메리칸 드림은 곧 그들을 잠식하고 파괴하기 시작한다. <무릎과 무릎사이>의 자영이 거의 무의식적이고 비자발적으로 서구/미국은 물론 서구 문화에 물든 한국 남성들에 의해 불쌍한 피해자가 된 것과 달리,

<깊고 푸른 밤>의 이민자들은 의식적이고 자발적으로 미국에 간 것이기 때문에 영화 속에서 부정적으로 그려진다. 재미 한인사회 내부의 약육강식의 악순환 속에서 제인은 호빈에게 이용당하고 호빈은 식료품점 동료에게 이용당한다. 호빈과 마찬가지로 그의 동료도 무일푼으로 도미해 한국에서 그의 초청을 기다리는 약혼자가 있다. 초등학교만 졸업한 그는 스스로를 '재미 사업가'로 포장해 대졸자를 속여 약혼한 상태이다. 결혼자금이 필요한 그는 한인신문에 실린 호빈의 거취를 수소문하는 광고를 보고 사례금을 받기 위해 호빈을 신고한다. 사례금으로 약혼자의 비행기 표를 사서 그녀의 도착을 기다리던 그는 가게를 급습한 흑인 강도의 총에 피살되고 만다. 한인신문 광고를 통해 호빈을 찾아 헤매던 여성은 제인을 만나 호빈의 정체를 밝힌다. 호빈은 LA에 오기 전 샌디에이고의 한인 식료품점에서 일하고 있었는데, 거기서 가게의 안주인(최민희 분)을 유혹해 사랑의 도피를 벌여 그녀로부터 2만 불을 갈취한 후에는 사막 한가운데에 그녀를 버리고 홀로 떠나버린 적이 있는 악한이다. 영화의 오프닝 시퀀스가 바로 호빈과 이 여성이 광활한 데스밸리의 사막 한가운데에서 벌이는 정사 장면이다. 호빈의 정체를 알게 되었어도 이미 그를 사랑하게 되어버린 제인은 버림받은 여성에게 2만 불을 대신 갚아준다. 그리고 한국에 있는 호빈의 약혼자가 임신 상태로 그가 비행기 표를 보내주기만을 기다린다는 것을 알게 된 후로도 제인은 자신도 임신을 했다며 이혼을 거부한다. 분노한 호빈은 제인에게 자신이 이전에 데스밸리에서 했던 범행을 똑같이 재연할 계획을 세운다.

그러나 데스밸리에서 호빈이 제인을 타 인종 남성들과 결혼하고 성관계를 맺은 더러운 여자라 낙인찍으며 막말 세례를 퍼붓자 좌절한 제인은 호빈을 사살하고 스스로에게도 총구를 겨누고 만다. 어떤 면에서 호빈의 비윤리성은 제인에 의해 처단된 셈이지만, 제인도 한국인이 아닌 남성들과 섹스를 했음으로 인해 비극의 주인공이 된다. 마찬가지로 호빈의 식료품점 동료도 사기 결혼을 하려고 한 데다 정직하게 돈을 모으려 하지 않고 동료를 배신해 큰 사례금을 한탕 하려 한 스스로의 부도덕성으로 인해 비참한 죽음을 맞이한 셈이다. <깊고 푸른 밤>은 마치 모든 재미 동포들이 아메리칸 드림에 속아 넘어가 불행을 자초한 것처럼 영화 속 등장인물들에게 행복한 미래를 허용하지 않는다.

또한 <무릎과 무릎사이>와 마찬가지로 <깊고 푸른 밤>도 여성을 민족적·문화적 순결성의 상징으로 활용한다. 자영의 신체가 한국의 서구화/미국화에 의해 훼손되었다면, 제인의 신체는 호빈의 대사처럼 타 인종 남성들과의 섹스와 결혼에 의해 오염된 것이다. 데스밸리에서 펼쳐지는 <깊고 푸른 밤>의 마지막 장면에서 호빈은 온갖 여성 혐오와 외국인 혐오가 넘쳐흐르는 말로 제인을 모욕한다. 설상가상으로 한국에 있는 약혼녀가 기다림에 지쳐 낙태하고 다른 남자와 결혼하기로 했다는 것까지 제인을 통해 알게 된 호빈은 미친 사람처럼 웃어대다가 자신의 모든 울분을 제인에게 풀려는 듯 극심한 언어폭력을 행한다. 그는 흑인 미군과 딸을 낳고 외국인 남성들과 수차례 결혼한 제인을 “쓰레기” 이자 “더러운 창녀”라며 조롱한다. 더 나아가 그는 그녀를 때리고 발로 차며 특히 배를 공격해 그녀의 아이를 유산시키려고까지 한다. 이러한 끔찍한 모욕과 조롱을 놀라울 정도로 침착하게 받아들이던 제인은 호빈에게 아메리칸 드림은 헛된 것일 뿐이라며 그를 설득하려고까지 한다. 이장호 감독 본인이 <무릎과 무릎사이>에서 영화의 메시지를 직접 구술하는 것처럼, 제인은 아메리칸 드림이 "사막처럼 공허"하다고 설명한다. 제인은 자신이 사실은 임신하지 않았다며 호빈에게 샌프란시스코로 가서 거짓이 아닌 "사랑"으로 함께 새롭게 시작하자고 설득하려고까지 한다. 그러나 호빈은 제인처럼 외국 남자들과 섹스해 피가 더러워진 여자와는 아이를 낳고 싶지 않다며 계속해서 그녀를 멸시한다.

제인은 자영처럼 겁탈을 당하는 것이 아니라 자발적으로 외국인 남성들과 성관계를 가진 바 있다. 바로 그 이유로 그녀는 호빈으로부터 경멸당하고 해피엔딩의 기회마저도 박탈당한다. 최정무가 논한 것처럼, 한국의 가부장적 민족주의는 "한국 여성의 신체를 오직 한국 남성에게만 허용 가능하게 하고 그마저도 결혼이라는 테두리 안에서만 가능"하도록 만들었기 때문이다.[243] 이러한 논리하에서 <깊고 푸른 밤>은 <무릎과 무릎사이>처럼 "단일민족의 명제하에 모든 한국 여성은 정숙해야 하고 외국 남성은 물론 그 연장선상에서 남성화된 외국의 권력으로부터의 접근을 막아야 한다"고 설파하는 것이다.[244] 이러한 이유로 <무릎과 무릎사이>는 자영을 성적으로 고문하면서도 그녀의 성관계가 모두

243 Chungmoo Choi, "Nationalism and Construction of Gender", p.27.
244 Ibid., p.14.

한국 남성과만 이루어졌다는 이유로 그녀에게 희망찬 미래를 선사한다.

그러나 <깊고 푸른 밤>은 제인이 스스로 선택해서 비한국인 남성들과 성관계를 맺었다는 이유만으로 그녀를 사악한 한국 남성인 호빈에 대한 짝사랑으로 괴로워하게 하고 마침내는 자기파괴의 길로 치닫게 한다. 제인이 한국 남자와 아이를 낳아 행복한 미래를 꿈꾸던 찰나에 호빈 같은 악한을 마주하게 된 것은 매우 절망적이고 비극적이다. 오영숙은 "두 사람의 죽음[이] 마치, 아메리칸 드림을 오랫동안 품고 있던 자신의 내면을 향한 일종의 처벌" 같다는 언급을 하기도 한다.[245] 그렇다면 그녀는 왜 호빈과 스스로에게 아메리칸 드림을 꿈꾸었던 것에 대한 처벌을 단행하는 것일까? 게다가 도대체 왜 제인은 한국 남성과 아이를 낳기를 원하는 것일까? 그녀가 첫 번째 결혼에서 한흑 혼혈인 딸 로라의 양육권을 빼앗겼기 때문에 순수한 한국 혈통을 가진 아이라면 자신이 키울 수 있다고 믿기 때문인 것일까? 아니라면 도대체 무엇 때문에 그녀는 한국 혈통의 아이만이 온전히 자신의 자녀가 될 수 있다고 믿는 것일까? 도대체 왜 제인은 호빈 같은 불한당을 사랑하게 되어 그와 새로이 모든 것을 시작하려 하는 걸까? 왜 그녀는 호빈과의 결혼을 그토록 고집스럽게 유지하려 하는 걸까? 영화는 가부장적 민족주의로 중무장한 채, 여성으로서의 제인의 생각이나 욕망을 모호하게 처리한다. 또한 "여성 주체성의 양면성과 모순은 물론이고 이에 대해 협상할 수 있는 여지마저

245 오영숙, 앞의 글, p.114쪽.

도" 봉쇄한 채 아메리칸 드림에 대한 환상이 깨진 제인이 헛되이 아무 한국 남자나 원하도록 만들어버린다.[246]

호빈이 제인을 질타하는 논리는 그녀가 한국인의 혈통을 오염시켰다는 것으로, 이는 인종주의적이다. 사실 인종주의는 자아(우리)와 타자(그들)의 구분에 의거하고 있는 만큼 민족주의 및 남성주의와 아주 긴밀한 친연성을 형성하고 있다. 민족주의의 논리, 특히 한국의 그것은 국가의 구성원 전체를 동질화하면서 타국적자들을 이질화하고 타 인종을 타자화하며 강화되어왔다. <무릎과 무릎사이>의 조빈은 마이클 잭슨을 "우리에겐 달갑지 않은" 흑인 가수라며 경계한 바 있다. 만약 잭슨이 백인이었다면 조빈에 의해 표출된 이장호의 논리는 또 달라졌을지도 모른다. <깊고 푸른 밤>의 호빈은 제인이 그녀의 전남편인 또 다른 흑인 마이클과 딸을 낳았다는 이유로 그녀를 모욕한다. 에티엔 발리바르(Étienne Balibar)는 "인종주의는 민족주의로부터 끊임없이 갈라져 나와 [외국인 혐오의 형태로] 외부로 표출되기도 하고 [성차별주의, 계급 차별주의, 동성애 혐오의 형태로] 내부로 향하기도 한다"고 분석한 바 있다.[247] 발리바르의 분석대로 호빈의 민족주의는 외국인 혐오나 혼혈 혐오 등의 형태로 외부화되기도 하지만 "다양한 사회 조직원들, 즉 타민족 구성원뿐 아니라 여성, 성 도착자, 정신병자, 하위 프롤레타리아트 등을 인종화"하며 내부화

246 Choi, Op.cit., 28.

247 Étienne Balibar, "Racism and Nationalism", *Race, Nation, Class: Ambiguous Identities*, Étienne Balibar and Immanuel Wallerstein, eds., Verso, 1991, pp.37~68, p.53.

하기도 한다.[248] 이처럼 내부화된 호빈의 민족주의는 제인이 비한국인 남성들과 성관계를 가졌을 뿐 아니라 여성이기 때문에 그가 그녀를 천대하는 근거가 된다.

호빈의 여성 혐오는 제인과의 관계뿐 아니라 그가 오프닝 시퀀스에서 데스밸리에 버리고 간 여성에 대한 태도에도 적용된다. 그는 이 두 이주 여성들과 '진지한' 관계를 원하지 않고 오직 성적 쾌락과 자신의 정치적·경제적 목표(영주권과 돈)를 얻기 위한 도구로만 그녀들을 이용한다. 호빈은 여성혐오적 인종주의에 근간하여 한인 이주 여성들을 판단, 그들이 미국문화에 의해 성 윤리나 도덕성 전반에 걸쳐 신체적·정신적으로 오염된 존재들이라 치부한다. 이는 최정무가 지적한 것처럼 "민족주의의 일관된 충동은 도덕적 순수성을 요청하고, 이 순수성은 흔히 젠더화된 수사를 통해 표현"되기 때문이다.[249] 이러한 맥락에서 호빈은 한국에 있는 애인에게만 자신의 정신적 정절을 지키는 셈이다. 호빈은 대표적 다문화 국가이자 문화적 '용광로'라 일컬어지는 미국에서 미국인이 되고자 하는 특이할 정도로 강한 욕망을 지니고 있다. 그럼에도 그의 여성혐오적 인종주의는 "인종주의가 민족주의의 '표현'의 하나가 아니라 *민족주의의 보완물*이거나 더 정확히 말해 *민족주의 내부의 보완물*"임을 드러낸다.[250] 과연 호빈의 신체는 미국에서의 경제적 성공을 위해 한국을 떠나 있지만,

248 Ibid., 48.

249 Chungmoo Choi, "Nationalism and Construction of Gender", p.28.

250 Étienne Balibar, Op.Cit., p.54. 이탤릭체 강조는 원문에서의 강조.

그의 마음 혹은 정신은 역설적으로 한국에 남아있다. 그러나 호빈의 역설적 민족주의는 그 자신이 고국을 떠나 자신을 기다리는 애인으로부터 멀어졌기에 그에게 역으로 되돌아온다.

따라서 <깊고 푸른 밤>은 모든 한인 이산자들에게 적대적이라 할 수 있다. 영화 속 한인 이민자들은 남성이건 여성이건 호감이나 공감이 가지 않을뿐더러 경멸감이나 한심함만을 유발하기 때문이다. 헛된 아메리칸 드림에 빠진 호빈과 그의 동료 점원은 필요를 위해서는 어떤 악이라도 기꺼이 행하려 하는 인물들이다. 그들은 경제적·성적 만족을 위해 동포를 이용하고 버리는 것조차 꺼리지 않는다. 박유희의 분석대로 "여성의 정조 문제는 (…) 근대 [한국] 남성의 위계의식과 열등감, 그로 인한 이중적 심리가 복합적으로 드러나는 테마"로서 남성이 여성의 정조를 얼마나 잘 수호해 주는지 여부를 통해 영화 속 "남성 인물의 선악을 구분하고 남녀 간의 위계뿐만 아니라 남성 간의 위계까지도 정당화하는 서사 관습이 형성"되는 근간으로 작용해 왔다.[251] 이러한 관습 속에서 무일푼의 이 두 남자가 도덕적으로 타락한 악한이라면, 제인과 데스밸리에 버려진 여성은 상대적으로 호빈보다 부유하지만 정서적 공허함에 시달리고 있다. 이로 인해 그들은 육체적 쾌락과 정신적 만족을 추구하다 호빈에게 이용당하고 마는 것이다.

앞서도 언급한 것처럼 제인은 훼손된 민족적 순수성을 상징

251 박유희, 앞의 책, 176쪽.

한다. 따라서 그녀가 뒤늦게 한국인 남성을 욕망하게 되었음에도 그녀의 '더러워진' 육신은 구원받을 수 없고 제거되어야만 한다. 그녀는 죽어 마땅할 정도로 악한인 호빈과 그의 동료 점원처럼 '외부적으로' 미국문화의 영향에 의해 손상된, 부도덕한 이들과 함께 소거되어야만 하는 것이다. 데스밸리에 버려졌던 여성은 <무릎과 무릎사이>의 자영처럼 한국인 남성들과만 성관계를 가졌으므로 죽음의 위기에서도 살아날 수 있었지만 비한국인 남성들과 자발적으로 성관계를 가진 제인이나 비윤리적인 남성들은 다르다. 이러한 맥락에서 보자면 <깊고 푸른 밤>은 미국 및 미국인과 미국문화에 대해서뿐 아니라 한인 이산자들에 대해서도 이중적이고 양가적이다. 민중민족주의의 논리가 민주화와 민족해방이라는 진보성을 표출하면서도 민족과 여성에 대한 놀라울 만큼 폐쇄적이고 보수적이라는 이중성을 표하는 것과 궤를 같이하는 것이다. 한편으로 영화는 재미 한인 이주자들이 할리우드 영화에 속아 순진하게 아메리칸 드림을 품고 한국을 떠났다고 단순화하며 그들을 질책한다. 다른 한편으로 영화는 1980년대의 한국인들이 전두환 대통령의 신군부 독재정권하에서 패배주의에 젖어 신음할 뿐 아니라 광주항쟁에 대한 폭력적 기억으로 고통받고 있는 것과 대조적으로 이를 등지고 홀가분하게 떠난 이산자들을 간접적으로 질타하기도 한다.

<깊고 푸른 밤>은 <무릎과 무릎사이>에 비하면 한층 조심스럽게 민족주의적 수사학을 구사하는 영화이다. 그러나 두 영화 모두 한국 여성들을 맹목적인 미국 추종자들이거나 미국 남성에

의해 성적으로 오염된 존재들로 대상화하고 타자화한다. 두 영화는, 그들의 오염은 한국의 근현대화나 서구화에 의한 것이라며 관객들에게 전근대 시기에는 있었을지도 모를 문화적 순수성을 되찾아야 한다는 역진(retreat)의 정치를 펼친다. 이 역진의 정치는 조빈처럼 한국의 전통문화를 수호할 것을 당부하기도 하고, 한국 여성들이 외국인 남성들과 접촉할 기회가 차단되었던 과거로의 가부장적 남성주의적 회귀 욕망을 드러내기도 한다. 따라서 두 영화 모두 한국 여성의 인종적·성적 순결을 보호하려는 가부장적 민족주의를 장착하고 있을 뿐 아니라 민중주의의 선민적 가르침을 선포하려는 의도 또한 함께 품고 있다. 두 영화 속의 민중민족주의는 한국 관객에게 미국/서구 문화는 물론이고 아메리칸 드림도 헛된 것에 불과하다 가르치기 때문이다.

4. 나가며

테레사 드 로레티스(Teresa de Lauretis)는 오이디푸스적 서사의 가학적 욕망에 의해 여성이 "무참히 파괴되거나 공간화되는 것"을 경계해야 한다고 경고한 바 있다. 신화적 퀘스트인 오이디푸스적 서사는 남성을 영웅으로, 여성을 그 여정에 있어서의 방해물, 특히 영웅이 정복하거나 제거해야 하는 어두운 굴과 같은 공간적 허들로 설정하고 있기 때문이다.[252] 드 로레티스의 남성 주

252 Teresa de Lauretis, *Alice Doesn't: Feminism, Semiotics, Cinema*, Indiana University Press, 1984, p.155.

체와 여성 객체의 구분은 로라 멀비의 남성 응시자와 여성 응시 대상의 이분법과 마찬가지로 도식적이기는 하다. 그러나 드 로레티스의 분석은 여성주의 입장에서의 가부장적 민족주의에 대한 비판의 단초를 마련해 주는 근거도 제공한다. 한국의 근대화/서구화에 의해 위태로워진 민족적·문화적 순수성을 찾고자 하는 남성 민족주의자들의 여정에 있어 파괴되거나 공간화되는 것이 바로 여성이기 때문이다. 한국 여성은 이들이 행하는 전근대로의 역진적 여정에서 찾아내어 받들며 보존하고 보호해야 하는 민족적·문화적 순수성을 상징하는 가학적 서사 속에 "불변의 정통성의 근원지"이자 "근대성에 내장된 전통의 정신"으로 기입되어 있기 때문이다.[253] 드 로레티스가 말하는 가학적 서사로서 과거로 역행/역진하는 이러한 한국적 여정 속에서 남성들이 마주하는 민족적으로, 성적으로 훼손된 여성들은 공간적 방해물로 치부되어 민족주의자들이 파괴하거나 그 위협으로부터 구원해야 하는 존재들인 것이다.

그러나 이러한 민족주의적 서사는 1980년대 한국영화를 에로방화(순응주의)와 민중영화(반체제주의)로, 또한 상업영화와 예술영화로 이분화한 기존의 영화연구 담론을 위배한다는 측면에서 흥미로운 지점이 있다. 민족주의 에로방화가 민중주의, 특히 민중민족주의로 무장하여 상업적 에로티시즘과 예술적 에로티시즘

253 Prasenjit Duara, "The Regime of Authenticity: Timelessness, Gender, and National History in Modern China", *History and Theory*, vol. 37, no. 3 1998, pp.287~308, p.300.

을 결합하며 양극단 사이를 진동하기 때문이다. 한편으로 민족주의 에로방화는 한국의 발전주의/개발주의를 비판하는 에로방화의 하부장르로서 한국의 서구화 속에서 상실되는 민족적·문화적 정체성을 부각하고 압축 근대화의 "양면적 현상" 중 "어두운 측면"을 조명한다.[254] 다른 한편, 이 하부장르 영화들은 그 "어두운 측면"과 조응해 한국의 근현대성과 현재진행형인 서구화로부터 물러나 한국민족의 순결한 본질로 역진할 것을 주문하기도 한다. 그렇게 함으로써 선민적 남성주의와 자민족중심주의는 <무릎과 무릎사이>와 <깊고 푸른 밤>처럼 민중민족주의적 메시지를 표면화한다. 물론 가부장제와 인종주의가 필연적으로 민중민족주의의 핵심인 것은 전혀 아니지만 어떤 형태의 민족주의든 간에 그것을 내부적으로 보완하는 역할을 하는 것을 피할 수는 없다. 따라서 <무릎과 무릎사이>와 <깊고 푸른 밤>처럼 민족주의 에로방화는 정치적·문화적 제국주의로부터 기인한 "피해자성이 공유될 수 있다는 환상"하에서 "개인 신체와 국체(國體)의 [가부장주의적] 혼동"을 민족주의와 에로티시즘의 결합 속에 결부시킨다. 이를 통해 민족주의 에로방화에 내장된 민중민족주의는 불가피하게 가부장적 민족중심주의로 변질된다.

나에게는 민중운동과 그것의 반식민주의적 기원을 비판하거나 평가절하할 의도성이 없음은 물론이고 민족주의를 좋은 민족주의와 나쁜 민족주의로 구분하는 학술적 접근에 찬동하는 목적성

254 Anthony Giddens, *The Consequences of Modernity*, Stanford University Press, 1990, p.7.

조차 전혀 없다. 오히려 민족주의 에로방화를 분석함으로써 내가 이 챕터에서 보여주고자 한 것은 에로방화가 3S정책의 부산물이 아니라 1980년대 민중문화운동의 조류 중의 하나였다는 점이다. 그러나 민중운동은 그 자체의 딜레마 또한 안고 있어 민족주의 에로방화에서도 아이러니하고 명백하게 드러나는 것처럼 지나치게 선민주의적이고 교훈주의적이라는 문제점도 안고 있다. 또한 정확히 개발독재 정권이 그랬던 것처럼 한국의 전근대/전통 문화를 장려하면서도 부지불식간에 서구의 정치적·경제적 전범(민주주의와 자본주의)을 목적론적으로 열심히 모방하고 따라잡고 싶어하기도 했다. 결과적으로 민족주의 에로방화의 지나치게 이념적인 목표는 "영상적인" 가치를 감쇄하고 약화시켜 <무릎과 무릎사이>나 <깊고 푸른 밤>처럼 영상미가 뛰어난 영화조차도 그 효과를 찬란하게 발휘하지는 못하게 되었다.

두 편의 영화 속에서 직접적으로 발화되는 민중민족주의적 메시지는 초국적 문화 교환, 특히 서구/미국과 한국 간의 교환의 차원에 대해서는 전혀 고려하지 않고 강간처럼 일방적 침입이나 폭력으로만 간주하는 경향이 있다. 따라서 <무릎과 무릎사이>와 <깊고 푸른 밤> 모두 1980년대 한국사회에 미친 미국 대중문화의 영향력에 대해 다음과 같이 크나큰 우려를 표하고 있다. 1) 한국 젊은이들은 <무릎과 무릎사이>의 지철이나 <깊고 푸른 밤>의 호빈의 동료처럼 마이클 잭슨의 음악과 이미지에 도취해 그들을 모방하고 영화 속에서 불길하게 울려 퍼지는 그의 노래를 배경으로 인간성과 도덕성을 상실하고 있다. 2) <무릎과 무릎사

이>에서 자영을 겁탈하는 이들은 모두 서구음악을 듣고 있다. 3) 할리우드 영화의 꿈과 같은 삶을 동경하여 미국으로 이민을 간 한국인들은 <깊고 푸른 밤>에서 동포를 배반하며 살아가다 비극적 결말을 맞이한다. 에로방화를 만든 남성 영화인들은 민중 지식인들과 마찬가지로 반식민주의적 공포 속에서 대중문화의 패러다임이 전환되고 있었다는 것, 특히 20세기 후반의 '영상적 전환'이 이루어지고 있었다는 사실을 간과한 셈이다. 고도로 시각화되고 영상화된 미국 대중문화는 1980년대 한국 대중의 눈을 사로잡고 즐겁게 했으며 1990년대부터 한국 연예산업 종사자들이 한국 대중문화의 영상적 전환을 한국화해 한국뿐 아니라 외국 관객과 시청자들도 한국문화를 즐기고 사랑할 수 있도록 하는 계기를 마련하기도 했다. 2024년 현재에 돌이켜보면 민중민족주의자들이 미국 대중문화를 악마화했던 것은 1980년대 엘리트주의자들의 괜한 소란이었던 것으로까지 여겨진다.

1980년대 이후의 영상적 전환은 한국 대중문화가 국내외에서 주목받을 수 있도록 하는 물꼬를 텄으나, 1980년대 이후의 한국 영화는 아직도 가부장적 민족주의에서 벗어나지 못해 한국 여성의 정조를 둘러싼 그 민족주의적 충동이 아직도 미묘하게 강박적으로 표출되고 있다. 게다가 캐런 캐플런(Caren Kaplan), 노마 알라콘(Norma Alarcón), 미누 모알렘(Minoo Moallem)이 지적한 것처럼, "근대성은 민족적 정체성의 젠더화된 상징을 드러내"지만, "포스트모더니티는 국가적이고 초국가적인 도상과 담론을 필요한 만큼 충분히 끌어와 그 사회적 관계들을 젠더화된 매너로까지 표현"하고 있다.[255] 실제로 포스트모더니티와 전 지구화는 (결혼이주 여성을 포함한) 한국 여성을 이전의 근대적, 민족주의적 억압으로부터 아직도 해방시키지 못했다. 오히려 그 억압 위에 아르준 아파두라이(Arjun Appadurai)가 에스노스케이프, 미디어스케이프, 테크노스케이프, 파이낸스케이프, 이데오스케이프라 명명한 흐름들과 상호연관된 전 지구적 "경제, 문화, 정치 간의 괴리"와 같은 초국적 요구사항들이 추가되기만 한 면이 있다. 인구, 미디어, 기술, 자본, 이념 등의 초국적 흐름들 속에서 한국 여성의 삶은 지역과 지구 전체의 급격한 변화의 영향을 받아 다차원적으로 복잡해졌다.[256] 2000년대 중반 한때 한국영화 속에서 에로티시즘이 재등장하며 이전과는 비교도 할 수 없는 고수위의 에로티시즘을 선보이기도 했지만, 페미니스트라면 언제나 새로이 등장하는 에로티시즘 속에서 가부장적 민족주의가 부활하는 것을 언제나 경계해야만 할 것이다. 그렇지 않으면 <무릎과 무릎사이>의 자영처럼 공간화되거나 <깊고 푸른 밤>의 제인처럼 제거되어야 하는 영화 속 여성들은 앞으로도 계속해서 재등장할 것이다.

255 Caren Kaplan, Norma Alarcón, and Minoo Moallem, eds., *Between Woman and Nation: Nationalisms, Transnational Feminisms, and the State*, Duke University Press, 1999, p.15.

256 Arjun Appadurai, *Modernity at Large Cultural Dimensions of Globalization*, University of Minnesota Press, 1996, p.33.

5장 에로사극의 페미니즘과 민중 오리엔탈리즘
: <여인잔혹사 물레야 물레야>(1983)와 <씨받이>(1986)

21세기 한국영화는 칸 영화제 그랑프리상 수상작인 박찬욱의 <올드보이>(2003)부터 칸 영화제 여우주연상 수상작인 이창동의 <밀양>(2007)을 거쳐, 칸 영화제 대상인 황금종려상 수상작이자 미국 아카데미 시상식 작품상 수상작인 봉준호의 <기생충>(2019)에 이르기까지 현대극을 통해 점진적으로 전 지구적 주목을 받게 되었다. 2023년 현재 <기생충>은 한국영화를 대표하는 작품일 뿐 아니라 전 지구적으로 가장 유명한 한국영화로 자리매김했다. 이처럼 현대 한국사회를 재현함으로써 아시아뿐 아니라 유럽과 북미 등 서구에서 인정받기까지 한국 영화인들은 20세기 후반부터 꾸준히 전 세계 영화시장의 관문인 유럽 영화제의 문을 두드려 왔다. 1961년 영화 <마부>(강대진)가 베를린 영화제에서 은곰상(심사위원 특별상)을 수상한 후, 한동안 방화는 서구 영화제에서 특별한 성과를 내지 못했다.

그러나 1980년대에 들어서면서부터 한국영화는 에로방화, 특히 에로사극을 통해 이국적 영상미로 유럽 영화제의 주목을 받기 시작했다. 그중에서도 임권택 감독의 사극과 민속영화는 1980년대부터 서구 영화제에서 지속적으로 걸출한 성과를 내며 2002년 그가 또다시 사극인 <취화선>으로 칸 영화제 감독상을 수상하기까지 그를 전 세계에서 가장 유명한 한국영화 감독으로 자리잡는 데에 크게 일조했다. 본 장에서는 임권택 감독의 대표작 중 한 편이기도 하지만 1980년대 방화를 대표하는 작품이기도 한

<씨받이>(1986)와 최초로 칸 영화제에 초청받은 방화인 이두용 감독의 <여인잔혹사 물레야 물레야>(1983)를 중심으로 에로사극에 대해 살펴볼 것이다. 두 편의 영화를 통해 전근대 시기, 특히 조선시대를 배경으로 하는 에로사극이 당대의 서구영화를 상대로 국제적 경쟁력을 획득하기 위해 토속적 민족/민속문화를 오리엔탈화하며 재현하고 그 위에 민중주의와 페미니즘 담론을 결합한 양식을 살펴볼 것이다. 본 장에서는 이러한 양식을 '민중 오리엔탈리즘'이라 부르며, 이것이 앞 장에서 본 민중민족주의 에로방화와 마찬가지로 정치·젠더적으로 진보적인 동시에 다소 문제적이기도 한 진보적 양면성을 띠고 있는 양상을 고찰하고자 한다.

에로사극은 전근대 한국의 토속적 풍경을 "영화적 스펙터클이 민족적 스펙터클과 결합하여 생긴 공시적 쾌락의 일부가 만들어낸 황홀한 매력"으로 전화시켜 화면 속에 담은 장르라 할 수 있다.[257] 1980년대 한국 영화인들은 '한국적인 것이 세계적인 것'이라는 당대의 유명한 슬로건을 명제화하여 다른 내셔널 시네마로부터 구분될 수 있는 한국적 특수성을 전근대의 과거에서 찾았다.[258] 4장에서도 본 바와 같이, 1980년대 한국 영화인들은 국제무대에서의 문화적 교류가 평등하게 이루어지기보다는 특정 문

257 Jung-Bong Choi, "National Cinema: An Anachronistic Delirium?" *Journal of Korean Studies*, Vol. 16, No. 2, 2011, pp.173~91, p.183.

258 '한국적인 것이 세계적인 것'이라는 표어는 인간문화재인 김희진 매듭장이 1977년 유럽에서 두 달간 작품을 전시한 후 귀국한 언론 인터뷰에서 "가장 한국적인 것이 가장 세계적인 것이라는 평소의 생각에 확신을 얻었읍니다"라 발언하면서부터 유명해지기 시작한 것으로 보인다. 이종석, 「인터뷰: 유럽전에서 돌아온 매듭공예가 김희진씨 "가장 한국적인 것이 가장 세계적"」, 『동아일보』, 1977. 7. 6.

화의 영향력이 다소 일방적으로 행사된다는 것을 본격적으로 인지하기 시작했다. 따라서 한국 영화인들은 일본·대만·홍콩 등의 동아시아 지역에서뿐 아니라 더 많은 대륙에서 방화의 존재감을 드러내고 인정받기 위해 20세기 중반 이래 전 세계 영화시장의 교두보가 되었던 유럽 영화제에서 자신들의 작품들을 적극적으로 홍보하고자 했다.

특히 에로사극은 미국과 서유럽 등 문화적 헤게모니를 쥐고 있는 지역과 종속적 위치에 놓여 있다고 여겨지는 한국 간의 불균등한 문화적 지정학에 개입하려는 시도로써 제작되어 유럽 영화제에 진출하는 데에 성공한 '가장 한국적인' 장르가 되었다. 1970년대 중후반부터 급격하게 서구화/미국화된 한국문화에 대한 민족주의적 우려와 궤를 같이하여 영화인들은 세계무대에서 비가시적이었던 한국문화를 민족문화로서 널리 알리기 위해 사극 장르를 선택했고 이 선택은 적중했던 것이다. 따라서 유럽과 북미의 영화제에서 큰 이목을 끌고 수상까지 하기 시작한 에로사극의 성과는 국내로 되돌아와 진정한 민족예술로서 재평가받을 수 있었고, 이를 통해 사극은 같은 에로방화라 하더라도 에로현대극에 비해 예술적, 비평적으로 높이 평가받을 수 있었다. "국제영화제에서의 수상은 다시 한국으로 되돌아와 단순히 감독 개인의 성취나 그 영화 한 편의 우수성이 아니라, 한국이라는 전체 민족의 성취이자 한국영화 전체의 우수성으로 받아들"여졌기 때문이다.[259]

259 이지연, 「동아시아 영화의 서구에서의 순환과 오리엔탈리즘에 관련된 문제들」, 『문학과 영상』 8권 1호, 2007, 231~254쪽, 247쪽.

에로사극은 실제로 유교적 가부장제하에서 억압받고 고통받는 한국 여성을 재현함으로써 한국사회가 오랫동안 영화 <단지 그대가 여자라는 이유만으로>(김유진, 1990)의 제목처럼 여자라는 이유로 여성이 신체적·정신적으로 남성에게 종속될 수밖에 없는 현실을 그리고 있다. 이는 유교적 성차별주의하에서 억압되어 왔던 한국 여성의 삶에 대한 진지한 영화적 성찰로서 1980년대부터 본격화된 한국 페미니즘 운동의 성취라 할 만하다. 또한 1980년대 에로사극 속의 여성은 양반이건 아니건 대체로 양반 남성이라는 권력자에 의해 핍박받고 수탈당하는 피지배자로서의 민중의 형상을 대변하여 당대 민중운동의 흐름을 반영하고 있기도 하다. 이처럼 에로사극은 페미니즘과 민중주의가 결합된 형태의 주제를 내세우며 여성과 민중의 해방을 요청하는, 정치적으로 진보적 텍스트들로 해석될 수 있는 요건들을 풍부하게 갖추고 있다. 또한 다수의 에로사극 영화들이 장벽이 높은 유럽 영화제의 관객과 심사위원들의 까다로운 시선을 잡아끌기 위한 다양한 영상적 시도들을 펼치고 있어 한국인이 봐도 아름다운 한국의 풍경과 생활상을 그리는 미학적 성취를 이루고 있기도 하다.

그러나 남성 영화감독들은 에로사극 속에서 이국적 오리엔탈리즘의 눈요깃거리로 한국적 풍광뿐 아니라 한국 여성의 성애화된 신체를 적극적으로 활용해 서구 관객 앞에 전시하는 것을 지나치게 당연시하기도 했다. 이에 대해서는 에로사극의 민족문화적 성취를 위한 토속적 성애화라는 관점 외에는 많은 연구가 이루어지지 않았는데, 한국 여성을 에로화하는 흐름과 함께 이루어지는 오리엔탈화는 민족주의와 긴밀하게 맞물려 연동하고 있음에 주목할 필요가 있다. 어떤 식으로든 서구 관객의 이목을 끌어 유럽 영화제에서 성과를 거두게 되면 한국을 대표하는 민족영화가 되기 때문이다. 따라서 1980년대 에로사극 속 여성들은 모두 계급과 무관하게 성리학적 가부장주의에 의해 동일하게 억압받았을 뿐 아니라 남성보다 훨씬 더 오리엔탈리즘, 즉 "동양을 지배하고 재구성하여 동양에 대한 지배권을 획득하는 서구적 스타일"에 종속되어 있는 경향이 크다.[260] 이는 1980년대까지도 굳건하게 지정학적 헤게모니를 쥔 유럽과 북미의 선진국들로 구성된 제1세계라는 남성화된 권력자 앞에 과거 제1세계의 식민지였으나 이제 독립한 아시아와 아프리카의 신생 독립국 혹은 소위 후진국이라 불리는 국가들로 구성된 제3세계의 여성화되고 종속적인 피지배자의 위치가 서구의 오리엔탈리즘뿐 아니라 비서구의 내적 오리엔탈리즘을 통해서도 강화되고 있었기 때문이다. 이처럼 냉전 지정학과 오리엔탈리즘이 긴밀하게 연동된 서구와 비서구 간의 위계질서는 젠더화되어 남성과 여성의 권력관계로 치환되어 인지되는 경우가 많았고 이러한 경향은 21세기 현재까지도 지속되고 있다.

에로사극은 이처럼 페미니즘과 민중주의의 결합뿐 아니라 젠더(여성 혹은 여성화된 국가)와 종족성(한국민족 혹은 민중) 차원에서의 두 개의 본질주의의 결합까지도 함께 추구하여, 한편으로는 여성

260 Edward Said, *Orientalism*, Vintage Books, 1979, p.3.

을 한국 가부장제와 미국/서구의 신식민주의적 인식론적 지배라는 이중의 족쇄로부터 해방시키는 데에 일조한 면이 있다. 그러나 다른 한편 젠더와 종족성이라는 두 본질주의가 결합된 결과로 에로사극 속 여성이 모든 민중의 상징으로 그려질 뿐 아니라 한국 여성을 서구 관객들 앞에 동양의 에로화된 스펙터클로 전시함으로써 오히려 서구의 정치적·문화적 헤게모니를 강화하는 효과를 낳기도 한다. 영화의 예술성에 대한 평가의 기준점이 서유럽을 포함한 서구 비평가들의 관점으로 고착화되어 있는 현실을 한층 더 공고히 하기 때문이다. 이 또한 1980년대뿐 아니라 2020년대에도 지속되는 흐름이기도 하다. 이러한 관점에서 볼 때, 에로사극의 문제점은 에로방화 연구에서 언제나 언급되는 반라의 여성과 에로티시즘이 과도하게 등장한다는 지적보다는, 오히려 선의의 명분으로 여성 전체를 1980년대의 민중과 동일시하여 피해자화하고 오리엔탈화의 대상으로 고착화하는 의도치 않은 결과가 초래된다는 점이라는 것을 분명히 하고 싶다. 따라서 본 장에서는 <여인잔혹사 물레야 물레야>와 <씨받이>의 텍스트 분석을 통해 민중 오리엔탈리즘의 복잡한 젠더 역학과 지정학적 질서, 정치적 진보성을 함께 고찰해 볼 것이다. 그 전에 우선 에로사극의 전반적인 특성에 대해 살펴볼 필요가 있다.

1. 동아시아 시대극의 유럽 영화제에서의 성과 : <라쇼몽>(1950)부터 <취화선>(2002)에 이르기까지 발견되는 원시주의

4장에서 본 바와 같이 1980년대 한국 영화인들은 할리우드 영화가 한국 극장가를 점령한 현실에 대해 크나큰 위협을 느꼈다. 그들은 작품을 통해 서구화/미국화로 인해 민족적·문화적 정체성을 상실할 위기에 처한 한국사회에 비판적으로 개입하려 했고, 할리우드 영화나 다른 내셔널 시네마와 차별점을 형성할 수 있는 방화의 경쟁력을 찾으려 했다. 에로방화 중에서도 사극은 한국영화를 세계무대에서 할리우드나 다른 나라의 영화들로부터 구분짓기 위해 한국의 전근대 과거를 호출하는 전략적 장르로 선택되어 1980년대에 다수 제작되었고 소기의 성과를 거두었다. 임권택은 에로사극인 <씨받이>가 한국영화 최초로 1987년 베니스 영화제 경쟁부문에서 수상함으로써 '국민감독'이라는 영예에 오를 수 있는 기틀을 다질 수 있었고, 이두용은 <여인잔혹사 물레야 물레야>(이하 <여인잔혹사>)를 통해 한국영화 사상 최초로 칸 영화제에 초청받은 한국감독이 될 수 있었다. 이 절에서는 에로사극을 포함한 동아시아 시대극이 나라별로 독창적이고 개성 있는 전근대의 민족문화를 재현함으로써 1950년대부터 2000년대까지 유럽 영화제에서 거둔 성과를 역사적으로 추적해 보고자 한다.

아르준 아파두라이가 지적한 것처럼, 전 지구화는 문화적 동질화와 이질화의 갈등 속에서 이루어진 바 있다.[261] 에로사극은 전

261 Arjun Appadurai, Op.cit..

지구화/동질화/미국화된 한국사회에서 민족문화적 정체성을 찾으려는 일종의 문화적 이질화의 시도였다고 할 수 있다. 이상준은 한국영화의 기념비적 시기로 2000년대 초반을 꼽는데, 당시 임권택이 2002년 <취화선>으로 칸 영화제 감독상을 수상한 데다 박찬욱이 <올드보이>로 2004년 칸 영화제 그랑프리를 수상했을 뿐 아니라 2006년에는 한국영화가 자국 영화시장의 67% 점유율을 성취할 정도로 1960년대 이후 제2의 전성기를 구가하고 있었기 때문이다.[262] 이와 같은 기념비적 시기의 도래는 이두용의 <여인잔혹사>가 한국영화 최초로 칸 영화제에 초청받고 임권택의 <씨받이>가 베니스 영화제에서 수상하면서 그 포석을 깔았다고 보아도 무방할 것이다. 이두용은 <여인잔혹사> 이전에 이미 1980년부터 베니스 영화제 비경쟁 부문에서 그의 사극이자 무속영화인 <피막>(1980)으로 특별상인 ISDAP상(Integrated Social Development Assistance Program prize)을 수상하면서 유럽 영화제에서 주목을 받기 시작했다.[263] 이두용과 임권택이 칸 영화제와 베니스 영화제에서 주목받으면서 다른 감독들도 에로 사극으로 유럽 영화제의 문을 두드리기 시작했고 하명중의 <땡볕>(1984)은 베를린 영화제 경쟁부문에 진출하기도 했다. 또한 1990년대부터 2000년대까지 프랑스 낭트와 이탈리아 페사로를

262 Sangjoon Lee, "Introduction: Rediscovering Korean Cinema", *Rediscovering Korean Cinema*, Sangjoon Lee, ed., University of Michigan Press, 2019, pp.1~33, p.8, p.2.

263 〈피막〉에 대한 보다 자세한 분석은 필자의 다음 논문을 참조할 것. 이윤종, 「해원의 기술자로서의 무녀 - 영화 〈을화〉와 〈피막〉에 나타난 무속 재현」, 『사이間Sai』, 32권 1호, 2022, 13~43쪽.

위시하여 미국 대학 중에서는 최초로 서던 캘리포니아 대학교에서 임권택 회고전이 잇따라 개최되기도 했다.[264]

이두용은 <여인잔혹사>를 연출하면서 자신의 영화를 "예술로 승화"시키기 위해 가장 한국적인 것을 다뤘을 뿐 아니라 보다 세련되고 영화적인 이미지를 만들기 위해 최선을 다했다고 한다.[265] 비슷한 맥락에서 임권택도 1970년대 후반부터 "싸구려 오락영화"를 찍어내던 영화인에서 "작품성 있는 영화"를 만드는 감독으로 탈바꿈하며, 현대극이든 사극이든 그의 영화 속에서 지속적으로 '한국적인 것'을 추구하며 '국민 감독'이 될 수 있었다.[266] 김경현이 언급하듯, 이러한 탈바꿈은 1980년대 이전 임권택 영화에서의 '무국적성'을 극복하는 과정에서 "사라져가는 한국적 정체성에 대한 애통함"을 투영하기 시작하면서부터 나타났다.[267] 그러나 두 감독의 한국성은 외부와의 접촉 없이 오염되지 않은 민족성을 고수하기보다는 타자에 대한 초국적 인식을 통해 구성된다. 임권택의 한국성은 김경현이 '민족영화'라 부른 식민지 시기를 배경으로 한 시대극, 즉 <족보>(1978), <서편제>(1993), <취화선>(2002) 등의 영화 속에서 매우 잘 드러난다. 이 영화들은 조선(피식민자)과 타자(일본 식민주의자) 간의 상호인식, 공생 및 "공

264 Sangjoon Lee, Op.cit., p.6.

265 Yu Yang-geun, *Lee Doo-yong*, pp.106~110.

266 David E. James and Kyung Hyun Kim, eds. *Im Kwon-Taek: The Making of a Korean National Cinema*, Wayne State University Press, 2002, pp.247~248.

267 Kyung Hyun Kim, "The Transnational Constitution of Im Kwon-Taek's *Minjok Cinema* in *Chokbo, Sŏp'yŏnje, and Ch'wihwasŏn*", *The Journal of Korean Studies*, Vol. 16, Issue 2, 2011, pp.231~248, p.240.

동 내리막길(co-clivity)”을 상정하기 때문이다.

임권택의 조선시대 사극, 특히 <씨받이>와 <춘향뎐>(2000)은 서구 관객의 응시를 의도적으로 의식하며 만들어진 영화들이다. 이러한 의도성은 이두용의 에로사극 <여인잔혹사>, <피막>(1980), <내시>(1986), <업>(1988)에서도 발견된다. 이두용은 “영화제 수상은 수단이고, 목적은 시장”이라 공언하며 “한국영화를 해외 시장에 수출하여 돈을 벌고 그 돈을 재투자하여 영화를 만들어 우리[한국 영화인들]가 보다 세련된 영화를 만드는 것”을 목표로 삼았다.[268] 이러한 경향은 이두용의 1970년대 ‘태권도 영화’, 즉 “동양철학을 바탕으로 한 무술영화”장르로 이두용이 개발해 낸 장르영화들과 1980년대 에로사극 영화들 속에서 찾을 수 있다.[269]

한국 영화인들이 문화적 이질화를 꾀하기 위해 전략적으로 사극을 제작하고 유럽 영화제에 출품한 것은 일본이 1950년대부터 일본어로 ‘지다이게키(時代劇)’라 하는 ‘시대극’으로 유럽 영화제에서 걸출한 성과를 낸 영향이 크게 작용했다. 1951년 구로사와 아키라(黑澤明)는 <라쇼몽(羅生門)>(1950)으로 베니스 영화제에서 최고상인 황금사자상을 수상했던 바 있다. <라쇼몽>은 일본 영화로서만이 아니라 유럽 영화제에서 수상한 최초의 아시아영화이기도 했다. 구로사와의 영화 미학이 다소 서구철학적인 주제(진실/진리의 문제)와 획기적인 서사 구성과 어우러져 <라쇼몽>은

268 Yu, *Lee Doo-yong*, p.88, p.85.

269 Ibid., 85.

서구 영화인들의 시선을 사로잡을 수 있었다. <라쇼몽>은 일본 영화의 황금기인 1950년대의 서막을 알리며 구로사와 감독과 일본영화를 전 세계에 알렸고 이후 일본 시대극 영화가 지속적으로 유럽 영화제에서 주목받을 수 있는 단초를 마련했다. 그러나 수상 당시 구로사와 감독의 소감에서는 매우 흥미로운 점을 발견할 수 있다. 그는 수상이 매우 기쁘고 믿어지지 않기도 하지만 이탈리아 영화 <자전거 도둑(Ladri di biciclette)>(비토리아 데 시카, 1948)처럼 당대의 일본을 재현한 영화로 수상했더라면 수상의 의미가 더 컸으리라는 의미심장한 발언을 한다.[270] 이 발언을 통해 1950년대 이탈리아 네오리얼리즘 영화의 국제적 위상을 확인할 수 있을 뿐 아니라 일본영화가 서구 무대에서 현대극보다는 시대극/의상극을 통해 유리한 고지를 점유할 수 있다는 감독 자신과 일본 영화인들의 공통된 인식을 함께 확인할 수 있다. 어찌 되었든 구로사와의 수상 이후 미조구치 겐지(溝口健二), 기누가사 데이노스케(衣笠貞之助), 고바야시 마사키(小林正樹), 이마무라 쇼헤이(今村昌平) 등의 감독들이 시대극으로 칸, 베니스, 베를린 영화제에서 연이어 수상할 수 있었다.

일본을 대표하는 작가 감독들이 등장한 후로 30여 년이 지나 한국과 중국에서도 임권택과 장이머우(張藝謀)와 같은 국민 감독이 세계무대에 등장해 유럽 영화제에서 주목받기 시작했다. 임권택과 장이머우도 구로사와처럼 시대극 장르를 통해 유럽 3대 영

270 Joseph L. Anderson and Donald Richie, *The Japanese Film: Art and Industry*, Princeton University Press, 1982, pp.224~225.

화제에서 한국와 중국영화로서는 최초의 수상을 이루어냈다. 임권택의 <씨받이>는 1987년 베니스 영화제에서 여우주연상을 수상했고, 장이머우의 <붉은 수수밭(紅高粱)>은 1988년 베를린 영화제에서 대상인 황금곰상을 수상했다. <붉은 수수밭>은 2차 세계대전기를 배경으로 하고 있어, <씨받이>나 일본의 헤이안 시대(794~1185)를 다룬 <라쇼몽>만큼 먼 과거를 그리고 있지는 않지만 산업화 이전의 중국을 배경으로 한 만큼 시대극의 이점을 활용했다는 점은 부인할 수 없다.

그렇다면 동아시아 시대극의 매력은 도대체 무엇일까? 1980-90년대 중국영화를 '원시주의'로 해석하는 레이 초우(Rey Chow)의 논의를 통해 이 매력의 단초를 찾아볼 수 있을 것이다. 초우는 피카소, 세잔, 고갱, 마티스, 모딜리아니 등의 유럽 모더니즘 화가들이 "비서구의 지역과 인물들"에 매료되었던 것과 제임스 조이스, D. H. 로렌스, 헨리 밀러 등 영미권의 모더니즘 작가들이 "섹슈얼리티의 해방과 신성화"를 추구했던 경향에서 원시주의를 목도한다.[271] '비서구'와 '섹슈얼리티'에 대한 이러한 매혹과 열정은 장이머우를 위시해 1982년 북경영화학교를 졸업한 제5세대 중국영화 감독들의 작품에서도 공통적으로 발견된다. 이들은 중국의 이국적 정취를 드러내며 1980년대 후반부터 서구 영화제에서 두각을 나타내기 시작했다. 초우는 정치와 예술 양면에서 중국 모더니즘이 '원시적인 것', 즉 "서발턴, 여성, 어린이"를 주목

271 Rey Chow, Op.cit., p.20.

했다고 보는데, 중국 지식인들이 이러한 "사회적 약자를 매혹의 원천으로 삼아 중국 문화 생산의 주제와 형식 양측을 새로이 하고 활기를 되찾으며 근대화"하려 했다는 것이다.[272]

또한 초우는 중국의 이러한 모더니즘을 "형식적 혁신과 원시주의 간의 변증법"이라 부르기도 한다.[273] 이러한 변증법은 서구와 중국은 물론이고 일본과 한국에서도 찾을 수 있다. 특히 앞서 언급한 동아시아의 국민 감독들과 그들이 만든 최초의 초국적 영화는 모두 초우가 언급한 "증거물이자 목격물로서 여성 신체에 행하는 범죄의 장면, 새로운 종류의 민족지학 영화, 그리고 (…) 국제 문화시장에서의 '전면(front)'이자 아케이드"로서 영화 스크린을 공통적으로 내세우기 때문이다.[274] 헤이안 시대를 배경으로 하는 <라쇼몽>은 나들이하던 귀족 여성의 정조가 지켜졌는지와 그녀의 남편은 누가 죽였는지의 문제를 의도적으로 모호하게 처리하며 일본의 가부장제를 부각한다. <씨받이>는 장자상속 체제하의 조선 양반가에서 천민 여성이 겪는 고통을 그리고, <붉은 수수밭>은 전근대적 악습의 희생양으로 늙은 노인에게 팔려간 젊은 신부가 중국 반일투쟁의 영웅으로 떠오르게 되는 과정을 다룬다. 세 편의 영화는 모두 전근대 과거를 그릴 뿐 아니라 여성의 신체를 동아시아의 유교적 가부장제하에서 억압받는 현장이자

272 Ibid., p.21.
273 Ibid.
274 Ibid., p.26.

"원시적 열정이 투입"되는 곳으로 활용한다.[275]

원시주의는 동아시아 시대극 영화들이 서구와 다른 지역의 영화들과 차별점을 갖도록 하는 사조이기도 하고 한국 사극과 일본 시대극, 중국 시대극이 각자 서로 다른 차별점을 갖도록 하는 지점이라 할 수 있다. 그 장르적, 국가적 관행(언어, 의상, 의례, 풍경 등의 차이점과 유교적 가부장제와 신분제라는 공통점)을 통해 동아시아 시대극은 이질적 전근대 과거를 재상연하게 된 것이다. 이런 측면에서 1980년대에 국제무대에서 부상한 한국과 중국의 영화인들은 근대화에 물들기 이전의 국가적 특징을 찾기 위해 전근대기 여성의 신체에 자신들의 원시적 열정을 투입한 셈이다.

초우는 이처럼 중국 지식인들의 과거, 특히 (전통) 중국학에 대한 집착을 프로이트의 페티시즘 개념을 통해 설명한다. 프로이트에 의하면 페티시는 "꼬마 소년이—충분히 이해되는 이유로—그것이 존재한다고 믿고 포기할 생각이 없는 여성의 (어머니의) 페니스의 대체물"이다.[276] 남성은 페니스가 결여된 여성의 신체를 보고 스스로의 거세에 대한 공포감을 느낀다. 그 공포감으로부터 벗어나기 위해 그것을 대체할 대상을 여성의 신체, 즉 "대체물로 선택된 신체 기관이나 물건"에서 찾는 것이다.[277] 마찬가지로 중국이 전근대 과거에 집착하는 것도 "패러다임적 기표로 존재했던 남성 성기에 대한 남성주의자들의 강조"에서 비롯되는 것이

•

275 Ibid., p.44.

276 Sigmund Freud, "Fetishism"(1927), *Collected Papers*, Vol. 5, Hogarth and Institute of Psycho-Analysis, 1924~1950, pp.198~204, p.199.

277 Ibid., p.201.

므로, 초우는 이러한 강조에서 벗어나 "주체의 형성에 작용하는 상실, 대체, 공감"의 차원에 오히려 주목한다.[278] 중국성에 대한 중국인들의 집착은 "사람들이 공통적으로 느껴야 하는 동질감이지만 페티시즘의 형태가 아니고서는 되돌아갈 수 없는 '오래된' 과거사의 상실"에 대한 대응이므로 중국적 주체성에 대한 "뒤늦은 의식과 재현의 징후"로 나타난다는 것이다.[279] 전근대 과거가 소위 근대화 혹은 서구화에 의해 "훼손"되고 상실된 만큼, 그것은 상상된 남성 성기의 대체물처럼 페티시의 형태로서만 소환될 수 있다는 것이다.

프로이트적 페티시즘은 잃어버린 순수한 전근대 과거에 대한 아시아 남성 지식인들의 향수에만 적용되는 것이 아니라 멀비적 시선과 응시의 경제학에도 적용된다. 앞서 서문과 1장에서 멀비의 페미니즘 영화이론에 대해 자세히 설명했지만, 멀비는 시선과 응시의 주체로서의 남성과 그 대상이 되는 여성을 이분화된 도식으로 상정한 바 있다. 멀비에 따르면, 영화의 화면에 투영되는 여성의 신체 중 특정 신체기관이 남성의 거세 공포를 극복하기 위한 페니스의 대체물, 즉 페티시로 선택되어 클로즈업되거나 미화되어 남성 관객에게 시각적 쾌락을 제공한다는 것이다. 멀비는 1950년대와 1960년대 할리우드 영화를 중심으로 이러한 논리를 펼쳤지만, 실상 이는 21세기 대중영화 속에서도 꾸준히 목도되는

278 Rey Chow, *Woman and Chinese Modernity: The Politics of Reading between West and East,* University of Minnesota Press, 1991, p.26.

279 Ibid., p.27.

안타까운 진리이기도 하다. 따라서 영화 속 여성은 보는 주체로서의 남성 응시자들 앞에서 응시의 대상이 되어 "보여지는 것(to-be-looked-at-ness)"이자 스펙터클로서 기능하는 경우가 많다.[280] 이를 동아시아 시대극의 원시주의에 적용하면, 원시화된 여성의 스펙터클은 근대/서구/서구화된 시선을 유도하는데, 이는 "영화, 민족지학, 관광업에서 골고루 찾아볼 수 있는 시선"이다.[281]

남성 응시자(관객)와 여성 응시대상으로 구분되는 젠더적 시선의 경제는 서구/옥시덴트의 관찰자(남녀 응시자 모두)와 동양/오리엔트의 관찰대상으로 전화시켜 적용해 볼 수 있다. 레이 초우는 이 동양/오리엔트의 관찰대상을 "오리엔탈의 오리엔탈리즘"이라 지칭하며 그것이 장이머우의 영화에 나타날 때 긍정적인 효과가 발생한다고 평한 바 있다. 장이머우의 영화 속 중국이 "중국 공안과 세계의, 특히 서구의 오리엔탈리즘의 이중적 응시" 앞에 전시되어 그 속에 나타난 중국성의 영화적 광휘의 "표면"은 "중국 정부의 [감시] 체제하에서 무력하게 살아가는 슬픔"을 드러낼 뿐 아니라 "교차문화적 상품 물신숭배, 문화들 간의 가치 생산"을 의미하기도 하기 때문이다.[282] "장이머우 영화의 민족성은 오리엔탈리스트의 감시적 응시를 되돌리는 노출증과 마찬가지"이기 때문에 중국 제5세대 감독들은 단순히 오리엔탈리즘에 굴복한 것이 아니라 그들의 작품 속에 나타난 '자기민족지학지'적인

280 Laura Mulvey, Op.cit.
281 Chow, *Primitive Passions*, p.12.
282 Chow, *Primitive Passions*, p.170.

특성과 상호작용하는 교환된 응시가 제국 본국의 문화시장으로 그들을 이끈다는 것이다.[283] 같은 맥락에서 슈친 쿠이(Shuquin Cui)는 제5세대 감독들이 만들어낸 "사회적으로 범해지고 시각적으로 성애화된 [여성의] 이미지"가 외국 관객들에게 "문화적 타자와 성적 만족의 취향"을 제공함은 물론이고 그 생산자와 소비자 모두가 "협조적 오리엔탈리즘"에 가담하도록 했다고 분석한다.[284]

1989년 천안문 사태로 촉발된 중국의 국가 폭력에 대한 서구 언론의 비난으로 미국 및 서유럽과의 외교 관계가 급속하게 경색된 중국 정부는 <붉은 수수밭> 이후 유럽 영화제에서 연달아 수상한 장이머우의 <국두(菊豆)>(1990)와 <홍등(大紅燈籠高高掛)>(1992)의 자국 내 상영을 금지했다. 장이머우가 당시에 중국 정부의 탄압에 대해 자신의 영화 속에서 비유적으로 비판했기 때문에, 초우와 쿠이는 그의 영화가 선보이는 셀프 오리엔탈리즘을 동양/오리엔트의 응시대상이 서구/옥시덴트의 응시자에게 되돌리는 시선으로 해석했다. 특히, 초우는 <국두>에서 공리가 연기하는 여자 주인공 국두가 남편에게 맞아 피멍이 든 자신의 신체를 몰래 훔쳐보는 관객과 영화 속 남성 캐릭터에게 의도적으로 진열하는 순간에 주목한다. "<국두>의 스스로를 서발턴화하고 스스로를 이국화하는 시각적 제스처"야말로 "오리엔탈리즘 그 자체의

283 Ibid.

284 Shuquin Cui, *Women Through the Lens: Gender and Nation in a Century of Chinese Cinema*, University of Hawai'i Press, 2003, pp.113~114.

관음증에 대한 비판을 영화의 과도한 양식 속에 담고 있는 노출증적 자기진열"의 순간이기 때문이라는 것이다.[285] 이를 통해 중국 원시주의 감독들은 상대적으로 '열세의' 위치에 놓여 있는 자국 문화를 세계무대에서 재현하고 알려야 할 의무를 수행했다는 것이다.

이지연은 스테파니 도널드, 이젱, 루퉁린 등을 인용하며 "초우가 제시하는 이런 균열의 순간"이 "장이머우가 남성 영화감독으로서 자신의 문화를 비판하기 위한 발화점으로 국두라는 중국 여성의 몸을 객체화하는 전체 과정 속에서 너무 쉽게 마멸되는 짧은 순간"임을 지적한다.[286] 즉, "미학화된 여성의 고통, 혹은 고통받는 여성의 몸은 중국이라는 타자성을 상정하면서, 실제로는 동시대적인 전 지구화의 과정에 속해 있는 중국과 서구 사이의 시간적, 공간적 차이를 다시 절대화하면서 문명화된 서구가 중심에 있는 세계적 위계질서라는 허구적 관념을 강화시킨다"는 것이다.[287] 다시 말해, 동아시아 영화인들의 셀프 오리엔탈리즘은 서구가 예술적 헤게모니를 쥐고 있고 유지하고 있다는 전 지구적 현실을 재강화할 뿐이다. 이지연은 이처럼 동아시아 감독들이 셀프 오리엔탈리즘을 수행하는 시대극을 통해 서구 영화제에 진출하는 전략을 "서구를 통한 우회(a detour through the west)"라 부르며, 중국은 물론이고 한국과 일본의 "내셔널 시네마[가] 유럽

•

285 Rey Chow, *Primitive Passions*, p.171.

286 이지연, 앞의 글, 243쪽.

287 위의 글.

의 영화제 등의 권위와 명성을 공고화시켜 주는 가운데 자신의 정체성과 가치를 완성"하는 "남성중심적 민족주의"를 통해 확립되었음을 밝힌다.[288] 카와이 유코가 "현대 일본의 정체성은 서구의 오리엔탈리즘, 일본의 자기 오리엔탈리즘(auto-Orientalism) 및 일본의 민족주의 사이의 복잡한 상호관계에 의해 구성"되었다고 주장한 것처럼, 한국의 문화적 정체성도 서구의 오리엔탈리즘, 한국의 셀프 오리엔탈리즘 및 한국의 남성중심적 민족주의 사이의 상호관계의 의해 구축된 것이다.[289]

레이 초우와 슈친 쿠이 모두 가부장적 민족주의에 대해서는 비판적이지만 중국감독들의 셀프 오리엔탈리즘에 대해서는 전 지구적 문화시장에 뛰어들기 위한 자기반영적 홍보 전략이라며 용인한다. 이런 방식을 통해 원시주의적 영화인들이 외부에 잘 알려지지 않고 소외된 자국 문화를 대표할 임무를 수행했다는 것이다. 이러한 셀프 오리엔탈화는 민족주의적 의도를 지녔건 아니건 간에 서구를 지구의 모든 지역의 기준점으로 삼는 관행을 공고히 한다. 셀프 오리엔탈리즘이 동아시아의 자기민족지학자들에게 서구와 비서구 간의 불균등한 문화 교류를 해체할 수 있도록 도움을 주기도 했지만, 셀프 오리엔탈리즘은 아니러니하게도 민족 문화의 이질성과 개성을 페티시화함으로써 자문화중심주의의 덫

288 위의 글, 233쪽, 248쪽.

289 Yuko Kawai, "Using Diaspora: Orientalism, Japanese Nationalism, and the Japanese Brazilian Diaspora", *Intercultural masquerade: New orientalism, new occidentalism, old exoticism*, Regis Machart, Fred Dervin, and Mingui Gao, eds., Springer, 2016, pp.97~117, p.114.

에 빠질 수 있다. 이제 다음 절에서 이러한 복잡한 상호관계가 에로사극 속에서 형성되는 과정과 더불어 민중담론과 페미니즘이 에로사극 속에서 복합적으로 결합되어 진보적인 동시에 문제적인 결과를 초래하기도 하는 과정에 대해 고찰할 것이다.

2. 1980년대 에로사극의 민중주의와 페미니즘
: <여인잔혹사 물레야 물레야>와 <씨받이>

전근대는 중국 제5세대 감독들의 영화에서뿐 아니라 1980년대 한국 에로사극에서도 사라질지도 모르는 남성 성기(국가적·민족적 자존심)의 대체물인 페티시의 형태로 나타난다. 게다가 반라 상태의 여성을 영화적 스펙터클로서 자주 전시하는 에로사극이 유럽 영화제에서 상영될 때, 영화 속 여성의 신체는 그야말로 멀비적 페티시로 남성화된 서구 관객, 즉 국제관계에서 우위를 점하는 만큼 남성성에 비유되는 우월한 위치에 있다고 상정되는 서구 관객의 응시 앞에 그들의 거세 공포를 이완시켜 주는 페티시로 작용함으로써 그들의 오리엔탈리스트로서의 환상을 충족시켜 주기도 한다. 게다가 에로사극에 나타나는 사라진 전근대의 페티시적 복원은 한국의 과거를 낭만화하거나 미화하는 것이 아니라 상당히 암울하게 그려내기까지 한다. 이 음울한 과거 속에서 여성들은 예외 없이 유교적 가부장제하에서 '원시적으로' 억압된다. 본 절에서는 <여인잔혹사 물레야 물레야>와 <씨받이>의 텍스트를 들여다보며, 보다 구체적으로 에로사극이 재현하는 암울한 과거가 여성과 민중 해방을 옹호하며 1980년대 군부독재 정권하의 현대 한국을 비유적으로 비판하는 진보적 의도에 의해 제작되었음을 우선 밝힐 것이다. 당대의 본격적인 "여성운동이 1980년대 민중운동이 지향한 사회주의, 민주주의, 민족주의와 연동"되어 있었음은 두말할 나위가 없다.290

조선시대를 배경으로 한 <씨받이>는 젊고 건강한 천민 여성이 양반 가문의 씨받이가 되어 아들을 낳고 버려지는 내용을 담고 있다. 이두용의 <여인잔혹사 물레야 물레야>(이하 <여인잔혹사>)는 씨받이와 성 역할이 뒤바뀐 씨내리라는 관습을 선보인다. 영화는 아내/며느리를 씨내리에 의해 임신하게 하여 아이를 낳자 가문의 명예를 위해 자결을 종용하는 양반 가부장제의 비인간성을 고발한다. 두 편의 영화는 양반 가부장제하의 여성의 수난을 통렬하게 비판하며 양반 남성의 무능함과 탐욕을 혹독하게 고발한다. <씨받이>가 여주인공의 시점에서 서사를 전개해 그녀를 억압하는 양반의 관습과 의례에 대해 매섭게 질타하는 것과 대조적으로, <여인잔혹사>는 클로즈업을 거의 사용하지 않아 등장인물들의 관점으로부터 거리를 두고 관객들이 카메라의 시점을 따라가도록 한다. <씨받이>의 미장센은 딥 포커스 촬영과 어두운 조명을 사용해 평면적 구도를 구성함으로써 의도적으로 한국적 관습과 의례를 지나치게 미화하지 않는다. 반면 <여인잔혹사>는 망

290 Björn Boman, "Feminist themes in Hally 4.0 South Korean TV dramas as a reflection of a changing sociocultural landscape", *Asian Journal of Women's Studies*, Vol. 28, Issue 4, 2022, pp.419~437, p.420.

원 렌즈와 줌 렌즈를 자주 사용해 결혼식, 장례식, 과부의 의례(남편의 묘 앞에서 통곡하는 것), 절에서의 종교적 의례, 양반 가문의 아들 출산 축하잔치, 여주인공의 자결 등에 이르기까지 다양한 전근대적 의례들을 스펙터클하게 재현한다. 이두용은 또한 영화 속의 영상미를 강조하기 위해 대화를 최소화하고 풍경과 한옥을 풀 쇼트로 촬영하여 한국의 전통미를 강조한다. 이는 양반 가부장제를 비판하면서도, 한국의 전근대 과거를 아름답게 선보여 이를 예술적, 미학적으로 승화시키고자 하는 이두용의 의도를 반영한 것이다.

<여인잔혹사>의 여주인공 길례는 한국의 유교적 가부장제가 여성에게 '결혼하기 전에는 아버지를, 결혼해서는 남편을, 남편이 죽으면 자식(아들)을 따라야 한다'는 삼종지도를 따를 것을 강요하는 원칙에 의해 주변의 무능한 남성들에게 이용당하고 훼손되고 파멸된다. 이 무능한 남성들은 그녀를 아버지로서, 남편으로서, 아들로서 보호해 줄 능력이 없는 인물들이다. 길례의 회상 속에 흑백 화면으로 처리된 그녀의 어린 시절은 경제 능력이 없는 양반 아버지가 지독한 가난에 온 가족들을 굶겨 어머니가 유교적 법규를 깨고 자신의 머리카락을 잘라 팔아버리기까지 하는 궁핍한 상황으로 그려진다. 십 대 초반의 어린 딸 길례(최정원 분)는 부유한 양반 가정에 팔려 총각귀신의 아내로 시집을 가게 된다. 어린 길례의 혼례는 무교의 굿처럼 치러지고, 그녀의 초야는 제사상처럼 차려진 신방에서 귀신을 만날까 두려워하는 그녀가 방에서 나가지 못하게 사방을 막아버린 채로 치러진다. 친정아버

지와 달리 야심가인 시어머니(문정숙 분)는 팔려 온 며느리를 수절하게 만들어 조정으로부터 열녀문을 하사받을 목적으로 길례를 며느리로 들인 것이었다. 시집온 첫날부터 시어머니는 길례에게 여자의 행실을 적은 내훈의 언행장을 따라 남녀의 유별을 각별히 지키고 죽은 지아비라도 살아있는 남편처럼 섬길 것을 유념시킨다. 따라서 시어머니는 끊임없이 길례에게 집안일을 시키고 특히 '물레'를 돌려 천을 짜도록 해 이제 성인이 된 길례(원미경 분)가 성욕을 느낄 틈을 주지 않는다. 열녀문이 있는 가문은 조세와 과거에 있어서도 유리하기 때문에 시어머니는 죽은 아들을 대신해 사위(현길수 분)가 시험에 통과하기만을 바란다. 그러나 시매부는 길례처럼 가난한 양반 가문 출신으로 죽은 길례의 남편을 대신해 가문을 잇기 위해 데릴사위로 들어온 처지인 데다 학문적 재능이 없어 열등감을 느끼는 인물이다. 과거시험에 수차례 낙방하고 좌절한 그는 길례를 겁탈하기 시작하고 이를 알게 된 시아버지(최성호 분)의 칼에 죽임을 당해 길례는 마침내 시아버지를 통해 자유를 얻게 된다.

그러나 길례의 자유는 오래가지 못한다. 그녀의 두 번째 남편 윤보(신일룡 분)가 친정아버지와 시매부에 이어 길례에게 더 큰 비극을 초래하기 때문이다. 길례가 그를 처음 만났을 때 그는 서당 훈장 가문의 하인으로 일하며 그녀에게 자상한 남편이 되어준다. 그러나 영화의 첫 번째 시퀀스에서 길례의 미모에 반한 서당 훈장이 길례를 겁탈하려 하자 윤보는 그를 죽이고 도망하며 그녀를 작은 암자에 은신하도록 한다. 돌아온 윤보는 한때 박탈당했던 양반 신분을 되찾고 그녀를 부모에게 데려간다. 양반 가문에서 3년간의 결혼 생활 내내 자녀가 생기지 않자, 윤보의 부모는 아들에게 첩을 들이도록 하지만 실패한다. 불임의 원인이 윤보에게 있다는 것이 명백해지자 시부모는 하층민 남성들 중에서 은밀히 씨내리를 골라 길례에게 그와 관계해 수태하도록 설득한다. 길례가 강요된 혼외정사를 통해 아들을 낳자 윤보는 씨내리를 죽여버리고 길례에게도 은장도로 자결할 것을 종용한다. 실망과 좌절 속에 길례는 목을 매달아 자결한다.

<여인잔혹사>가 세 명의 양반 남성들의 무능과 탐욕에 의해 고통받는 한 여성을 그린다면, <씨받이>는 유교적 가부장제가 여성을 사회적 재생산의 도구로만 대하는 조선시대의 현실을 다룬다. <여인잔혹사>에서 불임의 원인이 양반 남편인 윤보에게 있었다면, <씨받이>에서는 20대 후반의 양반 며느리(방희 분)에게 그 원인이 전가된다. 며느리의 남편 상규(이구순 분)는 남자 형제가 없는 장손이다. 12년간의 결혼생활 내내 임신을 하지 못했던 상규의 아내는, 영화의 오프닝 시퀀스에 등장하는, 엄청나게 뜨거운 쑥뜸을 배꼽에 대기도 하는 등의 온갖 수단을 다 써 보다가 마침내 집안 숙부(윤양하 분)의 제안대로 씨받이를 들이는 데에 동의한다. 양반 여성의 가장 큰 임무는 한 해에도 수십 차례 지내는 제사를 책임질 아들을 한 명이라도 낳아 가문의 대를 잇고 조상을 모실 수 있도록 하는 것이다. 따라서 오프닝 시퀀스의 쑥뜸 장면은 곧 상규 집안의 제사 장면으로 넘어가 "죽은 사람이 산 사람보다 대접받던 시대"라는 자조적인 문구가 화면 오른편에 뜨는

것으로 이어지는데, 이를 통해 임권택과 시나리오 작가 송길한의 조선시대 가부장제에 대한 비판을 영화의 도입부에서부터 읽을 수 있다.

상규의 숙부는 풍수 전문가의 도움으로 영화의 주인공인 옥녀(강수연 분)가 사는, 씨받이 여인들이 어머니에서 딸로 대대로 업을 계승하며 숨어 사는 마을을 찾아간다. 옥녀는 양반 가문의 혈통이지만 여자이기 때문에 가문의 이름이나 이권은 물론이고 경제적 지원도 받지 못한다. 지독한 가난으로 인해 마을의 여성들은 계속해서 씨받이를 할 수밖에 없다. 옥녀는 상규의 씨받이가 되어 고통스러운 초야를 치르지만 곧 그와 사랑에 빠지게 된다. 그리고 한 달에 한 번씩 예정된 합방일이 아니어도 사람들의 눈을 피해 임신보다도 성적 쾌락을 목적으로 상규와 은밀히 매일, 심지어 제삿날마저도 만나게 된다. 옥녀가 임신해 상규가 절에 보내졌을 때조차 그는 제사를 지내기 위해 집에 오자마자 대낮부터 옥녀의 방에서 관계를 갖기까지 한다. 임신한 딸을 돌보기 위해 옥녀에게 와 있던 어머니(김형자 분)는 옥녀의 부탁으로 옆방에서 망을 보다가 들켜서 곤장을 맞기도 한다. 마침내 아들을 낳은 옥녀는 상규의 집을 나와 아들과 그 아버지까지도 만나지 못하게 된다. 슬픔과 고통 속에 옥녀도 길례처럼 목을 매달고 만다.

<여인잔혹사>와 <씨받이>처럼 조선시대를 배경으로 한 에로 사극에서는 지배계급인 양반 가부장들이 신분제와 유교적 성별 구분에 따른 행동 양식을 엄격히 준수하며 여성과 피지배자들을 억압한다. 1980년대 이전까지의 사극영화는 역사적 사실에 기반

해 문자 그대로 '역사극'으로서 과거를 재현하는 경우가 많았다. 사극영화의 전성기인 1960년대에는 "대체로 조선시대 궁중을 배경"으로 컬러 시네마스코프로 촬영되어 아름다운 궁궐이나 화려한 고급 한복 등의"스펙터클"을 보여주는 고예산 제작 영화들이 많이 만들어졌다.[291] 주로 신상옥 감독에 의해 제작되거나 연출된 이러한 영화들로 <연산군>(1961), <강화도령>(1963), <이조잔영>(1967), <대원군>(1968) 등을 들 수 있는데, 이들 영화는 대체로 실제로 존재했던 양반/왕족 남성들을 영화화했다. 여성이 사극영화에 등장한 경우는 장희빈 등의 역사적 팜므 파탈인 경우가 많아 정창화와 임권택이 각각 <장희빈>(1961)과 <요화 장희빈>(1968)으로 영화화하기도 했다. 당대로서는 부담스러울 정도의 사극영화의 제작비는 1960년대 후반부터 점차 사극 제작에 제동을 걸어 홍콩영화 스타일을 모방한 저예산 무술영화로 제작양상이 변화되기도 했다. 1970년대에는 사극영화가 거의 제작되지 않았으나, 군부정권의 독려 때문인지 이순신 장군을 소재로 한 <성웅 이순신>(이규웅, 1971), <난중일기>(장일호, 1977) 등의 영화들만 만들어졌다.

여성을, 그것도 역사적 이물이 아닌 허구화된 하층민 여성을 영상화하며 그녀들이 양반 가부장제로부터 받은 수난과 억압을 표출한 것은 1980년대가 최초라 할 수 있고 에로사극의 가장 큰 특징이라고도 할 수 있다. <여인잔혹사>와 <씨

291 Cho Junhyoung, "A Brief History of Korean Cinema" in *Rediscovering Korean Cinema*, ed. Sangjoon Lee, pp.34~63, p.44.

받이>는 엄격한 장자상속 체제하에서 씨내리와 씨받이를 고용해 여성들을 억압하는 관습을 비판한다. 정진우의 <자녀목>(1984)이나 당대 사극으로서는 가장 크게 흥행에 성공했던 이장호의 <어우동>(1985)도 아들을 낳지 못하는 양반가의 며느리가 괴로워하다 자살하거나(<자녀목>), 기생이 되어 양반 남성들을 성적으로 유혹해 복수를 하기 시작해 왕에게까지 접근하는 내용(<어우동>)을 담고 있다. 이외에도 에로사극에서는 양반 남성들의 권력과 특권의 남용, 특히 여성들을 성적으로 착취하는 상황에 분개해 신분제를 전복시키려 시도하는 여성들이 자주 등장한다. <내시>(이두용, 1986), <사노>(엄종선, 1987), <업>(이두용, 1988), <사방지>(송경식, 1988) 등의 영화들이 그러하다. 이러한 영화들은 모두 전근대 시대 양반 가부장의 위선, 무능력, 탐욕, 광기, 부계에 대해 지나친 집착 등을 호되게 질타한다.

비슷한 맥락에서, 일제 강점기를 배경으로 하는 에로방화들은 대체로 1930년대 문학 작품들을 원작으로 영화화된 경우가 많은데 일제 통치자와 조선 가부장을 모두 비판한다. 전자의 경우는 일제의 조선에 대한 국권 침탈에 대해 애통해하고 분개하며, 후자의 경우에는 그들의 나약함과 정치·경제적 무능력함을 국권 상실 및 여성과 민중이 겪은 수난의 원인이라 질책한다. 이러한 영화들 속에서 한국 남성들은 일제에 의해 징집·징용되었거나 독립운동을 하기 위해 떠나 있는 것으로 묘사된다. 그리고 여성들은 남성 가장의 부재로 인해 신체적으로, 정신적으로 고통을 당하게 된다. 남성 가장이 존재한다 하더라도 그들은 신체적으로, 정신적으로 불구인 경우가 많다. 부재한 경우에는 유교적 가부장제에 의해 여성은 정조를 지키고 살림과 생계를 책임져야 한다. 하명중의 <땡볕>(1984), 이두용의 <뽕>(1985), 변장호의 <감자>(1987) 등의 영화가 일제 강점기를 배경으로 하는 시대극으로, 이 작품들 속에서 남성의 무능으로 인해 여성들은 극한 상황 속에서 가족을 먹여 살리고 살아남기 위해 자신의 몸을 파는 것 외에는 다른 수단이 없다.

<뽕>은 국내 영화제에서 다수의 상을 석권했을 뿐 아니라 아시아·태평양 영화제에서 여우주연상(이미숙)과 음악상(최창권)을 수상하기도 했다. 영화는 이두용의 다른 에로사극들(<여인잔혹사>, <내시>, <업>)의 어둡고 무거운 분위기와 달리 주제의 엄중함에도 불구하고 다소 경쾌하고 유쾌한 편의 영화인지라 단성사에서 137,331명의 관객을 동원하여 상업적으로도 크게 성공한 만큼 21세기에도 에로방화 중 대중적 인지도가 가장 높은 영화 중의 한 편이다. 토론토 영화제에서 여우주연상을 수상한 임권택의 <아다다>(1987)도 일제 강점기를 배경으로 한 에로사극으로, 경제 능력을 갖췄지만 첫 번째 결혼에서 소박맞은 언어 장애인 여성이 어린 시절 친구와 결혼해 시댁에 부를 안겨다 주지만 돈맛을 보게 된 남편으로부터 죽임을 당하는 비극이다.

김경현이 지적한 것처럼, "성기능, 아버지로서의 권위, 사회적 역할, 역사적 적법성, 그리고 직업적 능력"에 있어 "남성의 무능"은 1980년대와 1990년대에 만들어진 거의 모든 한국영화에

서 찾아볼 수 있다.[292] 김경현은 그 당시 영화 속 남성들이 남성성을 상실하고 무능한 이유를 식민지 시기와 한국전쟁, 군부독재 등의 역사적 트라우마에서 찾는다. 1980년대 한국영화에서 "남성성을 상실"하고 "소외"되었으며 "무능"한 이 남성들은 어머니, 누이, 아내, 연인을 사회적 혼란 속에서 더 고통받게 만든다. 특히 조선시대를 배경으로 하는 에로사극의 여성들은 양반이건 평민이건 언제나 엄격한 유교 원리에 따라 정치적·사회적·문화적 체제를 유지하려 하는 양반 가부장들에 의해 성적으로 경제적으로 수탈당한다. 여성의 수난은 양반 남성들의 실용적 사유의 결여에 의해 보다 심화되는데, 학자 계급인 양반은 "군주인 임금을 지도할 수 있는 '지식/지혜'를 얻기 위해 유학 서적들을 공부하는 데에 열중"해야만 했기 때문이다.[293]

비천한 씨받이가 되는 <씨받이>의 옥녀와 양반과 천민의 신분을 오가는 <여인잔혹사>의 길례의 이야기는 조선시대 여성의 섹슈얼리티와 하층민에 대한 양반 가부장의 가혹한 통제를 현대 한국의 독재정치에 대한 알레고리로 그린다. 에로사극의 여성들은 공통적으로 현대 한국의 소외 계층과 사회적 약자, 즉 민중과 동일시되어 묶인다. 길례의 비극적인 삶을 그리면서도 <여인잔혹사>는 길례에게 단 한 번의 행복한 순간을 주는데, 바로 길례가

292 Kyung Kyun Kim, *Remasculinization of Korean Cinema*, Duke University Press, 2004, p.12.

293 Seung-sook Moon, "The Production and Subversion of Hegemonic Masculinity: Reconfiguring Gender Hierarchy in Contemporary Korea", in *Under Construction: The Gendering of Modernity, Class, and Construction in the Republic of Korea* (Honolulu: University of Hawaii Press, 2001) Lauren Kendall, ed., pp.56~78, p.99.

서당 훈장의 집에서 윤보와 하인으로 살 때이다. 이 찰나의 행복을 앗아가는 것은 훈장의 욕정과 윤보의 양반 신분 회복이다. 다시 양반이 된 윤보는 천민 시절 아내를 사랑하고 아끼던 이상적인 남편에서 아내보다 가문을 더 중시하는 위선적 가부장으로 탈바꿈한다. 길례에게 양반이라는 지위는 권력이나 특권이 아니라 신분의 변동 속에서 그녀가 이고 가야 하는 무거운 짐에 불과하다.

<여인잔혹사>가 길례의 짧은 천민 생활을 낭만화하는 것과 마찬가지로, <씨받이>도 옥녀를 순진한 천민 여성으로서 양반에게는 결여된, 진정으로 삶을 즐길 수 있는 재능을 지닌 여성으로 이상화한다. 천한 신분 덕에 옥녀는 양반이 지켜야 하는 위선적 관례들로부터 자유롭다. 양반은 친밀한 관계에서마저도 욕구와 욕망을 표현하는 것이 금지되어 있지만, 옥녀는 그렇지 않음으로 해서 상규는 한 지붕 아래에서 사랑하는 아내를 육체적으로도, 정신적으로도 배신하게 된다. 상규와 초야를 치르기 전 옥녀는 상규의 아내로부터 양반의 숨 막히는 관습과 의례에 대해 배운다. 옥녀가 초야를 치르는 동안에도 상규의 아내는 옥녀의 방문 밖에 앉아 수태가 잘 되는 성교를 위한 단계별 지침을 하나하나씩 설명하며 남편에게 "질의 한 치 두 푼 깊이에 사정하십시오"라며 지시를 하기도 한다. 이 장면은 문밖에서 남편의 혼외정사의 현장을 지키고 감시하고 통제해야 하는 상규의 아내에게도 몹시 괴로운 일이지만, 옥녀도 극한 통증 속에 순결을 잃는 고통스러운 순간이다. 이 초야 장면은 이 비인간적인 의례가 양반 아내

가 남편의 외도를 허락하고 목격하게 하는 변칙적인 것이기도 하지만, 천민 씨받이에게도 본래 성교라는 것이 쾌락의 여지가 차단된, 수태를 위해 겪어야 하는 고통의 순간임을 말해준다. 그러나 옥녀에게 고통만을 준 이 초야에 대해 죄책감을 느끼는 상규에게 아들 임신을 위해서는 성적 쾌락도 필요하다는 숙부의 조언으로 명분이 획득되자 두 사람의 생식을 위한 행위는 사랑으로 변하게 된다. 상규의 사랑을 얻자 양반의 위선을 비웃으며 상규와 위태로운 로맨스를 이어가던 옥녀는 만삭의 몸으로도 담벼락 밖 서민들의 탈춤 공연을 몰래 구경하며 즐거워하기도 한다.

<씨받이>의 탈춤 장면은 1980년대 민중문화 운동가들이 탈춤을 변형시킨 마당극의 형태를 띠고 있다는 점에서 주목을 요한다. 최정무는 마당극을 '저항극(protest theater)'이라 부르며 공연자와 관람자, 생산자와 소비자의 구분을 "용해"하는 이 양식이 "극장을 극(소비된 스펙터클)으로부터, 의례(사건의 생산)로 전환"시키는 "축제적 이종어(carnivalesque heteroglossia)"라 논한 바 있다.[294] <씨받이>의 탈춤 장면은 이야기 속의 이야기로서 관람자(옥녀와 천민 관객들)와 공연자 간의 관계를 해체시킨다. 서민 관객들은 공연자들과 함께 춤을 추고 적극적으로 공연에 참가함으로써 공연을 의례로 전환하고, 공연자 중의 한 명이 공연 중 벌이는 출산 장면은 옥녀의 진통과 동시에 일어난다. 이 이중의 출산 장면에서 옥녀는 비명을 지르고 몸을 비틀고 꿈틀대며 '전언어적 표

294 Chungmoo Choi, "Transnational Capitalism, National Imaginary, and the Protest Theater in South Korea", *Boundary 2*, 22, 1995, pp.235~261, p.253.

현'을 구사한다. 조은선이 분석한 것처럼, 교차 편집으로 만들어진 두 출산 장면은 "[옥녀가] 낳는 것은 아기만이 아니라 그녀 자신만의 언어이기도 해서 출산을 통해 그녀가 말하는 주체가 될 수 있는 의례에 참여"하는 것을 보여준다.[295] 이처럼 영화 속 탈춤 공연의 마당극과도 같은 유토피아적 표현은 천대받는 씨받이로서의 옥녀의 고통을 포용함으로써 전근대 한국의 '대안적' 역사를 제시할 뿐 아니라 영화 자체와 영화 속 탈춤 공연자들의 양반에 대한 패러디를 통해 이중으로 양반 계층을 책망한다.

3. 민중 오리엔탈리즘 : 에로사극의 진보적 양면성

에로사극은 전근대 남성들의 부계 계승에 대한 집착, 경제적 무능, 신체적 나약함, 형이상학적 이상주의 추구 등을 호되게 힐난한다. 이러한 힐난은 민중주의와 페미니즘이 결합되어 가부장제와 독재정권을 비유적으로 비판하는 만큼 명백하게 정치적으로 진보적이다. 그러나 이러한 진보성은 억압받는 여성을 멜비적 측면에서, 또한 민중주의의 측면에서 서구의 오리엔탈리즘에 기대 프로이트적 페티시로 활용하고 있다는 점에서 문제적이기도 하다. 사회적 약자로서 억압받는 민중을 대변하는 이 여성들의 역경과 고난이 한국 남성 영화인들에 의해 서구 관객에게 인정받기 위한 '원시적 열정'을 강조하며 전시되기 때문이다. 서론에서

295 Eun Sun Cho,"The Female Body and Enunciation in *Adada* and *Surrogate Mother*", David James and Kyung Hyun Kim, eds., Op.cit., pp.84~106, p.102.

언급한 것처럼, 나는 이러한 진보적 양면성을 '민중 오리엔탈리즘'이라 칭하고, 이제 그 문제점을 고찰해 보고자 한다.

<여인잔혹사>와 <씨받이>에서 공통적으로 천민과 서발턴을 옹호하는 태도는 마당극을 포함한 1980년대 민중서사(문학이건 역사적 서술이건)의 재현양식과 매우 유사하다. 민중서사 속에서 "서민들은 내부에서건 외부에서건 강력한 지배자로부터 고통받는 같은 처지의 사람들과 함께 봉기하여 해방을 맞이하는 것으로 그려"진다.[296] 조선시대 배경의 에로방화에서 서민들은 역사적 고증의 압박감으로 인해 스스로는 물론이고 같은 처지의 사람들도 해방시키지는 못하지만, 에로사극은 대체로 민중주의의 전략을 취하고 있어 "사회적 약자 계급을 [역사적] 오명으로 상징화하거나 이상화"하는 경향이 있다.[297] 그러나 최정무가 지적하듯 이러한 "상징적 지배와 저항의 논리"의 배후에는 "계급 중심주의"의 덫이 놓여 있어 지배 계급을 타자화하는 데에만 치중하다 보니 지배의 진정한 효과에 대해서는 다루지 못한다는 한계가 있다. 이러한 계급 중심주의적 재현이 1991년 한국의 거리에서 자주 목도되던 분신자살 현장처럼 "초인적 자기희생"이나 "스스로를 받들고 스스로를 신성화"하는 경향으로 나타나기 때문이다.[298]

실례로 길례와 옥녀의 자결은 <여인잔혹사>와 <씨받이>에서

296 Chungmoo Choi, "Discourse of Decolonization and Popular Memory: South Korea.", in *The Politics of Culture in the Shadow of Capital*(Durham: Duke University Press, 1997). eds., Lisa Lowe and David Lloyd, pp.461~484, p.478.

297 Ibid., p.479.

298 Ibid., p.480.

영웅적으로 시각화된다. 영화의 마지막 프리즈 프레임의 한가운데에 배치된 공중에 매달린 채 흔들리는 두 여인의 하반신, 즉 소복 치마와 버선발은 두 여성의 무력한 희생자화를 증폭시킴으로써 영화의 비극성을 최대치로 강조한다. 조은선은 옥녀의 자살을 희생자화라기보다 출산 당시 획득한 '말하는 주체'로서의 그녀의 '발화' 능력이 어머니로서의 주체성을 가지고 행해지는 결단으로 표출된다고 해석한 바 있다. 그러나 영화 속에서 스펙터클하게 전시된 그녀의 매달린 신체는, 길례의 그것과 마찬가지로, 고통 속에서 행해진 자기희생을 부각한다. 특히 옥녀가 상규의 집을 떠나는 장면 직후에 등장하는 쇼트이기 때문에 더욱 그러하다. 옥녀가 출산 직후 느끼는 고통(상규와 아들을 잃은 슬픔)이 시각적으로 생략되어 있기에 돌연 매달려 있는 옥녀의 발을 보여주며 나타나는 한국의 전통적 남아선호 사상을 맹비난하는 자막을 통해 그 고통을 유추할 수 있다. 이를 통해 옥녀가 발화하는 고통은 언어가 아닌 '전언어적 표현'으로 되돌아가 자기희생을 몸으로 표현한 형태로 나타나는 것이다. 비슷한 맥락에서, 길례도 남편으로부터 은장도를 받자 목을 매는 쪽을 선택해 집안에서 가장 눈에 잘 띄는 기둥에 매달려 누구나 자신의 시신을 볼 수 있도록 기획한다. 두 영화는 이처럼 두 여인의 매달린 신체를 자기희생의 표식으로 스펙터클화함으로써 유교적 가부장제에 대한 비판을 가한다. 이를 통해 두 여인은 주체성이 박탈된다기보다는 주체성에 고취되어 사회로부터 억압되고, 소외되고, 무력화된 이들 모두를 대변하게 된다.

따라서 에로사극은 양반과 천민 여성 모두를 피지배자의 대변인으로 내세운다. 이러한 상징적 대표성은 모든 한국 여성을 동질화시키고 그녀들 각자의 차이를 경시하는 효과를 낳는다. 에로사극 속에서 양반 남성이 단일한 지배자/탄압자로만 등장하는 것과 달리, 양반이 아닌 남성은 부수적으로 여성과 마찬가지로 정치·경제적 억압의 피해자로 그려진다. 에로사극은 페미니즘의 외피를 두르고 영화 속 여성을 '자기신성화'하는 순교자로 만들어 다른 피억압자들의 저항 정신을 고취시킨다. 그럼으로써 에로사극은 현대 한국의 지배 계층을 대신해 조선의 (남성) 지배자들을 폄하하고 무능화하며 비윤리화한다. 따라서 민중주의와 혼용된 페미니즘은 여성 각자의, 별개의 억압에 대해 보여주거나 해결하지 못한 채 아이러니하게 그 억압을 재강화하는 효과를 낳는다.

물론 에로사극에 예외적 여성상은 있다. <여인잔혹사>에서 길례의 두 시어머니가 그러하고, <씨받이>의 상규의 할머니도 고통받는 여성이 아니라 유교적 가부장과 결탁하여 여주인공을 억압하는 주체가 된다. 이러한 결탁은 양반 아내가 서서히 집안에서 권력을 얻어 시댁에서 소외된 위치에서 가모장 같은 존재가 됨으로써 이루어진다. 이는 아들을 낳아 교육함으로써 동아시아의 귀족 여성들이 '모계 가족(uterine family)'을 형성해 일종의 가모장이 되기에 가능하다.[299] 영화 속에서 주변화되어 있기는 하

299 다음을 참조할 것. Magery Wolf, *Women and the Family in Rural Taiwan*, Stanford University Press, 1972.

지만 여성성을 잃은 시어머니들은 에로사극 속에 언제나 등장해 여주인공의 고통을 배가시킨다. 이처럼 무성화된 여성들은 1960년대와 1970년대 한국사회에서도 다수 존재했는데 이들은 "가문의 이름을 욕보이지 않기 위해 강하고, 기가 세며, 남성적인 태도를 취했다."[300] 조혜정은 이처럼 1940년대에 태어나 1950년대와 1960년대에 자라난 중류층 여성들이 "한국의 경제적 변화에 활력을 주는 주된 원천"이었다고 분석한 바 있다.[301] "근대에 대한 갈망" 속에서 그들은 "사회에 관심을 기울이기보다 남편과 자녀의 출세에만 주력"했고 "무능한 아버지와 남편을 대신해 생계를 위해 고군분투한 자신의 어머니 세대처럼 살기를 거부"했다.[302] 이러한 관점에서 보자면, 에로사극의 시어머니와 시할머니는 1960년대와 1970년대에 "약화된 한국의 남성 주체"를 대신해 국가 주도의 근대화를 맹렬히 지지한 현대 한국의 어머니들을 상징한다고도 볼 수 있다.[303] <여인잔혹사>와 <씨받이>에서 약화된 남성 주체는 불임의 아들(윤보), 죽은 아들들(길례의 유령 남편과 상규의 죽은 아버지) 및 남편들(살아서도 주체성을 행사하지 못하는 상규와 길례의 시매부)로 나타난다. 게다가 남편을 대신해 집안의 가장 역할을 하는 시어머니들은 아들과 준아들(길례의 시매부와 상규)을 출세시키고 무슨 수를 써서라도 자신의 '모계 가정'의 대를 잇는 데에

300 Haejoang Cho, "Living Without Conflicting Subjectivities: Mother, Motherly Wife, and Sexy Woman in the Transition from Colonial-Modern to Postmodern Korea", Lauren Kendall, ed., Op.cit., pp.165~196, p.172.

301 Ibid., p.176.

302 Ibid.

303 Ibid., p.167.

급급하다. 이 '모계의' 수호자들은 1980년대 이래 황석영과 같은 민중주의적 작가들의 혁명적인 작품들에서도 자주 등장하는 무성화되고 '자기절제'하는 어머니의 형태로 자주 목도된다.[304]

따라서 남성 에로사극 감독들은 준마르크스주의적 혁명의 명분에 여성들을 이용한 것으로 보인다. 1980년대 민중 담론에 기대 그들은 여성을 "역사의 순교자"로 그리며, 여성이 "사회의 잔혹함을 짐으로 지어야만 하는데, 그것이 바로 사회의 반성을 유도하는 학대당하고 고통받는 여성의 이미지"이기 때문이다.[305] 이처럼 에로사극은 페미니즘과 민중주의를 혼용하여 한국 여성에게 자신의 젠더(무성화) 혹은 목숨(자기희생)을 희생시킬 것을 요구한다. 이를 통해 에로사극의 여성은 여성성을 잃은 탄압자나 자기희생하는 피해자로 양분되고, 남성도 사악한 (그러나 무능한) 양반 가부장이나 선한 (그러나 무력한) 천민으로 이분화된다. 따라서 에로사극은 일견 희생의 아이콘인 여성이 유교적 가부장제의 전통으로부터 스스로를 해방시킬 것을 요청하는 페미니즘적 메시지를 품고 있는 것처럼 보인다.

그러나 여성의 억압은 유교적 가부장제 단 하나에 의해서만 이루어지는 것이 아니다. 문승숙이 역설한 것처럼, "이러한 비역사적 관점은 전통을 사회에서 일어나는 물질적 변화를 이겨낼 본질적 가치와 실행의 집합체와 동일시"하는 결과를 초래한다.[306] 문

304 최정무, 「민족과 여성 - 혁명의 주변」, 『실천문학』 3권 1호, 2003, 24~53쪽.

305 Chungmoo Choi, "Transnational Capitalism," p.259.

306 Seungsook Moon, Op.cit., p.82.

승숙은 현대 한국의 엄격한 젠더 구분은 유교에 의해서만 초래된 것이 아니라 현대 자본주의가 "강화된 여성성"(양육과 돌봄)과 "헤게모니적 남성성"(남성의 "사회적 재생산과 돌봄 노동"으로부터의 분리)을 배치하면서도 함께 이루어진다고 설파한다. 그리고 이러한 현대적 젠더 배치에 의해 한국사회의 "군사화와 압축 산업화"가 강화됐음도 강조한다.[307] 에로사극은 현대의 젠더 구성의 효과를 모호하게 함으로써 한국 여성의 해방을 돕는 데에 실패하게 된 것이다. 다시 말해, 에로사극은 전근대의 한국 여성을 모든 억압받는 이들의 상징으로 그리며 프롤레타리아와 서발턴이라는 단일한 계급으로 묶어버리는 것이다.

게다가 에로사극의 셀프 오리엔탈화는 서구를 전 지구적으로 인정받을 수 있는 문화적 헤게모니의 기준점으로 상정함으로써 민족문화의 이질성이나 개성을 (초우가 한 것처럼) 페티시로 삼으며 자문화 중심주의의 함정에 빠지게 된다. 최정무가 제기하는 1980년대의 민중 재현에 대한 문제점은 자기민족지학자들의 자문화중심주의적 민족문화 재현의 문제와 연결될 수 있다.

> [자문화중심주의의 모순]으로부터 [제3세계의] 서발턴을 해방시키는 데에 있어 [여성] 대변인의 역할은 얼마나 유효할까? 아니면 대체로 인민[자기민족지학자들의 동포]의 외부에 놓인 [문화교류]의 담론은 인민의, 혹은 그 대리자의 관심에 부응할 수 있을까? [원시화된] 인민의 신성화는 이상적 역사의 주체는 아닌가? 혹은 그 신성화는 인

307 Ibid.

민과의 환유적 유대를 구성함으로써 인민과의 선제적 제휴를 하자는 대리인의 주장이지는 않은가? 그럼으로써 재현의 완전한 기획은 본질적으로 자기를 받들고 자기를 신성화하기 위한 전략이 되는 것은 아닌가?308

자기를 받들고 자기를 신성화하는 것은 자문화중심주의와 긴밀하게 연결되어 있어 남성 민중 오리엔탈리스트들은 여성의 희생을 전 지구적 문화시장에서 제3세계 예술영화로 제공한다. 민중 오리엔탈리스트들은 여성을 현대의 억압받는 모든 이들의 상징으로 활용하여 그들의 영화를 '예술'로, 자국의 문화를 전 세계적인 문화로 '승화'시키며 현실감 있는 여성이나 서발턴을 재현하지 못했고 그들을 억압으로부터 해방시키지도 못했다. 이러한 배경 속에서 제3세계 서발턴으로 그려진 한국 여성들은 자신들의 목소리를 내어 자신들을 스스로 재현할 기회를 박탈당한 것이다.309

1980년대를 전후로 하여 나타난 전근대를 배경으로 하는 동아시아 시대극의 세계무대에서의 뛰어난 성취는 "낭만적 제3세계주의라는 만성적인 식민주의적 성향과 서구 휴머니즘의 불안정한 성향" 간의 무언의, 끈끈한 협력에 의해 이루어진다.310 이러

308 Chungmoo Choi, "Discourse of Decolonization", p.479.

309 다음을 참조할 것. Gayatri Spivak, "Can the Subaltern Speak?", *Marxism and the Interpretation of Culture*, Cary Nelson and Lawrence Goldberg, eds., University of Illinois Press, 1985, pp.271~313.

310 Chungmoo Choi, "Discourse of Decolonization", p.480.

한 역설적 협력은 디페쉬 차크라바티가 말하는 '유럽', 즉 "근대성의 주된 아비투스"를 비추고 있기도 하다.[311] 그 협력은 유럽의 제국주의만에 의한 것이 아니라 근대 제국주의와 비서구 민족주의의 "협력적 모험이자 폭력"에 의해서도 구성되고 보편화된 것이다.[312] 민중 오리엔탈리스트들이 여성을 "근대성 내부의 전통의 정신"으로 바라보는 만큼 에로사극은 전근대를 1980년대 신군부 정권하에서 고통받는 민중을 알레고리화할 수 있는 유일한 페티시로 다룰 수밖에 없다.[313]

4. 나가며

본 장에서는 에로사극이 무능하고 탐욕스러운 양반 남성들에 의해 심화되는 여성의 억압을 전면화하며 군부독재 정치를 포함한 한국의 비극적 역사를 알레고리화하며 민중주의와 페미니즘의 기치를 결합하여 여성과 민중의 해방을 추구하는 진보적 주제를 품고 있음을 밝혔다. <여인잔혹사 물레야 물레야>의 여주인공은 자신의 의지와 상관없이 세 번의 커다란 인생의 변화를 겪는다. 이 변화는 각각 순서대로 친정아버지의 경제적 무능, 시매부의 학문적 무능과 욕정 및 두 번째 남편의 불임으로 인해 이루어진다. <씨받이>는 아무리 선한 의도를 가진 양반 남성이라 하

311 Dipesh Chakrabarty, *Provincializing Europe: Postcolonial Thought and Historical Difference*, Princeton University Press. 2000, p.43.

312 Ibid., p.42.

313 Chungmoo Choi, "Discourse of Decolonization", p.480.

더라도 가부장제와 장자상속제에 종속되어 있는 한 사회적 재생산이라는 명목으로 여성들에게 신체적·정신적 고통을 가할 수밖에 없음을 보여준다. 두 영화의 여주인공이 놓인 양반 가부장제의 억압은 1980년대 신군부의 독재정권하에서 억압받는 민중의 상황을 대변하는 것이다.

그러나 이 억압은 민중 오리엔탈리즘의 형태로 여성의 신체를 프로이트적 페티시즘으로 활용하며 서구 관객의 시선 앞에 스펙터클로서 전시되기도 한다. <여인잔혹사 물레야 물레야>와 <씨받이>로 대표되는 에로사극이 유럽 영화제를 경유하여 방화를 세계 수준의 영화로 끌어올린 과정이 반드시 진보적이기만 한 것은 아닌 것이다. 한국적 민족주의와 서구의 오리엔탈리즘이 교묘하게 공모하여 의도치 않게 한국에서 내화된 셀프 오리엔탈리즘을 영화 속 여성의 이미지로 투사하기 때문이다. 에로사극의 셀프 오리엔탈리즘은 여성과 민중을 동일시하며 이들을 유교적 남성 권력의 피해자이자 희생자로 알레고리화하며 권력자를 비판한다. 이처럼 민중 오리엔탈리즘은 에로방화가 지닌 진보적 양면성의 한 단면으로 나타난다. 전근대 한국의 토속적 삶의 양식과 여성/민중의 박해라는 에로사극의 오리엔탈화의 전략은 냉전의 마지막 기간 동안 제1세계의 헤게모니를 오히려 강화하는 역설적 효과를 초래하기도 했다.

서론에서도 언급했듯, 해외 영화제에 진출하는 한국영화들은 이제 더 이상 사극의 형태가 아니라 복수극인 <올드보이>부터 뱀파이어물인 <박쥐>(박찬욱, 2009), 납치물인 <밀양>, 그리고 드라마 영화인 <시>(이창동, 2010)에 이르기까지 다양한 주제와 스타일, 장르를 구가하는 현대극으로 승부수를 띄우고 있다. 2002년 칸 영화제에서 감독상을 수상한 임권택의 <취화선> 정도가 예외적으로 사극일 정도이다. 그러나 <취화선>의 주인공은 1980년대 에로사극과 달리 여성이 아니라 남성이다. <기생충>이 2019년 칸에서, 2020년 아카데미 시상식에서 최고상을 수상하면서 세계무대에서 주목받는 한국영화의 위상은 20세기 후반이나 2000년대 초반, 2010년대와는 또 한 번 크게 달라졌다. 그러나 민중 오리엔탈리스트들이 에로사극에서 전근대/원시적 여성을 전면적으로 활용했던 것과 달리, 최근의 해외 영화제 수상작에서 여성이 눈에 띄지 않는 것은 다소 아쉬운 현상이다. 단순하고 도식적이었다 해도 1980년대 에로사극에서의 페미니즘이 때때로 그리워지기도 하는 것은 그러한 초창기의 단순한 페미니즘이 갖는 힘이 있기 때문일 수도 있다. 페미니즘에 대한 백래시가 횡행하는 2020년대에 1980년대의 초창기 페미니즘이 그리워지는 것은 진보주의적 사상이 갖는 양면성에 대한 복잡한 심리적 단면일지도 모른다.

영화진흥위원회 50주년 기념 총서 01

에로방화의 은밀한 매력

1980년대 한국 대중영화의 진보적 양면성

3부

죽음과 좌절의 장으로서의 에로방화

3부
죽음과 좌절의 장으로서의 에로방화

6장 죽음충동의 퇴행적 급진성
: <변강쇠>(1986)의 전복적 에로스

에로방화의 대다수는 비극으로 종결되는 경우가 많다. <애마부인>은 비극적 결말로 끝나지는 않지만, 연하남과의 로맨스를 포기하고 남편에게 되돌아가는 애마를 통해 관객에게 무언가 아쉬운 여운을 남긴다. <사랑의 노예>와 <안개는 여자처럼 속삭인다>와 같은 에로스릴러는 여주인공의 성공적 복수극으로 귀결되기는 하지만, 남자 주인공은 자신의 탐욕과 욕정으로 인해 죽음을 맞이한다. 호스트 에로방화인 <엑스>의 주인공은 호스티스 연인과 함께 액체현대 속에서 고체적으로 단단한 연대를 형성하기는 하지만 이를 현세에서 이어갈 수 없는 처지로 인해 동반자살을 통해 내세에서의 행복을 기약한다. 호스티스 에로방화인 <티켓>에서는 감독이 원래 의도한 것과 달리 검열로 인해 악행을 일삼는 가짜 대학생이 멜로드라마적인 시적 정의에 의해 처단당하는 듯하다가 살아있음이 드러나지만, 응징을 실행하려던 여주인공이 실성하여 정신병동에 수감됨으로써 비극적 결말을 맞이한다. 민족주의 에로방화인 <무릎과 무릎사이>는 그나마 해피엔딩이지만 서사의 과정이 여주인공의 끊임없는 수난과 강간의 연속이라 그 결말이 유쾌하지만은 않다. 또 다른 민족주의 영화 <깊고 푸른 밤>은 여주인공이 안티히어로인 남자 주인공을 죽이고 자신도 권총 자살하는 것으로 종결된다. 앞장에서 본 것처럼, 에로사극인 <여인잔혹사 물레야 물레야>와 <씨받이>는 여주인공들이 목매달아 자결함으로써 자신의 죽음을 시각적으로 전시하여 비극을 극대화하고 억울하고 비통한 현실에 대해 저항하는 순교자적인 태도마저 취하고 있다.

에로사극은 유난히 주인공의 죽음으로 종결되는 경우가 많은데, <여인잔혹사 물레야 물레야>와 <씨받이>는 물론이고 <자녀목>(정진우, 1984), <어우동>(이장호, 1985), <내시>(이두용, 1986), <업>(이두용, 1988), <사방지>(송경식, 1988) 등이 그러하다. <애마부인> 이전에 개봉한 영화지만, 정비석의 소설 「성황당」을 원작으로 하는 <뻐꾸기도 밤에 우는가>(정진우, 1980)도 여주인공이 자신의 행복을 위협하는 친일파 순사와 함께 불구덩이 숯가마로 들어가 순교자의 형상으로 죽음을 맞이하며 암울한 현실에 저항한다. <뽕>(이두용, 1985)의 결말이 다소 예외적이고 아마 그런 이유로 <애마부인>처럼 시리즈물로 계속해서 제작될 수 있었겠지만, 독립운동을 위해 떠나간 남편을 대신해 생계를 유지해야 하는 여주인공은 죽음을 맞이하지 않았을 뿐 계속해서 마을 사람들 몰래 비공식적인 성 판매를 하며 '지긋지긋한' 삶을 이어나가야 한다. 1980년대 에로사극 중에서 <씨받이>, <뽕>과 함께 가장 유명한 작품으로 <변강쇠>(엄종선, 1986)를 꼽을 수 있는데, 이 영화도 주인공의 죽음으로 귀결된다. <변강쇠>는 에로사극뿐 아니라 에로방화 전체를 통틀어서도 가장 널리 알려지고 흥행에 성공한 작품이라 할 수 있어 그 유명세에 있어서는 <애마부인>이나 <깊고 푸른 밤>에 결코 뒤지지 않는다 할 수 있다. 1986년 5월 3일 서울극장에서 개봉해 107,602명의 관객을 동원했다. 게다가 <뽕>과 마찬가지로 그 비극성에도 불구하고 영화 특유의 유머와 해학으로 인해 시종일관 에로코미디라 할 수 있는 기발한 에로티시즘을 선보이는 매우 흥미로운 작품이기도 하다.

6장에서는 <변강쇠>를 중심으로 프로이트의 '죽음충동(death drive)' 개념에 천착해 이에 대한 피터 브룩스와 로라 멀비의 해석을 경유하여 주인공의 죽음에 이르는 서사적 퇴행성에 대해 고찰하고자 한다. 이때의 퇴행성은 정치적 퇴행이나 시류의 역행을 의미하는 것이 아니라 프로이트가 말하는 생명 이전의 무생물 상태로의 회귀로서의 퇴행을 뜻한다. 사실 죽음과 에로티시즘의 연관성은 프로이트가 인간 삶의 두 가지 본능으로서 상정한 '에로스(Eros)'와 '죽음충동(death drive)'의 이원론과 궤를 같이한다.[314]

314 다음을 참조할 것. Sigmund Freud, *Beyond the Pleasure Principle*. Sigmund Freud, *Civilization and Its Discontents*, W. W. Norton, 1961, 1989. 프로이트의 전집을 영어로 출판한 노튼 사는 Standard Edition판에서 '충동'을 뜻하는 독일어 trieb를 instinct(본능)으로 번역하고 있다. 따라서 1990년대까지 영미권의 대다수 프로이트 관련 서적은 죽음충동을 death instinct로 표기하고 있다. 그러나 2000년대 이후로는 death drive가 통용되는 추세이다.

삶의 본능인 에로스가 인간을 앞으로 나아가게 한다면, 죽음충동은 인간이 트라우마와 고통에 시달리는 괴로움을 반복하며 뒤로 물러나게 하는 퇴행적 사유와 행동을 하게 만든다. 앞으로 나아가는 것이 아니라 뒤로 물러나는 것이기에 프로이트도 '퇴행'이라는 표현을 쓰기는 했으나, 본래 내가 에로방화를 정치적·젠더적 진보와 퇴행 사이에서 진동하는 영화라 해석하며 사용했던 '역진(retreat)'이라는 표현이 더 적절하다고도 할 수 있겠다. 그러나 '역진'이라는 표현이 널리 사용되는 개념이 아닌 만큼 자의적일 수 있다는 생각에서 본서에서는 가능한 한 사용하지 않고 있어, 본 장에서도 프로이트가 원래 썼던 표현대로 '퇴행'을 사용할 것이지만 그것이 정치적·젠더적 의미에서의 퇴행이 아님은 다시 한번 강조하고 싶다.

본래 나는 <변강쇠>를 주인공의 과도한 성욕과 나태함으로 인해 자발적·열성적 노동이 중시되는 발전국가의 이상에 적합하지 않은 인물임으로 인해 죽음을 맞이한다고 해석한 바가 있었다.[315] 외국의 성인관객용 영화들도 성적 방종과 과잉 성욕에 대한 응징으로서의 죽음으로 귀결되는 경우가 빈번한 만큼 에로방화도 같은 연장선상에 있다고 있다고 생각했기 때문이다. 즉, 삶의 영역을 지배하는 성적 에너지인 에로스가 강조되는 영화들에서 에로티시즘이 죽음에 투항하는 경우가 허다하다고 보았던 것

315 다음을 참조할 것. 이윤종, 「1980년대 한국영화에서의 죽음과 에로스의 단면 - 〈변강쇠〉에서의 노동과 유희의 불가능한 병치」, 『상허학보』 47권, 2016, 125~159쪽.

이다.[316] 다만 <변강쇠>의 경우 에로방화의 한국적 특수성이 발휘되어 주인공이 충분히 노동하지 않고 성적 쾌락과 유희만을 추구하다 처벌받는 발전국가의 산업역군적인 발상하에 서사가 전개된 것이 외국영화와 다르다고 생각했던 것이다. 그러나 프로이트 이론에서도 가장 난해하고 신비주의적이라 평가되는 '죽음충동' 개념에 대해 10년이 넘게 천착하다 보니 <변강쇠>야말로 프로이트적 죽음충동을 서사화한 영화라는 결론에 도달하게 되었다. 따라서 본 장에서의 <변강쇠>의 주인공이 이끌리는 죽음에의 충동은 이전의 해석과 완전히 달라진 것을 밝히며 텍스트 분석으로 넘어가고자 한다. 우선 영화 <변강쇠>의 서사를 원작의 판소리 사설 「변강쇠가」와의 차이와 함께 분석한 후, 영화 속 죽음으로의 귀결을 죽음충동의 개념을 통해 해석할 것이다.

1. 영화 <변강쇠>와 판소리 사설 원전과의 서사적 차이

엄종선 감독의 1986년 영화 <변강쇠>는 다음과 같은 자막으로 시작하며, 영화의 원전출처와 지향점을 처음부터 문자와 언어로 분명히 밝힌다.

316 무수히 많은 영화들이 있지만, 대표적인 예로 오시마 나기사(大島渚)의 영화를 들 수 있다. 그의 초기작인 〈청춘 잔혹 이야기(青春残酷物語)〉(1960)나 중기작인 〈감각의 제국(愛のコリダ)〉(1976)과 같은 작품에서는 현실 생활의 모든 것을 뒤로 하고 두문불출한 채 내실에서의 성애에만 치중하는 남녀가 맞닥뜨릴 수밖에 없는 당연한 귀결로서 죽음이 그려진다. 물론 〈감각의 제국〉에서의 죽음은 단순한 징벌이나 비극이라기에는 훨씬 더 복잡한 영역에 속해 있지만, 영화에서의 에로티시즘과 죽음의 교차를 가장 극명하게 제시하는 작품임에는 분명하다. 베르톨루치(Bernardo Bertolucci)의 〈파리에서의 마지막 탱고(Last Tango in Paris)〉(1972)와 비교적 최근작인 이안(Ang Lee)의 〈색, 계(色, 戒, Lust, Caution)〉(2007)도 에로티시즘과 죽음의 교차를 보여주는 대표적인 영화들로 꼽을 수 있다.

> 18세기 영조 조(朝). 유교 사상의 지배하에 신앙을 잃은 서민 계층은 무속에 의존케 되고 무속과 성을 한데 엮어 형성된 이 노래를 고종 조의 거장 신재효가 정립한 것이 '변강쇠가'로 일명 '가로지기 타령'이라 하여 판소리 열두 마당 중에 하나이다.
>
> 이 작품에선 **성 윤리의 해학적 의미의 참뜻을 에로티시즘으로만 간과하려는 상업성을 탈피하면서 그 시대의 유랑 서민들의 웃음과 눈물**을 서사적 영상미로 승화시켜 **무분별한 성은 곧 파멸이라는 교훈을 던짐으로써** 우리 고전의 진정한 의미를 오늘에 재조명하고저 한다.[317]

"무분별한 성은 곧 파멸이라는 교훈"을 주겠다는 영화는 "우리 고전의 진정한 의미를 오늘에 재조명"하겠다는 의도를 천명한다. 그러나 영화 <변강쇠>와 판소리 사설 「변강쇠가」는 서사 전개와 주제의 지향점이 상당히 다르다. 조선 후기의 토속 신앙과 유교적 열녀 숭상 사상이 혼합된 판소리 사설은 '유랑 서민' 부부를 통해 토속신인 장승을 숭배할 필요성과 함께 여성이 재가하지 않고 수절하는 것의 중요함을 강조한다. 이와 달리, 다음 절에서 보다 자세히 보겠지만, 영화 속 변강쇠는 프로이트적 죽음충동의 반복강박에 의해 타고난 과잉 성욕과 과잉 성기능, 과잉 체력을 과신해 놀고먹으며 사는 퇴행적 삶의 방식을 개선하지 못하고 계속해서 반복하다 죽음에 이르는 남자이다. 또한 「변강쇠가」가 변강쇠 부부를 포함한 다양한 유랑 서민을 등장시켜 정착하지 못하는 삶의 비애를 그리는 것과 달리 <변강쇠>에는 오직 주인공 부

317 엄종선, 〈변강쇠〉, (주) 합동영화, 1986. 시나리오 작가는 박수일이다. 강조는 필자.

부만이 유랑을 반복하다 최종 정착지인 지리산 산중에서 비참한 결말을 맞이한다.

<변강쇠>의 남녀 주인공은 지나치게 과도한 성적 능력을 지녀 공동체에 해악을 끼치는 인물로 설정된다. 그러나 옹녀가 강인한 생활력을 지닌, 노동하는 아낙네로 변모하는 동안 변강쇠는 섹스와 유희에 대한 집착에서 벗어나지 못하는 무능하고 못난 남편 상태를 유지한다. 위에서 인용한 영화의 오프닝 해설 자막이 넘어가자마자, 성욕과 성기능이 지나치게 탁월해 감당할 짝을 만나지 못하던 두 떠돌이 남녀, 변강쇠(이대근 분)와 옹녀(원미경 분)는 서로에 대한 소문을 듣고 전자는 남쪽에서 상행, 후자는 북쪽에서 하행하면서 서로를 찾아간다. 영화는 변강쇠와 옹녀가 왜 만나야만 하는지를 설명하기 위해 그들의 성적 능력을 감당할 수 없었던 잠자리 상대들이 몸이 아파 그들을 기피하거나 급사를 당하는 회상 장면들을 보여주며 이유를 코믹하게 소개한다. 강쇠의 경우는 그의 정력에 몸이 남아나지 않는다며 불평하는 여인네들이 두 번 다시 그와 성관계를 갖지 않으려 하고, 옹녀는 잠자리를 같이 한 모든 남자들을 죽음으로 몰고 가는 신비하고도 위험한 능력을 가진 여자로 소개된다. 게다가 영화 속에서 옹녀는 양반집 규수로 태어나 양반 집에 시집갔지만 결혼 첫날밤에 남편이 복상사한 이후로 시댁에서 쫓겨나 이 마을 저 마을을 떠도는 하층민 신세가 된 것으로 그려진다. 그녀가 정착하는 마을마다 남자들이 목숨을 부지하지 못하고 하나하나 죽어 나가면서 매번 마을 아낙네들로부터 돌팔매질을 당하며 쫓겨나기 때문이다. 이와 달리 변강

쇠는 언제부터 "유랑 서민"이 되었는지 확실치 않고 아마도 자발적으로 자신의 정력을 감내할 여성을 찾아다니는 것으로 보인다.

영화의 중반부에서 마침내 어느 들판에서 마주친 강쇠와 옹녀는 서로를 소개하고 태어난 해와 시로 궁합을 맞춰본 후 곧바로 혼례를 결심하고 멀리서 서로에게 맞절을 한다. 곧이어 슬로모션으로 서로에게 달려가 포옹을 한 이들은 그대로 야외에서 정사를 벌이는데, 성기능이 지나치게 뛰어난 두 남녀의 성적 결합은 말 그대로 천지개벽을 일으킨다. 새들은 날아가고, 나무들은 쓰러지며, 산에서는 큰 바위가 굴러떨어진다. 지나가던 스님은 이들을 보고 깜짝 놀라 눈을 감고 목탁을 두드리다 그것이 깨져 손에 피가 날 정도로 염불을 외운다. 영화의 하이라이트라고도 할 수 있는 이들의 첫 만남 장면은 에로틱하면서도 코믹하고 대단히 과장되어 있어 관객의 포복절도를 유도하게 된다. 또한 영화에서 가장 유명한 장면 중 하나인, 강쇠가 절벽에서 소변을 보는 장면에서는, 그의 소변 줄기가 절벽 아래로 폭포처럼 쏟아지는 컷을 통해 그의 뛰어난 정력을 코믹하게 압축해서 보여준다. 이러한 코믹 요소 때문에 <변강쇠>는 1980년대 최고의 코미디 영화로 꼽히기도 한다. [318]

두 사람은 곧 한 마을에 정착해 신접살림을 차린다. 그러나 결혼 초반에는 행복하기 이를 데 없던 과잉 성욕자 부부의 파탄은 무능한 남편으로 인해 발생한다. 강쇠는 결혼 전과 마찬가지로

318 강소원, 『1980년대 한국 '성애영화'의 섹슈얼리티와 젠더 재현』, 130쪽.

결혼 후에도 '음주, 노름, 계집질'이라는 남성의 3대 악습을 계속 유지할 뿐 아니라 아내를 의심하고 구타하기까지 한다. 강쇠가 경제적 수입을 얻는 주요 수단은 놀음과 씨름으로, 그는 꾸준히 성실하게 한 가지 노동에 매진하는 것이 아니라 언제나 한탕주의를 지향한다. 특히, 1980년대 최대의 인기 대중 스포츠로 부각되었던 씨름은 영화 속에서 변강쇠의 정력과 남성성을 상징적으로 보여주는 장치로서 작동해, 그는 씨름 대회에만 출전하면 우승해서 상금과 함께 뭇 여성들의 눈길, 즉 성적 유혹도 함께 끌어온다. 그러나 씨름으로 번 돈을 노름으로 탕진하는 강쇠가 돈을 모을 수 있을 리 없는 데다, 그는 미혼, 기혼, 양반, 서민을 가리지 않고 여자들과 정을 통한다. 그러다가 지체 높은 양반 나리에게 발각이 돼서 산 채로 매장당할 위기에 처하기도 하고, 노름할 돈이 부족해지자 옹녀와의 합의도 없이 젊은 첩을 원하는 고령의 양반에게 아내를 팔아넘기기도 한다. 강쇠의 유희와 쾌락에 대한 이기적인 집착으로 인해 부부는 유랑 생활을 지속하게 된다. 변강쇠가 이토록 문제적 남편인 것과 대조적으로, 옹녀는 결혼 후 정숙하고 생활력 강한 아내가 된다. 그녀는 행상과 삯바느질, 잔칫집 도우미 등으로 생계를 유지하며 가정의 실질적 가장이 된다.

신재효의 판소리 사설, 「변강쇠가」에서 변강쇠는 영화와 마찬가지로 여자와 "가보," "골패," 윷, 장기 등의 놀음을 좋아할 뿐 아니라 툭하면 과음하고 싸움질하며 다니는 문제적 남자로 묘사된다.[319] 그는 영화에서처럼 옹녀가 행상을 해서 돈을 벌어오면 그

319 다음을 참조할 것. 강한영, 『신재효 판소리 여성 마당집』, 형설, 1982, 429~430쪽.

돈을 노름으로 탕진한다. 그러나 「변강쇠가」에서 이 부부는 영화와 달리 과도한 성욕을 지닌 인물들이라기보다 영화가 원래 의도했으나 재현하는 데에 실패한 "유랑 서민들의 웃음과 눈물"에 보다 특화된 유랑민들 중 한 부류로 그려진다. 또한 판소리 사설에서의 강쇠는 영화에서처럼 과잉 정력으로 인해 여성들에게 성교 후 통증을 가하는 남성 정력의 상징이 아니라 조금 비뚤어진 바람둥이일 뿐이다. 옹녀도 영화에서처럼 양반 출신이 아니라 운이 안 좋아서 여러 번 재가하며 이 마을 저 마을을 떠도는 서민 여성으로 묘사된다. 판소리 사설의 옹녀는 여러 번 과부가 되었기는 하지만, 매번 남편들을 복상사하게 만들어서 그런 것이 아니라 어쩌다 보니 불운하게 그런 처지가 된 것으로 소개된다.[320] 그러나 영화 속 옹녀처럼 「변강쇠가」의 옹녀도 양반에게는 금지되었고 서민에게도 곱지 않은 시선을 보냈던 수차례의 재가의 경험으로 인해, 마을의 천재지변이 있을 때마다 원인 제공자로 지목되어 의도치 않게 유랑민이 된다.

영화와 달리 신비할 정도의 과도한 성적 능력을 지닌 부부의 이야기가 아님에도 「변강쇠가」가 유명한 이유는 신재효의 판소리 열두 마당 중 실재하는 일곱 마당 가운데 유일하게 성적 표현의 수위가 높기 때문이다. 19세기 후반에 완성된 신재효의 「변강쇠가」를 읽어보면 문자언어로 표현된 성적 묘사가 20세기 후반

320 신재효의 판소리 사설에서는 "열다섯에 얻은 서방 첫날밤 잠자리에 급상한(急傷寒[갑작스러운 열병으로 복상사의 일종])으로 죽고, 열여섯에 얻은 서방 벼락 맞아 식고, 열일곱에 얻은 서방 용천병(湧泉炳 [나병, 간질 따위의 나쁜 병])에 펴고…."라며 옹녀가 한 가지 원인이 아니라 온갖 예기치 못한 질병과 재난들로 이전 남편들을 불운하게 잃었음을 서술한다.

의 영화 <변강쇠>보다도 오히려 노골적이고 적나라하게 이루어져 있음에 놀라지 않을 수 없다. 구비전승되던 「변강쇠가」는 이처럼 음란하고 저속하다는 이유로 예나 지금이나 판소리로 직접 공연되는 일이 매우 드물어 오늘날에는 문자로 기록된 사설로서의 존재감이 가장 크다. 그럼에도 20세기 말과 21세기 초까지의 한국사회에서 「변강쇠가」가 유명해질 수 있었던 큰 이유는 영화 <변강쇠>가 1986년 개봉과 함께 흥행에 크게 성공하며 굳건한 대중적 인지도를 획득한 나머지, 한때 변강쇠란 이름은 한국사회에서 정력이 강한 남자의 대명사로 군림했기 때문이다. <변강쇠>의 상업적 성공으로 엄종선 감독은 <(속)변강쇠>(1987)와 <변강쇠 3>(1988)을 연이어 연출한 바 있다.

그러나 <변강쇠>와 「변강쇠가」의 가장 큰 서사적 차이점은 플롯의 구조이다. 변강쇠의 죽음으로 종결되는 영화와 달리 판소리 사설에서는 서사의 중반부에 변강쇠가 갑자기 죽게 되어 후반부에는 방바닥에 딱 붙어서 꼼짝도 안 하는 그의 시신을 수습해 장례를 치르려는 옹녀의 고난이 전개된다. 「변강쇠가」는 「변강쇠 타령」, 「가루지기 타령」, 「횡부가(橫負歌)」로도 불리는데, 한자어로 '횡부(橫負)'인 가루지기는 서민의 시신을 지게에 가로로 지고 가는 것을 뜻한다. 「가루지기 타령」이나 「횡부가」라는 제목은 실상 「변강쇠가」의 후반부의 내용에 해당되는 것으로서 가루지기를 할 수 없는 상태의 죽은 강쇠의 모습을 암시한다. 「변강쇠가」는 영화 <변강쇠> 시리즈 이외에도 <가루지기>란 제목으로 1988년과 2008년에 두 차례 영화화되기도 했는데, 「변강쇠가」는 판소리로 공연되기보다 영화화를 통해 그 명맥을 유지해 왔을 뿐 아니라 오히려 더 대중화된 셈이다.

<변강쇠>는 매번 남편을 사랑과 자비로 용서하다 그의 모든 악습과 악행으로 인한 떠돌이 생활에 지친 옹녀가 강쇠에게 깊은 산중에 들어가 살자고 간청하게 되어 지리산에서 잠시나마 행복한 시간을 보내던 부부에게 비극이 재개되며 강쇠의 죽음으로 종결된다. 어느 날 강쇠는 임신한 아내를 위해 한겨울의 산중에서 구하기 힘든 음식거리를 구하러 오랜만에 읍내에 나갔다가 친구들을 만나 한동안 끊었던 술을 마시고 만취한 채 날이 저물어 산중으로 복귀한다. 만취 상태에서 풀린 눈으로 장승에게 부딪힌 강쇠는 그것을 자신에게 싸움을 거는 험상궂은 사내로 오인하고, 힘과 정력이라면 남부러울 것이 없는 그이기에 장승과 난투를 벌인다. 격투 끝에 장승을 뽑고 난 후에야 나무토막임을 알게 된 그는 그것을 집에 가져와서 장작으로 팬다. 강쇠가 도끼질을 할 때마다 만삭의 옹녀는 복통을 느끼는데, 장승 조각으로 불을 지핀 후 방에 들어온 강쇠는 복통으로 정신이 없는 아내와 성관계 도중 급사하고 만다. 영화는 복통으로 거의 의식을 잃었다가 정신을 차린 옹녀가 이전의 남편들 및 잠자리 상대들처럼 강쇠가 죽어있는 것을 발견하고는 실성한 것처럼 만삭의 몸으로 눈밭으로 뛰쳐나가며 끝난다.

강쇠의 죽음은 영화와 판소리 사설 양측에서 공통적으로 그가 만취한 채 천하대장군 장승을 뽑아와서 불쏘시개로 쓰는 신성모독을 저지르기 때문에 초래된다. 그러나 영화와 달리 「변강쇠가」

의 후반부에서는 쪼개진 채 불에 타게 된 인격화된 장승의 분노한 영혼이 저승에서 다른 장승들을 소집해 강쇠를 어떻게 처벌할지 회의를 하고 그에게 매우 구체적으로 끔찍한 징벌을 내린다. 장승들은 자신들을 섬기는 인간들을 위해 각자가 막아주는 기능을 담당하는 모든 종류의 질병을 변강쇠에게 하나씩 모두 걸리게 만든다. 온갖 질병을 다 얻은 채 처절한 고통 속에서 얼굴과 몸이 부패한 강쇠는 나무토막처럼 딱딱하게 굳어가며 처절하게 죽음을 맞이한다. 판소리 사설의 강쇠는 죽어가면서도 옹녀가 다시는 재가하지 않을 것을 맹세하도록 하고 방바닥에 철썩 달라붙어 죽는다. 옹녀는 시신을 수습하기 위해 집 앞을 지나가는 남자들을 하나씩 불러 세운다. 이때 판소리 사설에서는 변강쇠와 옹녀 외에는 '유랑 서민'이 등장하지 않는 영화와 달리 다수의 떠돌이 하층민들이 등장해 옹녀를 도우려 한다. 땡중부터 시작해서 초라니, 풍각쟁이, 마종, 각설이, 남사당패 등이 지나가다 옹녀의 미모에 반해 변강쇠의 시체를 옮기려다 실패하고 강쇠의 저주로 시신이 누워있는 방에서 그와 똑같이 굳은 채 방바닥에 붙어 죽어버린다. 나날이 옮길 수 없는 시체들이 하나하나 늘어가 좌절하던 옹녀를 도와 마침내 강쇠를 포함한 모든 시신들을 성공적으로 옮기는 이는 옹녀와 결혼하거나 성적으로 연루되지 않을 것을 강쇠의 시신 앞에서 맹세하는 뎁득이다. 뎁득이의 지혜로 시신을 수습한 옹녀는 죽은 남편에게 재가하지 않을 것을 다짐하고 홀연히 사라진다.

서종문은 신재효의 판소리본이 이처럼 변강쇠와 옹녀는 물론 다양한 남성 유랑민들을 등장시키는 것은 정착의 꿈이 좌절된 유랑민의 비애와 비극을 그리고 있는 것이라고 분석한다. 또한 조선시대에 마을과 읍내와 도의 경계선마다 세워진 장승은 지역을 구분하는 역할을 수행함으로써 변강쇠와 그의 아내가 정착하지 못하도록 방해하는 존재라고 해석하기도 한다.[321] 영화에서도 장승 동티로 인해 변강쇠가 죽음을 맞이하지만, 「변강쇠가」에서는 무속과 장승 숭배, 유랑자의 삶이 차지하는 의미가 실로 상당히 크다. 원전의 이러한 요인 때문에 영화는 "유랑 서민의 웃음과 눈물을 서사적 영상미로 승화"시키려 했던 것 같으나, 「변강쇠가」처럼 다양한 조선 후기의 유랑민들 및 장승의 영들을 등장시켜 이를 구현하지는 못하고 있다.

다른 한편, 영화에서도 강쇠가 결혼 후에 옹녀에게 온갖 민폐와 폭력을 가하지만, 신재효의 판소리 사설에서의 변강쇠는 죽기 전은 물론 죽은 후에도 아내를 핍박하고 괴롭힌다. 따라서 설중환은 강쇠가 유랑민의 분노와 좌절을 술과 도박과 계집질이라는 '비정상적' 방식으로 해결하는 반항적 인물로 파악한다. 또한 조선시대에 지역과 지방을 구획 짓는 것뿐 아니라 다양한 질병과 악운을 막아주는 것으로 믿어졌던 장승이 성적 일탈의 위험에 대해 경고하는 기능도 가지고 있다고 역설한다. 온갖 질병에 다 걸려서 처참하게 일그러진 얼굴로 방바닥에 달라붙어서 죽어가는 강쇠는 단순히 장승을 불에 태워서 천벌을 받았을 뿐 아니라 그

321 다음을 참조할 것. 서종문, 『판소리와 신재효 연구』, 제이앤씨, 2008.

의 비정상적 성욕에 대한 응징으로서 장승처럼 눈을 크게 부릅뜨고 무섭게 일그러진 얼굴에 통나무처럼 빳빳하게 굳은 몸으로 변하며 죽음에 이른다는 것이다. 따라서 죽어서 새로이 또 하나의 장승이 된 강쇠는 자신과 같은 유랑민 남성들이 원칙적으로 여성의 재가를 허용하지 않는 조선 사회에서 옹녀를 비롯한 기혼녀들과 위반적이거나 불륜적인 관계를 맺지 않도록 금지하고 경고한다는 것이다. 따라서 설중환은 이러한 금지와 경고가 일부다처제인 조선의 기존의 관습 위에 남녀평등에 기초한 현대적인 일부일처제의 개념이 조선 후기에 스며들면서 결혼과 성 역할, 윤리 의식에 대한 두 가지 관념이 혼용된 결과라고 해석한다.[322]

강쇠가 장승으로 재탄생해 옹녀의 재가를 막으며 성적 위반과 일탈을 금하는 기능을 한다는 설중환의 해석에는 동의하지만, 그것이 현대적인 일부일처제와 성 역할의 개념이 조선 후기에 스며든 결과라는 관점에는 재고의 여지가 있어 보인다. 왜냐하면 일부일처제는 현대적 결혼제도라기보다 본디 고대부터 성경에서 권장해 오던 기독교적 결혼제도로서 근세에 가까운 언젠가부터 서구에서 유지되어 온 풍습이기 때문이다. 21세기의 현재에도 기독교의 영향을 받지 않은 지구상의 절반 이상의 세계, 특히 이슬람 문화권에서 일부다처제가 지속되고 있음을 감안하면 일부일처제가 현대적인 제도라고 단언하기는 어렵다. 또한 일부일처제가 남녀평등에 기반을 두고 있다고 하기에는 너무나도 복잡다단

322 다음을 참조할 것. 설중환, 『판소리 사설 연구』, 국학자료원, 1994.

한 많은 요소들이 그 주변에 얽혀 있다.323 일례로 21세기의 한국사회에서 일부일처제는 너무나 당연한 결혼의 형식과 제도로서 자리 잡았지만 그것이 남녀의 평등, 특히 가사노동과 육아에 있어서의 평등을 보장한다는 근거는 매우 희박하다. 2장에서 <애마부인>을 통해서 보았지만 '가정주부화'를 통해 여성이 직장생활보다 가정의 수호에 집중하게 된 1980년대 한국사회에서도 남녀가 동등한 결혼생활을 유지하기 위해서는 서로의 헌신과 노력이 대단히 중요했던 것이다.

게다가 장승이 인간에게 행하는 성적 금기와 위반에 대한 처벌은 신재효의 판소리 사설보다는 영화에서 더 두드러지게 나타나는 것으로 보인다. 「변강쇠가」에서의 강쇠는 죽을 당시에는 장승의 저주를 받아 고통스럽게 최후를 맞이하지만, 죽은 이후에는 장승으로 재탄생해 초인간적인 힘을 갖고 아내를 곤혹스럽게 하는 데에 온갖 열과 성을 다하기 때문이다. 그는 죽기 전이나 후나 초지일관 심성이 꼬인 사내로서 별다른 이유도 없이 자신의 아내를 학대하고 그녀의 행복을 가로막는 미성숙한 인간일 뿐이다. 그렇기에 장승을 뽑아 땔감으로 쓸 정도로 겁도 없고 대책도 없는 인물이다. 판소리 사설은 성 윤리나 결혼관에 대한 도덕적 정립보다는 하층 유랑민으로 전락한 피지배자인 민중이 장승 동티를 두려워하게 함으로써 권선징악적 교훈과 토속 신앙에 더욱 기

323 마르쿠제(Herbert Marcuse)는 일부일처제 가족이 가부장의 사적 재산 소유와 노동의 보편화를 통해 부계 전승의 남성의 "쾌락에 대한 독점(monopoly of pleasure)"으로 유지됨을 지적한 바 있다. 다음을 참조할 것. Herbert Marcuse, *Eros and Civilization : A Philosophical Inquiry into Freud*, Beacon Press, 1955, 1966, p.75.

대게 하려는 목적이 강하게 엿보인다. 그러나 영화에서 강쇠가 죽음에 이르는 심층적인 이유는 장승 신앙의 이교도에 대한 처벌보다는 프로이트적 죽음충동으로 인한 강쇠의 반복강박에 기인한 것으로 보인다. 다음 절에서 이에 대해 보다 구체적으로 프로이트 이론과 함께 살펴볼 것이다.

2. 변강쇠의 죽음과 죽음충동

서론에서 언급했듯, 인간의 에로티시즘과 죽음이 맺는 밀접한 관계는 프로이트가 상정한 에로스와 죽음충동의 이원론과 궤를 같이하고 있다. 물론 에로스와 죽음충동은 추상적이고 포괄적인 개념이어서 단순하게 에로티시즘과 죽음으로 환원될 수만은 없다. 왜냐하면 에로스만 해도 성적 에너지인 리비도(libido)나 성적인 감각을 일으키는 특성 전반을 일컫는 에로티시즘뿐 아니라 삶을 추동하는 힘과 살고자 하는 의지 전반을 일컫기 때문이다. 또한 죽음충동은 인간이 실제적인 죽음을 갈망한다는 것이 아니라 살면서 죽음에 가까울 정도로 고통스러운 순간이나 과정에 대한 기억을 떨쳐버리지 못하고 발작적으로 이를 떠올리며 고통스러워하기를 반복, 이전의 상태로 무한회귀하는 태도와 습성에 대한 비유적 용어이기 때문이다. 또한 죽음충동의 발견은 프로이트가 학자로서 그의 인생 전반기에 기획했던 삶의 원리, 즉 인간이 '쾌락원칙(pleasure principle)'에 의거해 가능한 한 불쾌한 것은 피하고 쾌락을 추구하며 살기에 자면서 꾸는 꿈은 이러한 무의식적인 인간의 '소원성취(wish fulfillment)' 기능을 수행한다는 전제를 재설정하는 시도이기도 하다. 즉, 죽음충동은 인간이 잠을 잘 때건 깨어있을 때건 쾌락원칙에 위배될 정도로 불쾌하고 고통스러운 행위를 반복하고 그 기억을 떠올리는 파괴적인 퇴행성을 의미하는 것이다. 그리고 그 퇴행성의 끝에는 생명 이전의 상태, 즉 죽음과도 같은 무생물 상태로의 회귀를 바라는 무의식적 심성이 있을 것이라는 가정이다.[324]

<변강쇠>에서 강쇠는 프로이트적 쾌락원칙에 지나치게 충실한 삶을 사는 나머지 언제나 자기가 하고 싶은 유희와 쾌락, 한탕주의만을 추구할 뿐, 한곳에 정착해서 규칙적인 일을 하며 자기 자신과 아내를 경제적으로 부양해야겠다는 현실적인 인식, 즉 '현실원칙(Reality Principle)'의 개입을 전면 부정한다. 프로이트가 죽음충동을 상정하며 쾌락원칙으로만은 설명될 수 없는 인간 심리의 복잡다단함을 설명했듯, 강쇠의 극단적인 쾌락원칙의 추구는 에로스보다 죽음충동에 의한 강박으로 변질되어 그가 음주, 도박, 섹스로만 점철된 생활로 반복적으로 회귀해 스스로의 삶을 극단으로, 즉 죽음으로 내몰게 하고 만다. 상대 여성들의 결혼 여부를 가리지 않고 성적 유희를 벌이다 매번 기혼녀들의 남편들이 그를 마을에서 쫓아내고, 구타를 가하고, 심지어는 산 채로 매장을 시키는 위기에까지 다다라도 그는 중독적인 섹스 지향에서 벗어나지 못한다. 섹스뿐 아니라 도박과 음주도 그의 이성을 상실

324 Sigmund Freud, *Beyond the Pleasure Principle*, *passim*.

하게 해, 그는 놀음 빚을 갚기 위해 옹녀를 양반 노인에게 첩으로 보내기도 하고 궁극에 가서는 장승을 사람으로 착각해 뽑게 된다. 강쇠의 삶에서 섹스, 도박, 음주는 톱니바퀴처럼 맞물려 있어 영화 속 많은 장면 속에서 강쇠는 죽음의 위협을 반복적으로 느끼면서도 그것들을 끊지 못한다.

강쇠의 삶과 죽음에 맞물려 있는 음주, 도박, 섹스라는 유희는 바타이유(Georges Batailles)가 제시한 삶의 연속성과 불연속성의 경계선에서 인간이 느끼는 죽음과도 같은 황홀경을 연상시킨다. 바타이유는 성적 합일을 통한 황홀경의 순간에 인간이 존재적 연속성을 상실하고 죽음과도 같은 단절, 즉 '작은 죽음(little death)'을 맞는다는 독특한 에로티즘(erotism)을 펼친 바 있다.[325] 강쇠가 세 가지 유희를 강박적으로 반복하는 것은 매 순간 바타이유적인 작은 죽음을 추구하는 것이지만, 그 죽음충동적인 반복성과 회귀성으로 인해 그는 결국 크고 실질적인 죽음으로 내몰리게 되는 것이다. 그렇다면 강쇠는 왜 자신을 파멸시키는 섹스, 음주, 도박의 악취미를 끊을 수 없는 것일까? 단순히 이러한 유희를 할 때마다 뇌에서 분비되는 도파민으로 인한 쾌락에 중독되어 이것을 반복하는 것일까? 이러한 반복강박이야말로 프로이트의 죽음충동과 피터 브룩스가 말하는 서사에서의 죽음충동과 연결 지을 때 설명이 된다.

•

325 Georges Batailles, Mary Dalwood, trans., *Erotism: Death and Sensuality*, City Light Publishers, 1986, p.170.

피터 브룩스는 서사가, 마치 추리소설의 탐정이 범인의 행적을 재추적하는 것처럼, "언제나 내재적으로 반복의 상태를 유지하려 한다"며, 이를 프로이트가 분석한 불쾌한 경험의 반복을 통한 죽음으로의 회귀와 결부시킨다.[326] 프로이트는 죽음충동의 일례를 참전 군인과 자신의 손자로부터 발견한 바 있다. 1차 세계대전에 참전했다 살아 돌아온 군인들이 평생을 참호전의 끔찍한 악몽의 기억에 시달리며 고통받은 사실은 널리 알려져 있다. 프로이트는 이러한 군인들을 환자로 상담하며 그들이 그토록 떠올리기도 싫어하는 참호전의 기억을 잠이 들 때마다 꿈에서 무수히 반복하는 것을 보고 자신의 쾌락원칙을 수정하게 된다. 그토록 파괴적인 기억을 꿈속에서 되풀이하는 것은 자기소모적이기 이를 데 없지만, 참전 군인들은 반복적으로 전쟁 당시의 꿈을 꾸는 자신을 막을 길이 없어 프로이트를 찾아왔음에도 이를 멈출 수 없는 것이다. 또한 프로이트는 아기침대에 누운 자신의 외손자가 엄마(프로이트의 딸)가 함께 놀아줄 때 사용하던 실패를 이용해 엄마의 부재 시 혼자 놀 때에도 실패를 던졌다 감아올렸다를 반복하며 'fort-da(없음-있음)'라는 단어를 반복하는 것을 보며, 엄마의 부재를 사라졌다 나타나는 실패와 동일시해 엄마가 보이지 않는 고통을 반복하며 홀로 노는 유아에게조차 이러한 반복강박이 있음을 발견한다.[327]

326 Peter Brooks, *Reading for the Plot: Design and Intention in Narrative*, Harvard University Press, 1992, p.97.

327 Sigmund Freud, *Beyond the Pleasure Principle*, passim.

프로이트는 이러한 두 가지 사례에서 추출되는 반복강박을 통한 이전 상태로의 무한회귀의 성질을 죽음충동이라 부르는데, 브룩스는 여기서 더 나아가 아기가 실패 놀이를 통해 자신의 행위를 수동적 상태에서 능동적 상태로 바꾸는 것을 상황의 '정복(mastery)'으로 해석한다. 아이가 원하지 않는 엄마의 부재 상태에 강제적으로 놓여졌지만, 스스로 이 상황을 통제하고 정복하려 한다는 것이다. 따라서 "반복이 정복, 즉 수동성에서 능동성으로의 운동이고, 정복이 사실 인간이 복종해야만 하는—강제된 종결에 대한 선택이라고도 할 수 있는—것에 대한 통제를 행사하는 행위라면, 반복은, 같은 근거로 되돌아가, 종결의 선택과 관련될 수밖에 없는 플롯의 문법"을 구성하게 된다.[328] 인간의 죽음충동처럼, 플롯 또한 무한반복을 통해 끝을 향해 가는 운동을 지연시키며 상황을 통제하고 정복하면서도 결국 종결될 수밖에 없다는 것이다. 이러한 반복의 추동은 서사에 있어서는 텍스트의 에너지를 묶어서 형식을 만들어 플롯을 구성하도록 하므로, 브룩스는 정복될 수 있는 "반복을 통해 텍스트를 작동시키는 것은 죽음충동, 즉 종결로 향하는 추진력"이라 설파한다.[329] 인생이 죽음을 향해 움직이는 운동이지만 그 속에서 수많은 "일탈, 우회, 자극적 의도"가 반복적으로 행해지는 것처럼, "텍스트의 욕망도 종결을 향한 욕망"이어서 플롯은 시작과 끝이라는 두 가지 정지 상태 사이에서 이루어지는 수많은 "일종의 탈선 혹은 일탈이자 무생물

328 Ibid., p.98.
329 Ibid., p.102.

상태로 되돌아가려는 힘의 지연"이라는 것이다.[330]

<변강쇠>는, 앞 절에서 인용한 것처럼, "무분별한 성은 곧 파멸이라는 교훈을 던[지]"기 위해 제작되었다. 무절제한 쾌락을 추구하는 강쇠는 아내는 물론이고 자신을 유혹하는 그 누구와도 무분별한 섹스를 즐길 뿐 아니라 도박과 음주를 통해서도 자신이 느낄 수 있는 쾌락을 배가시키려 한다. 이 책의 서문에서 언급했듯, 1980년대에는 에로방화에서조차 여성의 적극적인 성욕 표출이나 남성에의 능동적 성적 접근을 허용하지 않았다. 따라서 <변강쇠>에서 강쇠와 옹녀의 특별한 성기능을 과장해서 보여주는 영화의 에로시퀀스에서도 성차별주의적 태도를 읽을 수 있다. 판소리 사설과 달리, 영화 속 옹녀의 성적 능력을 감당할 수 있는 남자는 강쇠밖에 없다는 서사적 설정은, 흔치 않은 복상사의 책임을 여성에게 일방적으로 떠넘기는 것은 물론이고, 모든 남자들을 복상사시킬 수 있는 능력을 지닌 괴물과도 같은 여자가 존재하리라는 신화적 믿음을 공공연히 하고 있기까지 한다. 게다가 옹녀와 달리 강쇠의 정력은 실상 그의 삶에 큰 불편을 끼치기는커녕 과시할 만한 자랑거리이다. 영화 속에서 옹녀와 강쇠에 대한 소문은 팔도에 퍼지고, 전자는 점차 남자들이 기피하는 '치명적' 대상이 되지만, 후자는 여자들이 그에게 호기심을 느끼고 먼저 유혹할 뿐 아니라 남자들에게는 부러움과 시기심의 대상이 된다. 이런 차별점하에서, 자신과 섹스를 해도 죽지 않는 남자를 만

330 Ibid., p.104., p.103.

난 옹녀는 이제 정숙한 아내가 되어 생계를 책임지게 되지만, 아내가 생겼다는 것 외에는 삶이 크게 달라지지 않은 강쇠는 이전의 악습을 반복할 수밖에 없게 된다.

영화는 두 시간 이내에 종결되어야 하고, 영화의 원작에서는 강쇠가 장승 동티로 죽는 설정이 이미 있으므로, 영화 속 강쇠는 언젠가 장승을 신성모독하고 죽음에 이를 수밖에 없는 만큼 그의 죽음은 맨 마지막 장면으로 미뤄지며 <변강쇠>의 플롯은 "시작과 끝이라는 두 가지 정지 상태 사이에서 이루어지는 수많은 '일종의 탈선 혹은 일탈이자 무생물 상태로 되돌아가려는 힘의 지연'"을 반복하게 된다. 이를 위해 강쇠 또한 섹스, 도박, 음주라는 "일탈, 우회, 자극적 의도"를 반복하며 자신의 죽음을 지연시킨다. 결국 세 가지 악습을 반복하며 얻어맞고, 쫓겨나고, 죽을 위기에 처하기를 반복하던 강쇠는 예정되어 있던 죽음을 맞이할 수밖에 없다. 그렇다면 강쇠에게 죽음이라는 천벌을 부과하는 장승의 존재는 어떻게 해석해야 하는 것일까? 오랫동안 구비 전승되다 근대의 문턱에서 문자로 기록된 판소리 사설에서 신적이고 종교적인 존재로서 기능하는 장승의 의미는 당연히 클 수밖에 없다. 그러나 영화에서 장승은 왜 쾌락원칙을 죽음충동적으로 추구하는 강쇠뿐 아니라 현실원칙과 타협해 착실하게 살아가는 옹녀에게까지 응징을 가하는 것일까? 이는 강쇠가 죽은 후 옹녀를 괴롭히는 판소리 사설의 후반부가 영화에 적용된 것이라 보아야 할까? 아무리 장승 동티로 인한 것이라지만, 왜 영화 속에서 강쇠는 아내와의 성교 도중 옹녀와 정을 통한 모든 남자들이 그러했던 것처럼 뜬금없이 복상사를 당해야만 하는 것일까? 어찌 보면 복상사는 진정한 의미에서 바타이유적인 작은 죽음이 큰 죽음으로 전이된 것이라고도 할 수 있을 텐데, 그렇다면 강쇠는 실질적으로는 성적 쾌락의 최고조에 죽는 행운의 존재인 것일까?

영화 속에서 장승은 숭배하고 섬겨야 할 종교적 존재라기보다 강쇠와 옹녀를 지켜보고 감시할 뿐 아니라 그들을 포함한 국민의 삶과 죽음을 통제하는 푸코적 '생명권력(bio-politics)'으로서의 현대 국가권력에 더 가깝다. 장승은 인간의 키보다 훨씬 높은 곳에서 험상궂은 얼굴로 인간 세상을 내려다보는데, 이는 마치 푸코가 영국의 공리주의자인 벤담(Jeremy Bentham)이 설계한 '판옵티콘(Panopticon)' 형태의 감옥 모형도에서 착안해 첨탑 꼭대기에서 죄수들을 감시하는 간수의 권력 형상을 현대의 권력 체계로 설명한 것과 매우 유사하다.[331] 장승처럼 국민의 위에 군림하던 1980년대 한국의 개발독재 발전국가 권력이 문제시하고 터부시할 수밖에 없는 것은 강쇠가 노동하지 않는 신체라는 점이다. 국가가 감독하고 관리하는 국민 개개인의 신체는 적당한 규율과 조련에 의해 국가의 생산성을 드높이기 위해 노동하고 건강을 관리하며 절제된 삶을 살아야 한다. "체력이 국력"이라는 박정희 정권의 표어는 1980년대의 전두환 정권에도 지속적으로 적용되었으며, 박 정권과 달리 소비와 여가에 대한 약간의 자유를 허용했던 전 정권도 체력을 노동과 생산에 쓰지 않고 유희와 쾌락에 소비하는

331 다음을 참조할 것. 미셸 푸코, 이규현 옮김, 『감시와 처벌 : 감옥의 역사』, 나남, 2003.

것을 경계했다. 변강쇠는 바로 이렇게 약간만 허용된 유희의 자유를 양껏 활용하고 노동 생산성을 최저점으로 떨어뜨리며 체력의 소비와 낭비만 일삼는 존재로 영화 속에서 그려진다.

로라 넬슨(Laura C. Nelson)은 전두환에 이어 노태우 정권까지 이어지는 1980년대와 1990년대 초반에 국가가 환락 문화를 활용하면서도 과소비와 무절제한 삶을 통제하는 "과잉에 대한 단속(measured excess)"이 작동되는 방식을 동명의 책에서 설명한 바 있다.[332] 아이러니한 것은 이 단속이 국민이 애국주의의 형태로 자발적으로 행할 수 있도록 국가가 개입하고 통제·통용시켰다는 사실이다. 따라서 박정희 정권부터 이어지던 근검절약의 기치는 유희에의 자유와 소비주의가 조금씩 물꼬를 트던 1980년대에도 '과소비 추방 운동' 등의 형태로 나타난다. 1980년대 한국사회에서의 이러한 과잉에 대한 단속은 막스 베버가 개신교 종교혁명 이후의 서구, 특히 서유럽 사회의 자본주의 정신의 특징으로 꼽은 프로테스탄트 금욕주의와도 맞닿아 있다. 베버는 다음과 같이 말한다. "프로테스탄티즘의 세속적 금욕은 소유물의 무분별한 향락에 전적으로 반대하였으며 온갖 소비, 특히 사치성 소비를 억압했다. 그런 반면 이 금욕은 심리적 효과로서, 재화 획득을 전통주의적 윤리의 방해로부터 해방시켰다."[333] 자본주의 이전 단계의 서구 사회에서 프로테스탄티즘은 물질과 부를 죄악시

332 다음을 참조할 것. Laura C. Nelson, *Measured Excess : Status, Gender, and Consumer Nationalism in South Korea*, Columbia University Press, 2000.

333 막스 베버, 김현욱 옮김, 『프로테스탄티즘 윤리와 자본주의 정신 외』, 동서문화사, 1978, 2014, 188쪽.

하는 경향이 있었지만, 그것이 자본주의와 결합하는 과정에서 부의 획득이나 배금주의는 더 이상 악행으로 간주되지 않고 성생활이나 소비생활에서 절제되지 않는 삶이 문제시되기 시작한 것이다. 1980년대 한국사회는 박정희 정권 이래로 국가 주도의 서구 자본주의의 단기적·압축적 수용 과정에서 개신교 윤리와 결합한 자본주의 정신까지도 함께 포용했던 것이다. 따라서 전두환 정권하에서는 박정희 정권 때보다 소비문화와 향락 문화가 약간은 허용되었음에도 국민의 과소비와 무절제한 삶에 대해 국가는 언제라도 철퇴를 가할 준비가 되어 있었다.

이런 맥락하에서 영화 <변강쇠>도 국가가 허용한 에로티시즘의 자유를 어느 정도 활용하지만, 섹스에의 과도한 탐닉과 정력에의 집착, 술과 도박 중독 등을 과잉으로 소비하는, 노동하지 않는 신체에 대해 국가권력이 부과하는 형벌을 강쇠에게 가한다. 영화 속 장승은 이러한 국가권력을 상징하는 존재로서 영화의 결말부에만 등장하지만, 영화 전체에 걸쳐서 연출자에게 과도한 성애 표현을 자중시키고 영화 제작진이 자체 검열을 행함으로써 영화의 시각적 에로티시즘을 완화하며 마지막에 가서는 과잉 성욕자의 말로가 파멸이라는 교훈을 관객에게 심어주는 판옵티콘의 간수와도 같은 역할을 수행한다. 실상 1980년대의 가장 유명한 에로방화 중 하나지만 <변강쇠>에는 여배우(원미경)의 신체 노출이 거의 없으며 빈번하게 등장하는 남녀 주인공의 성행위 장면도 나무 기둥 등의 자연풍경에 가려지거나 은유적으로만 표현되어 배경음악과 사운드만 요란할 뿐이다. 영화의 서사전개뿐 아니라 이러한 시각적 제한에서도 영화 제작진의 섹스, 유희와 쾌락에 대한 이중적·양면적 시선을 엿볼 수 있다.

그러나 국가의 판옵티콘적 통제에 의한 처단으로 해석될 수 있는 강쇠의 죽음이라 해도 역설적으로 강쇠라는 캐릭터와 영화 플롯, 양측의 죽음충동의 퇴행성으로 인해 생기는 정치적 급진성의 가능성을 발견할 수 있는 여지도 있다. 이는 정지와 운동 상태에서 진동하는 영화라는 매체성에서 찾아지는 생명의 에너지, 즉 에로스와도 같다. 로라 멀비는 영화가 디지털화되고 뉴 미디어가 새로운 테크놀로지와 함께 새로이 등장하는 21세기에 영화의 역사를 되돌아보며 특정한 "필름 조각을 되돌리고 반복하는 관객성"속에서 영화의 정지와 운동, 죽음과 삶의 관계에 대해 오히려 재사유할 수 있게 되었다고 말한다.[334] 왜냐하면 "되돌리고 반복하는 것은 필연적으로 영화의 진행을 지연시키고 흐름을 방해하는 것을 포함"하는데 이를 통해 발견되는 영화의 시간성은 "이미지가 기록된 순간을 보존하면서, 과거의 재현 속에 예상치 못한 리얼리티를 각인시키면서 시간에 대한 특권적인 관계," 즉 "저장기능"을 가지게 되기 때문이다.[335] 이러한 회귀성과 반복성은 영화의 정지와 죽음 상태와만 연결되는 것이 아니라 죽음충동과도 연계된다. "영화의 앞으로 나아가려는 움직임, 필름의 연속적인 질서[가] 서사의 질서 속으로 쉽게 녹아"들기 때문이다.[336] "서

334 로라 멀비, 이기형·이찬욱 옮김, 『1초에 24번의 죽음: 로라 멀비의 영화사 100년에 대한 성찰』, 현실문화, 2007, 10쪽.

335 위의 책, 10~11쪽.

336 위의 책, 93쪽.

사는 끝으로 되돌아가려는 관성을 벗어나서 출발하기 위한 원동력이 필요"하므로 플롯이 추동되고, "서사의 정지, 비유기체적인 형태로 돌아가는 비유로서의 죽음은 (…) 영화로 확장"되는 것이다.[337] 따라서 영화 속 "서사의 정지를 이끄는 모든 수단 중에서 죽음은 구조와 내용에 반복적으로 겹쳐지면서 특별한 호소력을 갖는다."[338] 강쇠의 갑작스러운 복상사는 실제로 "특별한 호소력"을 갖는데, 이는 강쇠와 마지막 성관계를 나눈 옹녀가 아침에 죽어있는 남편을 발견하고 실성한 여자처럼 절규하며 눈 덮인 산중으로 뛰쳐나가는 프리즈 프레임으로 영화가 종결됨으로써 "서사의 죽음, 정지로의 회귀를 재현"하기 때문이다.[339]

강쇠의 죽음과 설산으로 달려 나가는 옹녀의 프리즈 프레임은 영화적 운동과 정지의 작용을 되돌리고 반복하는 과정 속에서 프로이트적 에로스, 즉 임신한 옹녀의 생식력과 삶의 의지로 귀결된다. 영화 속 옹녀는 판소리 사설과 달리 강쇠를 제외하고는 잠자리를 같이하는 모든 남자들을 복상사시키는, 본인의 의지와 동떨어진 말 그대로의 팜므 파탈이다. 남성들에게 치명적인 해를 가하는 위험한 여자로서 궁극적으로는 그녀의 성적 능력을 감당할 수 있는 유일한 남자였던 강쇠마저도 죽음에 이르게 한다. 따라서 마지막 장면에 임신해 부른 그녀의 복중 태아는 발전국가가 반길 만한 유전자를 지닌 존재는 아닐 것이다. 그러나 옹녀가

337 위의 책.
338 위의 책, 96쪽.
339 위의 책, 99쪽.

한곳에 정착해 일부종사하며 살아가는 것은 팜므 파탈로서의 옹녀의 천성에는 맞지 않는 삶의 방식이다. 프로이트의 죽음충동이 매력적인 것은 인간이 개과천선하는 것은 극히 드문 일이고 대다수가 불리한 줄 알면서도 자신의 잘못된 습관을 고치지 못하고 반복하다 강쇠처럼 파멸을 맞이하거나 어영부영 살아가는 것이 일상에서도 쉽게 목도될 정도의 진리이기 때문이다. 옹녀가 강쇠를 만나기 전에 어느 정도 성실하게 노동하는 신체였는지는 영화 속에서 보이지 않지만, 그녀는 아마도 원래 성실하게 노동하는 여성이었고 이를 반복해 왔을 확률이 높다. 그녀가 정착하여 유교적 일부종사를 하지 못하는 이유는 다만 과잉 성기능 탓인데, 이를 억제해 그녀의 유랑 생활에 종지부를 찍은 것은 바로 강쇠와의 만남이다. 영화의 마지막 장면에서 달려나가는 옹녀를 정지화면으로 잡은 것은, 그녀가 비록 기쁘게 결과를 포용한 것은 아니라 할지라도, 움직이고 유랑하며 살아가야 하는 그녀의 에로스, 즉 생(生)의 충동이 다시 폭발해야만 하기 때문이다.

강쇠의 죽음충동이 그를 파멸시켰다면, 옹녀의 죽음충동은 그녀를 정지하여 정착하도록 한 강쇠를 무화시키고 다시 이전의 삶의 형태인 움직이고 유랑하는 삶으로 되돌아가도록 한다. 또다시 남편을 잃고 좌절했을지 모르나 옹녀는 복중 태아와 함께 새로운 곳으로 이동하여 아이와 자신을 부양하기 위해 성실하게 노동하는 신체로 살아갈 것이다. 마르쿠제(Herbert Marcuse)는 프로이트적 에로스를 성적 에너지로부터 생산적이고 건설적 에너지로 전환시켜 문명의 발전과 번영을 위한 힘으로 활용할 것을 주창한 바 있다. 마르쿠제에 따르면, 에로스는 노동을 통한 '진보(progress)'로서 표출될 수 있고, 그가 '타나토스(Thanatos)'라 지칭한 죽음충동은 인간의 자기파괴적 원천이라기보다 생의 고통으로부터의 해방과 자유로의 통로로 기능한다. 이러한 맥락에서 마르쿠제는 죽음충동에 의한 쾌락원칙의 규제를 목적으로 하는 현실원칙을 '열반원칙(Nirvana Principle)'이라 부르기도 한다.[340] 마르쿠제적 관점에서 보자면 강쇠는 쾌락원칙에 따라 자신에게 해악만을 초래함에도 중단할 수 없는 섹스, 놀음, 음주의 반복강박에 의해 파멸하기도 하지만, 살아있는 동안 느끼는 그 해악의 고통에서 해방되기 위해 죽음충동의 반복강박을 무의식적으로 실행하여 현실원칙에 따라 죽임을 당하고 고통 없는 열반상태에 도달한 것일 수 있다. 마르쿠제는 가부장제 자본주의 사회에 일침을 가하고 보다 해방적이고 유토피아적인 문명의 건설을 지향했으나, 프로이트 이론에 대한 그의 해석은 오히려 아이러니하게도 금욕적이고 통제된 인간 신체를 통한 개발주의/발전주의를 도모하는 것처럼 전유될 수 있어 1980년대 한국의 발전국가와도 맥을 같이 하고 있다. 그러나 열반원칙은 강쇠의 죽음을 비극이 아닌 쾌락원칙 너머의 열반상태로의 이동으로 읽을 수 있는 여지와 함께, 옹녀가 죽음충동에 의해 이전의 상태로 회귀하고 강쇠의 자식과 함께 유랑하는 삶을 반복하게 함으로써 발전국가에 저항하는 전복적 존재가 될 가능성을 배태하기도 한다.

340 Herbert Marcuse, *op.ct. passim*.

브룩스는 죽음충동에 의해 정지상태로 회귀하는 서사의 운동성이 "시간을 전복(subvert)하거나, 오히려 거역(pervert)"하는 효과를 낳는다고 해석한다.[341] 그는, 루카치(Georg Lukács)를 경유하여, "시간을 이해하고, 그것을 거스르려는 노력을 흥미로운 과정으로 탈바꿈시키는 것이 기억의 작용"이므로 회고하고, 반복하고, 완수하는 서사의 기억을 통해 역설적으로 시간을 초월할 수 있다고 말한다.[342] 옹녀는 강쇠와의 결혼생활의 기억을 안고 프리즈 프레임의 정지상태로 회귀하고 다시 그 이전의 상태인 유랑생활로 돌아감으로써 시간을 전복하고 거역할 수 있는 힘을 얻게 되는 것이다. 정착과 안정을 꿈꾼 옹녀와 달리 이를 거부하고 쾌락과 유희만을 추구하다 죽음을 맞이한 남편 강쇠의 죽음으로 꿈꾸던 것이 좌절된 옹녀는 강쇠의 아이와 함께 다시 유랑과 유목을 반복해야 한다. 그러나 <변강쇠>의 마지막 쇼트인 옹녀의 프리즈 프레임이야말로 발전국가의 시간성에 저항하고 그것을 전복하거나 거역하는 역설적 대항발전주의라 하지 않을 수 없다. 앞으로 나아가기보다 멈춰 있되, 정착하지 않고 이동하는 유랑성의 반복강박 또한 예고하는 이 프리즈 프레임은 <변강쇠>의 죽음충동적 퇴행성이야말로 급진적이고 전복적인 대항발전주의임을 시사한다.

●

341 Peter Brooks, *Reading for the Plot*, p.111.

342 Ibid.

3. 나가며

로라 멀비는 셀룰로이드 필름으로 촬영하고 현상해 상영함으로써 필름의 한 컷, 한 컷은 정지되어 있는 상태이지만 필름 전체를 영사기로 돌릴 때 1초에 24프레임 정도로 움직임이 구현되는 영화의 성질을 죽음과 삶에 유비한다. 필름의 한 컷은 정지, 즉 죽음 상태지만 그것이 24컷으로 연속적으로 돌아갈 때 운동, 즉 삶의 상태가 나타난다는 것이다. 포스트시네마 시대에 셀룰로이드 필름으로 촬영된 영화들에 대해 재고찰한다는 것은 영화의 정지와 운동/움직임, 삶과 죽음을 메타시네마적으로 사유하는 것이다. 2020년대에 1980년대 에로방화에 대해 분석하는 것은 필연적으로 이러한 영화적 정지와 움직임에 대한 사유와 연동된 행위일 수밖에 없다. 주인공의 죽음으로 종결되는 수많은 에로방화들 중에서도 1986년 영화 <변강쇠>를 선택한 것은 1980년대 중반에 멈춰서서 에로방화 제작의 최전성기에 그 움직임에 대해 사유하며 죽음충동을 떠올리는 행위인 것이다.

본 장에서는 프로이트의 죽음충동 개념을 통해 <변강쇠>의 결말을 둘러싼 다양한 해석을 시도해 보았다. 한국사회에서 가장 대중적인 에로방화 중 한 편으로 손꼽히는 <변강쇠>지만 영화의 전반적인 코믹함은 결말의 비극성을 교묘하게 상쇄시켜 영화가 대단히 유쾌한 텍스트인 것처럼 오인하게 만드는 측면이 있다. 영화의 원작인 판소리 사설 「변강쇠가」의 강쇠는 주색잡기에 탐닉한 데다 옹녀뿐 아니라 길을 가다 마주치는 사람들에게 툭하면 싸움을 걸고 괴롭히는 유아적 인물로서 죽어 마땅하다 싶을 정도의 천하의 몹쓸 놈인 데다 죽어서도 살아생전의 가학성을 유지하는 것으로 그려진다. <변강쇠>의 강쇠도 주색잡기에 빠져 생계유지를 위한 노력을 하지 않고 가장의 역할을 대신하는 아내를 괴롭히는 문제적 남편이지만, 지리산으로 들어간 후에는 임신한 옹녀를 아끼고 곧 태어날 자식을 생각할 정도의 양심과 인간미는 갖추고 있다. 한국의 근대화 이전에 쓰인 판소리 사설이 신화적이고 미신적인 세계관 속에서 에로스와 죽음에 접근해 유교적 절제와 중용의 태도를 지니지 않은 유랑민에 대한 처벌을 전근대적 남성중심주의적 세계관으로 풀어냈다면, <변강쇠>는 개발·발전주의적 자본주의 사회에서의 에로스와 죽음은 물론 노동과 유희의 관계에 대한 당대의 비일관적이고 모순된 시각을 반영하고 있다.

따라서 가장 표피적으로는 강쇠가 민속신앙의 숭배대상인 장승에 대한 불경함으로 인해 천벌을 받아 죽은 것으로 볼 수 있다. 영화의 첫머리에서 자막으로 천명한 "무분별한 성은 곧 파멸이라는 교훈"을 민속신앙과 결합해서 표출한 것으로 해석할 수 있는 것이다. 그러나 조금 더 깊이 들여다보면 강쇠가 "무분별한 성"행위는 물론이요, 영화의 시작부터 끝까지 제대로 된 직업을 갖지 않고 노동하지 않는 신체로서 섹스, 도박, 음주로 점철된, 쾌락원칙에 충실한 삶을 살다가 옹녀와의 성관계 도중 마침내 그녀의 전남편들처럼 복상사하고 만다는 것에 주목하게 된다. 옹녀의 성적 능력을 견뎌낼 수 있던 유일한 남자였던 변강쇠마저도 마침내 이를 견디지 못하고 죽음충동에 의해 파멸하는 것이다. 따라서 2차적으로 이 파멸은 발전국가의 이상에 복무하지 않는, 노동하지 않는 신체에 가하는, 장승으로 형상화된 국가권력의 응징이라고도 볼 수 있다. 금욕하지 않고 쾌락을 위해 소비만 하는 비생산적 삶은 축출되어 마땅하다는 1980년대 한국 발전국가의 자본주의적 무의식이 반영된 결과인 것이다.

그러나 3차적으로 보다 깊숙이 영화의 텍스트 속으로 파고 들어가면 강쇠의 죽음을 발견하고 임신한 채 홀로 남은 옹녀가 지리산 눈밭으로 달려 나가며 멈추는 최종 프리즈 프레임에 집중하게 된다. 움직임으로 추동되는 영화의 삶을 정지시키는 이 죽음충동의 장면은 멈춰 있으나 달리고 있는 옹녀의 모습을 통해 그녀의 출산과 새로운 유랑 생활을 예고하고 있다. 또한 발전국가가 제거하려 한 과잉 성욕자의 후손의 존재는 생의 욕구인 에로스를 전진적이기보다 강쇠의 죽음충동에 의해 퇴행적으로 가동시켜 얻어진 결과인 만큼 시간을 역행하고 전복시키는 새로운 주체의 가능성을 암시한다. 세상과 유리된 정착의 공간, 지리산을 뛰쳐나가는 옹녀와 그녀의 복중 태아의 프리즈 프레임은 발전주의적 목적을 향해 전진하는 개발독재 정권에 대한 엄청난 저항이자 거역이다. 강쇠의 죽음과 옹녀의 탈주는 1980년대 국가권력에 대한 공포와 저항은 물론이요, 노동하지 않고 유희를 즐기는 신체에 대한 거부와 동경마저도 동시에 유발한다. 이러한 양가적 감정은 발전주의적 국가권력에 저항하는 퇴행적 죽음충동이자 급진적 대항발전주의라 할 수 있다.

7장 비물질 자본을 결여한 ‘촌놈’들의 서울 투쟁기[343]

: <불의 나라>(1989)와 <물의 나라>(1989)

7장은 영화 <불의 나라>(장길수, 1989)와 <물의 나라>(유영진, 1989)를 중심으로 1980년대 후반 한국영화 속 ‘촌놈’들의 서울에서의 고군분투를 살펴보고자 한다. 두 편의 영화는 1986년부터 1988년까지 박범신 작가가 동아일보에 연재한 동명의 연작소설 두 편을 각각 원작으로 하고 있다. 충청남도에서 상경한 두 소설의 남자 주인공은 동향 출신의 친구 사이지만 서울에서 매우 대조적인 행보를 보인다. <불의 나라>의 주인공이 따스한 마음을 갖고 서울에서 사랑과 신의를 찾고자 한다면, <물의 나라>의 주인공은 가족과 친구, 친지마저 배신하며 물질적 성공과 사회적 신분 상승을 위해 그야말로 물불을 가리지 않고 고투하다 그것이 좌절되고 만다. 그러나 <불의 나라>의 촌놈도 결국 사랑을 이루는 데에는 실패한다. 본 장에서는 이 두 남성의 물질적·정신적 좌절을 통해, 고도성장이 마무리 단계에 다다른 1980년대 후반의 한국사회, 특히 서울이 치열한 경쟁의 장이 되었고, 그 경쟁에서 승리하기 위한 사회자본과 문화자본의 소유 여부가 판세를 가르는 거대한 장벽이 되었음을 고찰할 것이다.

프랑스 사회학자, 부르디외(Pierre Bourdieu)는 자본의 개념에

343 본 7장은 『현대영화연구』에 게재한 필자의 논문, 「문화자본을 결여한 촌놈들의 서울 투쟁기 - 〈물의 나라〉와 〈불의 나라〉를 중심으로」를 박이정 출판사에서 출간한 공저 『한국영화와 도시공간 II 1987-1997』(2018)에 같은 제목으로 발표했던 챕터를 수정 · 보완해 제목도 살짝 바꾼 것임을 밝혀둔다. 본 단행본에 재수록하는 것을 너그러이 승낙한 박이정 출판사에 큰 감사의 말씀을 전한다.

우리가 일반적으로 생각하는 경제자본, 즉 물질자본뿐 아니라 사회자본과 문화자본, 상징자본을 추가하여 개념을 확장시킨 바 있다. 즉, 자본주의 사회에서의 자본은 신분 상승 및 유지를 위한 고등교육 이수라는 학력자본 및 이를 통해 인맥 형성이 이루어지는 '사회자본'은 물론이요, 중·상층이 향유하는, 소위 고급문화에 대한 미적 '취향'의 함양과 고취를 통한 계급 구별을 만드는 '문화자본', 사회적 성공을 통해 획득되는 명예와 명성을 포함한 '상징자본'까지 폭넓게 존재한다는 것이다.344 이러한 다양한 자본들의 획득 여부가 결국 물질적 자본의 취득과 긴밀하게 연동되어 계급을 고착화하게 되는데, 한국영화에서는 그 고착화가 1980년대 중후반부터 서서히 가시화되기 시작한다.

본 장에서는 부르디외가 명명한 사회·문화·상징자본을 비물질 자본이라 칭하고, 이것이 경제자본인 물질자본의 소유 여부에 플러스알파로 작용하는 계급의 형성과 구별을 완성함으로써 세대를 이어 계승되는 계층이동의 장벽으로 작용하게 된 것에 주목한다. 1980년대 말에 제작·개봉된 <불의 나라>와 <물의 나라>의 두 촌놈은 그 장벽에 가로막혀 입신양명에 실패하기 때문이다. 이 두 편의 영화도 분명히 에로방화의 대항발전주의적 서사구조를 갖추고 있으나, 1980년대 초중기의 에로방화와 달리 사회적·경제적 성공을 위해 물불을 가리지 않는 남성들을 혹독하게 질타하기만 하기보다는 그들의 실패에 사회의 구조적 장벽이

344 다음을 참조할 것. 피에르 부르디외, 최종철 옮김, 『구별짓기 - 문화와 취향의 사회학』 상권 및 하권, 새물결, 2005.

작용하게 된 현실에 대해 우려하기 시작한다. 다시 말해, 1980년대 초중기의 에로방화가 부와 명예를 위해서라면 수단과 방법을 가리지 않던 개인을 통해 이러한 심성구조를 주입한 개발독재 발전국가를 고발했다면, 1980년대 말의 에로방화에서는 그토록 물불을 가리지 않던 개인의 투쟁을 좌절시키는 산업화 이후의 자본주의 사회와 구조를 고발하기 시작한 것이다. 따라서 여성의 복수를 중심으로 하는 초기 에로방화의 멜로드라마적 상상력은 이제 남성의 좌절을 중심으로 하는 서사로 변전되어, 이러한 흐름은 <불의 나라>와 <물의 나라>뿐 아니라 1985년 작인 <장사의 꿈>부터 시작되어 <겨울나그네>(곽지균, 1986)와 <성공시대>(장선우, 1988)를 거쳐 <서울무지개>(김호선, 1989)와 <그후로도 오랫동안>(곽지균, 1989)으로까지 이어진다. 이러한 남성 멜로드라마들이 모두 부와 명예에 집착하는 남성을 그리는 것은 아니지만 변화해가는 서울의 근/현대성 속에서 보이지 않는 거대권력의 장막에 가로막혀 앞으로 나아가지 못하는 남성들을 내세운다는 점에서는 공통적이라 할 수 있다. 물론 복수극도 꾸준히 만들어져 아내를 대신하여 복수를 행하는 남성 복수극인 <달빛 그림자>(신승수, 1986)와 여성 복수극 <늑대의 호기심이 비둘기를 훔쳤다>(송영수, 1986)를 비롯하여 <매춘>(유진선, 1988)에까지 그 제작 경향은 이어진다.

1980년대 후반의 한국사회는 1987년 6월 항쟁 직후 발표된 6·29 선언을 통해 대통령 직선제와 5년 단임제로의 헌법 개정을 골자로 하는 '87년 체제'의 성립과 민주화로 인해 개발독재 정권의 그림자로부터 서서히 해방되는 것처럼 보였다. 그러나 한국의 근대화 이후 무한한 기회와 가능성의 땅으로 여겨지던 서울은, 강남 개발이 종료된 1980년대 후반부터, 고등교육을 위해 이주한 것이 아닌 지방 상경자에게 계층이동의 유동성이 서서히 불식되기 시작한 공간으로 그려진다. 원작 소설도 그렇지만 이를 영화화한 <불의 나라>와 <물의 나라>는 서울이라는 공간 속에서 드러나는 그러한 계층이동의 좌절을 적나라하게 영상화하는 작품들이다. <불의 나라>는 서울에서 사랑을 찾으려는 남자를, <물의 나라>는 강남권의 부동산 투기로 인한 부유층 진입의 가능성이 서서히 차단되면서 지방 개발에 희망을 품고 이를 중심으로 한 이권 다툼에서 승리해 신분 상승을 하려 발버둥 치는 남자를 그리고 있다. 그러나 지방 출신 저학력자인 두 남자의 투쟁은 결국 실패로 이어진다.

1950년대 중반부터 1980년대 중반까지의 한국영화는 사회의 거대한 외적 변화 속에서 이루어지는 구성원들 간의 신분 상승에의 욕망과 이를 위한 인정투쟁 및 계급갈등을 중축으로 하는 경향이 있다. 1960년대 이전만 해도 종로를 중심으로 한 사대문 내의 도심과 청량리, 신촌, 영등포 등의 부심을 포함한 작은 면적이었던 서울은 1963년 강남의 서울 편입과 1970년대 이후의 강남 개발을 전후로 급격하게 도시 외관이 변모한다. 서울의 '자본주의적 도시화'를 1차 순환과 2차 순환으로 구분하며, 강내희는 그 1차 순환에 대해 다음과 같이 설명한다.

> 제1차 순환 또는 서울의 제1차 자본주의적 도시화는 경제개발 5개년 계획이 시작된 1960년대 초에 시작하고, 노태우 정권에 의해 추진된 주택 200만 호 건설 사업이 종료된 1990년대 초에 마무리된다. 이때는 서울에서 인구가 급증한 시기이기도 했다. 이 인구 변화는 1960년대 초 이후 본격적으로 가동되면서 지방 농어촌의 직접적 생산자들이 대거 몰려든 결과이며, 30년 동안 서울의 새로 확장된 행정구역—강북의 일부 지역, 특히 강남이 포함되어 이전의 두 배 정도로 넓어진—지역의 대대적 개발을 동반했다. 강남이 오늘날 세계적인 도시의 형태를 갖추며 강북보다 더 '발전한' 모습을 드러내는 것은 1970년대부터 정부의 특혜, 집중 지원을 받으며 강력한 개발 드라이브가 걸린 결과에 속한다. 대대적 인구 유입으로 촉발되었지만, 그런 인구 유입을 유발하기도 한 서울의 자본주의적 도시화 제1차 순환은 서울의 강북과 강남 지역의 개발이 완성되는 1990년대 초에 종료되었다. 이때는 노태우 정권하에서 주택 200만 호 개발이 완료된 시기이기도 하다.[345]

이와 더불어 1980년대 전두환 정권의 대학 입학 정원 증대의 효과로 나타난, 대규모의 고학력 인적자원이 1980년대 후반부터 본격적으로 대량소비사회로 진입한 한국사회에서 자리를 굳히기 시작한다. 따라서 1980년대 중반 이후 한국사회에서, 특히 전국 각지의 인력이 모여드는 서울에서 '비물질 자본'을 가진 자와 가지지 못한 자의 치열한 투쟁과 갈등, 즉 비물질 자본을 바탕으로 물질자본을 소유하려는 각축전이 치열하게 벌어지게 된다. 따라

345 강내희, 『서울의 생김새: 자본주의 도시적 형태의 시학』, 문화과학사, 2021, 140~141쪽.

서 87년 체제 이후 서울을 배경으로 하는 한국영화는 이 '비물질 자본'을 획득하지 못한 주변부 인물들, 특히 소위 '촌놈'이라 비하되는, 지방에서 상경한 저학력 남성들이 느끼는 자괴감과 그들의 중산층 진입 좌절을 그리는 경우가 많다. 물론 <바람불어 좋은날>(이장호, 1980)처럼 시대를 훨씬 앞서 이를 미리 그려낸 경우도 있다. 그러나 이러한 경향은 1980년대 후반부터 1990년대 중반 사이에 크게 두드러진다. 이때 만들어진 영화들에서는 계층이동이 서서히 좌절되기 시작한 사회에서의 중산층 로맨스나 단조로운 일상에서의 탈출 욕망을 그리는 영화들이 한 축, 하층민의 계층이동에의 실패와 체념을 다루는 영화들이 다른 한 축을 차지한다.[346]

<불의 나라>와 <물의 나라>의 남자 주인공은 대학 졸업장과 도시 문화적 취향을 결여했다는 이유로 도시인들로부터 무시만

346 중산층 로맨스의 예로 〈미미와 철수의 청춘스케치〉(이규형, 1987), 〈레테의 연가〉(장길수, 1987), 〈위기의 여자〉(정지영, 1987), 〈달콤한 신부들〉(강우석, 1988), 〈비오는 날 수채화〉(곽재용, 1989), 〈나의 사랑 나의 신부〉(이명세, 1990), 〈단지 그대가 여자라는 이유만으로〉(김유진, 1990, 이 영화는 물론 로맨스라기보다 성폭행을 당한 가정주부를 중심으로 한 법정물이지만, 중산층 가정의 내부적 붕괴를 다루고 있다), 〈물위를 걷는 여자〉(박철수, 1990), 〈결혼 이야기〉(김의석, 1992), 〈그대 안의 블루〉(이현승, 1992), 〈바람부는 날이면 압구정동에 가야 한다〉(유하, 1993), 〈나는 소망한다, 내게 금지된 것을〉(장길수, 1994), 〈마누라 죽이기〉(강우석,1994), 〈닥터봉〉(이광훈, 1995), 〈301 302〉(박철수, 1995), 〈고스트 맘마〉(한지승, 1996), 〈접속〉(장윤현, 1997) 등을 들 수 있다. 이들 영화는 페미니즘에 대한 관심이 최고조에 오른 1980년대 말과 1990년대 중후반까지의 한국사회에서 여권 신장의 일면을 보여주고 있기도 하다. 중하층의 신분 상승과 하락의 드라마로는 〈칠수와 만수〉(박광수, 1988), 〈매춘〉(유진선, 1988), 〈불의 나라〉(장길수, 1989), 〈추억의 이름으로〉(유진선, 1989), 〈그들도 우리처럼〉(박광수, 1990), 〈우묵배미의 사랑〉(장선우, 1990), 〈장미빛 인생〉(김홍준, 1994), 〈게임의 법칙〉(장현수, 1994), 〈넘버 3〉(송능한, 1997) 등이 있다. 열거한 영화들의 리스트를 얼핏 보아도 파악되지만, 1980년대 후반부터 1990년대 중반까지 한국영화의 기조는 로맨스에서 찾을 수 있고, 특히 도시, 서울을 배경으로 한 로맨틱 코미디는 당대 최고의 인기 장르였다.

당하다가 사랑과 신분 상승이 좌절되는 대표적 인물들이다. <불의 나라>의 주인공이 순수한 시골 청년의 모습을 지니고 있다면, <물의 나라>의 주인공은 배신과 권모술수에 매우 능한, 전형적인 현실주의적 악한이다. 게다가 그는 기득권 세력의 담합에 의해 감옥에 가지만, 영화의 마지막 장면에서 출소해 재기를 다짐하는 의지의 화신이기도 하다. 그의 파멸과 부활의 행보는 <불의 나라>의 주인공인 그의 고향 친구와 극히 대조적이라 할 수 있다. 따라서 본 장은 서울에서의 생존과 성공을 위해 생사를 건 투쟁을 벌이는 두 '촌놈들'이 대비되는 이 두 편의 영화를 통해 그들이 경험하는 음모와 모략의 '장(場, field)'으로서의 서울을 분석해 볼 것이다. 이때의 '장'은 문화자본과 더불어 부르디외 이론의 핵심 개념 중의 하나인 계급적 갈등과 경합의 장소, 즉 물리적이기도 하고 상징적이기도 한 권력투쟁의 공간이기도 하다.[347]

1. '인정투쟁'의 '장'으로서의 서울: 원작 소설과 영화화

영화 <불의 나라>는 1986년 4월 1일부터 1987년 8월 29일까지 박범신이 『동아일보』에 연재했던 동명의 소설을 원작으로 하고 있다. 속편인 『물의 나라』는 1987년 9월 7일부터 1988년 10월 31일까지 연재되었고, 2년 7개월 만에 신문 연재를 마친 작가는 동아일보와의 인터뷰에서 다음과 같이 털어놓는다.

347 부르디외, 위의 책. 이외에 다음 책을 또한 참조할 것. 홍성민, 『문화와 아비투스: 부르디외와 유럽정치사상』, 나남, 2000.

> 이 소설을 시작하기 전인 30대 후반까지 저의 트레이드마크처럼 인식돼온 도시적 감수성에 젖은 문체와 사랑 이야기에 어떤 회의를 느끼기 시작했지요. 그래서 동아일보의 연재 제의를 받고 '변화'와 '답습'을 놓고 한동안 고민했습니다. 소설 구상을 위해 2개월 반 동안 미국 여행을 하면서 '고향의 진흙'이 생각나기 시작했습니다. 바로 거기서부터 『불의 나라』, 『물의 나라』의 토속적 감성의 실마리가 풀려나가기 시작했습니다.348

박범신이 언급하는 것처럼, 두 편의 연작소설은 40대에 접어든 중년의 소설가가 이전의 도시 로맨스와는 다른 성향의 창작, 즉 향토성을 갈구하며 고민한 결과의 산물이다. 두 소설은 성격이 상반된 두 남자, 백찬규와 한길수가 고향인 충청남도 청양군 한내리에서 상경해 서울에서 겪는 사건들을 그들의 대조적인 인생관과 대비시켜 보여준다. 『불의 나라』는 순수하고 의리 있는 청년 백찬규가 서울에서 룸살롱 마담인 정은하를 만나 사랑에 빠지지만 물질적이고 화려한 삶을 추구하는 은하의 욕망으로 인해 결국 함께하지 못하고 결별하는 과정을 그린다. 『물의 나라』는 찬규의 친구인 한길수가 중등 교육도 제대로 못 받았음에도 특유의 생활력과 명석한 두뇌로 밑바닥에서부터 서서히 위로 올라가 서울에서 가파르게 성공 가도를 달리다 단숨에 무너지는 과정을 그린다. 물론 서론에서 잠깐 언급했듯, 소설과 영화 종반부의 길수

---

348 고미석, 「작가 박범신씨 「불의 나라」, 「물의 나라」 본보 연재를 마치고 (인터뷰)」, 『동아일보』, 1988. 11. 1.

의 파멸은 성공의 완전한 봉쇄가 아니라 오히려 그의 새로운 출발과 부활의 가능성으로 연결된다.

1993년까지의 박범신의 작품 세계에 대해 신철하는 "우리의 70년대 사회가 경제적 근대화를 위하여 모든 다른 것들을 희생할 때 생겨날 수 있는, 권력의 부패와 사회의 구조적 모순과 계층 혹은 빈부의 갈등을 포함하여, 세부적으로는 화려한 도시의 입성을 꿈꾸는 젊은 여성들의 허황된 꿈과 좌절을 그 특유의 문체[화려한 문체]를 통하여 보여주었다"고 평가한다.[349] 두 시골 남성을 주인공으로 하는 『불의 나라』와 『물의 나라』도 예외는 아니다. 전자는 은하를 통하여, 후자는, 3절에서 보겠지만, 지혜와 미란을 통하여 박범신은 한국 도시 여성의 신데렐라 콤플렉스, 즉 "화려한 도시의 입성을 꿈꾸는 젊은 여성들의 허황된 꿈과 좌절"을 보여준다. 결국 박범신은, 신철하가 비판하는 것처럼, 1980년대 중후반에도 이전부터 그래왔던 것처럼 그의 두 편의 연작소설을 통해 그의 여성 캐릭터들과 '여성화된' 남성의 도시 수난사를 통해 "근본적으로 권력은 권력을 행사하는 자들에 의해서만 재생산을 거듭하며, 그 외의 민중은 관중에 불과하다는 계급적 벽을 은밀히 강요"하는 서사구조를 거듭 반복한다.[350]

그러나 박범신의 원작 소설이 다소 운명주의적이고 계급주의적인 것과 달리 신문 연작소설을 영화화한 <불의 나라>와 <물의 나라>는 희망이 좌절된 서울이라는 공간에서 오히려 희망의 끈

349 신철하, 「권력의 재생산에 관하여」, 『작가세계』 5-4, 1993. 11., 79~93쪽, 83쪽.

350 위의 글, 85쪽.

을 놓지 않는 두 남성을 그리고 있다. 따라서 본 장은 저학력의 농촌 출신 도시 이주민인 찬규와 길수가 서울에서 남성성을 잃고 약자가 되어, 즉 '여성화'되거나, 혹은 '억압의 피해자'가 되어 겪는 수난사라기보다는 '투쟁기'로 명명해 분석해 보고자 한다. 영화를 연출한 장길수와 유영진의 입장과 시선이 박범신과 다르기도 할뿐더러 영화에서 그려지는 찬규와 길수, 그리고 은하의 좌절은 도시에서 힘을 잃고 약자화된 인간의 수난사라기보다 투쟁기, 그것도 '인정투쟁기'에 더 가깝기 때문이다. 독일의 정치 철학자 악셀 호네트(Axel Honneth)는 헤겔(G. W. F. Hegel)의 초기 철학에서의 '인정(recognition)' 개념에 착안해, 현대사회를 "권리 능력을 가진 두 주체 사이에서의 [인정을 받기 위한] 투쟁"이 벌어지는 공간으로 파악한다.[351] 즉, "자신의 고유한 주체성을 방해 없이 전개하려는 투쟁도발적 요구와, 소유권의 사회적 존중을 위한 대항적 요구"의 갈등 속에서 때로 인정받지 못하는 "상처받은 주체"가 "대항 행위를 통해 자신의 전 인격체의 불가침성을 위해 투쟁"하기도 하고 이것이 "범죄"의 형태로도 나타난다는 것이다.[352]

박범신은 자신의 소설이 한국의 남성 독자에게 크게 어필했음을 인지하며, 본인 스스로도 깍쟁이 같은, 다소 여성화된 이미지로 받아들여지는 도시 남성이기보다는 "텁텁하고 거침없는" 시골 남성의 기질, 즉 전통적이고 전형적인 남성성을 유지하고 있

351 악셀 호네트, 문성훈·이현재 옮김, 『인정투쟁』, 사월의 책, 2011, 62쪽.
352 위의 책.

다고 말하기도 한다.[353] 실제로 충남 논산 출신인 자신의 토속성을 남성성으로 치환하기도 하는 셈이다. 따라서 소설 속에는 목적을 위해서는 수단과 방법을 가리지 않는 길수에 대해서 다소 애정 어린 시선이 존재하고 있을뿐더러 결말을 그의 완전한 파멸이 아닌 새로운 출발로 삼는다는 점에서도 길수의 불도저 같은 남성성을 옹호하는 작가의 무의식성이 드러난다. "도시보다는 시골을, 정신보다는 육체를 더 믿는 박범신의 반문명 취향"이 스며들어 있는 것이다.[354] 박범신과의 인터뷰 내용에 덧붙여 기자는 "『불의 나라』, 『물의 나라』는 80년대 신문 소설의 새로운 모델을 정립했다는 것이 문단의 일반적인 평"으로 "도시 유한계층의 연애론이 아닌 우리 사회에 대한 신랄한 비판과 야유가 가장 잘 소설화된" 작품이라 소개한다.[355]

그러나 원작 소설이 두 촌놈의 투쟁기를 "신랄한 비판과 야유" 정도로만 그리는 반면, 영화는 이를 서울이라는 자본 경합의 장에서 벌어지는 치열한 생존투쟁이자 인정투쟁으로 그려내고 있다. 박범신과 달리 자신의 영화들 속에서 반미 민족주의와 민중주의적 세계관을 녹여내어 왔던 장길수와 유영진은 <불의 나라>와 <물의 나라>에서도 그러한 세계관을 기반으로 촌놈들이 서울이라는 대도시 속에서 생존과 인정의 각축전을 벌이는 모습을 적나라하게 그려낸다. 앞서도 언급했듯 <물의 나라>의 길수(정승

353 고미석, 앞의 『동아일보』 기사.

354 채명식, 「박범신 문학의 토대를 이루는 것들 - 초기 중 · 단편 소설을 중심으로」, 『작가세계』 5-4, 1993년 11월, 65~78쪽, 70쪽.

355 고미석, 앞의 기사.

호 분)는 서울의 여느 협잡꾼들과 다를 바 없는 악한이자 반영웅이다. 시골에서 중학교를 중퇴하고 서울로 올라와 온갖 궂은 허드렛일을 마다하지 않다가 돈을 모아 작은 사업을 시작한 이 중년 남자는 자신의 고향에 리조트 사업을 유치함으로써 부동산 투기로 돈을 벌려고 하는 대단한 야심가이다. 그는 단순한 희생자이거나 피해자가 아니다. 자신의 성공을 위해서 겉으로는 비굴한 태도를 취하지만 뒤에서 남을 배신하고 중상모략하며 부정한 수단을 취하는 것을 꺼리지 않는다. 온갖 편법과 위법 행위를 남발하던 길수는 결국 범죄자가 되어 투옥된다. <불의 나라>의 찬규(이덕화 분)는 길수와 달리 부정한 이익을 추구하지도 원하지도 않는다. 그는 정당하게 땀 흘려 일하다가 "특별시"의 추잡하고 더러운 현실을 목도하고 그 현실의 때를 벗고 고향으로 돌아가 다시 순수하게 살기를 원한다. 오히려 찬규의 연인인 은하(장미희 분)가 더 큰 경제적 성공을 위해 수단과 방법을 가리지 않고 불나방처럼 불을 향해 직진한다는 점에서 길수와 같은 비윤리적 배금주의자로 그려진다. <불의 나라>와 <물의 나라>의 찬규, 은하, 길수는 모두 도시의 타인들에게 '인정'을 받고자 끊임없이 갈등하고 투쟁하는 인물들이다.

그리고 <불의 나라>와 <물의 나라>에서 은하와 찬규가 공통적으로 추구하는 것이 있으니, 그것은 바로 부동산과 관련된 잇속이다. <불의 나라>의 은하는 강남의 고급 룸살롱의 사장, 즉 마담으로 방배동에 초호화 아파트를 소유한 사업가지만, 사업가로서 더 높이, 높이 올라가고 싶어 한다. 자칭 "은하기업"의 세를 확장하기 위해 은하는 서울 도심에 새로 지어지는 호텔에 예정된 비밀 클럽의 사업권을 따내기 위해 자신이 가진 모든 인력을 총동원해 '몸 로비'를 서슴지 않는다. <불의 나라>에서 찬규와 함께 구로동의 '벌집' 내지는 '닭장촌'이라 불리는 좁디좁은 판잣집 밀집촌에서 살며 하층 노동을 전전하던 길수는 5년 후, <물의 나라>에서 서울 변두리에서 다방과 인테리어 사업을 하는 작은 사업가가 되어있다. 그는 서울에서 제일 높은 빌딩을 짓고 싶다는 자신의 꿈을 이루기 위해 온갖 부정한 수단을 다 활용해 건축회사 임원 및 국회의원 등과 인맥을 만든다. 그 인맥을 활용해 사업을 확장하던 길수는 마침내 고향인 한내리에 건축 예정인 리조트의 사업권을 가로채지만, 자신이 배신했던 건축회사 회장과 국회의원이 같은 대학교 출신으로서 형성한 학력자본의 카르텔에 의해 응징당해 모든 것을 빼앗기고 감옥에 가게 된다. 자본 경합의 장인 서울에서 '간 큰 촌놈' 한길수가 만인의 인정을 얻고자 투쟁을 벌이다 결국 비물질 자본의 결여로 인해 무참히 패배하고 마는 것이다.

<불의 나라>에서 시골 촌놈 찬규와 도시 깍쟁이 은하가 대조된다면, <물의 나라>에서 순수의 화신인 찬규는 불순의 대명사라 할 만한 길수와 이항대립적이다. 도시와 시골의 대비는 물론, 대조적인 두 시골 남자와 더불어, 소설과 영화의 연작 모두 찬규와 길수를 도시의 기득권 세력과 대비시켜 육체와 영혼, 순수와 불순, 지성과 반(反)지성의 연쇄적 이항대립 구도를 형성한다. 우선 <불의 나라>의 텍스트부터 살펴보자.

2. <불의 나라>, 욕망과 탐욕의 용광로 서울 특별시

영화 <불의 나라>의 중후반부에서 서울 도심의 야경이 내려다보이는 산등성이에 앉아서 길수(정승호 분)와 술을 마시던 찬규(이덕화 분)는 자신의 친구에게 이렇게 말한다. "너, 특별시 잘난 놈들이 워쩍허고 사는 줄 아냐? 저 불빛을 봐. 여그는 불의 나라여. 저 시뻘건 불 속에서 모두 눈이 뒤집혀 미쳐 돌아가는 세상이란 말이여. 잘 나고 똑똑한 놈들은 똑똑하게 왕창왕창 해 먹고, 못 나고 못 배운 놈들은 껌값 땜시 불 속에 목숨을 던지는 세상이란 말이여."[356] 찬규의 말마따나 1980년대 말의 서울은 한밤중에도 불빛이 번쩍번쩍거리는 욕망과 탐욕의 용광로, '불의 나라'이다.

영화의 제목을 직접적으로 설명하는 이 장면에서의 '불의 나라'라는 표현과는 별개로, 서울은 영화에서 반복적으로 "특별시"로 호출된다. 대한민국의 유일한 특별시인 서울을 뜻하는 최적의 용어이기도 하지만, 이 "특별"한 도시에서 벌어지는 모든 부정과 비리를 폭로하는 풍자극으로서 원작 소설가인 박범신이 선택한 "특별한" 용어이기도 하다. 또한 찬규의 분석대로 이 특별시는 물질자본과 비물질 자본을 소유한 이들은 "왕창왕창 해 먹고,"둘 중 하나라도 소유하지 못한 이들은 "껌값", 즉 작은 돈이나마 벌어먹고 살고자 "불 속에 목숨을 던지는 세상"이다.

『불의 나라』와 『물의 나라』의 연작소설과 동명의 연작영화는

356 장길수, 〈불의 나라〉, 지미필름, 세한진흥(주), 1989. 96분 정도 길이의 영화의 68분 58초 무렵 남산에서 내려다본 서울의 야경이 파노라마 화면으로 펼쳐지고 카메라는 곧 이를 바라보는 찬규와 길수를 잡아 2분여 정도 서울과 은하에 대한 그들의 대화를 보여준다.

모두 1980년대에 제작자로서 활발하게 활동한 영화배우 김지미의 제작사, 지미필름이 세한진흥과 공동 제작해 완성되었다. <불의 나라>는 장길수가, <물의 나라>는 유영진이 연출을 맡아 1989년에 제작되었지만, <불의 나라>가 <물의 나라>보다 4개월 정도 이른 1989년 8월 19일에 대한극장에서 개봉되었다. <불의 나라>를 연출한 장길수 감독은, 4장에서도 짧게 언급한 바 있지만, 반미·반서구 제국주의의 감성을 지니고 서양 남성에 의해 수난을 겪는 한국 여성을 영화 속에서 형상화하며 이를 한민족의 위기로 알레고리화하는 작가주의적 경향이 있다. 그러나 장길수의 영화에서는, 그리고 같은 시기의 다른 민족주의 한국영화들 속에서는 여성 한 명에게 민족 전체를 대변하는 희생자로서의 짐을 지운다는 문제점이 공통적으로 발견된다.[357] 장길수는 이태원, 미국, 스웨덴, 미군 기지촌 등을 각각 배경으로 <밤의 열기 속으로>(1985), <아메리카 아메리카>(1988), <추락하는 것은 날개가 있다>(1989), <수잔 브링크의 아리랑>(1991), <은마는 오지 않는다>(1991) 등의 영화들에서 언급한 주제를 고수한다.

이덕화와 장미희가 주연한 <불의 나라>는 위에 열거한 민족주의적 영화들과 성향이 약간 다른 듯해 보이지만, 문화자본을 결여한 채 아직 한국적 향토성을 간직하고 있는 시골 남성이 서구화되어 가는 거대 도시에서 인종주의적 차별과 수난을 당한다

357 본서의 4장과 함께 장길수의 〈추락하는 것은 날개가 있다〉(1989)와 〈웨스턴 애비뉴〉(1993)를 분석한 필자의 다음 논문을 참조할 것. 이윤종, 「미국의 인종갈등 속 한인여성의 위치—영화 〈웨스턴 애비뉴〉(1993)의 LA 폭동 재현과 강수연의 이미지」, 『극예술연구』 79호, 2023, 57~87쪽.

는 점에서는 장길수라는 작가 감독의 일관된 영화적 행보의 일환으로 볼 수 있다.[358] 영화의 오프닝 시퀀스에서 찬규는 한내리 장터에서 관상을 봐주는 점쟁이의 "오늘 밤 자정 안으로 특별시에 가면 귀인을 만날 수 있다"는 예언을 듣고, 친구인 길수가 먼저 가서 정착해 있는 서울을 향해 택시를 타고 서둘러 달려간다. 찬규와 택시에 동승한 이는 정체를 알 수 없는 남자와 은하(장미희 분)였는데, 신원미상의 남자는 중간에 택시기사가 휴게소에 멈춘 사이에 찬규와 은하의 가방을 훔쳐서 달아난다. "고향을 떠나 서울로 오는 데"에서 생기는 박범신 소설의 "비극"이 이미 서울에 가는 도중에서부터 찬규에게 생긴 것이다.[359] 그러나 가방을 도둑맞고 이후에 가방 도둑과 끈끈한 친분을 맺게 되는 소설의 서사와 달리 영화 속 찬규는 우직하고 듬직한 시골 남자의 기백으로 가방 도둑의 행방을 기다리다 마침내 은하와 자신의 가방을 되찾게 되고, 이를 인연으로 은하와 연인이 된다. 점쟁이의 예언대로라면 은하가 찬규의 "귀인"이 되는 셈이지만, 서사가 전개될수록 이것이 과연 선연(善緣)인지 악연인지 소설과 영화 모두는 명확하게 규명하지는 않는다. 그저 "귀인"이라는 단어를 반어적으로 사용하는 박범신과 장길수의 서사 전략만이 작동할 뿐이다.

물론 앞서도 언급했듯 소설과 영화의 서사가 같지는 않다. 소설에는 영화보다 등장인물과 소소한 사건들이 훨씬 많이 개진되

358 4장에서 인용했듯, 발리바르(Etienne Balibar)는 다른 인종 사이에 벌어지는 차별뿐 아니라 여성이나, 장애인, 성 소수자를 포함한 사회의 주변부적 인물들에 가하는 우월적 태도도 인종주의(racism)에 포괄될 수 있음을 피력한 바 있다. Etienne Blibar, Op.cit.

359 채명식, 앞의 글, 71쪽.

어 있어, 소설 속의 찬규는 은하 외에도 훨씬 많은 여자들을 만나고, 서울에서 동향 출신의 남자들과 더 많은 인맥을 맺게 되며, 양반 집 후손이라는 자부심이 엄청난 유교적 남성주의자로 그려진다. 박범신의 대중 작가로서의 역량은 훌륭하나, 장길수의 <불의 나라>가 매체의 특성상 보다 경제적으로 인물과 서사를 전개해 나가며 이를 효과적으로 압축시켜 표현한다. 이는 영화의 대본을 쓴, 1980년대를 대표하는 시나리오 작가, 송길한의 영향이 매우 크게 작용한 부분도 있는 것으로 보인다.

영화에서 찬규가 금방 은하와 재회하기는 하지만, 강남의 고급 룸살롱을 소유해 비록 암흑의 세계에 국한돼 있다 해도 어느 정도의 부와 커넥션을 가지고 있는 은하가 호락호락하게 그의 연인이 되는 것은 아니다. 가방을 찾아준 찬규에게 호의를 표하며 친절하게 대하지만, 은하는 자신의 첫사랑인 민호(한지일 분)에게 일방적인 희생을 바치며 이용만 당하다 이에 대한 복수를 하기 위해 찬규를 이용한다. 민호는 은하의 뒷바라지를 바탕으로 대학 졸업 후 대기업 건설회사에 입사하지만 은하를 첩으로 두고 유력가 집안의 딸과 결혼한다. 민호는 결국 은하를 룸살롱 마담으로 만들고 그녀의 사업장을 이용해서 자신의 거래처 간부들, 즉 은행가, 건축가, 건축 공무원 등에게 성 접대와 향응을 제공해 승진을 거듭한다. 민호는 비서실장이 되고도 새로 짓는 호텔에 생기는 비밀 클럽의 사업권을 은하에게 주려 하지 않고, 이에 반발한 은하는 복수하기 위해 그의 상사를 직접 만나기 시작한다. 영화 속 은하의 이야기는 전형적인 에로방화의 대항발전주의적 서사를 고수하고 있는 데다, 캐릭터마저도 3장에서 분석한 <티켓>의 마담 지숙과 대단히 유사하다.

은하는 민호와의 관계를 끝내기 위해 찬규를 자신의 방배동 고급 맨션에 끌어들인다. 이를 눈치채고 비분강개해 떠난 찬규를 붙잡은 은하는 술에 취해 자신과 민호의 관계를 설명하고 민호와의 관계를 끝내는 데에 도움을 준 찬규에게 고마움의 표시로 육체관계를 맺고 연인이 된다. 그러나 은하는 신축 호텔의 사업권을 따게 되자 결국 찬규를 본인 살롱의 주방 보조원으로 고용해 하대하기 시작한다. 은하의 아파트에서 한때 행복한 연인으로 지내던 두 사람은 마침내 결별을 하게 되고, 민호의 계략으로 사업권을 잃게 되어 좌절한 은하는 다시 찬규를 찾아간다.

은하는 민호에게서 배운 방식대로 사람들을 "짓밟고 올라[가]"는 쪽을 택함으로써 자신을 무시하고 하대하는 민호와의 인정투쟁에서 승리하려 하지만 실패한다. 은하의 실패는 대학교육과 대기업 근무를 통해 인맥과 교양 등을 갖춘 민호의 '비물질 자본'이, 어둠의 경로를 통해서만 물질자본에 접근할 수 있는 은하가 결여한 비물질 자본에 대해 거둔 승리라 할 수 있다. 그리고 은하는 찬규를 사랑하면서도 자신이 원하는 비물질 자본을 지니지 못한 그를 결국은 떠나보낸다. 찬규의 특별시에 걸맞는 사회·문화자본의 결여는 촌놈의 '천진성'으로 그려지고, 그것은 은하가 찬규에게 매력을 느끼면서도 멀리하게 하는 원인으로 작용한다.

한만수는 박범신의 신문연재 장편소설들이 계속해서 대중적 성공을 구가한 원인을 분석하면서, 『불의 나라』에 대해 다음과 같이 논한다. “정은하만큼 예쁘고 천박스럽지 않을 만큼만 야하고, 게다가 돈까지 많은 여자가 별 볼 일 없는 백찬규(독자인 당신보다도 못한 점이 너무도 많은, 당신의 사랑스러운 어릿광대인 백찬규)에게 매력을 느끼고 사랑한다. 부럽지 않은가, 독자여. 그녀를 몇 번이고 만족시켜 줄 수 있는 성적 능력까지.”360 실제로 많은 남성 독자들이 『불의 나라』와 『물의 나라』의 두 남자 주인공에게 감정이입하며 큰 열광을 표해, 두 소설은 신문소설로도 성공했지만 단행본으로 발간되자마자 베스트셀러가 되었다. 이러한 성공은 소설과 영화 속 찬규가 “시골뜨기적 천진성”으로 독자와 관객에게 큰 웃음을 선사해 그들의 “은밀한 욕망을 대리충족”시켜줌으로써 이루어졌다고 한만수는 평한다. 박범신이 찬규의 “대리인 자격을 얻기 위해 웃음을, 그것도 독자[와 관객이] 우월한 위치에서 내려다보면서 던질 수 있는 웃음을 이용”하는 전략을 사용했다는 것이다.361

영화에서 찬규의 “시골뜨기적 천진성”을 확인할 수 있는 장면은 점쟁이 말만 믿고 자정까지 서울에 가려고 한다거나, 가방을 도둑맞고 서울 톨게이트 앞에서 가방 도둑이 올 것이라 믿고 끈질기게 기다리다가 그를 잡아 가방을 되찾는다거나, 은하의 지속적인 친절을 믿고 계속해서 은하의 클럽과 아파트 근처를 배회하는 그의 순진한 태도에서 찾을 수 있다. 또한 남산에서 서울을 내려다보며 “불의 나라”를 언급하기 전에는 주류 판매점에서 시바

360 한만수, 「악의 날, 악인이 없는 …」, 『작가세계』 5-4, 1993. 11., 42~64쪽, 47쪽.
361 위의 글, 48~49쪽.

스 리갈을 사면서 길수에게 양주 이름을 "씨벌스 리갈"이라 알려 주며 "둘이 먹다가 하나가 총 맞아 죽어도 모[를]" 정도로 맛있는 술이라고 으스대는 장면에서도 드러난다. 찬규는 술 이름을 빌려 속 시원하게 "불의 나라"에 대해 욕설을 퍼붓는 것이다.

그러나 찬규의 유쾌한 "시골뜨기적 천진성"은 소설에서 훨씬 많이 부각되는 특성이다. 영화 속 찬규는 '촌놈'이라 해도 사물과 세상에 대한 날카로운 통찰력을 지닌 인물로 묘사된다. "불의 나라"인 서울의 특성을 단 몇 달 만에 간파했을 뿐 아니라, 은하가 민호와 헤어지기 위해 자신을 이용하는 것도 금방 눈치챈다. 은하가 물질만능주의와 성공지상주의에 사로잡힌 속물이라는 것을 알면서도 그녀를 사랑하며, 그녀가 자신을 배신하고 다시 돌아왔을 때도 기꺼이 받아줄 정도로 마음이 넓기까지 하다. 은하의 성공욕과 물질욕은 민호와 헤어진 후 찬규에게 내뱉는 다음의 대사에서 직접적으로 드러난다. "세상에는 밑에서는 안 보이는 계단이 있어. 위로, 위로 올라가야만 보이는 계단이. 난 그 계단을 올라갈 거야. 끝없이 올라갈 거야. (…) 올라가야 해! 떨어지면 초라해지니까. 이 세상 더러운 놈들이 다 올라가는데 왜 나라고 못 올라가? 난 그놈들의 머리를 짓밟고서라도 올라가야 해." 이를 듣던 찬규는 "더러운 놈들이 있는 데서는 더러운 일들밖에 안 생긴다"고 은하를 타이르며 그 덧없음을 일깨운다. 찬규의 도덕적 설교에 저항하다 그 허무함을 어느 정도는 알고 있다며 인정하는 은하에게 찬규는 그녀가 자신이 평생 본 여자 중 가장 예쁘다며 그에 맞게 예쁘게 살아 달라고 부탁한다. 또한 "시상에는 광목 같은 여자도 있고 크리넥스 같은 여자도 있다"며 은하는 일회용인 후자이니 조심하라는 길수의 충고에도 찬규는 자신의 연인을 두둔한다. 따라서 영화 속 길수는 촌뜨기이지만 유쾌하면서도 현자의 지혜를 갖추었으며 성적 능력과 여자를 보살필 줄 아는 자상함까지 지닌 이상적인 남성으로 그려진다.

찬규의 시선을 통해 서울의 더러움을 비추는 장길수 감독의 철학은 물론 민중주의와도 결을 같이 한다. 장길수는 찬규가 서울에서 경험하는 세상을 상층과 하층의 다른 삶의 방식으로 구분해 첨예하게 대립되는 화면으로 구성한다. 따라서 영화는 서울의 호화로움에 이어 비참함을 비추고 다시 호화로움을 비추다가 비참함을 드러내는 방식으로 대립적 장면들을 연달아 배치한다. 도망가는 가방 도둑을 쫓아 산에 올라 가방을 되찾은 후 서울의 야경을 최초로 목도한 찬규는 "으미…. 요거이 특별시인데, 아무래도 예감이 고약하겄는디."라고 혼잣말을 내뱉는다. 소설에서는 "불야성"인 서울의 야경만이 강조되는 것과 달리, 영화 속의 찬규는 그 불야성 속에서 "서울의 고약[함]"을 간파해 낸다.

소설의 초반에는 찬규가 영등포의 다방에서 요리사로 일하는 길수의 숙소에서 다방의 마담 몰래 잠자리를 구걸하다 고향 선배의 주선으로 공사판의 야간 숙소에 머문다든지 다방 아가씨와 연애를 한다든지 하는 다소 흥미 위주의 사건이 지지부진하게 전개된다. 이와 달리, 영화는 공장 노동자의 인권문제라든가 도시의 하층 노동자들의 삶의 질의 문제에 대해 이의를 제기하며 장길수 특유의 민중주의적 접근을 꾀한다. 서울에 도착한 다음 날 아침

길수가 일한다는 구로공단의 소규모 전자제품 공장을 찾아간 찬규는 열악한 노동환경에 저항해 일어난 공장 노동자들의 파업 투쟁 현장에서 공장 관계자의 의심을 사 경찰에 넘겨진다. 찬규가 되찾아 온 은하의 가방을 훔쳤다고 의심을 받았기 때문인데, 경찰서에 찾아온 은하는 찬규를 유치장에서 꺼내 주고 그를 강남의 한 호텔 지하의 호화 남성 사우나에 들여보낸다. 고급 수면실과 호화 목욕탕, 나체의 여성 마사지사가 대기하는 방까지 갖춘 사우나는 구로공단의 풍경과 사뭇 대조를 이룬다.

다음날 찬규가 길수의 구로동 집에 처음 찾아가는 장면에서 장길수는 실제 '구로동 벌집'에서의 로케이션 촬영을 감행해 그 열악한 주거환경을 적나라하게 드러냄으로써 관객에게 그 충격적 현실을 맞닥뜨리게 한다. 좁은 골목을 중간에 두고 양옆으로 다닥다닥 붙어있는 방들을 보고 "집이냐 닭장이냐?"며 경악하는 찬규에게 길수는 "이게 바로 벌집 아니냐? 죽어라고 일만 하는 일벌들만 사는 벌집!"이라고 설명한다. 길수가 사는 벌집의 내부를 비추는 카메라워크에 이어 "집이 아니라 관"이라는 평하는 찬규의 반응은 시골과 달리 서울에서 다닥다닥 붙어사는 도시 빈민의 현실을 다시 한번 깨닫게 한다. 또한 공장 노동자로 잠시 근무하다 일당이 높다는 이유로 "서울 놈들 밑구녕 소제를 한다"는 길수의 표현에 따라 아파트 단지의 쓰레기를 처리하는 찬규와 길수의 모습을 통해 서울에 대한 길수의 환상이 다시 한번 사라지는 장면이 연출되기도 한다.

아파트 쓰레기의 종착지인 난지도에 가서 거대한 쓰레기더미 위에 쓰레기를 내리붓는 두 청년의 모습과 함께 비치는 거대한 쓰레기 섬, 난지도의 풍경은 서울의 기득권자들과 일본 건축회사 부사장이 룸살롱의 '아가씨들'을 끼고 민호의 한강 인근 별장에서 호화 파티를 벌이는 장면과 교차 편집된다. 쓰레기더미 쇼트에 이어 아가씨들과 야외에서 섹스를 하는 다양한 중년 남성들의 모습이 비친 후 다시 쓰레기 쇼트가 이어져 상류층의 성 접대가 쓰레기와 다를 바 없다는 것이 암시되는 것이다. 호텔 신축과 관련된 민호의 VIP 고객들은 은하의 룸살롱 호스티스들과 민호의 별장에 이어 그녀의 클럽에서도 에로틱하게 진탕 놀아난다. 영화 속에서 몇 번에 걸쳐 비춰지는 이러한 고급 유흥산업의 현장은 3장에서 분석한 <엑스>에서도 그려진 바 있지만, 비교적 최근 영화인 <내부자들>(우민호, 2015)에서 재현하는 고위급 인사들의 충격적인 난교 파티 장면에 비해도 그 적나라함의 정도가 뒤지지 않을 정도로 추잡하고 난잡하기 이를 데 없다. 은하의 술집에서 일하며 그 추잡함을 직접 목도하게 되는 찬규는 마침내 대형 음식물 쓰레기통을 들고 룸마다 들어가서 쓰레기들을 쏟아내기에 이른다. 그리고 은하를 떠나는 찬규는 그동안 모은 돈으로 트럭을 구매해 길수와 함께 한내리의 농산물을 직접 서울에 내다 팔기 시작한다.

"박범신의 장편소설은 가난한 남녀가 서로에게 만족하지 못하고 탐심을 내어 가진 자들로부터 떠날 때 생기는 크고 작은 비극들"이라는 채명식의 말마따나, <불의 나라>는 비극이라고까지

해야 할지는 모르겠지만 결코 해피엔딩은 아니다.362 호텔 클럽 사업이 좌절된 은하는 길수와 함께 한내리에 내려가 살려는 결심을 잠시나마 하지만, 한내리로 내려가는 도중 휴게소에서 행방을 감춘다. 영화의 엔딩 시퀀스는 오프닝 시퀀스와 대칭 구조를 이루어, 오프닝에서 상경하는 택시에서 처음 만난 찬규와 은하가 엔딩에 이르러 함께 서울을 떠나던 와중에 결국 헤어지는 모습을 보여준다. "수원 백씨 28대손"임을 자랑스럽게 여기던 한내리 촌놈 찬규는 서울에서 진실한 사랑을 찾아 그것을 지키기 위해 고군분투하지만 결국 서울에서 호화롭게 살기를 갈구하는 도시 여성과 여생을 함께할 정도의 비물질 자본을 가지지 못했다는 이유로 버림을 받는 것이다. <물의 나라>에서 계속적으로 은하의 행방을 추적하던 찬규(안승훈 분)는 그녀를 찾아내지만 결국 제 갈 길을 가자는 은하의 제안으로 완전한 이별을 하게 된다. 다음 절에서 보게 될 길수의 부정적인 변모와는 달리 자신의 신념과 인간성을 잃지 않는 찬규지만 사랑이라는 인정투쟁에 있어서는 결코 승리하지 못하는 셈이다.

3. <물의 나라>, 다중(多重)의 삼각관계와 이분법적 구조

본 절에서는 영화 <물의 나라>가 중축으로 하는 다중적으로 얽힌 남녀의 삼각관계와 그러한 관계들 속에서 되풀이되는 이분법적 구조에 대해 분석하고자 한다. <물의 나라>는 1989년에 제

362 채명식, 위의 글, 78쪽.

작되었지만 해를 넘겨 1990년 1월 20일에 대한극장에서 개봉해 제법 큰 성공을 거둔다. 영화의 연출자인 유영진은 전작인 <추억의 이름으로>(1989)와, <물의 나라> 이후에 연출한 <아그네스를 위하여>(1991) 등을 통해 미국에 이주한 한국 여성이 마주하게 되는 한국인 이산자의 폭력과 만행을 고발하는 영화들을 연출한 바 있다. 장길수와 다소 유사한 성향의 연출 이력을 지닌 셈이다. 그러나 차이는 있다. 장길수는 남성화된 서구 제국주의에 희생당하는 여성화된 제3세계의 약소국, 한국의 정치·경제·사회·문화적 현실에 천착하는 경향이 있다. 이와 달리, 유영진은 한국사회 내부의 폭력과 그것이 남성의 형상을 띠고 여성에게 가해지는 양상에 보다 주목한다. 위에 언급한 두 영화는 미국을 배경으로 하지만, 한국 남성 혹은 남성의 배후에 있는 한국인 여성 권력자(역시 지미필름에서 제작한 <추억의 이름으로>에서는 김지미가 직접 그런 캐릭터를 연기한다)가 젊은 한국 여성의 인생을 통째로 유린하는 과정을 그리기도 한다. 이러한 경향은 이보희를 내세운 그의 두 번째 연출작인 에로사극, <깜동>(1988)에서 이미 예견된 바 있다.

<물의 나라>에서는 찬규를 피해 은둔자가 된 은하(김재이 분)가 <불의 나라>의 욕망의 화신인 은하(장미희 분)와 매우 다르게 부정적이지 않게 그려진다는 점에서 유영진은 장길수와는 달리 남성, 즉 한국 남성에 대해 대단히 비판적이라 할 수 있다. <물의 나라>에서 한국사회, 특히 서울을 비윤리적인 욕망이 들끓는 공간으로 타락시키는 데에 가장 큰 공헌을 한 이는 하층민부터 권력 구조의 꼭대기에 이르기까지 출세에 집착하는 모든 계층의 한국 남성

들이다. 물론 여기에는 여성들도 공모한다. 그러나 <물의 나라>에서 유영진은 여성에 비해 남성에게 더 날 선 비판의 칼날을 들이댄다. 장길수는 제국주의적 서구 남성에 의해 수난당하는 한국 여성들을 구제할 수 없는 무력한 한국 남성 캐릭터에게 감정이입해 한국 남성 전체의 위기감, 적개심과 분노 등을 표출한다. 장길수의 영화 속에서는 한국 여성을 비롯해 한국 남성들도 무력한 희생자에 불과하다. 그에 비해 유영진은 자본주의 한국사회에서 약한 자에 강하고, 강한 자에 약한 한국 남성 전체에 대해 매우 비판적이다. 이는 여성에 대해서는 다소 관대하고 긍정적인 시선을 가진 그의 태도를 반영한다.

한길수를 비롯해 <물의 나라>의 어떤 남성 캐릭터도 결코 긍정적으로 묘사되지 않는다. 이는 농촌 출신 무산계급 길수의 강인한 생명력과 그가 윤리적으로 잘못된 수단에 기대면서까지 성공을 추구하는 것에 대해 비판적이라기보다 연민을 표함으로써 다소간의 옹호를 보이는 박범신의 시선과도 다르다. 그러나 대단한 남성주의자인 박범신의 소설을 영화함으로써 유영진의 남성 비판적 시선은 박범신의 이분법적 구조에 의해 희석되는 측면도 있다. 따라서 영화는 소설과 마찬가지로 다중의 이분법적 구조를 확대 재생산한다.

<불의 나라>에서 아직 도시의 때를 타지 않았던 길수는 5년 후 <물의 나라>에서 더 이상 구로동 벌집에 살며 기득권 세력의 뒤처리를 담당하는 삶을 살지 않기로 결심한다. 전작에 이어 계속해서 길수를 연기하는 정승호는 자연스럽고 걸쭉한 충청도 사투

리를 구사하며 변화한 길수의 모습을 생생하게 연기한다. <물의 나라>에서 작은 사업가가 된 길수는 대형 건설사인 국제건설을 경영하는 허만철(신충식 분) 사장에게 접근해 비굴한 태도로 그의 비위를 맞춘다. "허씨가 도우면 앞날이 잘 풀릴 것"이라는 점쟁이의 예언을 들은 터라 길수는 더더욱 허 사장에게 '진드기'처럼 들러붙으며 혼자 다짐한다. "기회다 싶으면 진드기처럼 붙는 거여. 죽기 살기로 앵겨 붙는 거여." 허 사장의 온갖 잔심부름과 허드렛일을 도맡아 할 정도로 그에게 굽신굽신하는 길수지만, 자신의 고향에서 동원해 온 인테리어 현장 공사장 인부들에게는 임금을 체불하고 이에 항의하는 그들을 오히려 고소하기까지 할 정도로 이중적인 인물이다.

찬규(안승훈 분)는 동향 사람을 착취하고 고소하기까지 하는 길수를 질타하며 "자는 용을 건드리지 말라"고 하지만, 찬규의 바른말에 길수는 "지금은 내가 용이여"라고 대꾸한다. 허 사장의 도움으로 마침내 작은 건설회사를 차리게 된 길수는 국제건설에서 공사하던 아파트가 붕괴하는 사고가 일어나자 이를 계기로 그 아파트의 재건설 공사권은 물론 국제건설의 재무담당인 배 부장을 매수해 인수 합병할 계략까지 꾸민다. 길수의 허 사장에 대한 배신은 이것으로 그치지 않는다. 그는 허 사장이 추진하던 자신과 찬규의 고향, 한내리의 백암산 관광지 개발권마저도 가로채기 위해 자신과 동향 출신인 국회의원, 이달호(양택조 분)를 포섭해 리조트 건설권 획득을 감행한다. 물론 찬규는 이번에도 길수에게 맞서 마을 사람들을 설득해 백암산 개발에 반대하는 시위를 하지만, 길수는 연연하지 않는다. 그러나 그는 과거에 찬규를 짝사랑한 전적이 있는 자신의 아내를 끊임없이 닦달하고 구박하며 찬규를 견제하기도 한다.

물론, 길수의 욕심은 이것으로 끝나지 않는다. 그는 허 사장이 돌봐달라고 부탁한 내연녀인 모델 출신 영화배우 송미란(심혜진 분)마저도 가로챈다. 길수의 여자관계는 부인을 비롯해 미란 및 다른 여성들과 이중, 삼중으로 꼬여 있는데, 그러한 관계는 허 사장과 국회의원과도 다시 이중, 삼중으로 얽혀 들어간다. 허 사장은 3년 전 룸살롱에서 미란을 만난 후 아내 몰래 구입한 잠실의 올림픽 아파트에 미란의 거처를 마련해 놓고는 그녀를 스타로 만들기 위해 방송국 PD를 포함하여 온갖 연예계 권력자들에게 물심양면으로 로비를 하던 참이었다. 강남구와 서초구의 개발에 이어 88 올림픽을 전후해서 완전히 개발된 송파구의 일면이 드러나기도 하는 대목이다. 허 사장은 미란이 잠실의 아파트를 자신의 명의로 해달라고 계속 조르자 그녀를 완전히 믿지는 못하던 차에 길수에게 그 아파트를 사라고 권유한다. 길수 말마따나 허 사장도 "치사"하기가 이를 데 없는 인물이다. 허 사장은 미란을 못 믿기도 하지만, 아마도 잠실이 개발되기 전에 싼값으로 구매한 올림픽 아파트를 상한가에 길수에게 팔아넘김으로써 이득을 챙기려는 속셈도 있을 것이다. 어찌 되었든 아내와 아들이 있음에도 "고급 아파트에 [송미란 같은] 8등신 미인을 박아놓고 샤워를 즐[기]"며 사는 성적 환상을 품고 있던 길수는 아파트를 구매하고 거기에 쳐들어가 미란을 퇴거 명령으로 협박해 결국 강압적으로 가지기에 이른다. 그리고 아파트를 그녀의 명의로 해주겠다고 꼬드겨 미란을 자신의 정부로 만든다. 그러나 길수는 미란의 육체에만 집착할 뿐, 그녀의 영혼에 대한 고려는 전혀 하지 않은 채 이달호에게 로비하기 위해 미란을 호텔 방에 밀어 넣는 것도 꺼리지 않는다.

영화의 이러한 다중의 삼각관계와 육체 및 영혼의 이분법적 구조는 길수와 찬규를 통해 선과 악을 대변하는 두 '촌놈'의 대조와 더불어 진행된다. 또한 여성 캐릭터도 성녀와 악녀, 순수한 영혼의 소유자와 타락한 영혼과 육체의 소유자 내지는 정조 있는 여성과 정조 없는 여성으로 이분화되어 그려진다. 미란은 전형적인 후자다. 그녀는 룸살롱 출신으로 허 사장을 거쳐 길수의 정부가 되지만 자신의 성공을 위해 방송국 PD에게 스스로 몸 로비를 하는 데 이어 이달호 의원과 잠자리를 갖는 것도 마다하지 않는다. 물론 미란의 태도가 반드시 도덕적으로 잘못된 것은 아니지만, 영화는 시종일관 미란을 섹시하고 매력적인 육체성만 지니고 순수한 영혼을 가지지 못한 타락한 여성으로 그려낸다. 미란을 연기한 심혜진은 "진실한 내면의 연기에 빠져들다 보니 부끄러움도 잊어버렸"다며 "대담한 누드 신을 거부감없이 소화"하는 열연을 펼쳐 <물의 나라>가 개봉관에서만 "13만 명을 동원, [당대] 국산영화로서는 크게 히트"하는 데 공헌한다.[363] 광고모델로 연예계에 입문한 심혜진은 유영진 감독의 전작 <추억의 이름으로>

363 남달성, 「영화 〈물의 나라〉 주연 심혜진 양 "감정 처리·대사 연결 가장 힘들어요"(인터뷰)」, 『동아일보』, 1989. 10. 18.

에서 조연으로 데뷔한 이력으로 <물의 나라>에 출연해 배우로서 입지를 다진다.

그러나 한국영화데이터베이스 KMDb와 국내 각종 포털 사이트의 영화 정보가 심혜진이 연기한 미란을 여주인공으로 소개하고 있지만, 실질적인 여주인공은 미란이 아니라 길수가 이혼을 불사할 정도로 빠지게 되는 여대생, 서지혜(김미정 분)이다. 지혜를 연기한 배우가 <물의 나라> 이후 1990년대를 대표하는 여배우로 성장한 심혜진과 비교해서 무명일 뿐, 영화의 서사는 끊임없이 지혜와 미란을 대비시키며 전자를 이상향의 여성으로 묘사한다. 게다가 지혜는, 캐릭터적으로나 그녀를 연기하는 배우의 미모를 보나, 미란 못지않은 미인이다. 물론 두 미인의 느낌은 영화상에서 대조적으로 재현된다. 모델 출신의 여배우인 미란은 구불구불하게 늘어진 긴 파마머리에 몸에 타이트하게 붙는 원색의 원피스를 즐겨 입으며 자신의 미모와 몸매를 과시하는 화려한 도시 여성이다. 예쁜 얼굴과 늘씬한 몸매를 상징자본으로 삼아 남자들을 유혹하고 자신이 원하는 것을 얻으려 하는 미란과 달리, 지혜는 명문대학 영문과에 다니는 참하고 '조신한' 여성이다. 그녀는 긴 생머리에 하얀 블라우스와 검은 롱스커트 차림의, 한국 남성이 선호하는 전형적인 '청순한' 여대생의 스타일로 영화 화면을 수놓는다. 미란이 시종일관 길수를 "촌놈"이라 부르며 무시하는 것과 대조적으로, 지혜는 길수와 처음 마주친 순간부터, 그 순간 그가 허 사장의 운전기사라고 오해했음에도, 그를 무시하지 않고 친절하게 대한다. 그러나 지혜는, 자신과 같은 처지인, 세차장에서 아르바이트를 하는 가난한 고학생인 남자친구에게 충실할뿐더러 끊임없이 물질적 공세를 퍼붓는 길수의 유혹에도 흔들리지 않는다.

본 장에서 지혜를 영화의 진정한 여주인공으로 해석하는 이유는 그녀가 성녀로 이미지화되기도 하지만, 영화가 수감된 길수에게 면회 온 지혜의 모습으로 시작하기 때문이기도 하다. 영화는 오프닝 시퀀스에서부터 지혜를 등장시켜 그녀에 대한 관객의 호기심을 유도한 이후, 길수의 회상을 따라 두 번째 시퀀스로 이어져 그가 “영원한 과거의 여인”이라 부르는 그녀와의 2년 전, 첫 만남 장면으로 넘어간다. 지혜는 시골의 초등학교 교감이었던 부친의 갑작스러운 사망 이후 학비와 생활비를 충당하기 위해 잠시 골프장 캐디를 하다가 길수를 만난다. 허 사장을 따라다니며 기사 역할까지 자처한 길수는 허만철의 차를 닦으며 미란과 허만철이 골프를 끝내고 나오기를 기다리다, 누군가로부터 물벼락을 맞은 지혜에게 손수건을 빌려준다. 이후 손수건을 돌려주기 위해 수소문 끝에 자신을 찾아온 지혜가 영문과 학생임을 알게 된 길수는 영어 과외를 부탁한다. 영화에서는 두 번째 시퀀스지만, 소설은 무더운 여름날 골프장 바깥에서 땀을 뻘뻘 흘리며 허 사장의 승용차를 닦는 길수의 모습으로 시작해 허 사장 앞에서 ‘스페셜’이라든가 ‘콤플렉스’라는 영어 외래어를 제대로 떠올리지 못해 무시당하는 길수의 의식의 흐름을 따라간다. “학력이라곤 중학교 1학년 중퇴이니 영어하고 안면을 닦은 건 고작 이십여 년

전 중학교 1학년 1학기 6개월뿐이지 않은가."[364] 영화에서는 길수의 학력이 어느 정도인지 자세하게 드러나지 않아 지혜로부터 과외를 받는 그의 모습이 다소 뜬금없게 느껴지기도 한다. 그러나 소설의 이 대목은 그가 소위 '가방끈'이라는 짧은 학력에 대한 자격지심이 있어 영어 능력이라는 비물질 자본을 습득하고자 하는 커다란 욕망을 갖고 있음을 알 수 있다.

길수는 지혜에게 과외를 받으며 그녀가 골프장에서 기생관광 제의를 받고 거절했다가 물벼락을 맞고 캐디를 그만둔 것을 알게 되자 자신의 비서 자리를 제안한다. 비서가 되어 길수와 일거수 일투족을 함께하게 되자, 지혜는 길수에게 개인의 사리사욕보다는 "공익"을 우선시하라고 직언하기도 한다. 게다가 그녀는 승승장구하던 길수의 회사가 도산한 후 그가 이혼을 할 테니 비자금을 갖고 같이 도망가자고 청하자 단호히 거절한다. 지혜는 자신의 무식을 한탄하며 끝없는 부정과 비리를 저지르는 길수를 연민하는 동시에 "사장님은 인생의 패배자"라고 그를 질타한다. 그리고 길수의 곁을 떠나 남자친구와 결혼한다. 지혜는 미모의 재원인 데다 돈이라는 허황된 목적을 좇지 않는, 심지가 굳고 윤리적이기까지 한 여성으로 그려지는 것이다.

지혜는 길수 자신은 물론이고 그의 아내마저도 취득한 적이 없는, 그리고 미란에게도 결여되어 있는 비물질 자본과 교양을 지닌 여성이지만, 결국 길수가 영원히 가질 수 없는 여자가 된다. 길

364 박범신, 「물의 나라 (6) - 강대약 약대강(强對弱 弱對强)」, 『동아일보』, 1987. 9. 12.

수는 영화의 시작에서부터 끝까지 소유할 수 없는 이상의 여인인 지혜를 욕망하지만, 그녀는 길수가 물질자본을 아무리 많이 소유해도 결코 취득할 수 없는 비물질 자본을 상징하는 여성이다. 지혜를 애인이나 아내로 삼음으로써 자신에게 결여된 비물질 자본을 대리획득하려는 길수의 계획이 좌절된 것도 물론이다. 결국 길수를 파멸로 이끄는 것은 그의 끝없는 탐욕도 한몫을 차지하지만 비물질 자본, 특히 사회자본이 형성하는 권력이라는 기재다. 지혜를 가지지 못함으로써 정신적으로 파산한 길수를 물질적으로도 파산시키는 것은 바로 '학력자본의 카르텔'이다.

허 사장과 대학 동기동창인 이달호는 그와 모의해 국회에서 관광 개발지로 한내리가 아닌 경기도 미사리를 선택해 버려 길수가 백암산에 땅 투기를 위해 투자한 돈을 모두 잃게 만든다. 이 모든 것을 가능하게 한 것은 이 의원과 허 사장, 길수의 사이를 오가며 이중 첩자로서 활약한 미란이다. 그녀는 잠시 동안 물질자본을 소유한 길수의 정부가 되지만, 결국은 자신이 원하는 것을 가져다줄 수 있는, 더 우월한 비물질 자본을 지닌 허 사장을 선택한 것이다. 시종일관 길수를 "촌놈"이라 무시하던 미란은, 길수보다 우월한 학력자본과 이를 통한 권력으로의 진입이 훨씬 용이한 허 사장에게 충성을 바친 셈이다. 이 의원은 허 사장과의 돈독한 학력 카르텔로 길수의 회사를 파산시킬 뿐 아니라 백암산 개발권까지 허 사장의 차지가 되게 해 그가 다시 부동산 투기에 성공하여 재기할 수 있는 길을 터 준다. 미란은 결국 길수처럼 목적을 위해 부정한 수단을 가리지 않는 여성으로 그려지며, 길수가 구속되도록 최선의 역할을 다하는 악녀의 본분을 수행한다. 미란은 물론이고 길수보다 우월한 비물질 자본을 가지고 있는 허 사장과 이달호도 결코 바람직한 인물들은 아니다. 그들은 길수 못지않게 부패하고 타락한 도시 인간의 전형이다. 그러나 그들은 공통의 사회자본을 통해 기득권을 유지할 뿐 아니라 물질자본의 획득에 있어 길수보다 훨씬 우위에 서서 적절한 비물질 자본을 지니지 못한 이들을 걸러내어 자신들만의 '리그(league)'를 영구적으로 유지한다.

영화는 배운 것 없는 시골 촌놈 길수가 온갖 비리를 저지르고 부정한 수단을 써서 서울에서 '인정'을 받고자 투쟁하다 실패하는 내용으로 귀결된다. 그러나 3년 6개월의 수감 후에 출소한 길수는 자신을 데리러 온 아내와 찬규에게 국회의원이 되기 위해 총재를 만나겠다며 "See you again!"이라 외치고 택시를 타고 떠난다. 그가 감옥에서 영어 공부를 더 한 것인지 아닌지는 알 수 없지만 흰색 양복 차림으로 출옥한 길수는 자신만만하기만 하다. 그렇다면 도시에서의 성공을 위한 충분한 비물질 자본을 갖지 못한 길수가 서울에서 인정투쟁을 벌이다 범죄까지 저지르지만 이를 반성하지 않고 새출발을 하는 영화와 소설의 결말은 어떻게 받아들여야 할까? 길수의 뻔뻔함은 잘못을 저지르고도 반성할 줄 모르는 태도가 만연한 한국사회 전체를 비유하는 것으로 읽어야 할까?

유영진 감독의 길수에 대한 태도는 지혜를 통해 대변되는 듯하다. 지혜가 길수를 연민하면서도 궁극적으로는 "인생의 실패자"

라며 쓴소리를 하는 것처럼, 영화 속 길수는 어딘가 측은하면서도 관객이 완전히 감정이입하고 호감을 가질 수는 없는 인물이다. 그는 가난한 시골 출신으로 못 배운 것을 억울해하고, 자신을 무시하는 이들에게 인정을 얻기 위해 비윤리적이고 불법적인 수단까지 동원해 스스로를 과시해 보고 인정을 받으려 하지만, 그러면 그럴수록 사람들로부터 더 큰 무시를 당하는 악순환 속에 놓인 것이다. 새출발처럼 보이는 영화의 엔딩은 결국 신분 상승의 가능성이 비물질 자본의 보유 여부에 따라 결정되기 시작한 1980년대 말의 사회상황을 대변하듯 희망적으로 읽히지는 않는다. 물론 영화보다 1-2년 정도 먼저 원작 소설의 집필을 마친 박범신은 길수에게 면죄부를 주는 듯하지만 말이다. 개발독재 시대의 끝물에 등장한 희대의 사기꾼, 한길수는 서울이라는 욕망의 용광로 속에서 물처럼 유연하게 어디든 흘러 들어갈 수 있는 인물이지만 학력자본의 카르텔 앞에서 가로막히고 만다. 출소한 그는 과연 더 큰 물이 되어 이를 뚫고 무한히 앞으로 질주할 수 있을까?

4. 나가며

본 장은 영화 <불의 나라>와 <물의 나라>를 통하여 87년 체제 이후 계층이동이 좌절되기 시작한 한국사회에서 계층의 유지나 상승을 위한 전제조건이 되는 비물질 자본을 취득하지 못한 저학력의 시골 출신 남성이 서울에서 겪는 치열한 인정투쟁 속에서 결국 실패하는 과정을 살펴보았다. <불의 나라>는 “특별시” 서울에서의 치열한 인정투쟁의 과정 속에서도 순수와 신의를 잃지 않고 인간성을 유지하기 위해 고군분투하는 촌놈 찬규와, 이와 대조적으로 모략과 권모술수를 통해 더 높이 올라가려던 도시 여성 은하의 파멸 과정을 그린다. <물의 나라>는 자신에게 결핍된 비물질 자본으로 인해 서울의 기득권 계층과 도시인들에게 무시당하던 길수가 그것을 상쇄하기 위해 온갖 비리와 불법적 행위를 자행하다 무너지는 과정을 보여준다. 두 영화 속에서 서울은 개개인 각각이 자신의 욕망을 성취하기 위한 인정투쟁 속에서 배신과 범죄를 자행하는 것마저도 마다하지 않는 치열한 각축의 장으로 그려진다.

<불의 나라>의 찬규와 <물의 나라>의 길수는 서울에서 대조적인 행보를 보이지만, 결국 원하는 것을 얻지 못한다. 찬규와 길수는 공통적으로 도시 여성이 원하는 비물질 자본을 결여하여 진정으로 사랑하는 여성, 즉 은하와 지혜를 갖지 못한다. 이에 더해 길수는 그토록 원하던 사회적 성공의 정점을 목전에 두고 가지고 있던 모든 물질자본마저도 잃게 된다. 1980년대 후반의 서울은 물질자본과 비물질 자본을 소유하지 못한 지방 상경자들에게 물질적 여유와 사회적 성공을 보장할 수 없는 “불의 나라”이며 “물의 나라”가 된 것이다.

진보와 발전, 그리고 비(非)성애 시대의 영화적 에로티시즘

본서에서는 1980년대 한국영화계의 주류 제작 트렌드이자 주류 장르였던 에로방화가 군부 개발독재 정권의 발전국가와 발전주의적 통치에 순응하기보다 이를 에둘러 비판하는, 정치적으로 진보적 의도를 지닌 대항발전주의적 특성을 지녔음을 밝히고자 했다. 그리고 그 진보적 의도는 때로는 당대의 가장 진보적 사상이었던 민중주의와 결합하는 과정에서 21세기의 관점, 특히 젠더정치적 관점에서 다소 퇴행적이기도 한 양가성, 즉 양면성을 지녔음도 함께 고찰했다. 그러나 나는 본서를 통해 이러한 진보적 양면성이 에로방화가 대놓고 표출하는 화려한 광휘라기보다 매우 미묘하고 은밀하게 숨겨진 매력으로 작용해 수많은 1980년대 한국의 성인관객들이 지속적으로 개봉관을 찾도록 하는 동력이었음은 물론이고 해외 영화제에 출품된 에로방화, 특히 에로사극을 접한 외국 관객들마저도 이에 매료되어 한국영화에 관심을 갖게 되는 계기가 되었음을 주장하고자 했다.

위에서 언급한 젠더정치적 관점은 젠더, 인종/민족, 계급의 특수성들이 결합하여 나타난 21세기의 복잡한 정체성 정치 속에서 만들어진 사유체계를 뜻하는 것인 만큼, 이 책에서 나는, 스스로 페미니스트라 자부함에도, 에로방화가 포르노와 다를 바 없는 장르이므로 여성혐오적이거나 성 착취적이라는 입장을 취하지는 않았다. 서문과 1장에서도 논했듯 에로방화는 소프트 포르노와 비교도 안 될 정도의 약한 선정성을 지닌 데다, 포르노와 달리 서사가 매우 중요한 충무로, 즉 한국영화산업의 주류영화로서 제작되고 유통되었다. 따라서 에로방화는 소프트 포르노라 할 수 있는 에로비디오와는 구분되어야 하는 제작환경과 여건 속에서 만들어졌고, 심지어 포르노라는 장르 자체도 하드코어건 소프트코어건 단순하게 폄훼되어야 할 만큼 단순한 장르가 아님도 언급했다. 물론 에로방화에 여성혐오적이거나 성 착취적인 면이 없지는 않지만, 그럼에도 에로방화는 1980년대에 한국사회에서 본격적으로 가동하기 시작한 페미니즘의 관점을 차용하여 유교적 가부장제하에서 억압받아 온 한국 여성의 지위와 해방 가능성에 대해 진지한 고찰을 시도하기 시작한 장르로서 여성친화적 영화들이 대다수라 볼 수 있다. 그러나 지금의 관점에서 되돌아볼 때, 젠더, 인종/민족, 계급의 측면에서 상당히 본질주의적 태도를 취했던 1980년대 한국사회가 표방할 수 있는 진보주의에는 한계가 있을 수밖에 없었던 것이 사실이고, 나는 그것이 에로방화에서 표출되는 방식이 때때로 문제적이기 때문에 에로방화의 대항발전주의가 진보적 양면성을 지녔다고 주장한 것이다.

그러나 굳이 포르노가 아니라 해도 한국영화사 전반을 살펴보면 여성혐오적이거나 성 착취적이지 않은 작품을 찾아보기가 매우 힘든 것이 사실이다. 2010년대 이후의 주류 한국영화에서 여성 캐릭터가 주인공인 영화를 찾아보기 힘든 것이 오히려 더 문제적이라는 생각마저 들 정도이다. 그리고 이러한 여성 캐릭터의 소실은 한국영화 속에서 에로티시즘과 로맨스가 사라지고 액션과 폭력이 주로 부각되며 나타난 현상이기도 하다. 에로티시즘이나 로맨스가 없으면 여성이 차지하는 서사적 위치 또한 위태로워진다는 것인데, 그것이 대부분의 영화 서사나 미학 속에서 여성이 차지하는 위치라 생각하면 입맛이 씁쓸해지기도 한다. 어찌됐든, 2010년대 이후의 한국영화에서는 에로티시즘은커녕 로맨스마저도 찾기가 어려워졌고, 나는 이러한 현상이 '발전주의'와 매우 밀접한 관련이 있다고 생각한다. 1980년대 에로방화에서 그토록 비판했던 '발전주의'는 이제 젊은이들이 취직하여 안정적으로 살기가 어려워진 한국사회에서 완전히 내재화되어 끝없는 '자기계발'의 시대의 한가운데에 도달한 결과로 보이기 때문이다.

무한경쟁사회에서 우위를 선취하기 위해 자기를 갈고 닦는 데에 열중하고 있는 21세기의 한국 젊은이들은 점차 연애와 결혼,

출산 등에 무관심해지는 '비(非)성애' 시대에 진입한 것으로 보인다. 어찌 보면 무(無)성애(asexuality)의 경향이 한국사회에 만연한 것은 아닌가 하는 생각도 들지만, 연애와 결혼, 출산에 무관심해진 것이 섹스 그 자체나 에로영화—서문에서도 밝혔듯 에로방화가 아님에 주의하자—에 무관심해졌다는 것과 직결되는 것은 아니므로 나는 '비성애'라는 표현을 선택했다. 즉, 비혼과 마찬가지로 연애와 섹스에 대해 자발적으로 행동으로 옮기지 않는 것이므로 '비성애'가 더 적절한 용어라는 생각이 든 것이다. 이는, 성 과학자인 앤서니 보개트가 정의하는 것처럼, 무성애가 "단순히 (…) 중년의 간헐적으로 발생하는 성에 대한 무기력이 아니라, 성적 매력과 성에 대한 관심이 완전히 결여된 상태"이기 때문이다.[365] 요즘의 젊은이들은 성과 성애에 대해 완전히 무관심해졌다기보다 예전처럼 연애나 결혼을 해야 섹스를 할 수 있는 시대가 아니라 SNS나 앱을 통해 손쉽게 섹스 상대를 구할 수 있는 시대를 살고 있기 때문에 굳이 귀찮은 연애나 결혼을 할 필요를 못 느끼는 것이다. 이러한 비성애가 만연한 현실이 마침내 선진국이 되어 '발전'되고 '진보'한 한국사회의 한 단면이라면 도대체 우리는 무엇을 위해 그토록 달려왔는지 의문이 들 때가 많다. 진보주의의 덫에 걸려들어 그저 끊임없는 국가의 발전과 개인의 발전만을 도

365 앤서니 보개트, 임옥희 옮김, 『무성애를 말하다』, 레디셋고, 2013, 2016. 27쪽.

모한 결과가 연애, 결혼, 출산을 포기한 소위 삼포세대의 등장과 함께 이제 완전히 본격화된 '저출생 시대'의 개막이기 때문이다. 이러한 비성애 시대에 영화적 에로티시즘은 언젠가 다시 돌아올 수 있을까? 물론 시대와 역사는 언제나 변하는 것이고, 유행은 돌고 도는 것이므로, 한때 주춤했던 할리우드의 뮤지컬 영화가 부활한 것처럼, 영화적 에로티시즘도 한국영화 속에 언젠가 부활할 것이라는 것에는 의심의 여지가 없다.

한국의 영화적 에로티시즘은, 서문에서도 설명했듯, 1960년대 후반부터 본격적으로 표현되어 1970년대에 호스티스 영화를 거쳐 1980년대에 에로방화의 형태로 나타났다. 로맨틱 코미디가 유행했던 1990년대에도 에로틱한 영화들은 그 명맥을 잃지 않고 꾸준히 제작되어 장선우 감독은 주류 영화계 안에서 소프트 포르노에 가까운 영화들을 만들며 예술영화와 상업영화의 이분법을 깨뜨리는 작업을 계속했다. 그러나 1990년대의 소프트 포르노이자 비디오 출시 전용영화인 에로비디오의 대유행은 점차 주류 영화계에서의 에로티시즘을 밀어내기 시작했다. 2000년대 후반과 2010년대 초반까지 극장개봉용 19금 주류 성애영화는 드물게 제작되기는 했으나, <해피엔드>(정지우, 1999), <결혼을 미친 짓이다>(유하, 2002), <연애의 목적>(한재림, 2005), <쌍화점>(유하, 2008), <방

자전>(김대우, 2010), <하녀>(임상수, 2010), <은교>(정지우, 2012), <후궁: 제왕의 첩>(김대승, 2012), <인간중독>(김대우, 2014) 등의 흥행을 통해 그 명맥을 유지했다. 그러나 <가루지기>(신한솔, 2008), <나탈리>(주경중, 2010), <순수의 시대>(안상훈, 2015) 등 출연진 캐스팅과 홍보의 화려함에 비해 평단과 박스오피스에서 무참한 실패를 기록한 영화들이 속속 등장하면서 성애물의 제작은 점차 주춤해졌다. 게다가 2010년대 이후 천만 관객을 기록하는 영화들, 주로 액션 블록버스터물이 자주 출현하면서 극장용 성애영화 제작은 완전히 그 동기를 잃은 것으로 보인다. 닭이 먼저인지 달걀이 먼저인지의 문제와도 같지만, 이처럼 2010년대 후반부터 본격화된 영화적 에로티시즘과 연애영화 제작의 소멸은 한국사회의 비성애 경향과 맞물려 이제는 그 흔적조차 찾기가 어려워졌다. 그렇다면 이제 영화적 에로티시즘이 거의 완전히 사라진 한국영화는 1980년대 에로방화와 비교하면 역사적으로 진보하고 발전한 것일까? 에로방화는 진보주의와 어떤 관계를 맺고 있을까?

에로방화가 진보성이나 진보주의와 대척점에 있다는 편견은, 서문에서도 언급했듯, 1980년대 한국영화, 즉 방화를 에로영화와 민중영화의 이분법으로 구분하는 결과를 초래하기도 했으나, 사실 주류영화인 에로방화와 독립영화인 민중영화의 주제의식은 칼로 무 자르듯 명확하게 구분되지 않는다. 순수예술이건 대중예술이건 모든 예술은 현실을 비판하며 이상향을 지향하는 경향을 지니고 있다. 이는 린다 윌리엄스의 하드코어 포르노 연구에도 적용되어, 윌리엄스는 미국의 포르노 영화들 속에서 뮤지컬 영화와도 같은 유토피아적 지향성, 즉 '포르노토피아(pornotopia)'를 발견해 내기도 했다.[366] 그 지향성은 남녀가 지루한 일상을 벗어나 비현실적으로 과장된 영화적 장면들—뮤지컬에서 춤과 노래가 등장하는 '넘버'나 하드코어 포르노에서 성적 결합을 클로즈업으로 보여주는 '머니 쇼트' 등—을 통해 서로의 성적 차이와 상대방에 대한 기대치에서 발생하는 갈등이 '용해(dissolve)'되며 즐거움이 발견되는 것으로 나타난다는 것이다.[367] 에로방화도 예술의 유토피아주의에 있어 예외는 아니어서 당대 한국사회의 문제점, 즉 개발독재 정권의 발전주의에 발맞춰 짧은 시간에 편법을 통해 성공하고자 하는 풍조가 만연한 현실을 비판하며 민중주의와 연동되는 것은 당연한 수순이었다고 할 수 있다. 게다가 1960년대 후반부터 1990년대 중반까지 할리우드를 포함한 서구 영화와 일본영화에서 에로티시즘, 아니 섹스는 가장 강력한 영화적 모티프이기도 했다. 따라서 굳이 에로방화가 아니라 해도 <오! 꿈의 나라>(장산곶매, 1989)와 <파업전야>(장산곶매, 1990)와

366 Linda Williams, *Hard Core*, passim.

367 Ibid. 특히 6장 "Hard-Core Utopias"를 볼 것.

같은 민중영화에도 에로티시즘이 스며드는 것은 당연한 흐름이었다.

1장에서 언급했듯, 나체와 성애의 영화화는 68혁명을 기점으로 유럽과 북미에서 폭발한 성혁명을 통해 1960년대 후반부터 시작되어 1970년대를 거치며 본격화되어 유럽의 소위 예술영화 감독들의 작품에서부터 급진적으로 차용되었다. 게다가 같은 시기에 본격적인 하드코어 포르노에 이어 이보다 선정성의 수위가 낮은 소프트 포르노까지 등장하며 서구와 일본에서는 보다 직접적인 성애의 표현이 서서히 주류영화 제작에까지 영향을 미치게 되었다. 1980년대 할리우드에서는 에로방화보다 훨씬 성적 표현의 수위가 높은 '에로틱 스릴러'가 종종 만들어져 흥행에 성공했으며, 유럽영화는 이보다 훨씬 그 표현이 노골적인 '에로티카'라는 장르까지 내세우며 섹스와 예술성을 동시에 추구하려는 흐름이 있었고, 일본에서는 아예 자국의 가장 큰 제작사 중 하나인 닛카쓰에서 '로망 포르노'라는 브랜드까지 내걸고 주류 성인영화를 만들기도 했다. 따라서 1980년대 한국 정부의 문화정책이 아니었다 해도, 1970년대 호스티스 영화를 뒤이어 1980년대에 에로티시즘을 본격적으로 장착한 영화들이 나오는 것은 자연스러운 흐름이었고 이 흐름은 점차 더 과감하게 표출되며 1990년대까지도 이어졌다.

따라서 에로방화가 전두환 정권의 비공식적 문화정책이었던 3S정책의 부산물로서 나타난, 역사적으로 퇴보적인 영화이고 한국영화사에서 부끄럽게 여겨야 할 흐름이었다는 인식은 이제 달라질 필요가 있다. 아직까지도 에로방화는 군사 쿠데타로 집권한 제5공화국이 스포츠, 섹스, 스크린의 3S를 통해 신군부 정권에 대한 국민의 거부감을 완화하기 위해 제작하도록 장려하여 만들어진 정권친화적이고 비정치적이며 비예술적인 상업영화들의 집합체라는 인식이 지배적이다. 이는 1980년대 프로야구단의 개막은 물론이고 전두환 정권이 '86 아시안 게임 및 '88 하계 올림픽까지 서울에서 개최하도록 유치하는 데에 성공함으로써 시작된 스포츠 붐과 더불어 섹스와 스크린의 결합물로서 제작된 에로방화가 국민의 눈을 멀게 하는 우민화에 기여했다는 논리와 자연스럽게 연결된다. 따라서 에로방화는 신군부 정권의 허가하에서 공식적으로 만들어진 포르노와 다를 바가 없고 1980년대 한국영화, 즉 방화의 발전을 저해한, 영화사를 퇴보시킨 흐름이라는 것이 아직까지도 굳건한 통념으로 자리 잡고 있다.

에로방화를 한국영화사의 퇴보라 보는 관점은 사회진화론(Social Darwinism)적 입장에서 역사는 진보해야 한다는 믿음하에 영화사를 평가하고 재단하려는 입장이 반영된 것이기에 문제적이기도 하다. 영화사에 실제로 진보와 퇴보가 있다면, 이러한 영화 역사주의자들(historicists)이 말하는 역사적으로 진보한 영화는 <오! 꿈의 나라>나 <파업전야>처럼 그 제작부터 반정부적인 영화들만 포함되어야 할 텐데, 오히려 영화의 완성도 측면에서는 더 훌륭한 데다 주제나 메시지마저 이들과 다르지 않은 <무릎과 무릎사이>나 <깊고 푸른 밤>과 같은 영화는 강력한 에로티시즘을 표현하며 관객의 비위를 맞춘다는 이유만으로 퇴보적인 영화라 폄하되어야 하는가? 물론 <깊고 푸른 밤>은 에로방화가 아니라 주장하는 사람들도 있을 수 있다. 그러나 연소자 관람불가 영화로서 에로시퀀스가 네 장면 이상 들어간 이 영화가 <애마부인>과 장르적으로 다른 점은 무엇인가? 또한 같은 이장호 감독의 연출작이고 같은 민중주의적 주제를 표출했다 해도 약간의 성애적 요소가 들어간 <바람불어 좋은날>은 진보적인 영화이고, 대놓고 선정적인 <무릎과 무릎사이>는 퇴보적인 영화라 구분되어야 할 근거는 어디에 있는가? 에로티시즘이 강하게 표방된 영화는 모두 퇴보적인 영화인가? 에로티시즘은 무조건 비정치적이고 비예술적이며 상업적인 것인가?

게다가 아무리 3S정책이 판을 깔아주어 야간통행 금지가 해제되고 영화관에서의 저녁 상영이 허용되었다 할지라도, 1982년 2월 야간개봉한 최초의 에로방화인 <애마부인>이 그토록 흥행하지 않았다면 같은 장르의 영화들이 1980년대를 통틀어, 아니 1990년대에는 한층 더 높은 수위로 그토록 끈질기게 만들어질 수 있었을까? 3S정책이 아무리 강력하게 실행되었다 하더라도 야한 장면만 반복되고 변변치 않은 내용과 주제를 지닌 영화에 관객이 몰릴 이유는 없다. 오히려 <애마부인>의 만듦새가 관객에게는 충분히 만족스러웠기 때문에 영화가 대성공했고, 나는 그 성공이 에로방화 제작의 기폭제가 된 것임을 서문과 1장, 2장에서 반복적으로 언급했다. 공중파 텔레비전 드라마도 아니고 영화관에 돈을 지불하고 입장해서 관람해야 하는 영화의 경우, 여성의 반누드와 야한 장면이 있다는 이유만으로 무조건적으로 극장을 찾을 만큼 관객은 바보가 아니다. 그리고 실제로 그런 전략으로 만들어진 영화들은 흥행에 성공하지 못했다. <애마부인>은 그로테스크하고 넌센스한 에로시퀀스들이 있음에도 불구하고, 아내와 자녀 등 가정은 등한시하고 사업에만 몰두하는 남편 때문에 소외된 여성의 성욕 문제와 더불어 외로운 가정주부와 순수하고 열정적인 연하남과의 로맨스를 20년 정도 시대를 앞서가며 선보이는 파격적 서사를 통해 중년여성 관객의 판타지를 충족시켜주는 여성친화적 영화이다. 포르노에 가까운 영화라고 하기에는, 국가가 요구하는 사회·경제적 발전에 전력을 다하다 보니 가족이나 개인의 삶이 뒷전으로 밀려나기 시작하며 발전주의 기치에 사생활마저 점령당한 당대 한국사회에 대한 비판과 우려가 강하게 감지된다. 물론 영화의 에로티시즘도 관객몰이의 한 축을 담당했겠지만, 나는 <애마부인>의 이러한 대항발전주의적 정동이 당대 관객의 공감을 얻었고 그 덕에 수개월 동안 많은 관객들이 서울극장을 찾았다고 생각한다. <애마부인>뿐 아니라 대항발전주의적 정동은 여러 가지 방식으로 에로방화들 속에서 표출되었고, <무릎과 무릎사이>나 1980년대 최고의 방화 히트작인 <깊고 푸른 밤>처럼 그것이 민중민족주의와 결합하여 매우 강력한 메시지를 전달할 때 흥행은 더욱더 배가될 수 있었다. 에로방화를 3S정책의 산물로만 보는 것은, 영화를 통해 더 나은 사회와 예술을 지향했던 당대 영화인들을 모독하는 것일 뿐 아니라 그러한 바람을 찾아 영화관을 찾은 관객들조차 무시하는 처사라 할 수 있다.

그리고 때때로 지금의 관점에서 보면 문제적으로 보이는 에로방화의 진보적 양면성은 흔히 지적되는 과잉된 에로시퀀스로 인한 유사포르노적 특성에 의한 것이 아니라 오히려 역사주의와 진보주의 등 사회가 정해진 목표를 향해 발전해 간다는 사회진화론을 무의식적으로 수용했던 당대 한국사회의 시대정신에 의한 것임도 강조하고 싶다. 에로방화를 한국영화사를 퇴보시킨 흐름이라 보는 영화평론가들도 진보주의를 가장한 사회진화론에 물들어 있지만, 1980년대까지 한국사회 전체가 유럽이나 북미 국가들을 모델로 삼아 한국을 '선진국'으로 '발전'시켜야 한다는 강박관념에 휩싸인 채 국가뿐 아니라 민중까지 모두가 '진보'와 '발전'에 혈안이 되어있었다. 민중 세력이 국가와 달랐던 지점은 자본주의적 발전을 지양하고 민주화라는 사회 진보를 이룩하여 빈부의 격차를 줄이고 남북통일을 이룩하여 미국의 영향력으로부터 벗어나 민족의 주체성을 찾는 것이야말로 진정한 진보라 믿었다는 점일 것이다.

따라서 정권에 저항하는 정치적 혁명을 추구했고, 실제로 이를 성공시킨 1987년 6월 항쟁의 사상적 배경이 되기도 한 민중주의는 독재주의에서 탈피해 정치적으로 선진적인 민주사회를 만들어야 한다는 명분하에 반정부 운동의 저항적 주체로서의 민중을 호출하는 과정에서 대의를 의한 소수의 희생, 특히 분신자살 등을 방조하거나 암묵적으로 강권하는 사회 분위기를 조성하는 데에 일조하기도 했다. 이러한 맥락에서 사회의 진보와 발전을 위해 여성 개인의 신체쯤은 도구로 사유되거나 취급되어도 된다는 태도 또한 수많은 에로방화들 속에서 드물지 않게 발견할 수 있다. 에로방화 중에서도 특히 민중주의와 강력한 친연성을 보이는 <무릎과 무릎사이>나 <깊고 푸른 밤>과 같은 민족주의 에로방화(4장)와 <여인잔혹사 물레야 물레야>나 <씨받이> 같은 에로사극(5장)에서 이러한 경향은 가장 크게 두드러진다. 민족주의 에로방화에서는 민중 진영의 진보주의가 발전국가가 추구한 한국의 근대화와 서구화를 민족 정체성 상실과 동일시하며 비판하다 보니 전통문화나 순혈주의, 민족적 순수성만을 이상화하는 민족주의의 문제점들이 대항발전주의와 연동되어 나타난다. 에로사극에서는 양반 가부장제하에서 억압받고 핍박받는 전근대의 민중과 여성을 해방시켜야 한다는 명목으로 이들의 순교와 희생을 통해 민중의 궐기를 촉구하는 낭만적 혁명주의의 태도가 사극이라는 장르의 이국성을 부각하는 오리엔탈리즘과 결합되어 여성과 민중을 도구화한다. 이러한 지나친 진보주의의 이면에 도사린 여성희생적 서사들은 대항발전주의의 진보적 양면성의 가장 어둡고 극단적인 난점들이라 할 수 있다.

오히려 이러한 영화들보다 작품성이 떨어지는 것으로 치부되는 여성 복수극의 구조를 띄는 에로방화가 지나친 목적론이나 진보주의에 함몰되지 않고 관객에게 대항발전주의적 정동의 쾌감을 '사이다'처럼 제공하는 경우가 많다. 2장과 3장에서 분석한 에로스릴러나 호스티스 에로방화의 경우가 여성이 자신을 개인적 편의를 위한 도구로 이용하다 버리고 새로운 여성에게 환승하여 돈과 지위를 얻은 남성들에게 복수를 행하는 권선징악적 멜로드라마의 서사를 통해 대항발전주의를 가장 강력하고 시원하게 표방하고 있다. 이처럼 에로방화는 출세와 개인적 발전에 지나치게 집착하여 목적을 위해서는 수단을 가리지 않는 한국사회의 도덕적 위기를 규탄하며 발전과 진보만을 추구하지 말고 때로는 뒤로 물러나서 한숨 돌리고 사회를 바라보자는 메시지를 전하고 있다. 때문에 나는 박사학위 논문의 제목을 "Cinema of Retreat: Examining South Korean Erotic Films of the 1980s"라 명명했었다. 발전주의에 저항하며 뒤로 물러서자는 뜻에서 후퇴와 물러남, 휴가, 휴식 등을 뜻하는 "retreat"라는 단어를 통해 에로방화의 특징을 설명하고자 한 것이다. 오랜 시간 동안 retreat를 한국어로 번역하면 무슨 단어를 쓸 것인지 고민하다 '역진(逆進)'이라는 단어를 생각해 내기도 했으나, 이 또한 만족스러운 번역어는 아니다. 그러나 여성 복수극이건 민중주의적 영화건 에로방화는 무조건 앞으로만 달리고 전진하는 사회 풍조에 대항하고 있기 때문에 '역진적'이라고밖에는 표현할 수 없는 대항발전주의의 정동들을 품고 있고, 그 진보성이 긍정적인 의미와 부정적인 의미를 모두 내포하고 있기 때문에 결국은 이를 '진보적 양면성'이라는 특징으로 수렴하고자 한 것이다.

머리말에서 짧게 언급했지만, 나는 '진보'와 '발전'의 개념에 대해 부정적인 입장을 가진 것은 아니다. 페미니스트로서 나는 2020년대 한국사회의 젠더정치적 의식 수준이 역사적으로 그 어느 때보다도 진보해 있다고 믿고 있고 그 수준은 앞으로도 진화할 것이며 페미니즘 또한 미래에도 지속적으로 진보적 사상으로 거듭나고 기능할 것이라 믿고 있다. 그리고 한국사회는 분명 짧은 시간 동안 급격하게 '발전'해 왔고, 이러한 경제성장과 정치적 진화, 사회적 성숙, 문화적 발달이 없다면 '한류'는 물론이고 <기생충>이나 <오징어 게임>의 전 지구적 성공 또한 불가능했을 것이다. 그러나 진보와 발전에 '주의'가 추가되며 그것이 목적론적 사상이 되는 순간 위험이 발생하게 되는 것을 경계할 필요가 있다. 진보주의와 발전주의는 정해진 진보와 발전의 모델을 설정하고 그것에 다다르지 않은 사회와 문화는 '후진'적이고 역사적으로도 퇴보적이라 말한다. 오랜 기간 한국사회는 후진국 콤플렉스에서 벗어나지 못하고 소위 선진국과 선진문명을 동경해 왔다. 서구와 일본을 발전모델로 설정한 한국의 발전국가 정부는 국민 전체를 채찍질하며 단기간에 압축 근대화와 경제성장을 통해 한국을 선진국으로 만들어야 한다고 주입하고 강요해 왔다.

그러나 이제 선진국의 문턱에 들어선 21세기의 한국인들은 행복하기는커녕 과도한 경쟁체제 속에서 오히려 우울감을 느끼고 언제나 피로에 찌든 채 번아웃 증상에 시달리며 살아가고 있다. 이러한 사회 속에서 젊은이들은 이제 연애에도 결혼에도 출산에도 관심이 없어졌고, 이러한 비성애 사회는 이제 한국을 세계에서 가장 심각한 저출생 인구절벽의 국가로 만들어 버렸다. 앞서도 언급한 것처럼, 1980년대 에로방화 속에서 발전주의에 대한 비판은 매우 빈번하게, 강렬하게 이루어졌지만, 민주화 이후에도 발전주의는 한국인들의 정신을 사로잡아 이제 개개인에게 내재화된 형태, 즉 자기계발의 형태로 표출되고 있다. 비성애 현상은 앞으로도 한동안 계속될 것으로 보이는데, 그렇다면 현실의 에로티시즘과 영화의 에로티시즘은 앞으로 어디로 향하게 될까? 영화 <에이 아이(AI: Artificial Intelligence)>(스티븐 스필버그, 2001)처럼 모든 것이 인공지능 로봇으로 수렴되는 사회로 변하게 될까? 현재로서는 알 길이 없다.

내가 박사학위 논문을 마무리하던 2012년 여름에 나는 한국영화의 에로티시즘이 다시 부흥하고 있으며 그것이 한동안 다시 재유행할 것으로 예상했었다. 그러나 앞서도 언급한 것처럼 몇몇 19금 극장개봉용 성애영화가 흥행에서 대실패를 거듭하고, 천만 관객 영화들이 속속 등장하면서 영화적 에로티시즘은 이제 완전히 자취를 감추어버리고 말았다. 관객의 동향은 예측할 수가 없어서 영화 관계자들의 제작 당초의 예상대로 영화 흥행이 이루어지는 경우는 크게 잡아야 50% 정도일 것이다. 20세기와 21세기의 전환기에 시작된 한류가 20년이 넘도록 지속되어 이제 동아시아와 동남아시아를 넘어 미국과 유럽에까지 전파될 것이라 그 누가 예상할 수 있었을까? 따라서 <애마부인>처럼 갑작스러운 대흥행을 기록하는 성인영화가 또 한번 등장한다면 극장용 성인영화 제작은 부활할 수 있을지도 모른다. 그러나 현재의 비성애적 사회 분위기를 보았을 때 그것은 당분간은 요원해 보이기도 한다.

따라서 영화학자로서 내가 할 수 있는 일은 영화사를 되돌아보며 새로운 해석과 관점을 내놓는 것밖에는 없을 것 같다. 본서는 내가 기획하고 있는 '대항발전주의' 3부작 중 1부에 해당하는 것이다. 본서에서는 1980년대 에로방화의 대항발전주의와 그것이 지닌 진보적 양면성이 영화 속에서 어떻게 표출되었는지를 살펴보는 데에 중점을 두었다. 2부와 3부에서의 나의 연구는 1980년대 이후의 대항발전주의가 한국영화 속에서 점차 사라지고 있는 여성 캐릭터들을 매개로 하여 어떠한 형식과 내용을 차용하며 나타났는지 살펴보는 것과 대항발전주의적 대안으로서의 영화적 생태주의를 들여다보는 것에 집중할 것이다. 한국문화와 한국영화 속에서의 발전과 진보의 개념에 대한 보다 상세화되고 이론화된 접근은 나의 다음 책에서 계속해서 보다 구체적으로 펼쳐 보일 것을 약속드리며 미흡하나마 본서를 마치고자 한다.

초출일람

본서의 서문, 1장, 2장, 3장의 내용은 다음의 논문들을 통해 발표했던 내용을 대폭 수정 보완하고 완전히 재구성·재배치했음을 밝힌다. 내용들이 재구성·재배치되면서 각 내용들이 완전히 수정되어 챕터마다 흩어져 있기 때문에 어느 한 장에 한 논문의 내용만을 담고 있지 않은 경우가 많음도 밝히고 싶다. 물론 책으로 발전시키는 과정에서 완전히 새로 쓴 내용도 많다.

이윤종, 「포르노그래피, 바디장르, 그리고 페미니즘」, 『문화/과학』 75호, 244~271쪽, 2013.

______, 「육체와 영혼 사이를 오가는 유령의 출몰 : *Les Diaboliques* 와 <안개는 여자처럼 속삭인다>의 비교분석」, 『프랑스어문교육』 47호, 271~295쪽, 2014.

______, 「한국 에로영화와 일본 성인영화의 관계성 - <애마부인>을 중심으로 본 양국의 1970-80년대 극장용 성인영화 제작관행」, 『대중서사연구』 21권 2호, 81~117쪽, 2015.

______, 「호스트, 호스티스를 만나다 - 영화 <엑스>의 액체 현대에 속박된 고급 성 노동자들」, 『사이間SAI』 22호, 135~166쪽, 2017.

______, 「역진(逆進)의 정치성」. 『문화/과학』 93호, 326~351쪽, 2018.

4장은 본문의 각주에서도 밝혔듯, 필자의 다음 논문을 번역하며 약간의 수정·보완을 거쳤다.

Yun-Jong Lee, “Woman in Ethnocultural Peril: South Korean Nationalist Erotic Films of the 1980s”, *Journal of Korean Studies*, vol.21, no.1, pp.101~135. Copyright 2016, Duke University Press.

6장은 본문에서도 밝혔듯, 다음 논문의 주장을 완전히 수정하여 새로이 재구성하고 재집필했다.

이윤종, 「1980년대 한국영화에서의 죽음과 에로스의 단면 - <변강쇠>에서의 노동과 유희의 불가능한 병치」, 『상허학보』 47호, 125~159쪽, 2016.

7장은 본문의 각주에서 밝혔듯 다음 논문과 같은 제목으로 공저 『한국영화와 도시공간 II 1987~1997』(박이정, 2018)에 출간된 내용을 약간의 수정을 거쳐 수록했다.

이윤종, 「문화자본을 결여한 ‘촌놈’들의 서울 투쟁기 - <물의 나라>와 <불의 나라>를 중심으로」, 『현대영화연구』 13권 4호, 9~41쪽, 2017.

참고문헌

단행본

• 국내서

강내희, 『서울의 생김새: 자본주의 도시적 형태의 시학』, 문화과학사, 2021.

강소원, 『1980년대 '성애영화'의 섹슈얼리티와 젠더 재현』, 중앙대학교 박사학위논문, 2007.

강인철, 『민중, 시대와 역사 속에서 - 민중의 개념사, 통사』, 성균관대학교 출판부, 2023.

강한영, 『신재효 판소리 여성 마당집』, 형설, 1982.

김미현 편, 『한국영화사』, 커뮤니케이션 북스, 2006.

김수용, 『나의 사랑 씨네마 - 김수용 감독의 한국영화 이야기』, 씨네21, 2005.

김영진, 『이장호 vs 배창호: 한국영화의 최전선』, 한국영상자료원, 2007.

김영찬 편, 『1990년대의 증상들』, 계명대학교 한국학연구원, 2017.

김홍준 대담, 『이장호 감독의 마스터클래스』, 작가, 2013.

로라 멀비, 이기형·이찬욱 옮김, 『1초에 24번의 죽음: 로라 멀비의 영화사 100년에 대한 성찰』, 현실문화, 2007.

로버트 H. 쿡·필립 쿡, 권영경 옮김, 『승자독식사회』, 웅진지식하우스, 2008.

마리아 미즈, 최재인 옮김, 『가부장제와 자본주의 - 여성, 자연, 식민지와 세계적 규모의 자본 축적』, 갈무리, 2014.

막스 베버, 김현욱 옮김, 『프로테스탄티즘 윤리와 자본주의 정신 외』, 동서문화사, 1978, 2014.

미셸 푸코, 이규현 옮김, 『감시와 처벌 : 감옥의 역사』, 나남, 2003.

박유희, 『한국영화 표상의 지도: 가족, 국가, 민주주의, 여성, 예술 다섯 가지 표상으로 읽는 한국영화사』, 책과 함께, 2019.

백문임, 『월하의 여곡성: 여귀로 읽는 한국 공포영화사』, 책세상, 2008.

소래섭, 『에로 그로 넌센스 - 근대적 자극의 탄생』, 살림, 2005.

송길한, 『송길한 시나리오 선집』, 커뮤니케이션 북스, 2006.

서종문, 『판소리와 신재효 연구』, 제이앤씨, 2008.

설중환, 『판소리 사설 연구』, 국학자료원, 1994.

신시아 인로, 김엘리·오미영 옮김, 『군사주의는 어떻게 패션이 되었을까 - 지구화, 군사주의, 젠더』, 바다출판사, 2015.

악셀 호네트, 문성훈·이현재 옮김, 『인정투쟁』, 사월의 책, 2011.

안토니오 네그리·마이클 하트, 정남영·윤영광 옮김, 『공통체: 자본과 국가 너머의 세상』, 사월의 책, 2014.

앤서니 보개트, 임옥희 옮김, 『무성애를 말하다』, 레디셋고, 2013, 2016.

에밀 뒤르켐, 노치준·민혜숙 옮김, 『종교생활의 원초적 형태』, 민영사, 1992.

이영일, 『한국영화전사 (개정증보판)』, 도서출판 소도, 2003.

이장호·김홍준, 『이장호 감독의 마스터클래스 - 대담_김홍준』, 작가, 2013.

임권택·유지나, 『영화, 나를 찾아가는 여정 - 임권택 감독의 영화 연출 강의』, 민음사, 2007.

유지나 외, 『한국영화사 공부 1980~1997』, 이채, 2005.

유지나, 조흡 외, 『한국영화 섹슈얼리티를 만나다』, 생각의 나무, 2004, 80쪽.

정성일 대담·이지은 자료정리, 『임권택이 임권택을 말하다 2』, 현문서가, 2003.

정지창, 『민중문화론』, 영남대학교 출판부, 1993.

주진숙 외, 『한국 여성영화인 사전』, 도서출판 소도, 2001.

지그문트 바우만, 이일수 옮김, 『액체근대』, 강, 2005.

피에르 부르디외, 최종철 옮김, 『구별짓기 - 문화와 취향의 사회학』 상권 및 하권, 새물결, 2005.

하길종, 『하길종 전집 3 자료편 – 스크립트·서한·기사』, 한국영상자료원, 2009.

한국산업사회연구회 편, 『한국사회와 지배이데올로기: 지식사회학적 이해』, 녹두, 1991.

한완상, 『민중과 지식인』, 정우사, 1978.

호현찬, 『한국영화 100년』, 문학사상사, 2003.

Th. W. 아도르노, M. 호르크하이머, 김유동 옮김, 『계몽의 변증법: 철학적 단상』, 문학과 지성사, 2001.

논문

• 국내

박유희, 한국 멜로드라마의 형성 과정 연구: 저널리즘에 나타난 ‘멜로드라마’ 장르 개념을 중심으로 ,『현대문학이론연구』, 38집, 181~212쪽, 2009.

변인식,「임권택·이두용 영화의 주제비교 분석시론 (II) - 21세기를 향한 디딤돌로서 두 감독의 역할은 크다」,『영화평론』 4, 145~178쪽, 1992

신철하,「권력의 재생산에 관하여」,『작가세계』 5-4, 79~93쪽, 1993. 11.

오영숙,「탈/냉전기 미국주의의 굴절과 표상」,『한국문학연구』 46집, 87~127쪽, 2014.

이용관,「<티켓>의 고전적 데꾸바쮸 분석: 작가론과 텍스트의 친화력을 중심으로」,『영화연구』 9, 111~136쪽, 1993.

______,「임권택의 롱 테이크에 나타난 표현적 기능: 후기 구조주의의 주체이론을 중심으로」,『영화연구』 10, 74~96쪽, 1995.

이윤종,「 1980년대 한국영화에서의 죽음과 에로스의 단면 - <변강쇠>에서의 노동과 유희의 불가능한 병치」,『상허학보』 47권, 125~159쪽, 2016.

이윤종,「장선우와 에로비디오 : 1990년대 한국의 전환기적 포르노 영화」,『대중서사연구』22권 4호, 143~186쪽, 2016.

이윤종,「해원의 기술자로서의 무녀: 영화 <을화>와 <피막>에 나타난 무속 재현」,『사이間Sai』 32호, 13~43쪽, 2022.

이윤종,「미국의 인종갈등 속 한인여성의 위치—영화 <웨스턴 애비뉴>(1993)의 LA 폭동 재현과 강수연의 이미지」,『극예술연구』 79호, 57~87쪽, 2023.

이지연,「동아시아 영화의 서구에서의 순환과 오리엔탈리즘에 관련된 문제들」,『문학과 영상』 8권 1호, 231~254쪽, 2007.

이효인, 「1980년대 한국영화에 대하여」, 『영화언어』 4, 26~42쪽, 1989.

이효인, 「이장호 감독론」, 『영화언어』 12, 26~42쪽, 1992.

채명식, 「박범신 문학의 토대를 이루는 것들 - 초기 중·단편 소설을 중심으로」, 『작가세계』 5-4, 65~78쪽, 1993. 11.

최정무, 「민족과 여성 - 혁명의 주변」, 『실천문학』 3권 1호, 24~53쪽, 2003.

신문기사

• 국내

고미석, 「작가 박범신씨 「불의 나라」, 「물의 나라」 본보 연재를 마치고(인터뷰)」, 『동아일보』, 1988. 11. 1.

김양삼, 「美 폭력영화 올 극장가서도 활개 - 수입외화 중 76% (…) <람보 2> 관객 60만 동원; 수준 높은 유럽 작품에도 눈돌려야」, 『경향신문』, 1985. 11. 11.

남달성, 「영화 <물의 나라> 주연 심혜진 양 "감정 처리·대사 연결 가장 힘들어요"(인터뷰)」, 『동아일보』, 1989. 10. 18.

박범신, 「물의 나라(6) - 강대약 약대강(强對弱 弱對强)」, 『동아일보』, 1987. 9. 12.

이종석, 「인터뷰: 유럽전에서 돌아온 매듭공예가 김희진씨 "가장 한국적인 것이 가장 세계적"」, 『동아일보』, 1977. 7. 6.

조경희, 「UIP 직배 영화 판쳐 민족문화 훼손」, 『한겨레』, 1990. 1. 21.

하명중, 「'하명중의 나는 지금도 꿈을 꾼다' 42 - <X>로 감독 데뷔」, 『한국일보』, 2008. 10. 27.

한만수, 「악의 날, 악인이 없는 …」, 『작가세계』 5-4, 42~64쪽, 1993. 11.

홍성민, 『문화와 아비투스: 부르디외와 유럽정치사상』, 나남, 2000.

「어린이들에게는 어떤 영화를 보일까. 에로 영화는 실허한다」, 『동아일보』, 1931. 11. 28.

「미국영화 직배극장 잇따라 피습 - '씨네하우스' 방화 (…) '극동' 등 5곳 최루가스 소동」, 『한겨레』, 1989. 8. 15.

「영화감독 정지영 씨 등 셋 구속 - 미 직배 극장 2곳 뱀 투입 사주 ; 방화 개입여부도 추궁 (…) 3명 수배」, 『경향신문』, 1989. 9. 4.

「직배 극장에 뱀 투입 영화감독 2명 집유」, 『조선일보』, 1989. 12. 1.

「한국 1인당 국민소득, 6·25 이후 500배로 증가」, 『한겨레』, 2019. 12. 19.

「'죽음을 넘어 시대의 어둠을 넘어' 영국서 번역출간했다」,
『경기매일』, 2022. 7. 5.

단행본

• 국외서

Abelmann, Nancy, *The Melodrama of Mobility: Women, Talk, and Class in Contemporary South Korea*, University of Hawai'i Press, 2003.

Altman, Rick, *The American Film Musical*, Indiana University Press, 1988.

Anderson, Joseph L. and Donald Richie, *The Japanese Film : Art and Industry*, Princeton University Press, 1982.

Andrews, David, *Soft in the Middle: The Contemporary Softcore Feature in Its Contexts*, Ohio State University Press, 2006.

Appadurai, Arjun, *Modernity at Large Cultural Dimensions of Globalization*, University of Minnesota Press, 1996.

Balibar, Étienne and Immanuel Wallerstein, eds., *Race, Nation, Class : Ambiguous Identities*, Verso, 1991.

Batailles, Georges, Mary Dalwood(trans.), *Erotism: Death and Sensuality*, City Light Publishers, 1986.

Bolter, Jay David and Richard Grusin, *Remediation; Understanding New Media*, The MIT Press, 2000.

Bordwell, David, *Narration in Fiction Film*, The University of Wisconsin Press, 1985.

________, Janet Staiger, and Kristin Thompson, *The Classical Hollywood Cinema: Film Style & Mode of Production to 1960*, Columbia University Press, 1985.

Brooks, Peter, *The Melodramatic Imagination: Balzac, Henry James, Melodrama, and the Mode of Excess*, Yale University Press, 1976, 1995.

______, *Reading for the Plot: Design and Intention in Narrative*, Harvard University Press, 1992.

Chakrabarty, Dipesh, *Provincializing Europe: Postcolonial Thought and Historical Difference*, Princeton University Press. 2000.

Chatterjee, Partha, *The Nation and Its Fragments : Colonial and Postcolonial Histories*, Princeton, NJ: Princeton University Press, 1993.

Chow, Rey, *Woman and Chinese Modernity: The Politics of Reading between West and East,* University of Minnesota Press, 1991.

______, *Primitive Passions: Visuality, Sexuality, Ethnography, and Contemporary Chinese Cinema*, Columbia University Press, 1995.

Cui, Shuquin, *Women Through the Lens: Gender and Nation in a Century of Chinese Cinema*, University of Hawai'i Press, 2003.

Dayan, Daniel, "The Tutor Code of Classical Cinema", *Film Quarterly*, 28:1, pp.22~31, 1974.

De Lauretis, Teresa, *Alice Doesn't: Feminism, Semiotics, Cinema*, Indiana University Press, 1984.

Desser, David, *Eros Plus Massacre: An Introduction to the Japanese New Wave Cinema*, Indiana University Press, 1988.

Dower, John, *Embracing Defeat: Japan in the Wake of World War II*, W. W. Norton, 1999.

Derrida, Jacques, *Specters of Marx: The State of the Debt, the Work of Mourning and the New International*, trans. Peggy Kamuf, Routledge, 1994.

Eagleton, Terry, Fredric Jameson, and Edward W. Said, eds., *Nationalism, Colonialism, and Literature.*, University of Minnesota Press, 1990.

Ezra, Elizabeth, and Terry Rowden, eds. *Transnational Cinema, The Film Reader*, Routledge, 2006.

Fiske, John, *Understanding Popular Culture*, 2nd Edition, Routledge, 2011.

Foucault, Michel, *Discipline & Punish: The Birth of the Prison*, trans. Alan Sheridan, Vintage Books, 1995.

Freud, Sigmund, "Fetishism"(1927), *Collected Papers*, Vol. 5, Hogarth and Institute of Psycho-Analysis, 1924~1950, pp.198~204.

_____, *Civilization and Its Discontents*, W. W. Norton, 1961, 1989.

_____, *Beyond the Pleasure Principle*. W.W. Norton & Company, 1961, 1990.

_____, *Three Case Histories*, Touchstone, 1996.

Giddens, Anthony, *The Consequences of Modernity*, Stanford University Press, 1990.

Gledhill, Christine, ed. *Home Is Where the Heart Is: Studies in Melodrama and the Woman's Film*, British Film Institute, 1987.

Gledhill, Christine and Linda Williams, eds., *Reinventing Film Studies*, Oxford University Press, 2000.

Gordon, Avery, *Ghostly Matters: Haunting and the Sociological Imagination*, University of Minnesota Press, 1997, 2008.

Grewal, Inderpal and Caren Kaplan, eds., *Scattered Hegemonies: Postmodernity and Transnational Feminist Practices*, University of Minnesota Press, 2006.

Heath, Stephen, *Questions of Cinema*, Indiana University Press, 1981.

Hegel, G. W. F., *Hegel's Phenomenology of Spirit*, trans. A. V. Miller, Oxford University Press, 1977.

Hjort, Mett and Scott Macknzie, eds., *Cinema & Nation*, Routledge, 2001.

Hughes, Theodore, *Literature and Film in Cold War South Korea: Freedom's Frontier*, Columbia University Press, 2012.

James, David E. and Kyung Hyun Kim, eds., *Im Kwon-Taek: The Making of a Korean National Cinema*, Wayne State University Press, 2002.

Kaplan, Caren, Norma Alarcón, and Minoo Moallem, eds., *Between Woman and Nation: Nationalisms, Transnational Feminisms, and the State*, Duke University Press, 1999.

Kaplan, E. Ann, ed. *Feminism and Film*, Oxford University Press, 2000.

Kappler, Susanne, *The Pornography of Representation*, University of Minnesota Press, 1986.

Kendall, Lauren, ed., *Under Construction: The Gendering of Modernity, Class, and Construction in the Republic of Korea*, University of Hawai'i Press, 2001.

Kim, Kyung Kyun, *Remasculinization of Korean Cinema*, Duke University Press, 2004.

Kim, See-moo, *Lee Jang-ho*, KOFIC, 2009.

Kristeva, Julia, *Powers of Horror: An Essay on Abjection*, Columbia University Press, 1982.

Lee, Sangjoon, ed., *Rediscovering Korean Cinema*, University of Michigan Press, 2019.

Lee, Yun-Jong, *Cinema of Retreat: Examining South Korean Erotic Films of the 1980s*, University of California, Irvine, 2012.

Lederer, Laura, ed., *Take back the Night: Women on Pornography*, Morrow, 1980.

Lehman, Peter, ed., *Pornography: Film and Culture*, Rutgers University Press, 2006.

Lowe, Lisa, and David Lloyd, eds., *The Politics of Culture in the Shadow of Capital*, Duke University Press, 1997.

Machart, Regis, Fred Dervin, and Mingui Gao, eds., *Intercultural masquerade: New orientalism, new occidentalism, old exoticism*, Springer, 2016.

Marcuse, Herbert, *Eros and Civilization: A Philosophical Inquiry into Freud*, Beacon Press, 1955, 1966.

McHugh, Kathleen and Nancy Abelmann, eds., *South Korean Golden Age Melodrama: Gender, Genre, and National Cinema*, Wayne State University Press, 2005.

Mathiesen, Thomas, "The Viewer Society: Michel Foucault's 'Panopticon' Revisited", *Theoretical Criminology*, 1:2, pp.215~234, 1997.

Martin, Nina K., *Sexy Thrills: Undressing the Erotic Thriller*, University of Illinois Press, 2007.

Mitchell, W. J. T., *Picture Theory*, University of Chicago Press, 1994.

Molasky, Michael S., *The American Occupation of Japan and Okinawa: Literature and Memory*, Routledge, 1999.

Mosse, George, *Nationalism and Sexuality: Respectability and Abnormal Sexuality in Modern Europe*, Howard Fertig, 1958.

Moretti, Franco, *Signs Taken for Wonders: On the Sociology of Literary Forms*, Verso, 1983, 2005.

Mulvey, Laura, *Visual and Other Pleasure*, Palgrave Macmillan, 2009.

Nelson, Cary and Lawrence Goldberg, eds., *Marxism and the Interpretation of Culture*, University of Illinois Press, 1985.

Nelson, Laura C., *Measured Excess : Status, Gender, and Consumer Nationalism in South Korea*, Columbia University Press, 2000.

O'Regan, Tom, *Australian National Cinema*, Routledge, 1996.

Oudart, Jean-Pierre, "Cinema and Suture", *Screen*, 18:4, pp.35~47, 1977.

Richie, Donald, *A Lateral View: Essays on Culture and Style in Contemporary Japan*, Stone Bridges Press, 1987, 2001.

Said, Edward, *Orientalism*, Vintage Books, 1979.

Sharp, Jasper, *Behind the Pink Curtain: The Complete History of Japanese Sex Cinema*, FAB Press, 2008.

Silverberg, Miriam, *Erotic Grotesque Nonsense: The Mass Culture of Japanese Modern Times*, University of California Press, 2009.

Silverman, Kaja, *The Subjects of Semiotics*, Oxford University Press, 1984.

Singer, Ben, *Melodrama and Modernity: Early Sensational Cinema and Its Contexts*. Columbia University Press, 2001.

Vitali, Valentina and Paul Willemen, eds., *Theorising National Cinema*, British Film Institute, 2008.

Wells, Kenneth M., ed., *South Korea's Minjung Movement: The Culture and Politics of Dissidence*, University of Hawai'i Press, 1995.

Williams, Alan, ed., *Film and Nationalism*, Rutgers University Press, 2002.

Williams, Linda, *Hard Core: Power, Pleasure, and the "Frenzy of the Visible"*, expanded edition, University of California Press, 1989, 1999.

_______, *Melodrama of Black and White from Uncle Tom to O. J. Simpson*, Princeton University Press, 2002.

_______, *Screening Sex*, Durham: Duke University Press, 2008.

_______, ed., *Porn Studies*, Duke University Press, 2004.

Williams, Raymond, *Modern Tragedy*, Chatto and Windus, 1966.

_______, *Marxism and Literature,* Oxford University Press, 1977, 2009.

Yu, Yang-geun, *Lee Doo-yong*, KOFIC, 2009.

논문

• 국외

Ahmad, Aijaz, "Jameson's Rhetoric of Otherness and the 'National Allegory'", *Social Text* no. 17, pp.3~25, (Autumn)1987.

Boman, Björn,"Feminist themes in Hally 4.0 South Korean TV dramas as a reflection of a changing sociocultural landscape", *Asian Journal of Women's Studies*, Vol. 28, Issue 4, pp.419~437, 2022.

Choi, Chungmoo,"The Discourse of Decolonization and Popular Memory: South Korea." Lowe and Lloyd, pp.461~484, 1997.

Choi, Chungmoo,"Transnational Capitalism, National Imaginary, and the Protest Theater in South Korea", *Boundary 2*, 22, pp.235~261, 1995.

Choi, Jung-Bong, "National Cinema: An Anachronistic Delirium?" *Journal of Korean Studies*, Vol. 16, No. 2, pp.173~91, 2011.

Duara, Prasenjit,"The Regime of Authenticity: Timelessness, Gender, and National History in Modern China," *History and Theory*, vol. 37, no. 3, pp.287~308, 1998.

Jameson, Fredric, "Third-World Literature in the Era of Multinational Capitalism," *Social Text*, no. 15, pp.65~88, (Autumn)1986.

Kim, Elaine Kim and Chungmoo Choi, eds., *Dangerous Women : Gender & Korean Nationalism*, Routledge, 1998.

Kim, Kyung Hyun, "The Transnational Constitution of Im Kwon-Taek's *Minjok Cinema in Chokbo, Sŏp'yŏnje, and Ch'wihwasŏn", The Journal of Korean Studies*, Vol. 16, Issue 2, pp.231~248, 2011.

Williams, Linda, "Film Bodies: Gender, Genre, and Excess," Film Quarterly, 44:4, pp.2~13, 1991.

Lee, Yun-Jong, "Gwangju and the 1980s Film Movement : The Representation of the Minjung in *Oh! My Dream Country*", *Journal of Japanese and Korean Cinema*, Vol. 14, No. 1, pp.21~35, 2022.

찾아보기 영화명/ 인명/ 기타

영화명

ㄱ

ㄴ

ㄷ

ㄹ

ㅁ

ㅂ

ㅈ

인명

ㄱ

ㄷ

ㄹ

ㅁ

ㅂ

기타

에로방화의 은밀한 매력

1980년대 한국 대중영화의 진보적 양면성

발행일	2024년 4월 28일
발행인	박기용
저 자	이윤종
편집자	박진희, 공영민
발행처	영화진흥위원회
담 당	김홍천(영화진흥위원회 연구본부 영화문화연구팀)
주 소	48058 부산광역시 해운대구 수영강변대로 130
전 화	051-720-4700
홈페이지	kofic.or.kr
ISBN	978-89-8021-252-1 04680
	978-89-8021-251-4 04680(세트)

제작 및 유통	두두북스
주 소	48231 부산광역시 수영구 연수로357번길 17-8
전 화	051-751-8001
이메일	doodoobooks@naver.com

- 본서는 영화진흥위원회 연구사업의 하나로 발간되었습니다.